創优系列·国际贸易

本书含
精美PPT

国际贸易实务

International Trade Practices

李军 主编

電子工業出版社
Publishing House of Electronics Industry
北京·BEIJING

内 容 简 介

全书以国际贸易合同为中心，以合同条款为主线展开，从国际贸易术语、国际贸易合同条款、国际贸易规则与惯例、国际贸易方式四方面进行详细阐述，共分为20章，分别为国际贸易术语与国际贸易惯例，《2010 通则》中的贸易术语，贸易术语的选择与运用，合同的主体与标的，商品的价格，国际货物运输，国际货物运输保险，国际货款的结算，商品检验，索赔、不可抗力与仲裁条款，国际货物买卖合同概述，国际货物买卖合同的磋商与签订，国际货物买卖合同的履行，违约与法律救济，经销与代理，寄售、拍卖与展卖，招标与投标，期货交易与套期保值，对销贸易与加工贸易，电子商务。

本书适合作为国际贸易和国际商务专业本科、专科学生学习进出口业务中的相关基础理论、基本原理、运作规则和国际贸易惯例的指导教材，也可作为非国际贸易等经济类相关专业学生的国际贸易学习读本，还可作为感兴趣的读者了解国际市场运行规则的参考用书。

图书在版编目（CIP）数据

国际贸易实务 / 李军主编. — 北京：电子工业出版社，2017.7

ISBN 978-7-121-32044-6

I. ①国… II. ①李… III. ①国际贸易－贸易实务－高等学校－教材 IV. ①F740.4

中国版本图书馆 CIP 数据核字（2017）第 146492 号

策划编辑：王二华
责任编辑：王二华　　　特约编辑：侯学明
印　　刷：北京京科印刷有限公司
装　　订：北京京科印刷有限公司
出版发行：电子工业出版社
北京市海淀区万寿路 173 信箱　　邮编：100036
开　　本：787×1 092　1/16　印张：18　字数：462 千字
版　　次：2017 年 7 月第 1 版
印　　次：2017 年 7 月第 1 次印刷
定　　价：42.00 元

凡所购买电子工业出版社图书有缺损问题，请向购买书店调换。若书店售缺，请与本社发行部联系，联系及邮购电话：(010)88254888，88258888。

质量投诉请发邮件至 zlts@phei.com.cn，盗版侵权举报请发邮件至 dbqq@phei.com.cn。

本书咨询联系方式：(010)88254532。

前 言

中国加入WTO以来，对外贸易取得了巨大成就，贸易规模不断扩大，贸易结构持续优化，国际竞争力不断增强，质量效益日益提升，自2013年以来连续多年进出口贸易额位居世界第一。但贸易大国并不等于贸易强国，我国在对外贸易发展过程中依然存在着商品结构不尽合理，贸易摩擦增加，企业风险防范意识薄弱、不熟悉国际贸易惯例规则等问题。如何提升外贸从业人员的业务水平、培养和提高他们分析和处理外贸活动中各种纠纷和问题的应对能力，是进一步促进我国对外贸易发展及提高对外贸易水平的重要前提。在经济全球化背景下，我国对复合型、高素质、应用型外贸人才的要求日渐提高，培养深入了解及掌握国际贸易惯例与规则、实务操作知识的国际经济与贸易方面的专业人才势在必行。

本书分为国际贸易术语、国际贸易合同条款、国际货物买卖合同和国际贸易方式四篇，共20章，每章都配有学习目标、本章小结、基本概念、思考题及案例分析。本书的总体框架由中央财经大学李军设计。参加本书编写的人员及分工如下：李军和孙梦忆负责第1、2、3章，王知章负责第4、5章，孟文雅负责第6、7章，马光明负责第8章，袁鹏宇负责第9、10章，袁广平负责第11、12、13、14章，唐利芳负责第15、16、17、18、19、20章。隋梦箐、衣梦娇、訾雪娇参与了全书的校对及修改增补工作，全书由李军负责总纂和统稿。

在本书的编写过程中，参阅了大量的国内外有关著述和经典教材，在此对有关文献资料的作者表示衷心感谢。由于编者水平有限，书中难免有错误与疏漏之处，敬请读者批评指正。

李 军

2017年6月于北京

目　录

第一篇　国际贸易术语

第二篇　国际贸易合同条款

第四篇 国际贸易方式

第一篇　国际贸易术语

第一章
国际贸易术语与国际贸易惯例

学习目标

1. 了解国际贸易术语的含义与作用；
2. 熟悉有关贸易术语的三个国际贸易惯例；
3. 掌握《2010 通则》的主要变化。

第一节　国际贸易术语的含义及作用

一、国际贸易术语的含义

国际贸易具有线长、面广、环节多、风险大等特点，货物在交易过程中通常要经过长距离运输，通过多道关卡，交接许多手续。交易双方会遇到许多国内贸易所没有的问题，为了明确交易双方各自承担的责任和义务，当事人在洽谈交易和订立合同时，必然要考虑几个重要的问题。

(1) 卖方在什么地方、以什么方式交货？（内陆、港口、车站？直接交给买方还是交给承运人？）

(2) 风险何时由卖方转移给买方？（交货时？到货时？）

(3) 由谁办理货物的运输、保险、海关过境手续？（卖方还是买方？）

(4) 由谁承担办理上述事项所需的各种费用？（卖方还是买方？）

(5) 买卖双方需要交接哪些有关单据？（如提单、保险单、发票、检验检疫证明等）

在具体交易中，以上问题都是必须明确的，贸易术语正是为了解决这些问题，在长期的国际贸易实践中逐渐产生和发展起来的。不同的贸易术语，交易双方所承担的风险、责任和有关费用不同。如果采用卖方承担风险大、责任多、费用高的贸易术语，其价格自然要高些；反之，如果采用买方承担较多风险、责任和有关费用的贸易术语，则价格应低些。由此可见，贸易术语具有双重性：一方面，确定交易条件，划分双方责任、风险、费用；另一方面，表明价格构成。因此，贸易术语又称为价格术语或贸易条件，这两者是紧密相关的。

国际贸易术语是指，用以明确贸易商品的价格构成，说明交货地点或到货地点，划分买卖双方责任、风险、费用等问题，并用三个英文字母形式表示的一种专门用语，如：CIF、FOB 等。例如，在合同中表示为：Per M/T USD 500 CIF NEW YORK，USA Incoterms® 2010。

二、国际贸易术语的作用

国际贸易术语是在国际贸易长期实践中产生的，解决了国际贸易中必须加以明确的最基本的问题。国际贸易术语可以用三个字母形式代替复杂的语言和文字描述，只要双方同意采用某一贸易术语，其贸易谈判过程和合同内容则可以大大简化。因此，贸易术语的产生大大推动了国际贸易的发展。其具体作用表现在以下几方面。

（一）简化交易程序，缩短洽商时间，节约费用

由于每一种贸易术语均有明确的含义和具体的规定，且被广泛地接受，成为从事国际贸易的统一惯例和规则，因而为交易过程的简化提供了便利。

（二）有利于双方进行价格比较，加强成本核算，选择灵活

每一种贸易术语所包含的价格因素不同，从属的费用就不同，因而，双方可以根据相关因素比较价格的高低，预算贸易成本，按自己的需要选择某一贸易术语。

（三）有利于妥善解决贸易争端

贸易双方签订合同时，因某种原因可能对某一事项规定不明确，甚至没有约定，当履约中产生争议，无法按合同规定解决时，可以援引相关的贸易术语惯例加以处理。

（四）有利于其他有关机构开展业务

国际贸易活动离不开船舶公司、保险公司和银行等机构，而贸易术语及有关解释贸易术语的国际贸易惯例的相继出现，为这些机构开展业务活动和处理业务实践中出现的问题提供了客观依据。

第二节　有关国际贸易术语的国际惯例

国际贸易惯例是在国际贸易实践中产生并经国际组织加以编纂与解释的习惯和习惯做法。国际贸易惯例的适用是以双方当事人意思自治为基础，即由当事人在他们的具体交易中自愿使用，没有强制性。国际贸易惯例是国际惯例的主要内容之一，这一惯例为全球贸易商所普遍接受，推动了国际贸易的发展。目前，有关贸易术语的国际贸易惯例主要有三种，即《华沙-牛津规则》《美国对外贸易定义修订本》和《国际贸易术语解释通则》。

一、《华沙-牛津规则》（Warsaw-Oxford Rules）

19 世纪中期，CIF 贸易术语开始在国际贸易中被广泛地采用，但对使用这一贸易术语时，关于买卖双方各自承担的义务并没有统一的规定和解释，因而给国际贸易双方带来

不便。为此国际法协会于 1928 年在波兰的首都华沙开会，专门为解释 CIF 合同制定了统一规则，称其为《1928 年华沙规则》，共 22 条。其后，该规则又于 1930 年纽约会议、1931 年巴黎会议、1932 年牛津会议进行修订，修订后的条文共 21 条，称之为《1932 年华沙-牛津规则》（Warsaw-Oxford Rules 1932，简称 W.O. Rules 1932），并一直沿用至今。

《1932 年华沙-牛津规则》对 CIF 的性质、贸易双方所承担的风险、责任和费用的划分以及货物所有权转移的方式等问题均做出了详细的解释，它为国际商会制定 INCOTERMS 提供了重要的参考和借鉴。

二、《美国对外贸易定义修订本》（Revised American Foreign Trade Definition）

1919 年美国九个大商业团体制订了《美国出口报价及其缩写条例》（The U.S. Export Quotations and Abbreviations）。其后，又于 1940 年对该定义作了修订，并于 1941 年 7 月经美国商会、美国进口商协会和美国全国外贸协会所组成的联合委员会通过，称为《1941 年美国对外贸易定义修订本》，由全国外贸协会予以公布实行。后又于 1991 年再次修订，称为《1990 年美国对外贸易定义修订本》（Revised American Foreign Trad Definition 1990）。《1990 年美国对外贸易定义修订本》主要在美洲国家使用。因它对贸易术语的解释，特别是对 FOB 等的解释与 INCOTERMS 的解释有明显差异，因此，在与美洲国家进行交易时，应予特别注意。

《1990 年美国对外贸易定义修订本》的序言中明确规定，本定义无法律约束力，除非有专门的立法规定或为法院判决所认可，要使其对有关当事人具有法律约束力，建议买卖双方接受此定义作为买卖合同的组成部分。《1990 年美国对外贸易定义修订本》定义了以下 6 个贸易术语：产地交货（Ex Point of Origin）、在运输工具上交货（FOB）、在运输工具旁交货(FAS)、成本加运费(指定目的地)(CFR)、成本加保险费和运费(指定目的地)(CIF)、目的港码头交货(Ex Dock)。

三、《国际贸易术语解释通则》(International Rules for the Interpretation of Trade Terms, INCOTERMS)

国际商会(International Chamber of Commerce, I.C.C.)于 1936 年首次制定了 INCOTERMS，此后分别于 1953 年、1967 年、1974 年、1976 年、1980 年、1990 年、2000 年、2010 年进行了多次修订。国际商会于 1919 年在美国大西洋城成立，目前有 140 多个国家的近 1 万多家商会、协会等会员，在 63 个国家设立国家委员会。我国 1994 年 11 月加入国际商会，1995 年 1 月 1 日成立了国际商会中国国家委员会。

《2010 年国际贸易术语解释通则》（International Rules for the Interpretation of Trade Terms 2010，以下简称《2010 通则》）是国际商会根据国际货物贸易的发展，对《2000 年国际贸易术语解释通则》（以下简称《2000 通则》）的修订，于 2010 年 9 月 27 日公布，2011 年 1 月 1 日起正式在全球实施。

《2010 通则》较《2000 通则》，更准确地标明各方承担货物运输风险和费用的责任条款，令船舶管理公司更易理解货物买卖双方支付各种收费时的角色，有助于避免现实贸易中经常出现的终端处理费用的归属问题纠纷。

此外，新通则还专门就各种贸易术语的使用首次制订了操作指南，增加了大量指导性贸易解释和图示，以及电子交易程序的适用方式，将对全球贸易产生重大影响。《2010通则》的主要变化表现在以下几个方面。

（一）简化贸易术语的分类

《2000 通则》将贸易术语按照开头字母分为 E、F、C、D 四组，共 13 种术语，且按卖方对买方的责任大小依次排列。《2010 通则》修订后整合为 11 种贸易术语，且按照所适用的运输方式划分为两大类，即分为适用于各种运输方式和仅适用于水运方式两类。这是此次修订中的重大变化之一，意在提醒使用者注意不要将仅适用于水运的术语用于其他运输方式。

（二）贸易术语数量的变化

贸易术语的数量由原来的 13 种变为 11 种。《2010 通则》删去了《2000 通则》的 4 个术语：DAF（Delivered at Frontier）边境交货、DES（Delivered Ex Ship）目的港船上交货、DEQ（Delivered Ex Quay）目的港码头交货、DDU（Delivered Duty Unpaid）未完税交货。新增了 2 个贸易术语：DAT（Delivered At Terminal）在指定目的地或目的港的集散站交货、DAP（Delivered At Place）在指定目的地交货。新增术语满足了内陆国家国际多式联运的贸易需求。用 DAP 取代了 DAF、DES 和 DDU 三个贸易术语，DAT 取代了 DEQ，且扩展至适用于一切运输方式。DAP 下卖方只需在指定目的地将货物处于买方控制之下，而无须承担卸货费，因此，DAP 取代了先前的 DAF、DES 和 DDU，且扩展至适用于一切运输方式。DAT 下卖方须承担将货物在目的地或目的港运输工具上卸下的费用。新增的 2 个术语不仅适用于海港，更适合陆港及空港运输的需要，为加强海陆空运输之间的衔接提供了新的贸易规则，符合内陆国家对于国际多式联运的需求。

（三）术语义务项目的变化

每种术语下买卖双方各自的义务虽然仍列出 10 个项目，但与《2000 通则》的不同之处是，卖方的每一项目中的具体义务不再“对应”买方在同一项目中相应的义务，而是改为分别描述，并且个别项目内容也有所调整。原来：A1/B1～A10/B10 改为：A 卖方义务 A1～A10；B 买方义务 B1～B10。

第 1 项和第 10 项改动比《2000 通则》明显，尤其第 10 项要求卖方和买方分别要帮助对方取得或向对方提供包括与安全有关的信息和单据，并可以向受助方索偿因此而发生的费用。如在 EXW 项下，卖方协助买方办理出口清关及在 DDP 项下买方协助卖方办理进口报关等事宜，也包括为另一方清关而获得必要单据所涉及的费用。在第 2 项中还增加了与安全有关的清关手续。这主要是考虑到美国“9.11”事件后对安全措施的加强。为与此配合，进出口商在某些情形下必须提前提供有关货物接受安全扫描和检验的相关信息，该要求体现在 A2/B2 和 A10/B10 中。

（四）取消了“船舷”的概念

对于 FOB、CFR 和 CIF 三个贸易术语的风险划分界限问题，《2000 通则》中规定：“The

seller must bear all risks of loss of or damage to the goods until such time as they have passed the ship's rail at the named port of shipment"，即 FOB、CFR 和 CIF 三个贸易术语下买卖双方是以货物越过装运港指定船只的船舷作为交货风险的划分界限，风险的划分问题强调了“船舷”的概念。但由于货物装船是一个连续行为，若货物在装船过程中出现风险和损失，对于风险的归属是很难进行准确划分的，因而实际业务中，双方除了确定采用 FOB 术语外，还需要通过其他条款进一步明确风险划分界限，以避免双方的理解误差和履约纠纷。而《2010 通则》取消了“船舷”的概念，对于 FOB、CFR 和 CIF 三个术语，删除了以“越过船舷”作为交货风险的划分界限，而是规定“The risk of loss of or damage to the goods passes when the goods are on board the vessel”，即风险的承担方自货物装上船起由卖方转移至买方，由卖方承担货物装上船之前的一切风险，买方承担货物装上船之后的一切风险。这样的表述更准确地反映了贸易操作实践的需要，避免了以往风险围绕“船舷”这条虚拟垂线来回摇摆所带来的不确定性问题。以“船舷”来划分买卖双方的风险长期以来饱受争议，而该争议在修订《2000 通则》时就已存在，但当时还是保留了“船舷”的规定。而随着集装箱运输的发展，长期以来它已不能反映各国港口的惯常做法，具体操作时的风险界限应遵循码头公司在进行装船时的习惯做法，而最实际的问题则是，码头公司需要确定谁将负责他们的服务费用。

此次修订最终删除了“船舷”的概念，强调在 FOB、CFR 和 CIF 下买卖双方的风险以货物在装运港被装上船时为界，而不再强调一个明确的风险界限或者临界点。这样，因货物种类的不同，有可能增加卖方的装船责任、风险和费用。为此，卖方可能需要调整报价策略，以分散风险、分摊费用。

(五)增加了“路货贸易”规范，称其“STRING SALES”(连环贸易、链式销售)

在《2010 通则》指导性说明中，对 FAS、FOB、CFR 和 CIF 四种适用于水上运输的术语，首次提及 String Sales(连环贸易，链式销售)，在 CPT 和 CIP 的 A3 项中也有提及。在大宗货物买卖中，货物常在一笔连环贸易下的运输期间被多次转卖。在连环贸易中，货物由第一个卖方安排运输，作为中间的卖方则无须运送货物，只因“获得”所装运的货物而履行其对买方的义务，因此，《2010 通则》对连环贸易下，卖方“获得运输中的货物”的交货义务做了细化，即以此作为在相关术语中的运输货物义务的替代义务。

(六)码头作业费(THC)的分摊

依照《2010 通则》，在 CPT、CIP、CFR、CIF、DAT、DAP 和 DDP 术语下，卖方必须安排货物运输至指定目的地，并承担运费，即这些术语下，全程运费由卖方承担。但该运费实际是由买方支付的，因为通常运费已包含在货物总价中。运输费用有时会包括在港口或集装箱码头设施内处理和移动货物的费用(Terminal Handling Charges，THC)，而承运人或港口经营人有可能向接收货物的买方收取这些费用。在此情况下，买方希望避免两次支付运费(一次是在货物总价中向卖方支付，另一次是单独向承运人或港口经营人支付)。为避免这种情况发生，《2010 通则》在上述七种术语的 A6 和 B6 中明确了此类费用的分摊。

（七）增加“Guidance Note”指导说明

《2010通则》对每一术语都给出了“Guidance Note”，即对每一术语都做出了指导性的解说。相比《2000 通则》，该说明更加完善。除了定义外，还说明何时适用术语、在何种情形下适用其他术语、风险负担何时转移、买卖双方间的成本或费用及出口手续如何划分等事宜；双方应明确规定交货的具体地点和由于未能规定所引起的费用的负担。需要注意的是，在“指导说明”中，通常要求双方当事人自行明确风险转移的界限，而非由《2010通则》本身去规定这些界限。

（八）被删除的术语

《2010通则》删除了DAF、DES、DEQ和DDU四种术语，增加了DAT和DAP两个新术语。需要指出的是，当事人仍可在新版本实施后继续选择使用《2000 通则》。或者若合同中出现了新版本中没有的术语(如DAF等)，仍将被视为适用旧版本。当然，为了避免误解，若使用诸如DES或DEQ等被删除的术语，应在合同中明确标明适用《2000通则》。此外，国际商会此次还将INCOTERMS注册为商标(Incoterms®)。

（九）《2010通则》的适用性

考虑到一些大的区域贸易集团，如欧盟，国与国之间的海关手续已不那么重要了，《2010通则》首次明确，这些术语不仅适用国际贸易，也适用国内贸易(ICC rules for the use of domestic and international trade terms，即这些术语对国际和国内贸易均可适用)。因此，《2010通则》在几处明确进出口商仅在需要时才办理出口/进口报关手续和支付相应费用，如A2/B2、A6/B6。

有些贸易商常在纯国内买卖合同中使用国际贸易术语。美国国内贸易中出现了更愿意以国际贸易术语取代传统使用的《美国统一商法典》(UCC)中的运输和交货术语的现象。

本章小结

1. 国际贸易术语是在国际贸易长期实践中产生的，具有两重性：一方面，确定交易条件，划分双方责任、风险、费用；另一方面，表明价格构成。

2. 目前，有关贸易术语的国际贸易惯例主要有三种，即《1932 年华沙—牛津规则》《1990年美国对外贸易定义修订本》和《2010年国际贸易术语解释通则》。这些惯例虽然没有法律的强制约束力，而是由当事人在意思自治的基础上采纳和运用，但它们在规范贸易行为、减少和解决贸易争端方面仍具有重要的作用。

3. 最新《2010 通则》较之前的《2000 通则》，更准确地标明了各方承担货物运输风险和费用的责任条款，令船舶管理公司更易理解货物买卖双方支付各种收费时的角色，有助于避免现实贸易中经常出现的终端处理费用的归属问题的纠纷。

基本概念

国际贸易术语　国际贸易惯例

思考题

1. 什么是国际贸易术语？国际贸易术语具有哪些性质？
2. 国际贸易术语的作用有哪些？
3. 有关国际贸易术语的惯例有哪些？其内容有何区别？
4. 《2010 通则》的主要变化有哪些？

案例分析

某出口公司A向国外某公司B签订了一份生日蜡烛的合同。按照双方以往的交易惯例，收货后 15 天内 B 公司没有提出质量异议的，视为放弃质量异议权利。B 公司在收货一个月后发现部分蜡烛弯曲，于是要求 A 公司赔偿。请问：A 公司应该赔偿吗？

第二章

《2010 通则》中的贸易术语

学习目标

1. 了解《2010 通则》中 11 种贸易术语的含义;
2. 熟悉《2010 通则》中 11 种贸易术语的区别;
3. 掌握《2010 通则》中 11 种贸易术语的应用。

第一节 FOB、CFR、CIF 术语

一、FOB 术语

FOB，即 Free On Board(...named port of shipment)，装运港船上交货(指定装运港)，如 FOB Shanghai，China(装运港)。

定义：“Free on Board” means that the seller delivers the goods on board the vessel nominated by the buyer at the named port of shipment or procures the goods already so delivered. The risk of loss of or damage to the goods passes when the goods are on board the vessel，and the buyer bears all costs from that moment onwards.

(一)基本特征

“装运港船上交货”是指，在指定的装运港，卖方将货物装上买方指定的船舶时，或取得已交付至船上的货物(链式销售或连环贸易)时，卖方即完成其交货义务。买方自此之后，承担货物灭失或损坏的一切风险和费用。

FOB 可能不适合货物在装上船舶之前已交付给承运人的情况。例如，在集装箱运输时，通常在集装箱码头交货。此类情况下，应使用 FCA 术语。

(二)适用范围

适用于水运(包括海运和内河运输)。

（三）买卖双方的主要义务

1. 卖方义务

(1) 卖方必须提供符合买卖合同约定的货物和商业发票，以及合同可能要求的其他与合同相符的证据；

(2) 如适用时，卖方必须自负风险和费用，取得所有的出口许可或其他官方授权，办理货物出口所需的一切海关手续；

(3) 卖方必须在合同规定的时间或期限内，在指定的装运港，以将货物置于买方指定的船舶之上的方式，或以取得已在船上交付的货物的方式交货，并及时通知买方；

(4) 卖方负责货物到装运港船上为止的一切费用和风险。

2. 买方义务

(1) 买方接受卖方提供的交货凭证，受领与合同相符的货物并支付货款；

(2) 如适用时，买方应自负风险和费用，取得所有进口许可或其他官方授权，办理货物进口和从他国过境运输所需的一切海关手续；

(3) 买方负责自付费用订立从指定的装运港运输货物的合同，支付运费，并将船名、装船地点和要求的交货时间给予卖方充分通知；

(4) 买方承担货物在指定装运港装上船以后的一切费用和风险。

（四）FOB 的译名

有人称 FOB 为“离岸价”，这是不准确的。若用驳船将货物运至大船边以船上为界，在此之前的费用还是由卖方负担。因此离岸后，卖方还有可能要承担一定费用。即使正常情况下，双方也不是以“岸”为划分界限。

（五）实例

We offer to sell Chinese bean about 1000M/T，USD450 per M/T FOB Tianjin，China shipment during August，2010.

报价出售中国大豆约 1000 公吨，每公吨 450 美元，中国天津港船上交货，2010 年 8 月份装运。

（六）使用 FOB 术语注意事项

(1) 在以 FOB 条件成交的交易中，买方往往要求卖方代办运输事宜，此时，卖方仅仅提供服务，其风险和费用仍然由买方承担。

(2) 卖方在交货后应及时给予买方充分装船通知，以便买方安排投保、通关、接货。若卖方怠于此项通知，致使买方无法投保，即使货物已在装运港装上船舶，但有关货物在此情况下的风险并不被认为已由卖方转移给买方。

(3) 在该术语下，买方有义务安排运输事宜，并将相关的船名、装货地、交货地及交货时间等信息及时通知卖方。若买方怠于此项通知，或所指定船舶未按时抵达，或不能装运货物，或提前截止装货，则货物的风险和费用可提前转移，只要货物已经特定化。

(4) 为防止货物因意外事故致损，而买方又拒绝付款，卖方最好投保“出口信用保险”或 “卖方利益险”；为防止货物在装运前的内陆运输风险，卖方应投保“陆运险”。

二、CFR 术语

CFR，即 Cost and Freight(...named port of destination)，成本加运费(指定目的港)，例如：CFR New York，USA(目的港)。

定义：“Cost and Freight” means that the seller delivers the goods，or procures the goods already so delivered. The risk of loss of or damage to the goods passes when the goods are on board the vessel，and the buyer bears all costs from that moment onwards. The seller must pay the costs and freight necessary to bring the goods to the named port of destination.

(一) 基本特征

“成本加运费”是指，卖方在装运港船上交货或以取得已经这样交付的货物方式交货(此处“取得”一词适用于商品贸易中常见的交易链中的多层销售或链式销售)，货物灭失或损坏的风险在装上船舶时转移。CFR 术语是 INCOTERMS 中最常用的术语之一。卖方都在装运地或发货地完成交货义务，因此，人们常常将该术语下的买卖合同称为“装运合同”。

使用该术语时，卖方将货物交付给承运人时，即完成其交货义务，而不是货物到达目的地之时。该术语下，风险转移和费用转移的地点是两个不同的地点，即该术语下，风险和费用(如运费)的划分点相分离。因此，双方应尽可能确切地在指定目的港内明确该地点(运费划分点)。若卖方按照运输合同在目的港交货点发生了卸货费用，则除非双方事先另有约定，否则卖方无权向买方要求补偿该项费用。

CFR 可能不适合货物在装上船舶之前已交付给承运人的情况。例如，在集装箱运输时，通常在集装箱码头交货。在此类情况下，应使用 CPT 术语。

(二) 适用范围

适用于水运(包括内河运输)。

(三) 买卖双方的主要义务

与 FOB 术语相比较，使用 CFR 术语，卖方除了承担 FOB 术语的义务外，还须负责安排运输，并支付将货物运往指定目的港的正常运费；买方则承担除海运费外货物在装运港装上船以后的一切费用，其他义务与 FOB 一样。

(四) 实例

We offer to sell refrigerator brand A 1000 USD 400 per set CFR London ，shipment during July/Aug，2010.

报价出售 A 牌电冰箱 1000 台，每台 400 美元，目的港伦敦，2010 年 7 月至 8 月装运。

(五) 使用 CFR 术语注意事项

(1) 出口商应根据货源和船源的实际情况合理规定装运期。

(2) 出口商应及时和充分地向进口商发出装船通知，否则要承担进口商漏保的损失。

(3) 对出口商而言，最好(尽可能)采用 CFR 或 CIF：便于安排装运；可适当提高报价；便于处理货物(当进口商不付货款时)。

(4) 对进口商而言，最好避免使用 CFR(CIF)，最好采用 FOB，以减少出口商与船方勾结共同欺诈进口商的可能，如出口商与船方勾结，使用不适航的船舶运货、造假单据、发假通知，然后再通知进口商出事，实际可能并没有装运或人为凿船，以致造成进口商或保险人损失。因此，若不得不使用 CFR 时，进口商须在合同中对船级、船龄等加以特别规定。另外，使用 FOB 时，报价低，易比较。

(5) 由于该术语下，运输与保险分离，因此，出口商应争取使用 CIF 条件成交。

三、CIF 术语

CIF，即 Cost，Insurance and Freight(...named port of destination) 成本、保险费加运费(指定目的港)，如 CIF London(目的港)。

定义："Cost，Insurance and Freight" means that the seller delivers the goods on board the vessel，or procures the goods already so delivered. The risk of loss of or damage to the goods passes when the goods are on board the vessel. The seller must contract for and pay the costs and freight necessary to bring the goods to the named port of destination. The seller also contracts for insurance cover against the buyer's risk of loss of or damage to the goods during the carriage. The buyer should note that under CIF the seller is required to obtain insurance only on minimum cover. Should the buyer wish to have more insurance protection，it will need either to agree as much expressly with the seller or to make its own extra insurance arrangements. When CIF are used，the seller fulfils its obligation to deliver when it hands the goods over to the carrier in the manner specified in the chosen rule and not when the goods reach the place of destination.

(一) 基本特征

"成本、保险费加运费"是指，卖方在(装运港)船上交货或以取得已经这样交付的货物方式交货。货物灭失或损坏的风险在货物交到船上时转移。卖方须签订运输合同，或者取得一份这样的合同，并支付必要的成本和运费，将货物运至指定的目的港。此处"取得"一词适用于商品贸易中常见的交易链中的多层销售(链式销售，连环贸易)。

卖方还要为买方在运输途中货物的灭失或损坏风险办理保险。买方应注意到，在 CIF 下卖方仅需投保最低险别。若买方需要更多保险保障，则须与卖方明确达成协议，或者自行做出额外的保险安排。

当使用 CIF 时，卖方将货物交付给承运人时，即完成其交货义务，而不是货物到达目的地之时。

由于卖方需承担将货物运至目的地具体地点的费用，双方应尽可能确切地在指定目的港内明确该地点。若卖方按照运输合同在目的港产生了卸货费用，则除非双方事先另有约定，卖方无权向买方要求补偿该项费用。

CIF 可能不适合于货物在装船前已经交给承运人的情况，例如，集装箱运输货物通常在集装箱码头交货。在此类情况下，应该使用 CIP 术语。

适用时，CIF 术语要求卖方办理货物的出口清关手续。但卖方无义务办理进口清关、支付进口税或办理进口海关手续，进口事宜或有关税费由买方办理或承担。

（二）适用范围

适用于水运（包括内河运输）。

（三）买卖双方的主要义务

除了卖方须办理货运保险外，双方的其他义务与 CFR 完全相同。

（四）货运保险

CIF 条件与 CFR 的唯一区别在于，CIF 之下，卖方须办理货运保险并支付保险费。卖方办理保险对买方而言至关重要。因为 CIF 之下，货物在装运港装船之后，其灭失或损坏的风险从卖方转给了买方。当保险单转让给买方或其他合法持有保险单的人后，依保险单转让原则，买方或持有保险单的人在货损后可向保险人行使索赔权。因此，卖方的投保实际上直接关系到买方的利益。为此，INCOTERMS 对卖方应如何履行投保义务做出了明确规定。

(1) 保险人的选择。卖方必须向信誉良好的承保人（Underwriter）或保险公司投保。应使买方或其他对货物有可保利益的人有权直接向保险人索赔。

(2) 保险险别。在 CIF 条件下，为了自身的利益，买方可以根据货物的性质和特点，向卖方提出要求，投保适合货物的保险险别，卖方按买方要求投保适当的险别。若买方在订立买卖合同时，没有向卖方提出险别要求，根据 CIF，卖方只须投保 ICC 或类似保险条款的最低险别，如 ICC（C）或 CIC 的平安险等，而没有义务投保责任范围更大的险别。当然，险别不同，保费高低则不同。

(3) 保险期限（责任起讫）。根据保险惯例，在海上保险中，保险人责任期限一般采用"仓至仓条款"原则，即保险人可以从卖方存放货物的仓库启运开始承担责任，直到货物到达目的地存入买方指定的仓库为止。若买方没有在买卖合同中提出保险期限要求，在 CIF 条件下，卖方投保的责任起讫须与货物运输期间相符，并且须最迟自买方承担货物灭失或损坏的风险（即自货物在装运港装上船舶）时起对买方的保障开始生效，该保险责任期限还须至货物到达规定的目的地为止。

(4) 保险金额。该金额是保险人的最高赔偿金额，它的高低直接关系着被保险人权益保障问题。由于卖方是为了买方的利益投保的，因而保险金额的多少与买方的利益直接相关。若买方在订立买卖合同时，未提出保险金额要求，则卖方必须在 CIF 价值基础上加成 10%投保，即保险金额应为 CIF×110%。当然，买方可以提出高于 10%的加成，但以保险人接受为限。

(5) 特殊险别。在保险中，除了基本险之外，某些特殊风险，如战争、罢工、暴乱和民变等也是被保险人在特定时期需要获得的保障，但这些特殊风险一般在投保了基本险别之后才可加保。按 CIF 规定，卖方无义务投保特殊附加险，但在买方提出加保特殊附加险，并由买方承担保险费的情况下，卖方在可能的条件下，可以适当地接受并给予加保。

(6) 投保的货币。根据保险的原则，投保时使用何种货币，保险人赔偿时一般也以该货币作为赔偿的计算货币。因此，在 CIF 条件下，若买方没有提出要求，卖方投保时应采用合同的计价（可兑换）货币投保，确保买方的利益。

（五）装运单据的重要性

从交货方式上看，CIF 是一种典型的“象征性交货”，即卖方按合同规定在装运港将货物装船后，并提交了全套合格单据后，即使货物中途灭失，卖方也完成了交货义务，无须保证到货，可凭有关单据结汇。反之，卖方提交的单据不符合合同或 L/C 要求，即使货物安全到达目的地也不算完成交货义务，也不能结汇，买方可以拒绝付款。CIF 下，卖方凭单交货，买方凭单付款；卖方只保证按时交货，但不保证按时到货，交单视为交货；买方凭单付款，而非凭货付款。因此，从某种意义上说，CIF 下的单据比货物更重要。

（六）CIF 的译名

有人称 CIF 是“到岸价”，这种叫法不准确，原因有以下几点。

(1) 划分风险的界限是以货物在装运港装上船舶为界，卖方并不保证货物必须到岸，即货物装船后风险由买方承担。

(2) 运费的分界点虽然在进口国的卸货港，即正常运费由卖方承担，但额外费用，如避风港费用等仍然由买方负担。

(3) CIF 是象征性交货，只要单据齐全合格，不论货物是否安全到达，买方均须凭单付款，而非凭货付款，而“到岸价”可能凭货付款。

（七）实例

We offer to sell rice grade A about 1000 M/T，USD80 per M/T CIF New York shipment during Sep. 2010.

报价出售一级大米约 1000 公吨，每公吨 80 美元，目的港纽约 CIF，2010 年 9 月装运。

（八）使用 CIF 术语注意事项

(1) 卖方应按《2010 通则》《华沙-牛津规则》《美国对外贸易定义》的相关规定，正确处理与保险有关的问题。

(2) 原则上，卖方有权拒绝接受买方关于限制船舶（国籍、船型、船龄、船级、指定某船公司船舶）的要求。但可以根据具体情况予以通融（费用可由买方负担），一旦在合同中对船舶做出了规定，卖方必须遵守。

(3) 卖方应根据运距的远近、是否需要转船（转船比直达船费用高）、运价变动趋势（特别是各种附加运费）等情况合理核算运费和保险费。

(4) 双方应明确大宗货物的卸货费用由谁负担（租船运输）。

(5) 出口时最好争取采用 CIF，避免使用 FOB；进口时，最好避免使用 CIF，而选用 FOB。理由同 CFR 的注意事项。

(6) CIF 条件下，货物风险与费用（正常运费）的划分界限相分离。

(7) 在集装箱运输时，双方当事人不愿意以船舶作为风险转移界限时，可以不使用 CIF 而使用 CIP 术语。

(8) FAS、FOB、CFR 与 CIF 的关系表现为：

FAS=FOB-装船费

CFR=FOB+F（海运运费）

CIF=FOB+F+I（保险费）

第二节　FCA、CPT、CIP 术语

一、FCA 术语

FCA，即 Free Carrier(...named place of delivery) 货交承运人(……指定交货地点)，如 FCA Shanghai Port，China(交货地点)。

定义："Free Carrier" means that the seller delivers the goods to the carrier or another the person nominated by the buyer at the seller's premises or another named place.

(一)基本特征

"货交承运人"是指，卖方在其所在地或其他指定地点，将已出口清关的货物，交付给买方指定的承运人，即完成交货义务。

若交货是在卖方的所在地进行，则卖方应负责将货物装载于买方提供的运输工具；若交货是在任何其他地点进行，则卖方将处于其运输工具上并已准备好卸载的货物(卖方不负责卸载货物)交由承运人或买方的指定人处置。

风险在交货地点由卖方转移给买方，双方应尽可能清楚地表明指定交货地内的交货点。

若买方指定非承运人的其他人接收货物，则自货物交付给该人之时起，视为卖方已经履行了交付货物的义务。

若适用时，FCA 术语要求卖方办理货物出口清关手续。但卖方无义务办理进口清关、支付进口税或办理进口海关手续。买方负责办理进口清关手续并承担相关费用。

"承运人"是指在运输合同中，承担履行或办理履行铁路、公路、航空、海洋、内河运输或多式联运义务的人。

(二)适用范围

适用于任何运输方式，也可适用于多种运输方式，其适用范围最广。

(三)买卖双方的主要义务

1. 卖方义务

(1)卖方必须提供符合买卖合同约定的货物和商业发票，以及合同可能要求的其他与合同相符的证据；

(2)如适用时，卖方必须自负风险和费用，取得所有的出口许可或其他官方授权，办理货物出口所需的一切海关手续；

(3)卖方必须在合同规定的时间或期限内，在指定地点，将货物交给指定的承运人或其他人，并及时通知买方；

(4)买方负责将货物交给承运人控制之前的一切费用和风险。

2. 买方义务

(1)买方接受卖方提供的交货凭证，受领与合同相符的货物并支付货款；

(2) 如适用时，买方应自负风险和费用，取得所有进口许可或其他官方授权，办理货物进口和从他国过境运输所需的一切海关手续；

(3) 买方负责自付费用订立从指定地点承运货物的合同、支付运费，并将承运人名称及有关情况给予卖方充分通知；

(4) 买方承担货物交给承运人控制以后的一切费用和风险。

(四) 实例

We offer to sell man's jackets brand A 1000 pieces，USD 8 per piece FCA International Airport，Beijing，China，delivery during August，2010.

报价出售 A 牌男式夹克衫 1000 件，每件 8 美元，中国北京国际机场 2010 年 8 月交货。

二、CPT 术语

Carriage Paid To (...named place of destination) 运费付至(……指定目的地)，如 CPT Chicago，USA (目的地)。

定义："Carriage Paid To" means that the seller delivers the goods to the person nominated by the seller for transport of the goods at an agreed place (if any such place is agreed between the parties) and the seller must pay the cost of carriage necessary to bring the goods to the named destination.

(一) 基本特征

"运费付至"是指，卖方在出口国将货物在双方约定地点(若双方已约定了地点)交给卖方指定的承运人或其他人。卖方必须签订运输合同并支付将货物运至指定目的地所需费用(运费)。

在使用 CPT 术语时，当卖方将货物交付给承运人时，而不是当货物到达目的地时，即完成交货义务。

"承运人"是指，在运输合同中承诺通过铁路、公路、海洋、航空、内河运输或多式联运履行运输或由他人履行运输义务的任何人。

该术语下，风险转移和费用转移的地点不同。双方尽可能确切地在合同中明确交货地点，即风险在该地点由卖方转移至买方，以及指定的目的地，即卖方须签订运输合同将货物运到该目的地。

若运输涉及多个承运人，当卖方在某个完全由其选择的地点，将货物交付给第一个承运人时，风险转移至买方。若双方希望推迟转移风险，如在某海港或机场转移，则需要在买卖合同中订明。

若卖方按照运输合同在目的地卸货产生了费用，卖方无权向买方要求偿付，除非双方另有约定。

若适用时，卖方须办理货物的出口清关手续，但卖方无义务办理进口清关手续、支付任何进口税或办理进口相关的任何海关手续。

(二) 适用范围

适用于包括多式联运在内的各种运输方式。

（三）买卖双方的主要义务

与 CFR 相比，CPT 除了“可适用于各种运输方式”与 CFR 不同外，其他问题与 CFR 基本相同。

（四）实例

We offer to sell TV set brand A 1000 sets，USD 120 per set CPT Chicago，delivery during July，2010.

报价出售 A 牌电视机 1000 台，每台 120 美元，CPT 目的地芝加哥，2010 年 7 月交货。

三、CIP 术语

CIP，即 Carriage and Insurance Paid to（...named place of destination），运费、保险费付至指定目的地。

定义：“Carriage and Insurance Paid to” means that the seller delivers the goods to the carrier or another person nominated by the seller at an agreed place（if any such place is agreed between the parties）and the seller must contract for and pay the cost of carriage necessary to bring the goods to the named place of destination. The seller also contracts for insurance cover against the buyer’s risk of loss of or damage to the goods during the carriage. The buyer should note that under CIP the seller is required to obtain insurance only on minimum cover. Should the buyer wish to have more insurance protection, it will need either to agree as much expressly with the seller or to make its own extra insurance arrangements.

（一）基本特征

“运费和保险费付至”是指，卖方将货物在双方约定地点，交给其指定的承运人或者其他人。卖方必须签订运输合同并支付将货物运至指定目的地的所需费用。卖方还必须为买方在运输途中货物的灭失或者损坏风险签订保险合同。

CIP 术语在风险划分、责任与费用分担以及所适用的运输方式等方面的规定，均与 CPT 术语规定的内容相同。CIP 与 CPT 术语唯一不同的是，CPT 术语下的卖方无须办理货物的保险，而 CIP 术语下的卖方则必须就货物在运输途中灭失或损坏的风险投保，并支付保险费。

CIP 与 CIF 的区别是，CIF 只适用于海上运输，CIP 则可适用于各种运输；CIF 下的保险是海运保险；CIP 下的保险可能是多种保险。

（二）适用范围

可适用于任何运输方式，也可适用于多种运输方式。

（三）买卖双方的主要义务

与 CIF 相比，CIP 除了“可适用于各种运输方式”与 CIF 不同外，其他问题与 CIF 基本相同。

（四）实例

We offer to sell TV set brand A 1000 sets，USD 130 per set CIP Chicago，delivery during Aug.，2010.

报价出售 A 牌电视机 1000 台，每台 120 美元，CIP 目的地芝加哥，2010 年 8 月交货。

第三节 EXW、FAS 术语

一、EXW 术语

EXW，即 EX Works（...named place of delivery），卖方工厂交货（指定交货地点），如 EXW Beijing ×× Works，China（交货地点）。

定义："Ex Works" means that the seller delivers when it places the goods at the disposal of the buyer at the seller's premises or at another named place（i.e.，works，factory，warehouse，etc.）. The seller does not need to load the goods on any collecting vehicle; nor does it need to clear the goods for export，where such clearance is applicable.

（一）基本特征

"卖方工厂交货"，是指卖方在其所在地或合同中所指定的其他地点（如工厂、车间、仓库等）将未经出口清关且未装载于任何运输工具上的货物置于买方处置之下时，即完成了交货义务。

双方应尽可能明确交货地的地点，卖方承担到该地点的费用及风险。买方必须承担从该地点受领货物后的全部费用和风险。

卖方在必要时须根据买方的请求并由其承担风险和费用，及时向买方提供或协助其取得关于货物出口和/或进口、安检通关的相关文件和信息。卖方有义务在买方请求时并由其承担风险和费用，向买方提供必要的买方投保的信息。买方有义务向卖方提供货物安检信息要求及货物出口相关的信息。

该术语下，在指定的交货地点，将货物置于买方的处置之下，此时风险和费用由卖方转移给买方。

何为将"货物置于买方处置之下"？业务中一般称其为将"货物特定化"，即在货物的包装上打唛头，即打上适当的标记，向买方发通知等，交货时间已过，风险即可转移。由于自货物已置于买方的处置之下时起，买方应当承担与货物相关的一切风险和费用。因此，EXW 术语是卖方承担最小义务，而买方承担最大义务的术语。

（二）适用范围

适用于任何运输方式，也可适用于多种运输方式。EXW 适合于国内贸易。

这一术语代表在下列地点交货的情况：工厂、农场、矿山、仓库。按这一条件交货，在性质上类似于国内贸易，因为卖方只承担上述地点以内的风险、责任、费用等，不涉及出境、入境、运输、保险等事项。

（三）买卖双方的主要义务

1．卖方义务

（1）卖方必须提供符合买卖合同约定的货物和商业发票，以及合同可能要求的其他与合同相符的证据；

（2）卖方必须在合同规定的日期或者期限内，将货物交给买方；

（3）卖方承担货物交给买方处置之前的一切风险和费用。

2．买方义务

（1）买方受领货物，接受与合同相符的有关单据或具有同等作用的电子信息，并支付价款；

（2）如适用时，买方自负风险和费用，取得所有出口和进口所需的一切海关手续；

（3）买方须办理货物运输保险手续，支付保险费，并承担受领货物之后的一切风险和费用。

（四）实例

We offer to sell TV set brand A 1 000 sets，USD 100 per set Ex seller's Works Beijing ××，delivery during July，2010.

报价出售A牌电视机1000台，每台100美元，北京××工厂2010年7月交货。

（五）使用EXW术语注意事项

（1）卖方对买方没有装货义务，即使实际上卖方更方便装货。若卖方装货，也由买方承担相关风险和费用。当卖方更方便装货时，FCA更为适合，因为该术语下卖方有承担装货义务，且承担与此相关的风险和费用。

（2）买方需注意，卖方只有在买方要求时，才有义务协助其办理出口通关事宜。

（3）买方须支付所有强制性装船前的检验费用，包括出口国有关机构强制进行的检验费用。

（4）若出口国的海关手续不允许由外国人办理，或者买方不能直接或间接地办理出口清关手续，则不应使用EXW术语。在其他情形下，若买方希望由卖方办理出口清关手续，也不应使用EXW术语。

（5）以往在国际贸易中通常较少使用EXW术语，只有当买方在出口国有分支机构、代理人等时可使用该术语，否则买方难以处理在出口国的提货、清关、出口许可证等问题。但近年来，国外进口商与中国出口商进行贸易时，有时主动要求使用EXW术语，此时卖方可能无法控制货款和货权。

二、FAS术语

FAS，即Free Alongside Ship（…named port of shipment）装运港船边交货（指定装运港），例如：FAS Shanghai，China（装运港）。

定义："Free Alongside Ship" means that the seller delivers when the goods are placed alongside the vessel，e.g.，on a quay or a barge，at the named port of shipment. The buyer has to bear all costs and risks of loss of or damage to the goods from that moment.

（一）基本特征

“船边交货”是指，卖方在指定装运港将货物置于船边（如码头、驳船）时完成交货义务。因此，买方必须从船边起，承担此后的一切费用以及货物灭失或损坏的一切风险。由于卖方承担船边交货前的风险和费用，而且这些费用和相关作业费（如 THC）可能因各港口惯例不同而变化，因此，买卖双方尽可能清楚地约定指定装运港内的装货点（如码头内的具体地点等）。卖方应将货物交至船边或者取得已这样交运的货物。此处“取得”一词适用于贸易中常见的交易链的多层销售（链式销售或连环贸易）。“船边”是指吊钩能触及的地方。若大船无法靠岸，船边则指水面，此时卖方须将货物用驳船运到大船的船边，吊钩能触及的船边，才视为完成交货。

在适用时，FAS 术语要求卖方办理货物出口清关手续，但卖方无义务办理进口清关、支付进口税或办理进口海关手续。买方承担进口清关手续和费用。

在集装箱运输时，卖方通常将货物在集装箱码头移交给承运人，而非交至船边。此时，FAS 术语不适用，而应使用 FCA 术语。

（二）适用范围

适用于水运（包括海运和内河运输）。

（三）买卖双方的主要义务

1. 卖方义务

（1）卖方必须提供符合买卖合同约定的货物和商业发票，以及合同可能要求的其他与合同相符的证据；

（2）卖方须在买方指定船边完成交货；

（3）卖方须承担货物运至指定的装运港船边前的一切风险和费用；

（4）在适用时，卖方自担费用和风险，办理货物出口所需的一切海关手续，并缴纳有关税费。

2. 买方义务

（1）买方受领货物，接受与合同相符的有关单据或具有同等作用的电子信息，并支付价款；

（2）买方负责安排船只接受货物，支付运费，并及时通知卖方；

（3）买方负责办理货物运输保险手续，支付保险费，并承担货物运至指定装运港船边以后的一切风险和费用；

（4）在适用时，买方自担费用和风险，办理货物进口所需的一切海关手续，并缴纳有关税费。

（四）实例

We offer to sell about 100M/T wheat，USD 109 per ton FAS San Francisco，USA，shipment within 35 days after receipt of L/C.

报价出售小麦约 100 公吨，每吨 109 美元，美国旧金山港船边交货，收到信用证后 35 天发货。

第四节 DAP、DAT、DDP 术语

一、DAP 术语

DAP，即 Delivered at Place（…named place of destination）目的地交货（指定目的地），如 DAP Chicago…，USA（目的地）。

定义："Delivered at Place" means that the seller delivers when the goods are placed at the disposal of the buyer on the arriving means of transport ready for unloading at the named place of destination. The seller bears all risks involved in bringing the goods to the named place. The parties are well advised to specify as clearly as possible the point within the agreed place of destination，as the risks to that point are for the account of the seller. The seller is advised to procure contracts of carriage that match this choice precisely. If the seller incurs costs under its contract of carriage related to unloading at the place of destination，the seller is not entitled to recover such costs from the buyer unless otherwise agreed between the parties.

（一）基本特征

"目的地交货"是指，当卖方在指定目的地将仍处于抵达的运输工具上，且已作好卸载准备的货物交由买方处置时，即为交货。卖方承担将货物运送到指定地点的一切风险。由于卖方承担在特定地点交货前的风险，双方尽可能明确地约定指定目的地内的交货点。若卖方按照运输合同在目的地产生了卸货费用，则卖方无权向买方要求偿付，除非双方另有约定。

需要时，DAP 要求卖方办理出口清关手续。但是卖方无义务办理进口清关、支付进口税或办理进口海关手续（由买方负责）。若双方希望卖方办理进口清关、支付进口关税，并办理所有进口海关手续，则应使用 DDP 术语。因此，DAP 下，卖方只需在指定目的地将货物处于买方控制之下，而无须承担卸货费（由买方或船方卸货，比较适合程租船运输），也不负责进口清关。双方对货物的风险、责任及费用以目的地运输工具上为界限。换言之，DAP 下买卖双方在指定目的地运输工具上交货。

DAP 术语可以代替《2000 通则》的 DAF、DDU 和 DES 术语。后三种术语下，卖方不承担在交货地的卸货义务和费用。

（二）适用范围

适用于任何运输方式，也可适用于多种运输方式。

（三）买卖双方的主要义务

1. 卖方义务

（1）卖方必须提供符合买卖合同约定的货物和商业发票，以及合同可能要求的其他与合同相符的证据；

（2）卖方承担将货物交给买方控制之前的一切风险和费用；

(3) 卖方负责订立运输合同，在合同规定的日期或期限内，将货物运至合同约定的目的地的特定交货地点，如对特定交货地点未作具体规定，卖方可在指定目的地内选择最适合的交货地点；

(4) 卖方自负风险和费用，取得出口许可证或者其他官方批准证件，并且办理货物出口以及交货前通过第三国过境运输所需的一切海关手续，并缴纳有关税费；

(5) 卖方负责办理货物运输保险手续，并支付保险费。

2. *买方义务*

(1) 买方受领货物，接受与合同相符的有关单据或具有同等作用的电子信息，并支付价款；

(2) 买方承担货物交给其控制之后的一切风险和费用；

(3) 买方自负风险和费用，取得进口许可证或者其他官方批准证件，并且办理货物进口所需的一切海关手续，并缴纳有关税费；

(4) 买方承担卸(船)货费用。

二、DAT 术语

DAT，即 Delivered at Terminal (…named terminal at port or place of destination)，运输终端交货(指定目的港或目的地运输终端)，如 DAT Tianjin …Container Yard，China。

定义：“Delivered at Terminal” means that the seller delivers when the goods，once unloaded from the arriving means of transport，are placed at the disposal of the buyer at a named terminal at the named port or place of destination. “Terminal” includes any place，whether covered or not，such as a quay，warehouse，container yard or road，rail or air cargo terminal. The seller bears all risks involved in bringing the goods to and unloading them at the terminal at the named port or place of destination.

(一) 基本特征

“运输终端交货”是指，当卖方在指定目的港或目的地指定运输终端将货物从抵达的载货运输工具上卸下，交由买方处置时，即为交货。“运输终端”是指任何地点，而不论该地点是否封闭，如码头、仓库、集装箱堆场，或公路、铁路、空运的货站。卖方承担将货物送至指定港口或目的地的运输终端并将其卸下的一切风险。此后的风险由买方承担。由于卖方承担在特定地点交货前的风险，因此，双方尽可能确切地约定运输终端，或若可能，在约定港口或目的地的运输终端内的特定的交货点。卖方必须订立运输合同。

此外，若双方希望由卖方承担由运输终端至另一地点间运送和受理货物的风险和费用，则应使用 DAP 或 DDP 术语。

适用时，DAT 要求卖方办理出口清关手续，但卖方无义务办理进口清关、支付进口税或办理进口海关手续(由买方承担)。因此，DAT 下，买卖双方对货物的风险、责任及费用以最终目的地交货(卸货)为界限。

DAT 术语可以代替《2000 通则》的 DEQ 术语，(DEQ 术语下，卖方要承担在目的港码头的卸货义务和费用，)比较适合班轮运输。

（二）适用范围

适用于任何运输方式，也可适用于多种运输方式。

（三）买卖双方的主要义务

与 DAP 相比，DAT 下卖方需要承担将货物在目的地或目的港运输工具上卸下的责任和费用，而 DAP 下卖方只需在指定目的地将货物处于买方控制之下，无须承担卸货责任和费用，除此之外，其他义务与 DAP 基本相同。

三、DDP 术语

DDP，即 Delivered Duty Paid（...named place of destination），完税后交货（指定目的地），如 DDP New York... ，USA。

定义："Delivered Duty Paid" means that the seller delivers the goods when the goods are placed at the disposal of the buyer，cleared for import on the arriving means of transport ready for unloading at the named place of destination. The seller bears all the costs and risks involved in bringing the goods to the place of destination and has an obligation to clear the goods not only for export but also for import，to pay any duty for both export and import and to carry out all customs formalities. DDP represents the maximum obligation for the seller.

（一）基本特征

"完税后交货"是指，当卖方在指定目的地将仍处于抵达的运输工具上（不负责卸货），但已完成进口清关，且已作好卸载准备的货物交由买方处置时，即为交货。卖方承担将货物运至目的地的一切风险和费用，并且有义务完成货物出口和进口清关，支付所有出口和进口的关税和办理所有海关手续。由于卖方承担在特定地点交货前的风险和费用，因此双方应尽可能清楚地约定在指定目的地内的交货点。

卖方订立运输合同。若按照运输合同，卖方在目的地产生了卸货费用，除非双方另有约定，卖方无权向买方要求补偿。

若卖方不能直接或间接地完成进口清关，则不应使用 DDP。若双方希望买方承担所有进口清关的风险和费用，则应使用 DAP 术语。

除非买卖合同中另行明确规定，增值税或其他应付的进口税款由卖方承担（卖方通常排除增值税）。

（二）适用范围

适用于任何运输方式，也可适用于多种运输方式。

（三）买卖双方的主要义务

该术语是卖方承担风险、责任和费用最大（而买方最小）的一种术语，作为出口商的卖方应谨慎使用该术语。

与 DAP 相比，DDP 除增加了卖方办理进口手续并承担相关进口费用外，其他义务与 DAP 基本相同。

四、国际贸易术语之间的比较

掌握每种贸易术语，以及比较不同种类的贸易术语之间的异同时，应注意以下几个方面：

(1)卖方的交货地点；

(2)买卖双方风险划分的界限；

(3)主要责任的划分(办理运输、保险、出口手续以及单据)；

(4)主要费用的划分(与上述责任相关的费用的分担)；

(5)适用的运输方式。

为了便于查找和使用各种贸易术语，现将贸易术语分类排列成下表。

表 2-1 《2010 通则》11 种贸易术语归纳对比表

贸易术语	交货地点	风险转移界限	出口手续费用	进口手续费用	运输方式
EXW	产地或卖方所在地	买方处置货物后	买方	买方	所有方式
FCA	出口国内地或港口	承运人处置货物后	卖方	买方	所有方式
FAS	装运港船边	货物交与船边后	卖方	买方	水上运输
FOB	装运港船上	货物装于船舶后	卖方	买方	水上运输
CFR	装运港船上	货物装于船舶后	卖方	买方	水上运输
CIF	装运港船上	货物装于船舶后	卖方	买方	水上运输
CPT	出口国内地或港口	承运人处置货物后	卖方	买方	所有方式
CIP	出口国内地或港口	承运人处置货物后	卖方	买方	所有方式
DAT	进口国运输终端	买方处置货物后	卖方	买方	所有方式
DAP	进口国指定目的地	买方处置货物后	卖方	买方	所有方式
DDP	进口国内指定地点	买方处置货物后	卖方	卖方	所有方式

本章小结

1.《2010 通则》有 11 个贸易术语，包括 FOB、CFR、CIF、FCA、CPT、CIP、EXW、FAS、DAP、DAT 和 DDP，对贸易术语的解释主要从基本特征、适用范围、买卖双方的主要义务、注意事项等方面进行分析和比较。

2. 国际贸易中较常用的贸易术语是 FOB、CFR、CIF；贸易术语 FCA、CPT 和 CIP 是在 FOB、CFR 和 CIF 的基础上发展而来的；在义务方面，EXW 术语下，卖方的义务最小，而 DDP 术语下，卖方的义务最大。

基本概念

FOB　CFR　CIF　FCA　CPT　CIP　EXW　FAS　DAP　DAT　DDP　货物特定化

思考题

1. 以 FOB 术语成交，都需要注意哪些问题？
2. 将 CIF 称为“到岸价”合理吗？为什么？
3. 试比较《2010 通则》中 11 种贸易术语的异同点。
4. 试比较 FOB、CFR、CIF 术语与 FCA、CPT、CIP 术语对卖方有何不同。

案例分析

1. FOB合同，货物已按规定装船，船只离港4小时后触礁沉没。第2天，当卖方凭全套单据要求银行付款时，买方以货物已全部损失为由，拒绝付款。请问：买方是否有理？为什么？

2. 某公司以CPT条件出口一批冬装，公司按期将货物交给指定承运人，但运输途中由于天气原因延期一个月，错过了销售季节，买方为此向该公司提出索赔。请问：此项损失应由谁承担？

3. 我国某内陆出口公司向日本出口一批货物，FOB新港，装运期为2月25日之前，货物必须装集装箱。该出口公司在2月上旬便将货物运到天津，不料货物在天津存仓后的第二天，仓库午夜着火，抢救不及，货物全部被焚。请问：从中我们可以得到什么教训？

4. A公司以FOB条件出口一批茶具，合同签订后委托我方租船，买方负担相关费用。我方接受委托，但时至装运期我方在规定装运港却无法租到合适的船，且买方不同意改变装运港。因此，到装运时期届满时货仍未装船。买方因销售季节即将结束，便来函以我方未按期租船履行交货义务为由撤销合同。请问：我方应如何处理？

5. 中国A公司与某国B公司以CFR术语签订出口合同一份，A公司按合同规定在2015年5月20日将货物运至码头装船，在运输过程中车辆遇险颠覆，货物受损，A公司告知B公司事故。由于CFR是买方投保，A公司提出按保险惯例，承包范围为仓至仓，所以要求B公司向保险公司索赔。请问：B公司可以得到赔偿吗？

第三章

贸易术语的选择与运用

学习目标

1. 了解贸易术语与合同的联系与区别；
2. 熟悉贸易术语的选择与运用。

第一节　贸易术语与合同的性质

贸易术语不能代替合同条款，在《2010 通则》引言中，首次明确了贸易术语与买卖合同的关系：切记，贸易术语并没有给当事人提供一份完整的买卖合同。贸易术语确实规定了买卖合同中哪一方有义务安排运输、保险，卖方何时向买方交货以及各方应支付的费用。然而，贸易术语并没有规定付款价格或付款方式，也没有涉及货物所有权的转移或违约的后果等。这些问题通常是通过买卖合同的明示条款和其适用的法律解决。合同当事人应意识到，当地强制适用的法律有可能优先于(Override)买卖合同的条款，包括所选择的贸易术语的规定在内。因此，贸易商在交易中选择贸易术语时，须正确处理术语与买卖合同的关系。

一、贸易术语对国际货物买卖合同产生影响的方式

国际贸易术语是在长期国际贸易实践中产生的，随着国际贸易实践的发展不断修改和完善，为国际贸易的顺利开展提供了极大的便利，同时它对国际货物买卖合同产生了一定的影响。国际贸易术语对国际货物买卖合同产生影响主要通过以下几种方式。

(一) 在合同中明确约定适用《2010 通则》中的某一贸易术语

这是国际货物买卖合同适用《2010 通则》最常用的方式之一。在该种方式下，将《2010 通则》纳入买卖合同，将其变为合同条款之一，因而它对合同当事人具有强制性的约束力，除非合同另有约定或者该合同所适用的法律另有规定，合同当事人必须依据《2010 通则》的相关规定履行合同。

(二) 在合同中明确约定适用某一贸易术语，但没有明确约定对该术语的解释依据

在该种方式下，《2010 通则》适用货物买卖合同还需要符合当事人国内法的相关规定，

否则可能产生争议。首先，需要当事人的国内法承认《2010 通则》之类的国际惯例，对合同当事人具有强制性的约束力。其次，需要当事人国内法规定，涉及贸易术语的解释必须依据《2010 通则》，而不是其他法律法规或惯例。

(三)推定合同默示适用《2010 通则》

《联合国国际货物销售合同公约》第 9 条规定："双方当事人应受他们已同意的任何惯例的约束,除另有协议外,双方当事人应视为默示同意他们已经或理应知道的惯例的约束。"也就是说，对于众所周知的国际惯例，除非当事人在合同中有相反的规定，否则认为已被当事人默示接受,从而适用于合同。此外,在司法实践中,法官和仲裁员有时也可推定《2010 通则》适用于当事人所订立的国际货物买卖合同。

二、贸易术语对国际货物买卖合同的作用及局限性

贸易术语一旦被纳入买卖合同之后，则构成合同的一部分内容，对合同当事人具有约束力，即成为调整合同双方权利和义务的依据之一。贸易术语所调整的主要是货物的交付、进出口手续的办理、风险的转移、费用的划分和通知义务的履行等问题。因此，贸易术语对国际货物买卖合同起到了补充和解释的作用，简化了合同条款，丰富了合同内容。

但是贸易术语规定的这些问题只是与合同的履行有关的法律问题的一部分。除这些问题之外，在合同的履行中还涉及所有权的转移和保留等许多问题，这是买卖合同中具有核心意义的问题，但贸易术语对此并没有规定。对于买卖双方来说，他们间因合同而产生的问题还包括合同的成立与生效，合同的变更、解除与修改，违约责任等问题。对于这些问题，贸易术语也没有任何规定。对于这些没有规定的问题，须依赖于合同当事人的约定和合同所适用的法律来加以调整。通常一个国际货物买卖合同一般由合同的约定、合同所适用的法律以及贸易术语同时对合同产生效力，共同决定双方当事人的权利和义务。

因此，贸易术语只是调整货物买卖合同当事人权利义务的依据之一，换言之，它对买卖合同所产生的作用是有一定限度的，不可能解决合同中的所有问题。

尽管贸易术语对国际货物买卖合同的履行很重要，但由于它没有涉及买卖合同履行中可能产生的所有问题，因而它不可能代替一个完整的货物买卖合同所必需的全部条款，即它不能单独使用，必须与买卖合同结合使用。所以，在国际货物买卖中，应结合《联合国国际货物销售合同公约》等国际国内有关的公约、法律和其他贸易惯例等使用贸易术语。

第二节　选择贸易术语应考虑的因素

一、选择贸易术语应考虑的重要因素

国际贸易中，可供贸易商在交易中选择的贸易术语很多，由于各种贸易术语都有其特定的含义和特征，不同的贸易术语，买卖双方所承担的责任、义务、风险也不同，贸易术语的选择直接影响了买卖双方的经济利益，因此，在选择贸易术语时，一般都要综合考虑一些重要因素。

（一）必须体现我国的对外政策

选择贸易术语时，我们必须体现平等互利的原则，尽量选择双方熟悉的、对买卖双方都较为便利的贸易术语，如最常用的贸易术语是 FOB、CFR、CIF 三种。

（二）应该考虑本国保险业和运输业的发展情况

从宏观经济利益考虑，为了扶持和促进我国保险业和运输业的发展，在可能的情况下，我国企业在出口业务中，尽量采用 CFR、CPT、CIF 和 CIP 等术语，在进口业务中，尽量采用 FOB 和 FCA 等术语。

（三）必须考虑运输条件和运费因素

《2010 通则》对每种贸易术语所适用的运输方式作出了规定，有适用于任何运输方式的术语（如 FCA、CPT、CIP 等）和仅适用于水上运输方式的术语（如 FOB、CFR、CIF 等），买卖双方应该根据自身的实际情况正确选择适合的贸易术语。除此之外，买卖双方还应考虑本身的运输能力，在本身能力充足的情况下，尽量由自身安排运输条件成交，否则应由对方安排运输。

（四）必须重视规避风险

在国际贸易中存在着很多风险，买卖双方必须具备一定的风险意识。首先，要考虑运输途中的货运风险。货物在国际贸易中一般都要经过长途运输，可能会遇到各种意外事故、自然灾害等风险，特别是遇到战争或者人为障碍与破坏的时期和地区，运输途中的风险更大，为规避风险，除了考虑购买适合的保险外，也应在选择贸易术语上着重考虑，应争取选择由对方承担货运风险的贸易术语。其次，要考虑贸易欺诈风险，尤其是采用 FOB 术语成交，对买方来说可能会遭遇贸易欺诈风险，因此在选择贸易术语时，除非交易对象信用良好或者是长期合作的交易伙伴，否则买方一般不应该选择 FOB 术语。

（五）必须考虑办理进出口清关手续的难易程度

关于进出口货物的清关手续，不同的国家有着不同的规定，有些国家规定不能由买方办理清关手续，则不宜按 EXW 术语成交，应选择按 FCA 术语成交；有些国家规定不能由卖方办理清关手续，则不宜按 DDP 术语成交，应选择 DAP 术语成交。

二、如何根据运输方式选择贸易术语

（一）如何选择适合任何运输方式的术语

(1) 若卖方仅打算将其责任限于在其所在地或另一指定地点将货物置于买方处置之下，而不承担任何其他义务，包括不承担出口清关手续和费用，可考虑使用 EXW。但这还需要综合考虑其他问题，如货款和货物控制权等。

(2) 若卖方愿意自己办理出口清关手续并承担相关费用，且在承运人指定地点将货物交给买方处置下，可考虑使用 FCA 术语。

(3) 若卖方除承担 FCA 所须履行的其他义务外，还愿意承担将货物运到目的地的运费，可考虑选择 CPT。但这还应考虑一旦货物中途灭失或损坏，而买方又拒绝提货时的风险。因此，卖方还可考虑争取选择承担货物运往目的地的保险费的 CIP 术语。

(4) 若卖方欲在目的地指定地点交货，且愿意承担货物运送到该地点的费用(卸货费除外)和风险，可考虑选择 DAP。(租船运输)

(5) 如果卖方除承担 DAP 所须履行的义务外，还愿意承担货物运送到该地点并从运输工具上卸货产生的费用，可考虑选择 DAT。(班轮运输)

(6) 如果卖方除承担 DAP 所须履行的义务外，还愿意承担货物的进口报关和有关关税，可考虑选择 DDP。

(二) 如何选择适合水上运输方式的术语

(1) 当卖方愿意在装运港船边交货或买方获得所要交付的货物时，可考虑使用 FAS。

(2) 当卖方愿意在装运港船上交货或买方获得所要交付的货物时，可考虑使用 FOB。但以上 2 种术语下，卖方必须能够控制提单，以便控制货款和货权。

(3) 当卖方除承担 FOB 所须履行的义务外，还愿意承担货物运往目的港的运费时，可考虑争取使用 CFR。

(4) 当卖方除承担 CFR 所须履行的义务外，还愿意承担货物运到目的港的保险费时，可考虑争取使用 CIF。

本章小结

1. 贸易术语不能代替合同条款，切记，贸易术语并没有给当事人提供一份完整的买卖合同。因此，贸易商在交易中选择贸易术语时，须正确处理术语与买卖合同的关系。

2. 贸易术语对国际货物买卖合同产生的影响主要通过三种方式。贸易术语只是调整货物买卖合同当事人权利义务的依据之一，对国际货物买卖合同起到了补充和解释作用，但仍存在一定的局限性。

3. 不同的贸易术语，买卖双方所承担的责任、义务、风险也不同，贸易术语的选择直接影响了买卖双方的经济利益，因此，在选择贸易术语时，一般都要综合考虑一些重要因素。如我国的对外政策、我国保险业和运输业的发展情况、运输条件和运费因素、规避风险、办理清关手续的难易程度等因素。

思考题

1. 贸易术语对国际货物买卖合同产生影响的方式有哪些？
2. 贸易术语对国际货物买卖合同的作用及局限性体现在哪些方面？
3. 正确选择贸易术语应考虑哪些因素？
4. 如何选择适合任何运输方式的术语？
5. 如何选择适合水上运输方式的术语？

案例分析

1. 某口岸出口公司按 CIF London 向英商出售一批核桃仁，由于该商品季节性较强，双方在合同中规定：买方须于9月底前将信用证开到，卖方保证运货船只不迟于12月2日驶抵目的港；如货轮迟于12月2日抵达目的港，买方有权取消合同；如货款已收，卖方须将货款退还买方。请问：这一合同的性质是否属于CIF合同？若对方一定要我方保证到货时间，则应选用什么术语？

2. 我国从日本进口货物，如按FOB条件，须由我方派船到日本接运货物；如按CIF条件成交，则由日方租船将货物运往我国口岸。因此，按FOB条件我方承担的货物运输风险比按CIF条件大。请问：这种说法是否正确？为什么？

3. 我方某进出口公司对日本某客户发盘，供应棉织浴巾4 000打，每打CIF大阪80美元，装运港大连。现日商要求我方改报FOB大连价格。请问：我出口公司对价格应如何调整？如果最后按FOB条件签订合同，买卖双方在所承担的责任、费用和风险方面有何区别？

4. 印度孟买一家电视机进口商与日本京都电器制造商洽谈买卖电视机交易。从京都(内陆城市)至孟买有集装箱多式联运服务，京都当地货运商以订约承运人(Contracting Carrier)的身份可签发多式联运单据。货物在京都距制造商5公里的集装箱堆场，由货运装入集装箱后，用卡车经公路运至横滨然后装上海轮运到孟买。京都制造商不愿承担公路和海洋运输的风险；孟买进口商则不愿承担货物交运前的风险。试分析贸易双方可选择的贸易术语。

第二篇　国际贸易合同条款

第四章

合同的主体与标的

学习目标

1. 掌握合同货物的主要构成要素；
2. 学会并运用货物品质的表达方式、商品数量惯常使用的计量单位及计量方法；
3. 熟悉国际货物买卖合同中的品质、数量和包装条款的基本内容。

第一节　合同当事人

合同当事人是指以自己的名义订立与履行合同并享有一定的权利与承担约定的义务的人。合同当事人条款是说明合同当事人的基本情况和明确合同主体资格的一项不可缺少的最基本的条款。

一、合同当事人条款的重要意义

合同是指两个或两个以上的当事人通过协商达成一致的协议。在订立和履行合同过程中，各当事人都是合同主体，具有平等的法律地位，他们分别承担约定的义务。同时，交易双方都享有约定的权利，如在一定条件下，依法变更、转让和终止合同的权利，要求违约方赔偿损失或继续履行合同的权利，以及为解决履约争议依法申请仲裁或提起诉讼的权利等。

在买卖合同中需要具体订明合同当事人的名称，以明确合同的主体资格，从而有利于履行合同和解决合同纠纷。同时，还应该详细、准确地列明其地址，以方便当事人相互联系。这一点，对法律的适用很重要，应当予以高度重视，尤其是对为了逃避法律管辖的某些资信差的不法商人。因而，明确合同的主体资格，并详细具体列明合同当事人的名称与地址，具有十分重要的实践与法律意义。

二、合同当事人条款的主要内容

(一)合同当事人的名称或姓名

合同当事人通常为企业法人。所谓企业法人，是指以从事生产、流通、科技开发等活动为内容，以营利为目的的社会经济组织。这些组织是依法成立的，它们有自己的名称、机构和场所，有必要的资产，并具备相应的缔约能力和主体资格。

（二）合同当事人的地址

国际贸易中合同的当事人，一般分别处在不同的国家和地区，相距遥远。为了便于交易双方在履约过程中相互联系及顺利办理货物交接与货款结算等事项，需要在合同中分别载明各当事人所在地的详细住址及电话、传真和电子信箱等内容。否则，将会给合同的履行造成实际困难。

三、约定合同当事人条款的注意事项

（一）合同当事人必须具有缔约能力

各国对订立买卖合同的当事人（包括自然人或法人）都有特定的条件和要求。按各国法律的一般规定，订立合同的自然人必须是具有缔约能力的人，未成年人、精神病人和禁治产人订立合同必须受到限制。关于法人签订合同的行为能力，各国法律一般认为，法人必须通过其代理人在法人的经营范围内签订合同，越权的合同无效。因此，订立合同时，一定要注意当事人的缔约能力和主体资格问题。

（二）合同当事人的名称必须表述准确

约定合同当事人的名称（或姓名）不论用中文或外文表述，都应当明确、具体，列出全名，不能用简写或缩写的办法，更不能漏写或错写，以免给履约造成困难、引起误解或产生不良后果。

（三）合同当事人的地址应当正确、详细

为了合同的顺利履行，必须正确、详细地载明合同各当事人的地址、电话、传真号码和电子信箱等内容，以利各当事人之间及时保持业务联系。同时，确定当事人营业地的标准，应采用最密切联系的原则。若当事人有一个以上的营业地，且都与合同有关系，则采用“与合同及合同的履行关系最密切”的营业地，作为当事人的营业地，该营业地应与合同签订关系最密切，并具有发出报价、接受报价、交货、付款的能力。营业地如有变动，应以订立合同的营业地为准。

第二节　商品的名称

一、商品的名称及意义

商品的名称（Name of Commodity）简称品名，是国际贸易的交易对象或交易客体，法律上称之为标的或标的物，是指能使某种货物区别于其他货物的一种称呼。它在一定程度上能够反映商品的自然属性、用途和特性等。

在国际贸易的交易中，交易双方往往是凭借对交易商品的必要的描述来确定交易的标

的。品名的规定是双方交易的物质内容，是交易赖以进行的物质基础和前提条件，同时也关系到交易双方的权利和义务。因而品名是国际贸易合同不可缺少的内容，是进出口双方交接货物的基本依据，也是各类国际贸易单证必须载明的内容。同时，品名是确定对外贸易中的运输费、仓储费、保险费、关税和商品检验费等的重要依据，对交易成本和商品的价格有较为重要的影响。

二、商品命名的方法

(1) 以商品的主要用途命名。此种命名方法直接反映了商品的主要用途，便于消费者购买，多用于日用工业品、化妆品和医药产品，如防晒霜、感冒颗粒等。

(2) 以商品的主要成品或者原料命名。此种命名方法直接反映商品的主要原料或成分，便于消费者了解，多用于食品、保健品、化学品和医药产品，如花生油、羊毛衫、陶瓷杯等。

(3) 以商品的产地或产地的名胜古迹命名。此种命名方法直接反映商品的生产或制造地点，既可与其他商品区别，又可提高其知名度，如青岛啤酒、德州扒鸡等。

(4) 以商品的制作工艺或制作过程命名。此种命名方法直接反映商品的独特制作工艺，便于客户了解该商品的制作特征，增加对商品的信任度，如九制陈皮等。

(5) 以企业名称或者人名命名。此种命名方法直接反映商品的生产企业或者该产品的发明者或有卓越贡献的生产者等，有利于提高商品的知名度，如李宁、乔丹等。

(6) 以商品的外观形态命名。此种命名方法直观地反映了商品的外在形态，多用于食品、工艺产品，如黄豆、卷纸、直筒裤等。

(7) 以外语音译命名。此种命名方法常用于进口商品，如雅戈尔、可口可乐等。

三、合同中品名条款的内容

国际货物买卖合同中的品名条款一般比较简单，没有统一的格式。若有“商品名称”或“品名”的标题，则在下面列明交易双方成交商品的名称；若无标题，则在合同的开头部分加以文字说明，列明交易双方同意买卖某种商品的文句。

一般地，合同中品名条款的规定还取决于成交商品的品种和特点。就一般商品而言，只需要列明商品的名称即可，但有的商品往往具有不同的品种、型号、等级。因而，为明确起见，也需要把有关品种、产地和型号的概括性描述包括进去，作进一步的限定，如山西的老陈醋。此外，有的甚至把品质规格也包括进去，合成一个品名品质条款。总之，合同中关于标的物的规定全凭合同当事人的意愿协商进行。

四、规定品名条款应注意的事项

国际贸易合同中的品名条款，是合同的主要条件，如若出现差错，则会对合同的履行产生影响。因而，在列明品名条款时必须注意有关事项。

(1) 商品名称必须明确。合同中的品名规定必须确切地反映交易商品的特点，避免空泛、笼统的规定，使之利于合同的履行。

(2) 商品的品名必须如实、确切地反映商品的实际情况。合同中所列品名必须是卖方能够生产或提供，而买方实际需要的商品。但凡做不到的或不必要的夸张性的描述都不应列入。

(3) 商品的品名尽可能地采用国际通用的名称。有些商品的名称在不同国家、不同地区的叫法存在差异，为避免误解，使双方当事人的意思表示真正一致，应尽量使用国际通行的称呼。若使用地方性的名称，交易双方应事先就其含义达成共识。对于某些新商品的命名及其译名，则应力求准确、易懂，并符合国际上的习惯称呼。

(4) 选择合适的品名，在同一合同中，同种商品的品名应保持一致。有些商品有不同的名称，存在同一商品因名称不同而交付关税和班轮运费不一样的现象，同时各国采取进出口限制不同。所以，在确定品名时应选择方便进出口和有利于降低关税的名称，作为商品的品名。同时，为避免合同出现纠纷，同种商品在同一合同中所使用的品名应该保持一致。

第三节 商品的品质

一、商品品质的含义及其重要性

商品的品质(Quality of Goods)又称商品的质量，是指商品的内在质量和外观形态的总和，是对某项商品质量、规格、性能和生产等情况的综合说明。内在质量是指商品的物理性能、化学成分、生物特征、技术指标和成分等内在素质；外观形态是指商品的造型、结构、色泽及款式等要求。

在国际贸易中，商品品质的优劣直接影响到商品的使用价值和价值，它是决定商品使用效能和影响商品市场价格的重要因素。它不仅关系到销售数量的多少、市场份额的大小，还关系到商业信誉、企业形象以及消费者对其产品的认可度。在当前国际市场竞争空前激烈的情况下，许多国家都把提高商品质量、以质取胜作为非价格竞争的一个主要组成部分，是加强对外竞销的手段之一。因此，在出口贸易中，根据市场的现实或潜在需求的变化，不断提高产品的质量和服务，不仅可以增强出口竞争力，扩大销路，提高售价，而且还可以提高出口商品在国际市场的声誉，并反映出口国的科学技术和经济发展水平。在进口贸易中，严格把好商品质量关，使进口商品适应国内生产建设、科学研究和人们生活上的需要，是维护国家和人民利益并确保提高企业经济效益的重要举措。

合同中的品质条件不仅是构成商品说明的重要组成部分，也是买卖双方交接货物的主要依据，《联合国国际货物销售合同公约》第 35 条规定，如卖方交货不符合约定的品质条件，买方有权要求损害赔偿，也可要求修理或交付替代货物，甚至拒收货物和撤销合同。因此，商品品质决定合同是否能顺利履行。如果卖方交货品质、规格与合同规定不符，不仅难以收回货款，而且还需向买方支付损害赔偿及相应的利息。由此可见，在进出口合同中约定品质条件和订好品质条款，无论是从法律还是实践的角度分析，都是极其重要的。

二、对商品品质的具体要求

(一) 对进口商品品质的要求

进口商品质量的优劣，直接关系到国内用户和广大消费者的切身利益。凡品质不符合要求或对人身健康与动植物生长有害的商品，均不得进口。对于国内生产建设、科学研究和人们生活急需的商品，进口时应货比三家，切实把好进口质量关，使其品质适应国内的需求，以免影响国家的生产建设和人民的生活需要。同时，在签订合同时，应注意对商品质量要求的严密性，避免因大意疏忽造成不必要的损失。在货物到达时还应根据我国有关法律规定，严格进行质量检查，尤其要防止那些危害国家安全、破坏生态环境、对人民产生危害的产品(如毒品等)进入。

(二) 对出口商品品质的要求

出口商品的质量关系到用户的切身利益，同时也关系到出口企业甚至国家的声誉，因而，应该认真地对待。我国的出口商品要同全世界广大用户和消费者见面，为适应他们的需要，我们必须贯彻“以销待产”的方针和坚持“质量第一”的原则，大力提高出口商品质量，应注意以下几个方面。

1. 强化出口商的质量意识

应不断强化出口商的商品质量意识，把商品质量、企业信誉视为企业的命脉，不断提高出口商品的质量。凡质量不稳定或质量不过关的商品，不轻易出口，以免败坏声誉，即使质量较好的商品，也要本着精益求精的精神，不断提高品质，加速更新换代，以赶上和影响世界的消费潮流，增强产品在国际市场上的竞争力。

2. 针对不同市场和不同消费者的需求确定适销对路的品质

由于世界各国经济发展不平衡，各国生产技术水平、生活习惯、消费结构、购买力和各民族的爱好互有差异，因此，出口商在出口商品前一定要先做好市场调研，要注重对不同目标市场、不同消费群的分析和研究，把握不同层次的特点及其变化方向。从国外实际出发，做好产销结合，使出口商品的质量、规格、花色和式样等适应国外市场的消费水平和消费习惯，从而保持比较强的竞争力。

3. 适应进口国是相关法令的规定和要求

各国对进口商品的质量都有某些法令规定和要求，凡质量不符合法令规定和要求的商品，一律不准进口，有的还要就地销毁，并由卖方承担由此引起的各种费用。因此，我们必须充分了解各国对进口商品的法令规定和管理制度，以便使我国出口商品能顺利进入国际市场。

4. 适应国外自然条件、季节变化和销售方式

由于各国自然条件和季节变化不同，销售方式各异，商品在运输、装卸、存储和销售过程中，可能会发生某种品质上的变化。因此，需要注意自然条件、季节变化和销售方式的差异，掌握商品在流通过程中的变化规律，使出口商品质量适应这些方面的不同要求，有利于增强我国出口商品的竞争力。

三、表示商品品质的方法

国际贸易中买卖的商品，种类繁多，特点各异，用来说明商品品质的方法也各不相同。概括起来，主要包括凭实货表示和凭说明表示两大类。

(一)凭实货表示成交商品的质量

1. 看货成交

看货成交是凭成交商品的实际品质进行交易的一种做法，通常是先由买方或其代理人在卖方所在地验看货物，达成交易后，只要卖方交付的是经买方验看过的商品，买方就不得对卖方交货品质提出异议。

在国际货物贸易中，由于交易双方相距遥远，买方到卖方所在地看货有诸多不便，即使卖方有现货在手，买方也有代理人代为验看货物，也无法逐件查验，因此在实际交易中采取看货成交的情况较少。此种方式多用于寄售、拍卖和展卖业务。

2. 凭样品成交(Sale by Sample)

样品通常是从一批商品中抽取出来的或由生产、使用部门设计、加工出来的，足以反映和代表整批商品质量的少量实物。它一般有两种形式：一是参考样品，即作为交易的媒介，使对方通过它对货物的品质有个大致了解，以便考虑是否能谈成交易，所以参考样品只是提供对方参考，不作为交货的最终依据；二是标准样品，又称成交样品，它是买卖双方成交货物的最后依据。若采用了这种方式，卖方要保证其所交的货物与样品完全一致。一种样品若没有标明是参考样品还是标准样品，一律作为标准样品看待。

凭样品成交是指，买卖双方约定以样品表示成交商品的质量并以此作为交货的依据。在国际货物贸易中，按样品提供者的不同可以分为以下几种。

(1)卖方样品(Seller's Sample)。由卖方提供的样品称为卖方样品。凡凭卖方样品作为交货的品质依据者，称为凭卖方样品成交。在此情况下，在买卖合同中应订明：品质以卖方样品为准(Quality as per Seller's Sample)。若是采取此种方式出口，对外寄送的样品必须具有代表性，样品品质偏高会给以后履约造成困难，品质偏低会遭到对方拒收。样品应选出三份，除买卖双方各保留一份外，另一份按照合同规定存放在商检机构，以便将来双方发生争议时，用来作为解决纠纷的依据。

(2)买方样品(Buyer's Sample)。买方为了使其订购的商品符合自身要求，提供样品交由卖方依样承制，如果卖方同意按买方提供的样品成交，称为凭买方样品成交。在此情况下，买卖合同应订明：品质以买方样品为准(Quality as per Buyer's Sample)。

“凭买方样品成交”又称“来样成交”。这样做可以利用国外客户对当地市场比较熟悉的长处和他们的产品设计能力，提高我国商品的适销性，以扩大产品的出口和市场竞争力。

(3)对等样品(Counter Sample)。在国际货物贸易中，卖方往往不太愿意承接凭买方样品成交，为避免日后出现纠纷，卖方可根据买方提供的样品，加工复制出一个类似的样品交买方确认。这种经确认后的样品，称为“对等样品”或“回样”，也可称之为“确认样品”(Confirming Sample)。当对等样品被买方确认后，日后卖方所交货物的品质，必须以对等样品为准。

在国际贸易中单纯凭样品成交的并不多，但无论凭哪种样品成交，为避免不必要的纠纷，都应在合同中写入“品质与样品大致相同”(Quality is Nearly Same as the Sample 或 Quality Shall be About Equal to the Sample)。此外，买卖双方为增进彼此对对方商品的了解，往往采用互相寄送样品的做法。这种以介绍商品为目的而寄出的样品，一般标明“仅供参考”(For Reference Only)字样，以免与标准样品混淆。在寄送“参考样品”的情况下，如买卖合同未注明交货品质以该项样品为准，而是约定了其他方法来表示品质，这就不是凭样品成交，这种样品对交易双方均无约束力。

(二)凭文字说明表示商品的质量

在国际贸易中，凡以文字、图标、照片等方式来描述和表示商品质量的，均属凭说明表示商品质量的范畴。属于这一范畴的表示方法有以下几种。

1. 凭规格成交(Specification of Goods)

商品的规格是指一些足以反映商品品质的主要指标，如化学成分、含量、纯度、性能、容量、长短、粗细等。凭规格成交时，说明商品品质的指标因商品不同而异，即使是同一商品，因用途不同，对规格的要求也会有差异。例如，在买卖大豆时，如作榨油用，就要求在合同中列明含油量指标；如作食用，则不必列入含油量指标，但蛋白质的含量就成为应当列明的重要指标。

用规格表示商品品质的方法，具有简单易行、明确具体，且根据具体每批成交商品的具体品质状况灵活调整的特点，所以这种方法在国际贸易中被广泛运用。

2. 凭等级成交(Sale by Grade)

商品的等级是指同一类商品，按其规格上的差异，分为品质优劣各不相同的若干等级。不同的级别代表不同的品质，而同一种等级都规定有相对固定的价格。凭等级成交通常只说明商品的级别就可以确定买卖货物的品质。

商品的等级，通常是由制造商或出口商根据长期生产和了解的该商品的经验，在掌握其品质规格的基础上制定出来的。这种表示品质的方法有利于更好地满足各种不同消费者的需求，简化交易手续，做到按质论价，同时也有利于安排生产和加工整理工作。但是，有个别厂商制订的等级本身并无约束力，因而买卖双方在洽谈交易时，可根据自己的需要酌情调整或变更。

3. 凭标准成交(Sale by Standard)

商品的标准是指将商品的规格和等级标准化。商品的标准，有的由国家或有关政府主管部门规定，也有的由同业工会或国际性的工商组织规定。在国际贸易中，人们常常使用某种标准作为说明和评定商品质量的依据。例如，在买卖泰国稻米时，经常使用泰国农业部制定的稻米标准。

国际贸易中所采用的各种标准，有些具有法律效力，凡品质不符合标准的商品，不允许进口或出口。但有些标准不具有法律效力，仅供买卖双方参考，买卖双方可另行约定对品质的具体要求。在我国的实际业务中，许多产品不仅有我国标准也有国际标准，此种情况下，应争取以我国公布的标准为品质依据进行买卖。但为了把生意做活，也可根据需要和可能，酌情采用国外规定的品质标准。尤其是国际上已被广泛采纳的标准，一般可按该标准进行交易。由于商品的品质标准随生产和技术的变化而不断地修改和变动，同一部门制定的某一商品的标准，可能有不同年份的不同版本。因此，在采用某国的标准时，应标明所采用的年份和版本，以免引起不必要的争议和纠纷。

在国际贸易中，对于某些品质变化较大而难以规定统一标准的农副产品，往往采用“良好平均品质”(Fair Average Quality，FAQ)和“上好可销品质”(Good Merchantable Quality，GMQ)来表示交易商品的品质。

(1)所谓“良好平均品质”，是指一定时期内某地出口货物的平均质量水平，一般是对中等货物而言。具体包括以下几种：一是指农产品的每个生产年度的中等货，即由生产国在农产品收货后对其进行广泛抽样，从中制定年度的 FAQ 标准；二是指某一季度或某一装船月份在装运地发运的同一种商品的“平均品质”，即从各批出口货物中抽样后进行综合评定，取其中者作为 FAQ 标准。

在我国出口的农副产品中，也有用“FAQ”来说明其品质的。但我们所说的“FAQ”一般是指大路货，是和“精选货”(Selected)相对而言的，而且在合同中除了标明大路货之外，还订有具体规格。例如，“大豆 2012 年产，大路货，蛋白质最低含量 38%”。在交货时，以合同约定的具体规格作为依据。

(2)所谓“上好可销品质”，是指商品的品质上好，适合市场销售，无须说明商品的具体品质。一般适用于无法以样品或国际公认的标准来检验产品品质的一些商品，如木材、冷冻鱼虾等水产品。这种品质标准更为笼统，难以掌握，履约时容易引起争议，所以国际贸易中一般不采用。

3. 凭说明书和图样成交(Sale by Description and Illustration)

在国际贸易中，有些机械、电器和仪表等技术密集型产品，因其结构和性能复杂，安装、使用、维修都有一定的操作规程，无法以样品或简单的几项指标来表明全貌。因此，对于此类产品，交易双方除了规定其名称、商品牌号、型号等外，通常还必须采用说明书并辅以图样、照片、设计、图纸、分析表及各种数据来说明其具体性能和结构特点。按此种方式进行交易，称为凭说明书和图样成交。

凭说明书和图样买卖时，要求所交易的货物必须符合说明书所规定的各项指标。但是，由于这类产品的技术要求比较高，品质与说明书或图样相符合的产品有时在使用时并不一定能达到设计的要求，所以在合同中除列入说明书的具体内容外，一般还需订立卖方品质保证条款和技术服务条款。例如，合同规定：“卖方须在一定时期内保证其商品的质量符合说明书所规定的指标，如在保证期内发现品质低于规定，或部件的工艺质量不良，或因材料内部隐患而产生缺陷，买方有权提出索赔，卖方有义务消除缺陷或更换有缺陷的商品或材料，并承担由此引起的各项费用。”

4. 凭商标或品牌成交(Sale by Brand)

商标(Trade Mark)是指生产者或经营者用来说明其所生产或出售的商品的标志，它可由一个或几个具有特色的单词、字母、数字、图形或图片等组成。品牌(Brand)是指工商企业给其制造或销售的商品所冠的名称，以便与其他企业的同类产品区别开来。一个品牌可用于一种产品，也可用于一个企业的所有产品。前者是指每一个产品使用一个品牌，以代表其具有不同的品质；后者是指一个厂商所出产的各种商品，都使用同一品牌，以表示都达到该厂商规定的标准品质。

在国际贸易中，对那些品质优良、信誉良好、广为人知的商品，交易双方只需要说明该商品的品牌名或商标，无须对品质提出详细要求，就足以说明商品的品质。但是，如果一种品牌的商品同时有许多种不同型号或规格，为明确起见，就必须在规定品牌的同时，说明其型号或规格。

凭商标或品牌成交，一般只适用于一些品质稳定的工业制成品或经过科学加工的初级产品。在进行此类交易时，必须把好质量关，保证产品的传统特色，把维护名牌产品的信誉放在首要地位。此外，若我国企业接受国外客户订货，并约定印刷外商提供的品牌时，则应注意该项品牌是否合法，以免出口商品运往国外时触犯进口国家的商标法而引起纠纷。

5. 凭产地名称成交(Sale by Name of Origin)

在国际货物买卖中，有些产品因产区的自然条件、传统加工工艺等因素的影响，在品质方面具有独特的风格和特色，对于此类产品，一般用产地名来表示其品质，如“四川榨菜”“景德镇陶瓷”等。

四、合同中的品质条款

(一)品质条款的基本内容

在贸易合同中，品质条款的基本内容包括货物品名、规格、等级、标准、商标或产地等，具体条款因商品的不同而制订方法也不同。在看货成交时，一般应列明商品的存放地点或仓库名称，以及生产日期、生产序列号、货号等；在凭样品成交时，一般应列明样品的编号或寄送日期，有时还加列交货品质与样品一致相符的说明；在凭标准成交时，一般应对照所引用的标准和标准版本的年份。此外，对于某些品质规格、性能比较复杂的货物，订立品质条款时要特别慎重。对于一些难以准确地衡量品质的商品，合同中还要规定品质机动幅度条款或品质公差条款。

(二)品质机动幅度的约定

为保证进出口合同的顺利履行，对质量指标容易出现差错的某些制成品，可在品质条款中做出某些灵活的变通。

1. 品质公差(Quality Tolerance)

品质公差是指国际同行业所公认的品质的公差。在工业制成品中，对产品质量指标难免产生一定的误差(如手表走时每天误差若干秒等)，这种国际上公认的产品品质的误差，即使在合同中不作规定，卖方交货只要在此范围之内，即为符合规定。但为了明确起见，最好还是在合同中约定一定幅度的品质公差，如“尺码或重量允许有±3%～5%的合理公差”。

2. 品质机动幅度(Quality Latitude)

品质机动幅度是指商品的品质指标允许在一定的幅度内有灵活性，其机动幅度通常有下列两种规定办法：一是约定一定的差异范围，如“漂布，幅阔 40/41 英寸”；二是约定一定的上下极限，如“芝麻，含油量 40%(最低)，水分 6%(最高)，杂质 1%(最高)”。卖方只要在约定的差异范围内和未超出约定的极限，就算合格，买方就无权拒收。

3. 交货品质与样品大体相同或相似

在凭样品成交时，买卖双方容易在交货品质与样品是否一致的问题上产生争议，为避免争议和便于履行合同，卖方可要求在品质条款中加订“交货品质与样品大体相同或相似”之类的条文。

为体现按质定价，在采用交货品质允许有一定机动幅度的情况下，可在合同中加订品质增减价条款。根据我国外贸的实践，品质增减价条款有以下几种方式。

(1) 对机动幅度内的品质差异，可按交货实际品质规定予以增价或减价。如在我国农产品出口合同中规定：“水分每增减 1%，则合同价格减增 1%；含油量每增减 1%，则合同价格增减 1.5%。”

(2) 对品质低于合同规定者扣价。在品质机动幅度范围内，交货品质低于合同规定品质者扣价，而高于合同规定者却不增加价格。为了更有效地约束卖方按规定的品质交货，还可以规定不同的扣价方法。

(三) 约定品质条款的注意事项

(1) 要正确运用各种表示品质的方法。由于表示品质的方法很多，而采用何种方式表示，应视商品的特性而定。一般来说，适用于文字、图样、照片等方式来表示商品品质时，应优先采用此种表示品质的方法，不要轻易采用看货成交或凭样成交的方法。因为看货成交有一定的局限性，而凭样成交，在交易过程中容易引起争议。因而只有在确实无法用科学的指标来表示商品的质量时，才可采用。此外，凡能用一种方法表示品质时，一般不宜采用两种或两种以上的方法来表示，否则会给合同的履行带来困难。

(2) 要从产销实际出发，防止约定的品质条件偏高或偏低。如在确定出口商品的品质条件时，既要考虑国外市场的实际需要，又要考虑国内生产的技术条件和供货的可能性。

(3) 要合理选订影响品质的质量指标。在品质条款中，应有选择地规定各项质量指标。凡影响品质的重要指标，不能出现遗漏；对于次要的指标，可以少订；对于一些与品质无关紧要的条件，不宜订入，以免条款过于烦琐。

(4) 应注意进口国的有关法令规定。世界各国对进口商品的质量都有具体的法令规定，凡质量不符合规定的商品一律不准进口，有的还要就地销毁，并由货主承担由此产生的各项费用，对此，应当予以重视。此外，在按定牌生产出口商品时，还应注意外商提供的品牌是否合法，以免触犯进口国的商标法，引起法律纠纷。

(5) 要注意各项质量指标间的内在联系和相互关系。各项质量指标，都是从不同的角度来说明品质的，它们有内在的联系且相互影响，若其中的某项指标规定不当，就可能影响其他的指标，造成不应有的经济损失。如在荞麦品质条件中规定：“水分不超过 17%，不完善粒不超过 6%，杂质不超过 3%，矿物质不超过 0.15%。”显然，此项规定不合理，因为对矿物质含量的要求过高，这与其他指标不相称。为了使矿物质符合合同约定的指标，则需要反复加工，其结果必然会大大减少杂质和不完善粒的含量，这对卖方是不利的。

(6) 品质条件应具体、明确。在品质条款中，不宜采用“大约”“左右”“合理误差”之类的笼统含糊的字眼，以免在交货品质上引起争议。但是，也不宜把品质条件订得过死，给履行交货义务带来困难。一般来说，对于一些矿产品、农副产品和轻工业的品质的规定，需要有一定的灵活性，以便于合同的履行。

第四节 商品的数量

一、合同中约定数量的意义

商品数量是指对合同标的物的计量，是以数字和计量单位来表示标的物的尺度，其数量主要表现为一定的长度、体积或者重量、数量等。数量的多少直接关系到交易价格的高低以及总贸易量对市场的影响。根据《联合国国际货物销售合同公约》(以下简称《公约》)的规定，卖方所交付的货物的数量必须与合同规定相符。对此，《公约》有明确的规定："如卖方所交付货物的数量少于约定的数量，卖方应在约定的期限内补交，由此造成的损失，买方有权提出损害赔偿要求；若卖方所交货物的数量大于约定的数量，买方可以拒收超额部分，也可以收取多交部分的全部或一部分，但买方对其多收的货物，仍应按合同价格付款。"由此可见，数量条款不仅约定了交易双方成交商品的数量，而且还涉及与之相关的权利与义务，它既是买卖双方交接货物的基本依据，也是涉及处理与交接数量有关的索赔与理赔问题的依据。因此，在国际买卖合同中合理准确地规定商品的数量是十分重要的。

二、计量单位与计量方法公约

在国际贸易中，由于商品的种类、性质和各国度量衡制度不同，因而计量单位和计量方法也多种多样。了解度量衡制度、熟悉各种计量单位的特定含义和计量方法，是从事国际贸易人员所必须具备的基本常识。

(一)国际度量衡制度

国际贸易中常用的度量衡制度主要有四种：公制(The Metric System)、英制(The British System)、美制(The U.S. System)和国际单位制(The International System of Units，简称 SI)。

我国采用的是以国际单位制为基础的法定计量单位。《中华人民共和国计量法》第 3 条明确规定："国家采用国际单位制。国际单位制计量单位和国家选定的其他计量单位，为国家法定计量单位。"在外贸业务中，出口货物时，除合同规定外，均使用法定计量单位。如有特殊需要，需经有关计量管理机构批准，才能使用非法定计量单位。

(二)计量单位

(1)按重量(Weight)计算。这是当今国际贸易中广为使用的一种计量方法。许多农副产品、矿产品和工业制成品，都按重量计量。按重量计量的单位有公吨(Metric Ton)、长吨(Long Ton)、短吨(Short Ton)、公斤(Kilogram)、克(Gram)、盎司(Ounce)等。对黄金、白银等贵重商品，通常采用克或盎司计量；钻石之类的商品，则采用克拉(Crat)作为计量单位。

(2)按数量(Number)计算。大多数工业制品，尤其是日用消费品、轻工业品、机械产品以及一部分土特产品，习惯按数量进行买卖。其所使用的计量单位有件(Piece)、双(Pair)、套(Set)、打(Dozen)、卷(Roll)、令(Ream)、罗(Gross)、袋(Bag)及包(Bale)等。

(3) 按长度(length)计算。在金属、绳索、丝绸、布匹等类商品的交易中，通常用米(Meter)、英尺(Foot)、码(Yard)等长度单位来计量。

(4) 按面积(Area)计算。在玻璃板、地毯、皮革等商品的交易中，一般习惯以面积作为计量单位，常见的有平方米(Square Meter)、平方英尺(Square Foot)、平方码(Square Yard)等。

(5) 按体积(Volume)计算。按体积成交的商品有限，仅限于木材、天然气和化学气体等。属于这方面的计量单位有立方米(Cubic Meter)、立方英尺(Cubic Foot)、立方码(Cubic Yard)等。

(6) 按容积(Capacity)计算。各类谷物和流体货物，往往按容积计量。常用的计量单位有公升(Litre)、加仑(Gallon)、蒲式耳(Bushel)等。

(三) 计量方法

1. 毛重(Gross Weight)

毛重是指商品本身的重量加上包装的重量，这种计量方法一般适用于低值商品。

2. 净重(Net Weight)

净重是指商品本身的重量，即除去包装物后的实际重量。这是国际贸易中最常见的计重方法。不过，有些价值较低的农产品或其他商品有时也采用“以毛作净”(Gross for Net)的方法计重，即以毛重作为净重计价。

在采用净重计重时，对于如何计算包装重量，国际上有下列几种做法。

(1) 按实际皮重计算。实际皮重是包装的实际重量，它是指对包装逐件衡量后所得的总和。

(2) 按平均皮重计算。如果商品所使用的包装比较划一，重量相差不大，就可以从中抽取一定的件数，称出其皮重，然后求出其平均重，再乘以总件数，即可求得整批货物的皮重。

(3) 按习惯皮重计算。有些商品，由于其所使用的包装材料和规格比较定型，皮重已为市场所公认。因此，在计算其皮重时，就无须对包装逐件过秤，按习惯上公认的皮重乘以总件数即可。

(4) 按约定皮重计量。即以买卖双方事先约定的包装重量为计算的基础。

上述四种计算皮重的方法，究竟使用哪一种，应根据商品的性质、包装的特点、合同数量的多寡以及交易的习惯，由双方当事人商定并在合同中具体订明，以免履约时引发争议。

3. 公量(Condition Weight)

有些商品，如棉花、羊毛、生丝等具有较强的吸湿性，其所含的水分受客观环境影响较大，所以重量很不稳定。为了准确计算此类商品的重量，国际上通常采用按公量计算的方法，即以商品的干净重(指烘去商品水分后的净重)加上国际公定回潮率与干净重的乘积所得出的重量。其计算公式有下列两种：

(1) 公量=商品干净量×(1+公定回潮率)

(2) 公量=商品净量×(1+公定回潮率)/(1+实际回潮率)

4. 理论重量(Theoretical Weight)

对于某些按固定规格生产和买卖的商品，只要其规格一致，每件重量大体是相同的，一般可以从其件数推算出总重量。如钢板、有色金属制品等。

5. 法定重量和实物净重

按照一些国家海关法的规定，在征收从量税时，商品的重量是以法定重量计算的。所谓法定重量是商品重量加上直接接触商品的包装物料，如销售包装等的重量。而除去这部分重量后所表示出来的纯商品的重量，则称为实物净重。

三、合同的数量条款

(一)数量条款的基本内容

买卖合同中的数量条款通常包括成交数量、计量单位和计量方法等内容。由于商品种类很多，性质特点各异，因而数量条款内容的繁简主要取决于商品的种类和特性。

(二)数量的机动幅度条款

某些商品因为本身的特性，生产、运输、包装条件和运输工具等的限制，交货数量往往很难符合合同约定的某一具体数量，为了合同顺利履行，减少争议，买卖双方应在合同中规定合理的机动幅度。

1. 溢短装条款(More or Less Clause)

溢短装条款是指在买卖合同的数量条款中，明确规定卖方可以多交或少交的百分比，但以不超过规定的百分比为限。例如，汽油 100 吨，卖方可溢短装 2%，即卖方的交货数量在 98～102 吨之间，买方不得有异议。

2. 约量条款(About Clause)

约量条款是指实际交货数量可有一定幅度的弹性条款，即在交货数量前加“约”字规定机动幅度方式。但是国际上对“约”字的含义解释不一，有的解释为 2%，有的解释为 5%。不同的解释容易引起争议，因此，在使用约量条款时，双方事先应达成一致的理解，并达成书面协议。一般来说，还是在数量条款中明确规定溢短装幅度为宜，应尽可能地避免使用约量条款。

(三)约定数量条款的注意事项

1. 正确掌握成交数量

成交数量的确定，不仅关系到进出口合同的履行，而且还涉及对外政策和经营意图的贯彻。因此，在洽谈交易时，应正确掌握进出口商品成交的数量，做到心中有数，防止盲目成交。具体地，在确定出口商品成交量时，应当考虑国外的供求状况、国内货源的供应情况、国际市场的价格动态以及外商的资信情况和经营能力等因素。在确定进口商品的成交数量时，应当考虑国内的实际需要和支付能力、进口商品的质量和价格水平以及市场行情变化等因素。

2. 合理约定数量机动幅度

数量机动幅度的选择应根据成交条件和双方当事人的意愿而决定。一般来说，如采用海运，应由负责安排船舶运输的一方来选择，或者由船长根据舱容和装载情况作出选择。

3. 溢短装数量的计价方法要公平

通常，对机动幅度范围内多装或少装的部分，一般按合同价格计算。但为了防止合同当事人利用市场行情的变化，故意多装或少装，以获取额外收入，也可在合同中约定，多装或少装部分不按合同计价，而按装船时或货到时的市场价格计价，以体现公平合理的原则。

4. 数量条款应当明确具体

为便于履行合同，避免引起争议，合同中的数量条款应当明确具体。在数量条款中，对成交商品的具体数量、使用何种计量单位和计量方法、数量机动幅度的大小及其选择权由谁掌握以及溢短装部分的具体作价办法等内容，都应当一一订明。此外，对成交数量应尽量避免使用“大约”“近似”“左右”等笼统的字眼，以免引起理解上的分歧而造成履约困难。

第五节 商品的包装

商品的包装是指在商品流通过程中保护商品、方便储运、促进销售、按一定技术方法而采用的容器、材料及辅助物等的总称；也指为达到上市目的而采用容器、容器和辅助物的过程中施加一定技术方法等的操作活动。由于商品的包装涉及买卖双方的利益，因而包装条件也是合同的主要条款之一。

一、商品包装的作用及要求

(一) 包装的作用

在国际市场上，商品的包装被誉为“无声的推销员”，是宣传商品、企业形象的免费广告。因此，良好的商品包装对于进出口贸易有着非常重要的作用。

(1) 保护商品，使之便于运输、储存、销售和使用。国际贸易商品的运输路线长，流通环节多，在运输和流通的过程中，商品极易受到地理、气候等因素的影响，使商品品质受损。适宜商品的包装可以使商品免受各种外力因素的损害，而且商品经过包装后，商品的外形具有一定的规律性，为商品的搬运、存放、销售以及使用提供了方便。

(2) 便于消费者携带与购买。合理的商品包装，其商标、文字、绘图等充分展示了商品的内在品质和外观形态，便于消费者识别。同时，又介绍了商品的成分、用途和使用方法等，便于消费者购买。

(3) 使商品使用价值和价值增加。新颖独特、精美合理的包装，是商品价值增加的重要手段。同时，合理的包装增加了商品的自然寿命，使商品的使用价值增加，具有提高商品身价的功能。合理而精美的包装是商品生产过程的延续，能有效增加商品的价值，吸引消费者的眼光。

(二) 包装的要求

1. 必须适应商品本身的特性及各种不同运输方式的要求

每种商品都有自己的特性，如水泥怕潮湿、玻璃制品容易破碎、流体货物容易渗漏和挥发等，这些都要求运输包装具有防潮、防震、防漏、防锈和防挥发等良好的性能。

出口商品的包装还要适应长距离、长时间的不同运输方式的要求。如海运包装要求牢固，并具有防止挤压和碰撞的功能；铁路运输包装，要求具有不怕震动的功能；航空运输包装则要求轻便而且不宜过大。

2. 必须考虑有关国家的法律规定和客户要求

各国均制定和颁布了与包装有关的法律法规，各国法律对包装的规定不一，如有些国家要求木质包装要提供消毒或熏蒸证明；有些国家禁止使用柳藤、稻草等材料做包装用料；有些国家对包装标识和每件包装的重量有特殊的规定和要求。此外，若客户对运输包装提出某些特定的要求，也应根据客户的需要及可能予以考虑。

3. 要便于物流运输各环节有关人员进行操作

出口商品在运输中需要经过装卸、搬运、存储、保管、清点、抽样和查验等程序，为了便于这些环节的相关人员进行操作，包装的设计要合理，包装规格和每件包装的重量与体积要适当，包装方法要科学，包装上的各种标示要符合要求，这就需要根据不同商品实现运输包装标准化，使商品既易于识别、计量和检验，又便于装卸、搬运和保管。

4. 要保证包装牢固的前提下节省费用

商品的包装成本直接反映在出口商品的价格中，与出口经济效益高度相关。因此，在选用包装材料、进行包装设计和打包时，在保证包装牢固的前提下，应注意节省费用。如选用量轻、价廉而又结实的包装材料，有利于降低包装成本和节省运费；合理的包装设计，可以避免用料过多或包装容量浪费；包装方法科学，也有利于节省运费。此外，还要考虑进口国家的关税税则。对输往从价征税的国家的出口包装，就不宜采用价格昂贵的包装；对输往从量征税的国家的出口包装，就不宜采用自重大的包装，以免增加关税成本，降低出口收益。

二、商品包装的种类

在国际贸易中，依据货物的复杂程度，货物可分为散装货、裸装货和包装货三类。散装货是指无须包装，可散装于承载运输工具上的货物，如煤炭、食盐等；裸装货是指没有包装或稍加捆扎的简单包装的商品，如铁管、钢板、木材等；包装货是指对包装具有一定要求的货物。国际上大多数货物属于包装货。

根据包装在流通过程中的不同作用，商品的包装又可分为运输包装和销售包装两大类。

(一) 运输包装(Outer Packing)

运输包装又称大包装或外包装，指商品在运输时，将一件或数件商品装入容器，以特定方式包扎的二次包装。它的作用在于保护商品品质完好和数量完整，有助于货物的运输、装卸、储存和废品等流转环节的顺利进行。运输包装可从以下几个角度进行分类。

(1) 按包装方式分类，可分为单件运输包装和集合运输包装。单件运输包装是指货物在运输过程中作为一个计件单位的包装；集合运输包装是指将若干运输包装组合成一件大包装，以更有效地保护商品，提高装卸效率、节省运输费用。

在国际贸易中，常见的运输包装有集装包和集装袋，通常是用塑料重叠丝纺织成的圆形大口袋或方形大包，这种集装袋或包的容量不一，一般为1～4吨，最高达13吨左右。

此外，随着集装箱运输和托盘运输的出现，将货物装在特制的集装箱内或固定在特制的托盘上进行运输的情况越来越多。

(2) 按包装材料分类，可分为纸质包装，金属包装，木制包装，塑料包装，麻织品包装，竹、柳、草制品包装，玻璃制品包装和陶瓷包装等。

(3) 按包装质地分类，可分为软性包装、半硬性包装和硬性包装。

(4) 按包装程度分类，可分为全部包装和局部包装两类。前者是指对整个商品予以全面的包装，绝大多数商品采用的是全部包装；后者是指对商品需要保护部分加以包装，而不受外界影响的部分，则不予包装。

在国际贸易中，采用何种包装方式，应根据商品特性、形状、贸易习惯、货物运输路线的自然条件、运输方式和各种费用开支等因素，在协商交易时达成一致，并在合同中具体订明。

(二) 销售包装 (Inner Packing)

销售包装采用不同的包装方式和设计式样，导致了销售包装的多样性。常见的销售包装有以下几类。

(1) 挂式包装。它是指凡带有吊钩、吊带、挂孔等装置的包装。此类包装便于悬挂，可充分利用货架的空间。

(2) 堆叠式包装。它是指堆叠稳定性强的包装(如罐、盒等)，其优点是便于摆设和陈列。

(3) 携带式包装。它是指在包装上附有提手装置。此类包装便于携带，颇受顾客的欢迎。

(4) 易开包装。它是指对要求封口严密的销售包装，标有特定的开启部位，易于打开封口。其优点是开启安全，使用方便，如易拉罐等。

(5) 喷雾包装。液体商品的包装比较特殊，有的带有自动喷出流体的装置，它如同喷雾器一样，使用相当便利。

(6) 配套包装。对某些需要搭配成交的商品，往往采用配套包装，即将不同品种、不同规格的商品配套装入同一包装。

(7) 礼品包装。对某些送礼的商品，为了包装外表美观和显示礼品的名贵，往往采用专作送礼用的包装。

(8) 复用包装。这种包装除了用作包装出售的商品外，还可用来存放其他商品或供人们观赏，具备多种用途。

三、包装标志

包装标志是指为了方便运输、储存、装卸，在运输包装外部用文字、图形、数字制作的特定记号和说明事项。包装标志主要包括运输标志、指示性标志和警告性标志等。

(一) 运输标志 (Shipping Mark)

运输标志通常称为“唛头”，主要是为了便于识别货物，防止发生错运，便于收货人收货等。唛头主要分为普通唛头和标准唛头两种。普通唛头由三部分组成：

(1) 收货人或发货人代号和简单的图形，如三角形、矩形和菱形等；

(2) 目的港(地)的名称；

(3)批件号，即该批货物的总件数和本件货物的顺序号。

例如：

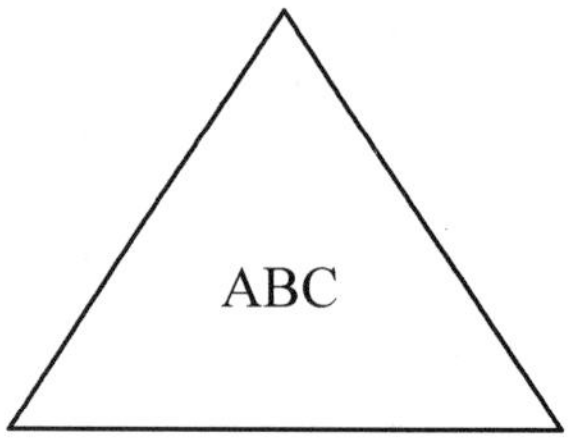

NEW YORK(目的港)

NOS.　1-111(批件号)

标准唛头是国际标准化组织(ISO)规定的，它由四行组成，每行不得超过 17 个英文字码。例如：

SMCO	收货人
NEW YORK	目的港(地)
95S/C NO.345678	合同号(或订单号、发票号)
NO.100-2 or 10/100	批件号(分母表示整批的数量)

但是，在实际业务中，有些单据含有目的港、合同号等内容，因此单据制作中并不要求唛头必须有四行内容，且四行的顺序也无严格的规定。

唛头的制作要注意标志简明清晰、大小适当、易于辨认。同时，刷制部位要适当，运输包装上不要加任何广告性的宣传文字和图形，以免混淆。唛头要与信用证一致。

(二)指示性标志(Indicative Mark)

指示性标志是指对一些易碎、易损和易变质的商品，用醒目的图形和简单的文字提醒有关人员在装卸、搬运与储存时应注意的事项。例如“易碎”“防湿”“防热”等，如下图所示。

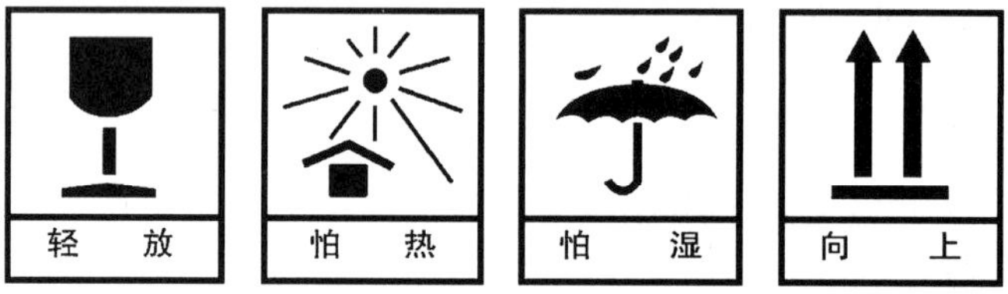

(三)警告性标志(Warning Mark)

警告性标志又称危险性标志，是指对一些易燃品、易爆品、有毒品、腐蚀性物品和放射性物品等危险品在其运输包装上必须印刷由文字和特定图形组成的标明危险性的标志，以示警告。一些标志如下图所示。

包装标志 6 有毒气体标志（符号：黑色；底色：白色）　包装标志1 爆炸品标志（符号：黑色；底色：橙红色）　包装标志20 腐蚀品标志（符号：上黑下白；底色：上白下黑）　包装标志16 感染性物品标志（符号：黑色；底色：白色）

(四) 条形码标志 (Product Code)

条形码是一种特殊代码，是由一组粗细间隔不等的平行线条及相应的数字组成的标记。随着光电扫描阅读设备的使用，条形码成为销售包装上不可缺少的标记。通过条形码的标记，消费者可以了解商品的原产地、生产厂家和品种规格等信息；售货员可在数据库中查询商品的单价、记录和结算等；仓储人员可对商品进行分类、汇总及更新库存，并及时进行分析，掌握市场动态。因此，条形码是进入超级市场和大型百货超市的先决条件，所以在出口商品上使用条形码是相当重要的。

国际上通用的条形码有两种，一种是美国统一代码委员会编制的 UPC 码；另一种是由欧洲各国成立的国际物品编码协会编制的 EAN 码。目前，EAN 是国际上使用最广、国际公认的物品编码标识系统。为适应国际市场的需要，我国于 1988 年 12 月成立了中国物品编码中心，负责推广条形码技术，并对其进行统一管理。1991 年 4 月我国正式加入国际物品编码协会，该协会分配给我国的条形码代号为“690～699”。凡标有以上代号者，即表示是中国生产或出口的产品。

四、中性包装和定牌

(一) 中性包装

中性包装 (Neutral Packing) 是指不标明生产国别、地名和厂商的名称，也不标明商标或牌号的包装，也就是说，在出口商品包装的内外，都没有原产地和出口商的标记。中性包装可分为无牌中性包装和定牌中性包装。前者是指包装上既不注明生产地名和厂商名称，又无商标、品牌；后者是指包装上仅有买方指定的商标或品牌，但无生产地名和出口商的名称。

采用中性包装，常常是为了打破进口国或地区实行的关税和非关税壁垒等歧视性措施，以及适应交易的特殊需要 (如转口销售等)，它是出口商扩大出口和加强对外竞销的一种重要手段，在实务中可灵活采用。

(二) 定牌

定牌是指卖方按照买方的要求，在其出售的商品或包装上标明买方指定的商标或品牌。

当前，世界上许多国家的超级市场、大百货公司和专业商店，对其经营出售的商品，都要在商品上或包装上标有本商店使用的商标或品牌，以扩大本店的知名度和显示商品的身价。许多国家的出口商，为了利用买主的经营能力及商业信誉和品牌声誉，提高商品的销售价格和扩大销路，也愿意接受定牌生产。

在国际贸易中，有时为了利用买方的销售渠道和品牌声誉，同时扩大国内产品的出口，在外商订货量较大，且需求比较稳定时，可以接受定牌生产，其具体做法有以下几种。

(1) 定牌中性包装，即在定牌生产的商品或包装上，只用外商所指定的商品或品牌，而不标明生产国别和出口商的名称。

(2) 在定牌生产的商品或包装上，标明生产国的商标或品名，同时也加注国外商号名称或表示其商号的标记，此为联合商标或牌号。

(3) 在定牌生产的商品或包装上，采用买方所指定的商标或品牌的同时，也加注生产国的名称，如“中国制造”等。

五、包装条款

(一) 包装条款的基本内容

国际贸易中的包装条款主要包括包装材料、包装方式、包装费用和包装标志等内容。分别介绍如下。

(1) 包装材料，即包装所用的材料，其中包括金属、塑料、木材、玻璃、陶瓷、竹、麻制成品等。

(2) 包装方式，即指包装用料、尺寸、数量、重量、填充物和加固条件等。不论是运输包装还是销售包装，其方式多种多样，采用何种包装方式，应根据商品特性、销售习惯和市场需要等因素，约定具体的包装方式并在合同中予以明确的规定。

(3) 包装费用。包装费用一般在包装之内，所以在合同中无须另行说明，若是买方有特殊需求，那么由此产生的超过原标准的包装费用应由买方负担，并在合同中具体规定买方应负担的金额和支付的办法。若约定由买方提供包装，则应订明买方提供包装的时间，以及包装未能及时提供而影响货物发运时所应承担的责任。

(4) 运输标志。为保证货物安全、迅速、准确地交给收货人，在运输包装上需要书写、压印、印刷唛头及其他相关标志，在销售包装上一般也附有装潢画面和文字说明等标志，交易双方商定包装条件时，对这些标志也应事先谈妥，并在合同中予以订明。

(二) 包装条款的注意事项

为订好包装条款，使合同顺利地履行，在商订包装条款时，需要注意下列事项。

(1) 注意有关国家的法律规定以及各国当地的风俗习惯。各国都规定了有关包装的法律条例，凡进口商品必须遵守其规定，否则便不允许进口或禁止在市场上销售。比如，有些国家不允许使用玻璃和陶瓷做包装材料；有些国家规定凡直接接触的包装、标签纸上，只要发现有荧光物质，一律禁止进口等。此外，还要符合各国的风俗习惯。

(2) 应注意有关国家的消费水平、消费习惯和客户的具体要求。由于各国经济、文化背景不同，消费水平和消费习惯互有差异，因而客户对包装式样、包装材料、包装规格及文字说明等方面有着具体的要求，如有些客户要求同时使用英文和法文两种字贴头等，因此在洽商交易和订立合同时，应尽可能地考虑其要求，以利合同的顺利履行。

(3) 不宜轻易接受按某些国家式样包装的条件。采用按某国家式样包装的条件，既增加了履约的难度，又容易引起争议，故在包装条款中，一般不轻易接受此种条件。

(4) 在不影响包装质量的前提下注意节省包装费用。交易双方在商订包装条款时，除了考虑商品特点、运输要求和有关法律规定外，在选用包装材料、确定包装方式和包装规格等方面，还应考虑有利于节省包装费用和减少其他费用开支。

(5) 包装条件应明确、具体。为顺利履行合同，包装条款应明确具体，如系麻袋包装，应订明是一层还是二层，是新的还是旧的。若一项商品有两种或两种以上包装方法，应明确由哪方进行选择，以利于合同的履行。

本章小结

1. 合同当事人是合同的主体，合同的标的是合同法律关系的客体。

2. 在国际贸易中，签订贸易合同的当事人都具有平等的法律地位，他们均享有合同规定的权利及承担的义务。

3. 国际贸易合同的标的都是有形的商品，为了明确责任，使合同得以顺利地履行，买卖双方应具体约定成交商品的名称、质量、数量与包装等项交易条件，这些条件都是合同的要件，也是构成说明货物的重要组成部分。

基本概念

货物品名　凭样品成交　溢短装条款　货物品质　运输包装　销售包装　中性包装　定牌

思考题

1. 在国际贸易合同中约定品名有何意义？有哪些注意事项？

2. 表示商品品质的方法有哪些？约定品质条款应注意哪些事项？

3. 如何掌握进出口商品的成交数量？约定溢短装条款应注意哪些事项？溢短装条款的选择权由谁掌握？

4. 商品包装有哪些种类？有哪些注意事项？

5. 什么是中性包装和定牌？在国际贸易中为什么会出现中性包装和定牌？

案例分析

1. 某自行车厂向菲律宾出口自行车，共 3 000 辆。合同规定黑色、墨绿色、蓝绿色各 1 000 辆，不得分批装运。该厂在发货时发现蓝色的自行车库存仅有 950 辆，因短缺 50 辆蓝色自行车，便以黑色自行车 50 辆顶替。请问：该厂商的这种做法合适吗？

2. 我国某出口公司向外商出口一批苹果。合同及对方开来的信用证上均写的是三级品，但卖方交货时才发现三级苹果库告罄，于是该出口公司改以二级品交货，并在发票上加注：“二级苹果仍按三级计价，不另收费”。请问：卖方这种做法是否妥当？为什么？

3. 我国某公司出口风扇 1000 台，国外来证规定不许分批装运。装船时发现有 40 包包装破裂，风罩变形或开关脱落。为保证质量，卖方认为：UCP600 有规定，即使不许分批装运，数量上可以有 5%的溢短装。于是，少装 40 台。但却遭到议付行的拒付。请问：议付行的拒付是否有理？为什么？

4. 国外某商人拟购买我国某公司“菊花”牌扳手，但要求改为“鲨鱼”牌，并不得注明“Made in China”。请问：我方可否接受？应注意什么问题？

5. 我国某食品有限公司出口苹果酒一批，国外来证货名为“Apple Wine”，于是我方为单证一致起见，所有单据上均用“Apple Wine”。不料货到国外后遭到进口国海关扣留罚款，因为该批酒的内外包装上均写的是“Cider”字样。结果外商要求我方赔偿损失。请问：我方对此有无责任？

第五章
商品的价格

学习目标

1. 进出口商品的作价原则与方法;
2. 主要贸易术语的价格换算及结算币种的选择及换算;
3. 进出口效益成本核算。

第一节　价格的掌握

进出口商品价格的确定是一项十分重要的工作，为了做好此项工作，必须正确贯彻我国进出口商品的作价原则，了解国际市场价格变动趋势，充分考虑影响价格的各种因素，加强成本核算，并根据自身经营的特点，确定合适的价格，并掌握作价方法、计价货币的选择以及价格换算方法。

一、正确贯彻作价原则

(一)参考国际市场价格水平作价

国际市场价格是以商品的国际价值为基础并在国际市场竞争中形成的，它是交易双方都能接受的价格，是我们确定进出口商品价格的客观依据。我们可通过以下三种途径来获得作价的参考依据：

(1)商品交易所的价格；

(2)国际组织或跨国公司在媒体上公布的价格；

(3)各国的外贸、海关统计的价格。

(二)结合国别、地区政策作价

在参考国际市场价格水平的同时，还应使我国的外贸配合外交政策，适当地运用国别、地区政策作价，在平等互利的基础上，双方按照比较优惠的价格成交。

（三）结合购销意图作价

在国际市场价格水平的基础上，进出口商品的价格可以根据购销意图来确定，可略高或略低于国际市场价格。

二、考虑影响价格的各种具体因素

（一）考虑商品的质量和档次

在国际市场上，一般都贯彻按质论价的原则，即好货好价，次货次价。品质的优劣，档次的高低，包装装潢的好坏，式样的新旧，商标、品牌的知名度等，都会影响商品的价格。

（二）考虑运输距离

国际货物的买卖，一般都要经过长途运输。运输距离的远近，影响运费和保险费的开支，从而影响商品的价格。因此，确定商品价格时，必须认真核算运输成本，做好比价工作，以体现地区差异。

（三）考虑交货地点和交货条件

在国际贸易中，由于交货地点和交货条件不同，买卖双方承担的责任、费用和风险不同，在确定进出口商品价格时，必须考虑这些因素。例如，同一运输距离内成交的同一商品，按 CIF 条件成交同按 DAP 条件成交，其价格应当不同。

（四）考虑季节性需求的变化

在国际市场上，某些节令性商品，如赶在节令前到货，抢行应市，即能卖上好价。过了节令的商品，往往售价很低，甚至以低于成本的“跳楼价”出售。因此，我们应当充分利用季节性需求的变化，掌握好季节性差价，争取按对我方有利的价格成交。

（五）考虑成交数量

按国际贸易的习惯做法，成交量的大小影响价格，即成交量大时，应在价格上给以适当的优惠，如采用数量折扣的方法；反之，成交量过少，甚至低于起订量时，则可以适当地提高成交价格。无论成交数量多少，均采用同一价格成交的做法是不当的，我们应合理地掌握数量方面的差价。

（六）考虑支付条件和汇率变动风险

支付条件是否有利和汇率变动风险的大小，都影响着商品的价格。例如，同一商品在其他交易条件相同的情况下，采取预付货款和凭信用证付款的方式，其价格应当有所区别。同时，确定商品价格时，一般应争取采用对自身有利的货币成交，如采用对自身不利的货币成交，应当把汇率变动的风险考虑到货价中去，即适当提高售价或压低购买价格。

此外，交货期的远近、市场销售习惯和消费者偏好等因素，也对价格的确定有一定程度的影响。因此，我们必须在调查研究的基础上，切实注意上述影响进出口商品成交价格的各项因素，通盘考虑，权衡得失，然后确定适当的价格。

三、加强成本核算

为合理确定成交价格以提高经济效益，在价格掌握上，要防止出现不计成本、不计盈亏和单纯追求成交量的倾向，尤其在出口商品的价格掌握上，更要加强成本核算，掌握出口总成本、出口销售外汇净收入和人民币净收入的数据，并根据这些数据计算和比较出口商品的换汇成本、出口盈亏和创汇情况，具有现实意义。

（一）出口总成本与出口成本价格

出口总成本是指外贸企业为出口商品支付的国内总成本，其中包括进货成本和国内费用。如需要缴纳出口税的商品，则出口总成本中还应包括出口税。

出口成本价格是指外贸企业以出口总成本为基础计算出来的单位成本价格，并不涉及有关国外的任何费用；而出口成交价格则可能包括单位商品的国外费用，如国外运费、保险费和佣金等。

（二）出口外汇净收入与出口换汇成本

出口外汇净收入是指出口外汇总收入扣除劳务费用等非贸易外汇后的外汇收入。如按 FOB 价格成交，成交价格就是外汇净收入。如按 CIF 价格成交，则扣除国外运费和保险费等劳务费用支出后，即为外汇净收入。如按含佣价成交，则还需要扣除相应的佣金。

出口换汇成本是指某商品出口总成本与出口所得的外汇净收入之比，所得出的用多少人民币可以换回一个单位的外币，或是出口净收入 1 美元所需要的人民币的总成本。其计算公式如下：

$$出口换汇成本=\frac{出口总成本(人民币)}{出口外汇净收入(外汇)}$$

（三）出口盈亏率

出口盈亏率是指出口商品盈亏额与出口总成本的比率。其中，出口盈亏额是指出口销售的人民币净收入与出口总成本的差额。若差额为正，则为盈余额；若差额为负，则为亏损额。其计算公式如下：

$$出口盈亏率=\frac{出口销售人民币净收入-出口总成本}{出口总成本}\times 100\%$$

（四）成品出口创汇率

成品出口创汇率是指加工后成品出口的外汇净收入与原料外汇成本的比率。如原料为国内生产，其外汇成本可按原料的 FOB 出口计算。如原料是进口的，则按该原料的 CIF 价计算。通过出口的外汇净收入和原料外汇成本对比，则可看出成品出口的创汇情况，从而确定出口成品是否有利。其计算公式如下：

$$成品出口创汇率=\frac{成品出口外汇净收入-原料外汇成本}{原料外汇成本}\times 100\%$$

第二节　实际业务出口报价核算

在国际贸易中，贸易术语通常是进出口商品价格的组成部分，不同的贸易术语表示其价格构成因素不同，即包括不同的从属费用。例如：FOB 术语中不包括从装运港至目的港的运费和保险费；CFR 术语中则包括从装运港至目的港的通常费用；CIF 术语中除包括从装运港至目的港的通常运费外，还包括保险费。因此，在进行贸易洽谈时，我们必须了解主要贸易术语的价格构成，以及主要贸易术语的价格换算方法，才能在贸易中处于有利的地位。

一、主要贸易术语的价格构成

1. FOB、CFR 和 CIF 三种价格的构成

这三种贸易术语的价格构成主要包括生产(进货)成本、各项费用开支和净利润三方面内容，其中，费用开支包括国内费用开支和国外费用开支两部分。

(1) 国内费用：主要包括加工整理费、包装费、保险费、国内运费、装船费、检验费、公证费、产地证费、领事签证费、许可证费、报关单费、邮电费、贴现利息和手续费，以及预计损耗等。

(2) 国外费用：主要包括从装运港至目的港的运输费用和海上货物运输保险费用，如有中间商，还应包括付给中间代理商的佣金。

以上表明，这三种贸易术语的价格构成的计算公式如下：

FOB 价格=生产(进货)成本价+国内费用+净利润

CFR 价格=生产(进货)成本价+国内费用+国外运费+净利润

CIF 价格=生产(进货)成本价+国内费用+国外运费+国外保险费+净利润

2. FCA、CPT 和 CIP 三种价格的构成

这三种贸易术语的价格构成与上述 FOB、CFR 和 CIF 三种贸易术语的价格构成类似，其价格构成包括生产(进货)成本、各项费用开支与净利润三部分。由于这些贸易术语适用的运输方式不同，交货地点与交货方式也有差别，故其发生的具体费用也不尽相同。

(1) 国内费用：通常包括加工整理费、包装费、保管费、国内运费(仓至码头、车站、机场、集装箱货运站或堆场)、拼箱费、商检费、公证费、领事签证费、许可证费、报关单费、邮电费、贴现利息和手续费以及预计损耗等。

(2) 国外费用：主要包括自出口国内陆起运地至国外目的地的运输费用和国外保险费，在有中间商介入时，还应包括支付给中间代理商的佣金。

因此，这三种术语的价格构成的计算公式如下：

FCA 价格=生产(进货)成本价+国内费用+净利润

CPT 价格=生产(进货)成本价+国内费用+国外运费+净利润

CIP 价格=生产(进货)成本价+国内费用+国外运费+国外保险费+净利润

二、主要贸易术语的价格换算

在磋商交易中，交易双方都希望选用于己有利的贸易术语，如一方对另一方提出的贸易术语不同意，而要求改用其他某种贸易术语时，则可采用以下价格换算方法。

1. FOB、CFR 和 CIF 三种价格的换算

CIF 的价格构成为：

$$\text{CIF 价格=FOB 价格+国外运费+国外保险费}$$

其中，国外保险费是以 CIF 价格为基础计算的，所以：

$$\text{CIF 价格=FOB 价格+CIF 价格×(1+保险加成率)×保险费率+国外运费}$$

若已知 FOB 价格，现改报 CFR 价格或 CIF 价格，则 CFR 价格和 CIF 价格分别为：

$$\text{CFR 价格=FOB 价格+国外运费}$$

$$\text{CIF价格}=\frac{\text{FOB价格}+\text{国外运费}}{1-(1+\text{保险加成率})\times\text{保险费率}}$$

若已知 CIF 价格，现改报 FOB 价格或 CFR 价格，则 FOB 价格和 CFR 价格分别为：

$$\text{FOB 价格=CIF 价格×[1-(1+保险加成率)×保险费率]-国外运费}$$

$$\text{CFR 价格=CIF 价格×[1-(1+保险加成率)×保险费率]}$$

若已知 CFR 价格，现改报 FOB 价格或 CIF 价格，则 FOB 价格和 CIF 价格分别为：

$$\text{FOB 价格=CFR 价格-国外运费}$$

$$\text{CIF价格}=\frac{\text{CFR价格}}{1-(1+\text{保险加成率})\times\text{保险费率}}$$

2. FCA、CPT 和 CIP 三种价格的换算

CIP 的价格构成为：

$$\text{CIP 价格=FCA 价格+国外运费+国外保险费}$$

其中，国外保险费是以 CIP 价格为基础进行计算的，所以：

$$\text{CIP 价格=FCA 价格+CIP 价格×保险加成×保险费率+国外运费}$$

若已知 FCA 价格，现改报 CPT 价格或 CIP 价格，则 CPT 价格和 CIP 价格分别为：

$$\text{CPT 价格=FCA 价格+国外运费}$$

$$\text{CIP价格}=\frac{\text{FCA价格}+\text{国外运费}}{1-(1+\text{保险加成率})\times\text{保险费率}}$$

若已知 CIP 价格，现改报 FCA 价格或 CPT 价格，则 FCA 价格和 CPT 价格分别为：

$$\text{FCA 价格=CIP 价格×[1-(1+保险加成率)×保险费率]-国外运费}$$

$$\text{CPT 价格=CIP 价格×[1-(1+保险加成率)×保险费率]}$$

若已知 CPT 价格，现改报 FCA 价格或 CIP 价格，则 FCA 价格和 CIP 价格分别为：

$$\text{FCA 价格=CPT 价格-国外运费}$$

$$\text{CIP价格}=\frac{\text{CPT价格}}{1-(1+\text{保险加成率})\times\text{保险费率}}$$

第三节　作价办法

在国际贸易中，由于影响价格的因素很多，因而为合理确定进出口商品的价格，应当注意同一商品在不同情况下的价差，防止出现不区分情况而采取统一价格的错误做法。通常采用的作价方法有以下几种。

一、固定价格

固定价格是指交易双方在协商一致的基础上，就计量单位、计价货币、单位价格金额和使用的贸易术语达成一致，在合同中以单价条款的形式规定下来。合同价格一经确定，双方当事人必须严格执行。除非另有规定，或经双方当事人的一致同意，任何人一方都不得擅自更改价格。在我国进出口合同中，一般采用此种定价方法。这种规定价格的方法既明确、具体，又便于核算和执行。

但由于国际市场瞬息万变，影响商品价格的因素也很多，在国际买卖合同中采用固定价格的方法，便意味着买卖双方要承担从订约到交货付款以至转售时价格变动的风险。因而，采用此种作价方法，应当注意以下事项。

(1) 必须对影响商品供需的各种因素进行仔细的研究，并在此基础上，对价格的前景作出正确的判断，以此作为合同定价的依据。

(2) 对客户的资信情况进行深入了解和认真的研究，审慎选择订约对象，以免在市场价格暴涨或暴跌时出现外商违约或毁约的情况。

(3) 对价格相对稳定的商品，以及成交数量不大或近期交货的商品，一般可按固定价格成交。但若是远期交货、大量成交或市场价格起伏不定的商品，则不宜采用此方法作价，以减少价格变动的风险。

二、非固定价格

在国际贸易中，为减少价格变动的风险、促成交易和提高合同的履约率，常常采用非固定价格成交。非固定价格习惯上称为“活价”。在实际交易中，“活价”的具体做法分为以下几种。

(一) 暂不固定价格

在国际贸易中，如果对价格变动趋势难以判断，可签订活价合同，即在价格条款中明确约定定价时间与定价方法，或只约定作价时间，即价格在以后某个时期约定。按此方式成交，由于买卖双方都不承担价格变动的风险，因而有利于交易的顺利完成。但同时，对于合同中约定在以后某个时期商定具体价格的做法，容易给合同带来较大的不确定性，双方也可能因未规定作价方法而各执己见。因此，此种作价方法一般只适用于双方有长期交往并已形成较为固定的交易习惯的贸易合同。

（二）暂定价格

暂定价格是指在合同中先约定一个初步的价格，作为开立信用证和初步付款的依据，待双方确定正式价格后，再进行最后的清算，多退少补。此种做法有利于促进贸易，减少双方的贸易风险。

（三）部分固定价格，部分暂不固定价格

在大宗交易和分批交货的情况下，买卖双方为避免风险，可在合同中规定，近期交货的商品价格采用固定作价的方法，远期交货的商品价格不采用固定作价方法，而是根据市场变化按国际市场价格或双方另行协商议定的价格。在市场行情变动剧烈或双方未能就全部货物的价格取得一致意见时，采用此种定价方法有一定的好处。

（1）有助于暂时解决双方在价格方面的分歧，先就其他条款达成协议，早日签约。

（2）有助于解除客户对价格风险的顾虑，使之敢于签订交货期长的合同。数量、交货期的早日确定，不但有利于巩固和扩大市场出口，也有利于生产、收购和出口规划的安排。

（3）有利于抓住成交时机。此种做法虽不能完全排除价格风险，但对卖方而言，可以不失时机地做生意，对买方而言，可以保证一定的销售利润。

同时，也应注意到，此种作价方法同暂不固定作价方法一样，有一定的不稳定性，即双方可能在远期作价时不能取得一致意见而导致合同无法正常履行。

三、价格调整条款

在国际贸易中，出口交易自签约到付款、交货往往间隔相当长的时间，期间原材料价格、经营成本难免发生波动。为此，买卖双方可能会在合同中约定适当的价格调整办法，以兼顾双方的利益。这种条款被称为价格调整条款或价格变动条款（Price Adjustment (Revision) Clause）。

在价格条款中，常使用下列公式来调整价格：

$$P=P_0\left(A+B\frac{M}{M_0}+C\frac{W}{W_0}\right)$$

式中，

P、P_0——分别表示商品交货时的最后价格和签合同时约定的初步价格；

M、M_0——分别表示计算最后价格时和签订合同时引用的有关原料的平均价格或指数；

W、W_0——分别表示计算最后价格时和签订合同时引用的有关工资的平均数或指数；

A——表示经营管理费用和利润在价格中所占的比重；

B——表示原料在价格中所占的比重；

C——表示工资在价格中所占的比重。

A、B、C 所分别代表的比例，在合同签订后固定不变。

如果买卖双方在合同中规定，按上述价格调整公式计算出来的最后价格与约定的初步价格相比，其差额不超过约定的范围（如一定的百分比），则初步价格不予调整，合同原定的价格对双方当事人仍有约束力，双方必须严格执行。

由于此种价格条款是以原料和工资的变动作为调整价格的依据，因此，就必须注意原

料价格指数和工资价格指数的选择问题，并在合同中具体写明。此外，在国际贸易中，人们有时也应用物价指数作为调整价格的依据，如合同期间的物价指数发生的变动超出一定的范围，价格即做相应的调整。

总之，在使用价格条款时，合同价格的调整是有条件的，用来调整价格的各个因素在合同期间发生的变化，如约定这种变化必须超过一定的范围才予调整，否则不予调整。

第四节 计价货币的选择

计价货币(Money of Account)是指交易双方在合同中约定用来计算价格的货币。支付货币(Moncy of Payment)是指合同中约定用来支付货款的货币。如交易双方约定用某种货币(如美元)来表示合同的价格，且没有约定用其他货币支付，则合同中约定的货币(美元)既是计价货币，又是支付货币。反之，若是在计价货币之外，还约定了其他货币(如欧元)来支付，则这种指定的货币欧元就是支付货币。

在一般的国际货物买卖合同中，价格常表现为一定量的特定货币(如每公吨500美元)，通常不再规定支付货币。在国际贸易中，用来计价的货币可以是出口国的货币，可以是进口国的货币，还可以是交易双方同意的第三国的货币，这些都可以由交易双方协商确定。由于世界各国的货币价值并非是一成不变的，并且在多国普遍实行浮动汇率的条件下，计价货币常处于波动状态。再加上国际货物买卖的交货期一般都较长，而在此期间计价货币的币值可能会发生变化，甚至出现比较大的起伏，这样必然会影响到进出口双方的经济利益。因此计价货币的选择具有重大的经济意义。

在国际进出口业务中，选择使用何种货币作为计价货币，首先，应考虑货币是不是可以自由兑换的货币。但对于那些已签订支付协定并限定使用某种货币的国家，应使用协商约定的货币。其次，对可自由兑换的货币，需要考虑其稳定性。在出口业务中，采取硬币作为计价货币对卖方有利；而在进口业务中，采用软币作为计价货币对买方有利(硬币是指在实行浮动汇率的情况下具有上浮趋势的货币；软币是指具有下浮趋势的货币)。但除此之外，还可采用以下几种方式。

1. 压低进口价格或提高出口价格

如为了达成交易而不得不采用对己不利的货币，则可以设法压低进口商品的价格或提高出口商品的价格。

2. 软币、硬币结合使用

按照国际上的一般习惯做法，如两种货币的汇率是按付款时的汇率计算，则不论计价和支付用的是什么货币，都可以按计价货币的量回收货款。对卖方而言，若计价货币是硬币，支付货币是软币，基本上不会受到什么损失，还可起到保值的作用；若计价货币是软币，支付货币是硬币，则卖方收入所得的硬币会减少，这对卖方是不利的，而对买方有利。

若计价货币和支付货币的汇率在订约时已经固定，则在计价货币是硬币、支付货币是软币的条件下，卖方在结算时收入的软币所代表的价值，往往要少于按订约时的汇率应收入的软币所代表的价值。即对买方是有利的，而对卖方不利；若计价货币是软币，支付货币是硬币，则对卖方有利，对买方不利。

由此可知，对卖方而言，若按付款时的汇率计算，选择硬币计价、软币支付较为有利；若按订约时的汇率计算，选择软币计价、硬币支付较为有利。而对于买方而言，则正好相反。

3. 订立外汇保值条款

由于国际货币变化频繁，软币与硬币之间经常发生转换。为了避免货币汇率变动的风险，应争取订立外汇保值条款，主要做法有以下两种。

(1) 利用几种货币的平均汇率保值。这其实是按照一揽子货币计价的方法，但在实际业务中一般难以操作。因而此方法较少使用。

(2) 软币计价，硬币支付。订约时虽然以软币计价，但按当时的汇率将计价货币折算成另一种硬币，支付时按该硬币支付。例如，在订立合同时，预计欧元要趋于贬值，合同中就可以订明“本合同项下 1 欧元等于 1.2 美元，发票和汇票均需以美元开立”。

第五节　佣金和折扣

在合同价格条款中，有时会涉及佣金(Commission)和折扣(Discount，Allowance)。价格条款中所规定的价格，可分为包含佣金或折扣的价格和不包含此类因素的净价(Net Price)。包含佣金的价格，在实际业务中常称为“含佣价”。

一、佣金

(一) 佣金的含义

佣金是指买方或卖方付给中间商的劳务报酬。其中，佣金分为明佣和暗佣。凡在合同价格条款中，明确规定佣金所占的百分比的，称为明佣；而那种不在合同中标明佣金的百分比，甚至连“佣金”字样也不标出，有关佣金的问题由双方当事人另行协商约定的，称为暗佣。

(二) 佣金的规定方法

在价格条款中，佣金(明佣)的表示方法有以下几种。

(1) 用文字说明表示。凡价格中包括佣金的，即为“含佣价”。例如：每公吨 300 美元 CIF 纽约，包括佣金 2%。

(2) 直接在贸易术语后面加上佣金(Commission)的缩写字母“C”，并注明佣金的百分比。例如：每公吨 300 美元，CIFC2%，纽约。

(3) 用绝对数表示。例如：每公吨支付佣金 100 美元。

有的中间商为了从买卖双方获取“双头佣金”或“双份佣金”，或者为了达到逃汇或逃税的目的，常常要求在合同中不规定佣金，而另按双方暗中达成的协议支付，即采用暗佣的方法支付。

(三) 佣金的计算与支付方法

佣金一般是按交易金额的百分比计算的，也可按成交数量来计算。而在我国的实际业务中，一般是按照买卖双方的成交金额或发票金额为基础进行计算的。其计算公式为：

单位货物佣金额=含佣价×佣金率

净价=含佣价-单位货物佣金额

含佣价=净价/(1-佣金率)

佣金主要有两种支付方式：一种是由中间代理商直接从货价中扣除；另一种是由卖方收到货款后，按照双方约定的佣金比率，另行支付给中间商。

二、折扣

(一)折扣的含义

折扣(Discount，Allowance)是指卖方给予买方一定的价格减让，即在价格上给予适当的价格优惠。凡在价格条款中明确规定价格折扣率的，称为明扣；而在价格条款中未标明折扣的，由买卖双方另行约定折扣的，称为暗扣。

(二)折扣的规定方法

在在价格条款中，折扣(明扣)的表示方法有以下几种。

(1)用文字说明表示。例如：每公吨 300 美元 CIF 纽约，折扣 2%。

(2)直接在贸易术语后面加上“D”(Discount)或“R”(Rebate)，并注明折扣的百分比。例如：每公吨 300 美元，CIFD2%，纽约。

(3)用绝对数表示。例如：每公吨支付折扣 100 美元。

(三)折扣计算与支付方法

折扣一般是以成交额或发票金额为基础计算的。其计算公式为：

单位货物折扣额=原价(或含折扣价)×折扣率

卖方实际净收入=原价-单位货物折扣额

折扣一般是在买方支付货款时预先予以扣除，也有的折扣金额不直接从货价中扣除，而按双方当事人暗中达成的协议另行支付给买方。这种做法常在给暗扣或回扣时采用。在进出口合同的单价条款中，如未标明有佣金或折扣，则一般为净价。

第六节　价格条款的约定

一、价格条款的基本内容

在合同的价格条款中，一般包括商品的单价和总值两项基本内容，确定单价的作价办法和与单价有关的佣金与折扣的运用，也属于价格条款的内容。商品的单价通常由四个部分组成，即计量单位(如公吨)、单位价格金额(如 200)、计价货币(如美元)和贸易术语(如 CIF 伦敦)。例如，在价格条款中规定：“每公吨 500 美元，CIF 伦敦”(USD 500 per metric ton CIF London)。其中，单价的这四个组成部分必须清楚、具体，不能任意地颠倒顺序。

当上述单价由买卖双方约定，履约时，应按此价格结算货款，即使订约后价格发生变动，任何一方都不得要求变更原定的价格。由于各种因素的影响，有一些商品的价格容易发生变动，为确保合同的顺利履行。买卖双方可在合同中明确规定“合同成立后，不得提高或调整价格”。

总值是指商品单价与成交商品数量的乘积，即一笔交易的货款总金额。进出口合同价格条款中的总值与单价所使用的货币，应当保持一致。

二、约定价格条款的注意事项

(1) 在充分地进行市场调研的基础上，根据国际市场供求状况和价格走势，遵循我国进出口商品作价原则和每笔交易的经营意图，同时，根据成交商品的品种、数量、交货期限和市场行情变化等因素，灵活运用各种不同的作价方法，合理约定适当的成交价格，防止盲目定价而导致成交价格偏离国际市场价格的情况出现。

(2) 慎重选择计价货币。争取选择对己有利的货币，以免遭受币值变动带来的风险与损失。若是根据当时市场情况和自身的经营意图，不得已而被迫采用不利的计价货币成交时，应当签订保值条款，或者把币值可能变动的风险考虑到成交价格中去。

(3) 选择恰当的贸易术语。由于贸易术语是商品单价中的组成部分，且同交易双方有直接的利害关系，因此，应根据运输市场情况、运价水平，并结合自身条件和经营意图，酌情选择对己有利的贸易术语。

(4) 在价格条款中，单价所涉及的计量单位、计价货币、装卸地名称等必须书写正确、清楚，以利于合同的履行和避免争议的发生。同时，若包装材料和包装费另行计价，对其计价办法也应一并规定。

(5) 参考国际贸易习惯，合理规定佣金和折扣的比率和计算方法。在合同中，应约定佣金和折扣的计算方法，确定计算的基数、佣金率和折扣率。

本章小结

商品价格是国际贸易合同中的主要内容之一，它与合同中的其他相关条款有着密切的联系，其涵盖的内容很广泛。它包括作价原则的贯彻、成交价格与作价办法的确定、贸易术语的使用、计价货币的选择，以及佣金与折扣的合理运用等。特别是在价格掌握问题上，更需要权衡利弊，通盘考虑。

基本概念

出口盈亏率　出口换汇成本　出口创汇率　固定价格　暂不定价格　价格调整条款　计价货币　外汇保值条款　佣金　折扣

思考题

1. 进出口商品的价格构成因素分别有哪些？

2. 进出口商品的作价原则是什么？在确定进出口商品价格时应考虑哪些因素？

3. 进出口商品的作价方法有哪几种，其优缺点各是什么？

4. 怎样正确选择计价货币？

5. 佣金和折扣是什么？二者有什么区别？如何正确使用它们？

6. 为什么价格条款是进出口合同中的核心条款？规定此条款应注意什么问题？

计算题

1. “$110per M/T FOB London including 2% commission.” 中佣金和净价分别是多少？

2. 我国某公司出口某商品10万吨，国内收购价为1.1元人民币/千克，另加其他费用10%，外销净价为每公吨190美元FOB上海。计算该商品的出口换汇成本。

3. 某工厂进口一批钢材，已知FOB进口价为360万美元，CIF进口价为400万美元；加工成品出口，FOB出口价为500万美元，CIF出口价580万美元。求出口创汇率。

4. 某公司出口某种商品，数量为10 000件，单价为CIF利物浦每件12美元，含3%的折扣。计算单位商品的折扣额和卖方实际净收入。

5. 我国出口某商品CIF××港，总金额10 000美元，运费1 000美元，保险费800美元，出口总成本50 000元人民币，假如外汇牌价为100美元折合630人民币。计算出口盈亏率。

第六章
国际货物运输

学习目标

1. 掌握主要的国际货物运输方式的特点、适用范围和操作流程，学会在不同的要求下选择最适合的运输方式；

2. 掌握国际货物买卖合同中装运条款的主要内容和规定方法，以利于顺利履行进出口合同；

3. 掌握各种运输方式下运输单据的种类和作用。

第一节　海洋运输

海洋运输是指使用船舶通过海上航道在不同国家和地区的港口之间运送货物的一种方式，是国际货物运输中最主要的运输方式。目前，国际贸易总运量中的 2/3 以上，中国进出口货运总量的约 90%都是利用海洋运输。

与其他运输方式相比，海洋运输具有下列明显的优点。

(1) 通过能力强。海洋运输可以利用四通八达的天然航道，它不像火车、汽车那样受到轨道和道路的限制。如果政治、经济、军事等条件发生变化，还可随时改变航线驶往便于装卸的目的港。

(2) 运量大。由于船舶向大型化发展，海洋运输船舶的运载能力远远大于火车、汽车和飞机，它是载运能力最大的运输工具。一艘万吨船舶的载重量相当于 250～300 个车皮的载重量。

(3) 运费低。因为海上货物运输航道为天然形成且海洋运量大、航程远，所以货物的单位运输成本相对低廉。

(4) 对货物的适应性强。各种专业化的运输船舶(如油船、液化气船、冷藏船等)相继问世，使船舶的专业化更强。

海洋运输也存在不足之处：

(1) 海洋运输受气候和自然条件的影响较大，航期不易准确且风险较大；

(2) 涉及当事人多，法律关系复杂；

(3) 海洋运输的速度也相对较慢。

按照船舶经营方式的不同，海洋运输可分为班轮运输(Liner Transport)和租船运输(Shipping by Chartering)。

(一)班轮运输

班轮运输又称定期船运输，是指船舶按照预定的航行时间表，在固定的航线和港口往返航行，从事客货运输业务，并按事先公布的费率收取运费的运输。

1. 班轮运输的特点

(1)“四固定”。船舶按照固定的船期表、沿着固定的航线和港口来往运输，并按相对固定的运费率收取运费。

(2)“四负责”。由船方负责装卸、配载作业及其费用，船货双方也不计算滞期费和速遣费。

(3)船货双方的权利义务与责任豁免，以船方签发的提单条款为依据。

(4)班轮承运货物的品种、数量比较灵活，货运质量比较有保证，而且一般在班轮码头仓库交接货物，故为货主提供了便利和良好的服务。

2. 班轮运费的计收依据与计收标准

班轮运费包括基本运费和附加费两部分。基本运费是指货物从装运港到卸货港所应收取的基本运费，它是构成全程运费的主要部分。基本运费按班轮运价表规定的计收标准计收。班轮运价表一般包括货物分级表、各航线费率表、附加费率表、冷藏货及活牲畜费率表等。不同的班轮公司或班轮公会各有不同的班轮运价表。目前，我国海洋班轮运输公司使用的是等级运价表，即将承运的货物分为若干等级(一般分为20个等级)，每一等级的货物有一个基本费率，其中1级费率最低，20级费率最高。

在班轮运价表中，根据不同的商品，通常采用下列几种运费计收标准。

(1)按货物毛重，又称重量吨(Weight Ton)计收运费，运价表中用W表示。

(2)按货物的体积或容积，又称尺码吨(Measurement Ton)计收，运价表中用M表示。

(3)按毛重或体积计收，由船公司选择其中收费较高的作为计费吨，运价表中以W/M表示。按此计价时，应以积载系数确定其是重货还是轻货。积载系数由货物的毛重与体积的比例数确定。积载系数大于1的为重货，按重量计征；反之为轻货，按体积计征。这种计算方法，在国际贸易业务中使用较多。上述计算运费的重量吨和尺码吨统称为运费吨(Freight Ton)或计费吨。国际上一般都采用国际单位制(公制)，其重量单位为公吨(Metric Ton，缩写为M/T)，尺码单位为立方米(Cube Meter，缩写为M^3)，计算运费时，1立方米作为1尺码吨。

(4)按商品价格计收，又称为从价运费，运价表中用AV或Ad Val表示。从价运费一般按货物的FOB价格的百分之几收取。贵重物品大多按此计收。

(5)在货物重量、尺码或价值三者中选择最高的一种计收，运价表中用W/M or Ad Val表示。

(6)按货物重量或尺码选择最高者，然后再加收一定百分比的从价运费，运价表中用W/M plus Ad Val表示。

(7)按每件货物作为一个计收单位收费，运价表中以Per Unit，Per Head等表示。如活牲畜按每头，车辆按每辆收费。

(8)临时议定价格，即由货主和船公司临时协商议定，运价表中用Open表示。通常适用于承运粮食、豆类、矿石、煤炭等运量较大、货值较低、装卸容易、装卸速度快的农副产品和矿产品。议价货物的运费率一般较低。

附加费是指对一些需要特殊处理的货物，或由于突发事件或客观情况变化等原因而需另外加收的费用。附加费的计算办法，有的是在基本运费的基础上，加收一定百分比；有的是按每运费吨加收一个绝对数计算。附加费名目繁多，而且会随着航运情况的变化而变动。在班轮运输中，常见的附加费有下列几种。

(1)超重附加费(Extra Charges on Heavy Lifts)，指由于货物单件重量超过一定限度而加收的一种附加费。

(2)超长附加费(Extra Charges on Over Length)，指由于单件货物的长度超过一定限度而加收的一种附加费。

(3)选卸附加费(Additional on Optional Discharging Port)，对于选卸货物需要在积载方面给以特殊的安排，这就会增加一定的手续和费用，由于上述原因而追加的费用，称为选卸附加费。

(4)直航附加费(Additional on Direct)，指船公司应托运人的要求，将一批货物直接从装运港运抵该航线上的某一非基本港口时所加收的附加运费。通常托运人只有交运一定数量(如 1000 吨以上)的货物，船公司才同意船舶直航非基本港口，并按规定加收直航附加费。

(5)转船附加费(Transhipment Additional)，如果货物需要转船运输，船公司必须在转船港口办理换装和转船手续，由于上述原因所增加的费用，称为转船附加费。

(6)港口附加费(Port Additional)，由于某些港口的情况比较复杂，装卸效率较低或者港口收费率较高等原因，船公司特此加收一定的费用，称为港口附加费。

(7)燃油附加费(Bunker Surcharges or Bunker Adjustment Factor)，是指燃油价格突然上涨时加收的费用。

(8)绕航附加费(Deviation Surcharge)，是指由于正常航道受阻不能通行，船舶必须绕道才能将货物运至目的港时，船方所加收的附加费。

(9)货币贬值附加费(Devaluation Surcharge)，是指在货币贬值时，船方为使实际收入不减少，按基本运价的一定百分比加收的附加费。

3. 班轮运费的计算步骤

(1)根据货物名称在货物分级表中查出相应的运费计算标准和货物等级；

(2)在等级费率表的基本费率部分，找到相应的航线、起运港和目的港，按货物等级查到基本运费率，计算出基本运费；

(3)再根据附加费率表查出所有应收(付)的附加费项目和数额(或百分比)及货币种类，应该注意的是，计算货币贬值附加费时必须同时考虑基本运费和其他附加费；

(4)基本运费与各项附加费之和即为某种货物运往指定目的地的运费。

(二)租船运输

租船运输(Shipping by Charting)，又称不定期船运输，是指租船人向船东租赁船舶用于货物运输的海洋运输方式。租船运输适用于大宗货物运输，经由航线和停靠港口、运输货物的种类以及航行的时间等，都按照承租人的要求，由船舶所有人确认，运费或租金也由双方根据租船市场行情在租船合同中约定。租船人与出租人之间的权利义务由双方签订的租船合同确定。

1. 租船运输的方式

(1) 定程租船(Voyage Charter)，又称航次租船，是指船舶所有人负责提供船舶，在指定港口之间进行一个航次或数个航次，承运指定货物的租船运输。船舶所有人与租船人双方的责任、义务以定程租船合同为准。定程租船就其租赁方式的不同分为：单程租船(又称单航次租船)、来回航次租船、连续航次租船、包运合同租船。

(2) 定期租船(Time Charter)，又称期租船，是指由船舶所有人按照租船合同的约定，将一艘特定的船舶在约定的期间，交给承租人使用的租船方式。船舶所有人与租船人双方的责任、义务以定期租船合同为准。

(3) 光船租船(Bareboat Charter)，指船舶所有人将船舶出租给承租人使用一个时期，但船舶所有人提供的船舶是一艘空船，承租人需要自行安排船长、船员，并负责他们的给养和船舶运营管理所需要的一切费用。这种租船不具有承揽运输性质，它只相当于一种财产租赁。

三种租船运输方式的比较参见表 6-1。

表 6-1　定程租船、定期租船、光船租船的比较

比较项目	定程租船	定期租船	光船租船
租船基础	航程	航期	航期
航次成本的负担	船舶所有人	承租人	承租人
固定开支的负担	船舶所有人	船舶所有人	承租人
承租人的权利	小	大	更大
费用	运费，计算滞期费和速遣费	租金，不计算滞期费和速遣费	租金，不计算滞期费和速遣费
租船合同的性质	劳务合同	半劳务半租赁合同	租赁合同
使用情况	多见	多见	少见

注：航次成本包括船舶燃料费、港口费、装卸费、垫舱物料费等。
固定开支包括员工的工资、伙食给养、船舶维修保养、船舶保险等。

近年来，国际上发展起一种介于航次租船和定期租船之间的租船方式，即航次期租(Time Charter on Trip Basis，TCT)，是以完成一个航次运输为目的，按完成航次所花的时间，并按约定的租金率计算租金的方式。

2. 租船运输的运费

就外贸企业来说，使用较多的租船方式是定程租船。定程租船运费包括以下费用。

(1) 定程租船运费。定程租船运费的计算方式主要有两种：一种是按运费率(Rate Freight)，即规定每单位重量或单位体积的运费额，同时规定按装船时的货物重量(Taken Quantity)或按卸船时的货物重量(Delivered Quantity)来计算总运费；另一种是整船包价(Lump Sum Freight)，即规定一笔整船运费，船东保证船舶能提供的载货重量和容积，不管租方实际装货多少，一律照整船包价付费。影响定程租船运费率高低的众多因素有租船市场运费水平、承运的货物价格和装卸货物所需设备和劳动力、运费的支付时间、装卸费的负担方法、港口费用高低及船舶经纪人的佣金高低等。应付运费时间是指船主收到运费的时间，而不是租船人付出运费的时间。

(2) 定程租船的装卸费。定程租船运输情况下，有关货物的装卸费用由租船人和船东协商确定后在定程租船合同中作出具体规定。具体做法主要有以下四种。

① 船方负担装货费和卸货费，又可称为“班轮条件”(Gross Terms；Liner Terms 或 Berth Terms)。在此条件下，船货双方一般以船边划分费用。多用于木材和包装货物的运输。

② 船方管装不管卸(Free Out，FO)，即船方负担装货费，但不负担卸货费。

③ 船方管卸不管装(Free ln，FI)，即船方负担卸货费，而不负担装货费。

④ 船方装和卸均不管(Free ln and Out，FIO)，即船方既不负担装货费，也不负担卸货费。这种条件一般适用于散装货。采用这一规定方法时，还需明确规定理舱费和平舱费由谁负担，一般均由租船人负担，这称为“船方不管装卸、理舱和平舱”(Free ln and out，Stowed and Trimmed，FIOST)条款。

第二节 其他货物运输方式

一、铁路运输

铁路运输(Rail Transport)是仅次于海洋运输的主要运输方式。铁路运输有许多优点：一般不受气候条件的影响，可保障全年的正常运输，运输过程中可能遭受的风险也较小；运量大，速度快；办理铁路货运手续比海洋运输简单。但铁路运输也有缺点：铁路建设初期投资大，铁路运输需要铺设轨道，建路工程艰巨复杂，需要消耗大量原材料。

铁路运输分为国际铁路货物联运和国内铁路货物运输两种。国际铁路货物联运是指使用一份统一的国际联运票据，由铁路负责经过两国或两国以上铁路的全程运送，由一国铁路向另一国铁路移交货物时，不需要发货人和收货人参加的货物运输方式。国内铁路运输是指仅在本国范围内，并按国内铁路货物运输的规定办理的货物运输。

二、航空运输

航空运输(Air Transport)是一种现代化的运输方式，具有运输速度快、货运质量高、不受地面条件限制等优点。最适宜运送急需物资、鲜活商品、精密仪器和贵重物品。航空运输主要有四种运输方式。

1. 班机运输(Scheduled Airline)

班机是指在固定时间、固定航线、固定始发站和目的站运输的飞机，适用于运送急需物品、鲜活商品以及节令性商品。

2. 包机运输(Chartered Carrier)

包机是指包租整架飞机或由几个发货人(或航空货运代理公司)联合包租一架飞机来运送货物。因此，包机又分为整包机和部分包机两种形式，前者适用于运送数量较大的商品，后者适用于多个发货人且货物到达站是同一地点的货物运输。

3. 集中托运(Consolidation)

集中托运是指航空货运公司把若干单独发运的货物(每一货主货物要出具一份航空运单)组成一整批货物，用一份总运单(附分运单)整批发运到预定目的地，由航空公司在那里的代理人收货、报关、分拨后交给实际收货人。集中托运的运价比国际空运协会公布的班机运价低 7%～10%。因此发货人比较愿意将货物交给航空货运公司安排。

4. 航空急件传送方式(Air Express Service)

航空急件传送是目前国际航空运输中最快捷的运输方式。它不同于航空邮寄和航空货运，而是由一个专门经营此项业务的机构与航空公司密切合作，设专人用最快的速度在货主、机场、收件人之间传送急件，被称为“桌到桌运输”(Desk to Desk Service)。适用于急需的药品、医疗器械、贵重物品、图纸资料、货样及单证等的传送。

航空运输货物的运价是指承运人为运输货物对规定的重量单位或体积单位收取的费用，是从启运机场至目的机场的空中费用，不包括其他额外费用(如提货、仓储费等)，并且只适用于单一方向。航空货物运价主要有四类：一般货物运价、指定商品运价、货物的等级运价、集装箱货物运价。运费是指根据适用运价计算出的发货人或收货人应当支付的该批货物的运输费用。货物体积小重量大时，按实际重量计算；体积大重量小时，按体积计算。

三、大陆桥运输

大陆桥运输(Land Bridge Transport)是指使用横贯大陆的铁路(公路)运输系统，作为中间桥梁，把大陆两端的海洋连接起来的集装箱连贯运输方式。大陆桥运输的优越性体现在：缩短运输里程、加快运输速度、降低运输费用、简化作业手续、保证运输安全。

大陆桥运输是集装箱运输开展以后的产物，始于1967年，发展到现在已形成西伯利亚大陆桥、新亚欧大陆桥和北美大陆桥三条大陆桥运输路线。

1. 西伯利亚大陆桥

西伯利亚大陆桥，是利用俄罗斯西伯利亚铁路作为桥梁，把太平洋远东地区与波罗的海和黑海沿岸以及西欧大西洋口岸连接起来。这是世界上最长的运输陆桥。

2. 新亚欧大陆桥

新亚欧大陆桥于 1992 年投入运营，东起我国连云港，经陇海线、兰新线，接北疆铁路，出阿拉山口，最终抵达荷兰鹿特丹、阿姆斯特丹等西欧主要港口。

3. 北美大陆桥

北美大陆桥包括美国大陆桥运输和加拿大大陆桥运输。美国大陆桥有两条运输线路：一条是从西部太平洋沿岸至东部大西洋沿岸的铁路和公路运输线；另一条是从西部太平洋沿岸至东南部墨西哥湾沿岸的铁路和公路运输线。加拿大大陆桥起自加拿大太平洋沿岸的温哥华，终止于接近大西洋沿岸的蒙特利尔。

四、公路运输

公路运输(Road Transportation)是一种现代化的运输方式，它不仅可以直接运进或运出对外贸易货物，而且也是车站、港口和机场集散进出口货物的重要手段。

公路运输机动灵活、适应性强，在中短途运输中，速度较快，可实现“门到门”的运输，易掌握车辆驾驶技巧。但是其载货量有限，运输成本高，运行持续性差，安全性低。

五、内河运输

内河运输(Inland Water Transportation)是指使用船舶通过国内江河湖川等天然或人工

水道运送货物的运输方式，是连接内陆腹地与沿海地区的纽带。内河运输通过能力大、运费便宜、节省能源、占地少，适宜运输大件货物，但是受天然河道的分布和走向的限制。

六、邮政运输

邮政运输(Parcel Post Transport)是指通过邮局寄交进出口货物的运输方式，适用于重量轻、体积小的货物的传递。

国际邮政运输具有国际多式联运和“门到门”运输的性质，各国邮政部门之间订有协定和公约，通过这些协定和公约，各国的邮件包裹可以互相传递，从而形成国际邮包运输网，邮件在国际间的传递由各国的邮政部门负责办理。邮政运输手续较简便，只要卖方根据买卖合同中约定的条件和邮局的有关规定，向邮局办理寄送包裹手续，付清邮费取得收据，就完成交货任务。邮件到达目的地后，收件人可凭邮局到件通知向邮局提取。

近年来，特快专递业务迅速发展。国际快递业务的主要承运人有：国际特快专递(International Express Mail Service，EMS)、联合包裹服务公司(United Parcel Service，UPS)、TNT 集团。

七、管道运输

管道运输(Pipeline Transportation)是货物在管道内借助于高压气泵的压力输往目的地的一种运输方式，主要适用于运输液体和气体货物。它具有运输成本低、运量大、不受气候和地面其他因素限制的优点，但是管道运输固定投资大、运输货物过专。

管道运输在美国、欧洲的许多国家以及石油输出国组织(OPEC)的石油运输方面起到了积极的作用。

第三节　集装箱运输

集装箱是指具有一定强度、刚度和规格专供周转使用的大型装货容器。使用集装箱转运货物，可直接在发货人的仓库装货，运到收货人的仓库卸货，中途更换车、船时，无须将货物从箱内取出换装。集装箱运输(Container Transport)以集装箱作为运输单位，是一种结合了铁路运输、陆路运输、运河运输以及海上运输等货运方式的组合式的货物发送方式。

目前，集装箱海运已经成为国际主要班轮航线上占有支配地位的运输方式。在我国，集装箱海运已经成为普遍采用的一种重要的运输方式。

一、集装箱运输的特点

同其他运输方式相比，集装箱海运有许多优越性：

(1)集装箱运输有利于提高装卸效率，加速车船周转，从而提高港口吞吐能力；

(2)集装箱运输大大减少了传统运输方式中人力装卸、搬运的次数，这就可以避免人为因素造成的货物损坏、偷窃、污染的发生，提高了货运质量；

(3)集装箱运输有助于节省包装材料、减少运杂费用，降低运转费用；

(4)集装箱运输能节约劳动力，改善劳动条件；

(5)集装箱容积大，具有足够的强度，能长期的反复使用，规格标准，在港口和船上可以层叠摆放，节省大量空间；

(6)集装箱运输更有效地利用了运输能力，并把传统单一运输串联为连贯的成组运输，从而促进了国际多式联运的发展。

二、集装箱运输货物的交接

集装箱运输有整箱货(Full Container Load，FCL)和拼箱货(Less Than Container Load，LCL)之分。整箱货由货方在工厂或仓库进行装箱后直接运交集装箱场堆(Container Yard，CY)等待装运，货到目的地后，收货人可直接从目的地集装箱场堆提走。拼箱货是指货量不足一整箱，需由承运人在集装箱货运站(Container Freight Station，CFS)负责将不同发货人的少量货物拼在一个集装箱内，运到目的地后，由承运人拆箱分拨给各收货人。

集装箱货物交接方式有以下几种。

(1)门到门(Door to Door)：承运人在发货人工厂或仓库接货，在收货人工厂或仓库交货。

(2)门到场(Door to CY)：由发货人货仓或工厂仓库至目的地或卸箱港的集装箱装卸区堆场。

(3)门到站(Door to CFS)：由发货人货仓或工厂仓库至目的地或卸箱港的集装箱货运站。

(4)场到门(CY to Door)：由起运地或装箱港的集装箱装卸区堆场至收货人的货仓或工厂仓库。

(5)场到场(CY to CY)：由起运地或装箱港的集装箱装卸区堆场至目的地或卸箱港的集装箱装卸区堆场。发货人整箱交货，收货人整箱接货。

(6)场到站(CY to CFS)：由起运地或装箱港的集装箱装卸区堆场至目的地或卸箱港的集装箱货运站。

(7)站到门(CFS to Door)：由起运地或装箱港的集装箱货运站至目的地或卸箱港的集装箱装卸区堆场。

(8)站到场(CFS to CY)：由起运地或装箱港的集装箱货运站至目的地或卸箱港的集装箱装卸区堆场。

(9)站到站(CFS to CFS)：由起运地或装箱港的集装箱货运站至目的地或卸箱港的集装箱货运站。发货人拼箱交货，收货人拼箱接货。

三、集装箱运输的费用

最低运费(Minimum Freight)的计算方法是：对于拼箱货，在每一航线上各规定一个最低运费额，任何一批货运，其运费金额低于规定的最低运费额时，均需按最低运费金额计算；整箱货的最低运费标准不是金额而是运费吨。凡是整箱托运的货物，为避免运费的收入不够运费成本，对不同规格的集装箱分别规定计收运费的最低运费重吨和尺码吨。如果实际运费低于最低运费，则运费按最低运费计算。

最高运费(Maximum Freight)是专用于海上集装箱运输计算运费的一种方法。为了鼓励用集装箱运输并且最大限度地利用集装箱内部容积，船公司一般为各种规格、类型的集装箱规定一个以容积折算的最高运费吨。目前国际上对最高计费吨的规定一般是，20英尺集装箱为 31 立方米，40 英尺集装箱为 67 立方米。如果整箱货实际装箱货物的尺码超过规定的最高运费吨时，仍按最高运费吨计算，超过部分不计运费。

在集装箱运输中，有时一个箱内装几种货类，而货物有可能分属不同的运费等级，其运费按不同的情况分别计算：如果货主未提供资料，则按最高运费吨和箱内运费等级最高的费率计算运费；在整箱货运情况下，如果货主仅提供部分货物的计算运费资料，则这部分货物的运费按规定的等级和费率计算运费，其余未提供资料的货物的运费，则按最高计费吨减去已提供资料的货物的运费吨计算。如果这部分货物的计费等级或费率又有差异，则按其中最高费率计算。

集装箱除了上述基本运费外，还包括为集装箱服务和管理的费用，诸如拆箱和装箱费、滞期费、堆存费、交接费等。这些费用的负担，视托运条件、当地规定和习惯做法而有所不同。

第四节　国际多式联运

国际多式联运是在集装箱运输的基础上产生和发展起来的综合性的连贯运输方式。以集装箱为媒介，把海陆空各种传统的单一运输方式有机结合起来，组成国际间的连贯运输。

一、国际多式联运的含义

国际多式联运（International Multimodal Transport 或 International Combined Transport ）是指按照多式联运合同，以至少两种不同的运输方式，由多式联运经营人把货物从一国境内接运货物的地点运至另一国境内指定交付货物的地点。构成多式联运，应具备下列条件。

(1) 有一个多式联运合同，合同中明确规定多式联运经营人和托运人之间的权利、义务、责任和豁免。

(2) 是国际间两种或两种以上不同运输方式的连贯运输。

(3) 使用一份包括全程的多式联运单据，并由一个多式联运经营人对全程运输负总的责任。

(4) 是国际间的货物运输。

(5) 全程单一运费费率，包括全程各段运费的总和、经营管理费、合理利润。

二、国际多式联运获得发展的原因

国际多式联运获得发展的原因：集装箱运输及其设施不断增多；市场变得更加全球化，商人在低成本市场生产并向附近市场配送；电子数据交换技术促进了国际物流管理与控制；航空、铁路、海运、内河等运营商之间的合作日益紧密。

三、应对国际多式联运的战略

从根本上讲，适应国际多式联运的战略是以市场和技术为导向的。托运人和运营商必须不断研究贸易模式及趋势，需要特别注意环太平洋地区、中国和印度存在的巨大机遇。

第五节　装运条款

在国际货物贸易合同中，与国际货物运输直接相关的是装运条款。明确、合理地规定装运条款，是保证出口合同顺利履行的重要条件。装运条款的核心内容包括以下几方面。

一、装运时间

装运时间又称装运期，是指卖方将合同规定的货物装上运输工具或交给承运人的期限。装运时间是国际货物买卖合同的主要交易条款，卖方必须严格按规定时间交付货物，不得任意提前和延迟。否则，会造成违约，买方有权拒收货物，解除合同，并要求损害赔偿。

在国际贸易中，装运时间(Time of Shipment)和交货时间(Time of Delivery)是两个不同的概念。在使用 FOB、CIF、CFR 以及 FCA、CIP、CPT 等贸易术语签订的买卖合同中，卖方在装运港或装运地，将货物装上船只或交付给承运人监管，就算已完成交货义务。因此，按照上述贸易术语订立的合同，装运和交货的概念是一致的，可以把二者当作同义语。但若采用 DAT、DAP 等术语达成交易时，装运时间是指卖方在装运港将货物装上船或其他运输工具的时间；交货时间是指货物运到目的地交给买方的时间。所以，按照“D”组术语成交的合同，装运和交货则是两类完全不同的概念，二者不能相互代替使用，以免引起不必要的纠纷。

在国际贸易中，根据国际惯例对“装运日期”的最新解释，装船(Loading on board vessel)、发运(Despatch)、收妥待运(Accepted for Carriage)、邮局收据日期(Date of Post Receipt)、收货日期(Date of Pick up)等，以及在多式联运方式下承运人的“接受监管”(Taking in Charge)，均可理解为装运日期。

(一)装运时间的规定方法

1. 规定具体的装运时间

国际货运情况错综复杂，要保证在选定的某一天装运货物比较困难。因此，在实际业务中，一般不采用规定某一个具体日期的方法，而是规定一段时间和规定最迟期限。例如，规定在某月内装运，“7 月份装运”(Shipment during July)；跨月装运，“7/8/9 月份装运”(Shipment during July/Aug/Sep)；规定在某月某日或以前装运，“装运期不迟于 7 月 31 日”(Shipment not later than July 31st)；规定某月月底或以前装运，“9 月底或以前装运”(Shipment at or before the end of Sep)。

规定具体的装运时间，一方面有利于卖方具备一定的时间备货和安排运输，另一方面有利于买方做好支付货款和接货的准备。

2. 规定收到信用证后若干天装运

如在合同中规定：“买方必须不迟于某月某日将信用证开立并送达卖方，卖方收到信用证后 30 天内装运”(The relevant L/C must reach the seller not later than…, Shipment within 30 days after receipt of L/C)。通常对某些进口管制较严的国家或地区、专为买方制造的特定商品或对买方资信不够了解时，为防止买方不履行合同而造成损失采用此种规定方法。

3. 规定近期装运术语

如规定“立即装运”(Immediate Shipment)、“即期装运”(Prompt Shipment)、“尽快装运”(Shipment as soon as possible)等。由于这些术语在各国、各行业中解释不一致，容易引起争议，不宜使用。国际商会制订的《跟单信用证统一惯例》也明确规定不宜使用此类词。

(二)规定装运时间应注意的问题

1. 买卖合同中装运时间的规定要明确具体，装运期限应当适度

不同的商品有不同的生产周期，根据具体情况测算好生产周期，以便在生产即将结束时与船公司衔接好承运日期，避免造成有货无船或有船无货的局面。

海运装运期限的长短，应视不同商品和租船订舱的实际情况而定。装运期限过短，势必给船货安排带来困难；装运期过长，会造成买方积压资金，影响资金周转，从而反过来影响卖方的售价。

2. 应注意货源情况、商品的性质和特点以及交货的季节性等

如雨季一般不宜装运烟叶，夏季一般不宜装运沥青、易腐性肉类及橡胶等。

3. 应结合考虑交货港、目的港的特殊季节因素

如北欧、加拿大东海沿岸港口冬季易封冻结冰，所以装运时间不宜定在冰冻时期。反之，热带某些地区，则不宜定在雨季装运等。

4. 在规定装运期的同时，应考虑开证日期的规定是否明确合理

装运期与开证日期是互相关联的，为保证按期装运，装运期和开证日期，应该互相衔接起来。

二、装运港(地)和目的港(地)

装运港(Port of Shipment)是指货物起始装运的港口。目的港(Port of Destination)是指最终卸货的港口。在国际贸易中，装运港(地)一般由卖方提出，经买方同意后确认；目的港(地)一般由买方提出，经卖方同意后确认。

(一)装运港(地)和目的港(地)的规定方法

在买卖合同中，装运港和目的港的规定方法有以下几种。

(1)一般情况下，装运港和目的港分别规定各为一个。如，装运港：上海(Port of Shipment：Shanghai)；目的港：伦敦(Port of Destination：London)。

(2)有时按实际业务的需要，如数量较大或来源分散，集中在一处装运有困难，也可分别规定两个或两个以上的装运港或目的港。例如，装运港：大连/青岛/上海(Dalian/Qingdao/Shanghai)；目的港：伦敦/利物浦(London/Liverpool)。

(3)在磋商交易时，如明确规定装运港或目的港有困难，可以采用选择港(Optional Ports)办法。规定选择港有两种方式：一种是在两个或两个以上港口中选择一个，如CIF伦敦/汉堡/鹿特丹(CIF London/Hamburg/Rotterdam)；另一种是笼统规定某一航区为装运港或目的港，如“目的港：地中海主要港口”，即最后交货则选择地中海的一个主要港口为目的港。

(二) 确定国内、外装运港(地)和目的港(地)的注意事项

(1) 在出口业务中，一般以接近货源地的对外贸易港口为宜，同时考虑港口和国内运输的条件和费用水平；在进口业务中，原则上应选择以接近用货单位或消费地区的对外贸易港口为最合理。

(2) 对国外装运港或目的港的规定，应力求具体明确。在磋商交易时，如国外商人笼统地提出以“欧洲主要港口”或“非欧洲主要港口”为装运港或目的港时，不宜轻易接受。因为，欧洲或非欧洲港口众多，究竟哪些港口为主要港口，并无统一解释，而且各港口距离远近不一，港口条件也有区别，运费和附加费相差很大，所以，我们应避免采用此种规定方法。

(3) 不能接受以内陆城市为装运港或目的港的条件。因为接受这一条件，我方要承担从港口到内陆城市这段路程的运费和风险。

(4) 必须注意装卸港的具体条件，主要有：有无直达班轮航线、港口装卸条件、运费和附加费水平、码头泊位的深度、冰封期以及对船舶国籍有无限制等港口制度。

(5) 应注意国外港口有无重名问题。世界各国港口重名的很多，例如，维多利亚(Victoria)港，世界上有 12 个之多。为防止发生差错，引起纠纷，在买卖合同中应明确注明装运港或目的港所在国家或地区的名称。

(6) 采用选择港口规定时，备选港口不易超过三个，而且是在同一航区、同一航线上，比较靠近的港口。同时在合同中应明确规定：如所选目的港要增加运费、附加费，应由买方负担，同时要规定买方宣布最后目的港的时间。

三、分批装运和转运

分批装运和转运都直接关系到买卖双方的利益，因此，买卖双方应根据需要和可能在合同中作出具体的规定。一般来说，合同中如订明允许分批装运和转运，对卖方交货比较主动。

(一) 分批装运

分批装运(Partial Shipment)是指一个合同项下的货物分若干批或若干期装运。在大宗货物或成交数量较大的交易中，买卖双方根据交货数量、运输条件和市场销售等因素，可在合同中规定分批装运条款。对于具体规定各批装运时间和数量的分批装运，如果其中任何一批未按约定时间和数量装运，则该批和以后各批均算违约。

分批装运有四种规定方法：(1) 只注明允许分批装运，对分批的时间、批次、数量均不做具体规定，不加任何限制；(2) 具体规定每批装运的时间和数量；(3) 规定不准分批装运；(4) 合同未规定禁止分运。

国际上对分批装运的解释和运用有所不同。按有些国家的合同法规定，若合同对分批装运不作规定，买卖双方事先对此也没有特别约定或习惯做法，则卖方交货不得分批装运；国际商会制定的《跟单信用证统一惯例》规定，除非信用证另有规定，允许分批装运。因此，为了避免不必要的争议，除非买方坚持不允许分批装运，原则上应明确在合同中订入“允许分批装运”(Partal shipment to be allowed) 条款。

根据《跟单信用证统一惯例》的规定，对于具体规定各批装运时间和数量的分批装运，只要其中任何一批没有按时、按量装运，则本批及以后各批均告失效。据此，在买卖合同和信用证中规定分批、定期、定量装运时，卖方必须重合同、守信用，严格按照合同和信用证的有关规定办理。

（二）转运

卖方在交货时，如驶往目的港没有直达船、船期不定或航次间隔太长，为了便于装运，则应在合同中订明“允许转船”（Transhipment to be allowed）。

转运（Transhipment）是指货物在运输过程中转船、转机以及从一种运输工具上卸下再装上另一种运输工具的运输。

根据《跟单信用证统一惯例》规定，“转运”一词在不同运输方式下有不同的含义：在海运情况下，是指在装货港和卸货港之间的海运过程中，货物从一艘船卸下再装上另一艘船的运输；在航空运输的情况下，是指从起运机场至目的地机场的运输过程中，货物从一架飞机上卸下再装上另一架飞机的运输；在公路、铁路或内河运输情况下，则是指在装运地到目的地之间用不同的运输方式的运输过程中，货物从一种运输工具上卸下，再装上另一种运输工具的行为。

《跟单信用证统一惯例》规定，除非信用证另有规定，否则可准许转运。如果信用证明确规定了“不允许转运”而实际进行了转运，买方和银行都可以拒绝接受这种转船提单。因此，为了明确责任和便于安排装运，买卖双方是否同意转运以及有关转运的办法和转运费的负担等问题，应在买卖合同中订明。一般有以下三种做法：（1）不准转运；（2）准许转运；（3）限制在某港转船。

一般来说，转运会增加装卸费和货物受损的风险，因此买方大多不愿意接受允许转运的条款。但是，随着国际运输的发展，有时转运方式比直达方式的总运费更低。

（三）合同中的分批、转运条款

国际货物买卖合同中的分批、转运条款通常是与装运时间条款结合起来规定的。合同中分批、转运条款举例如下：

（1）5/6/7 月份装运，允许分批和转运（Shipment during May/June/July，with partial shipments and transhipment allowed）。

（2）6/7 月份分两批装运，禁止转运（During June/July in two shipments，transhipment is Prohibited）。

（3）11/12 月份分两次平均装运，由香港转运（During Nov/Dec in two equal monthly shipment，to be transhipped at Hongkong）。

四、装运通知

买卖双方为了互相配合，共同做好车、船、货的衔接和办理货运保险，不论采用何种贸易术语成交，交易双方都要承担互相通知的义务。因此，装运通知（Advice of Shipment）也是装运条款的一项重要内容。

按照国际贸易的一般做法，在按 FOB 条件成交时，卖方应在约定的装运期前 30 或 45 天，向买方发出货物备妥通知，以便买方及时接货，避免货等船；买方接到卖方发出的备货通知后，应按约定的时间，向卖方发出派船通知，将船名、船舶到港受载日期等通知卖方，以便卖方及时安排货物出运和准备装船，避免船等货。

若按 FOB、CFR 和 CIF 术语签订合同，卖方应在货物装船后，按约定时间，将合同、货物的品名、件数、重量、发票金额、船名及装船日期等项内容电告买方；若按 FCA、CPT 和 CIP 术语签订合同，卖方应在把货物交付承运人接管后，将交付货物的具体情况及交付日期电告买方，以便买方办理保险并做好接卸货物的准备，及时办理进口报关手续。

五、滞期、速遣条款

在国际贸易中，大宗商品大多使用定程租船运输。由于装卸时间的长短和装卸效率的高低直接关系到船方的利害得失，故船方出租船舶时，都要求在定程租船合同中规定装卸时间、装卸率，并规定延误装卸时间和提前完成装卸任务的罚款与奖励办法，以约束租船人。但是，在实际业务中，负责装卸货物的不一定是租船人，而是买卖合同的一方当事人，如 FOB 合同的租船人是买方，而装货是由卖方负责；反之，CIF 合同的租船人是卖方，而卸货是由买方负责，因此，负责租船的一方为了促使对方及时完成装卸任务，故在买卖合同中也要求规定装卸时间、装卸率和滞期、速遣条款。

（一）装卸时间

装卸时间(Lay Time)是指允许完成装卸任务所约定的时间，它一般以天数或小时数来表示。装卸时间的规定方法主要有下列几种。

1. 日(Days)或连续日(Running Days；Consecutive Days)

这是指午夜零点至午夜 24 点日复一日的所有天数，在此期间内，不论是实际不可能进行装卸作业的时间(如雨天、施工或其他不可抗力)，还是星期日或节假日，都应计为装卸时间。这种规定，对船东有利，对租船人很不利。

2. 累计 24 小时好天气工作日(Weather Working Days of 24 Hours)

这是指在好天气情况下，不论港口习惯作业为几小时，均以累计 24 小时作为一个工作日。如果港口规定每天作业 8 小时，则三个工作日才算一个累计 24 小时工作日。这种规定对租船人有利，而对船方不利。

3. 连续 24 小时好天气工作日(Weather Working Days of 24 Consecutive Hours)

这是指在好天气情况下，连续作业 24 小时算一个工作日，中间因坏天气影响而不能作业的时间应予扣除。这种方法比较公平合理，船货双方均愿接受。当前，国际上采用这种规定的较为普遍。

除了具有一定含义的日数表示装卸时间的办法外，有时关于装卸时间并不按日数或每天装卸货物的吨数来规定，而只是按“港口习惯速度尽快装卸”(To load/discharge in customary quick despatch，CQD)，这种规定不明确，容易引起争议，故采用时应审慎行事。

为了计算装卸时间，合同中还必须对装卸时间的起算和止算时间加以约定。一般规定在船长向承租人或其代理人递交了“装卸准备就绪通知书”(Notice of Readiness，N/R)以后，经过一定的规定时间后，开始起算；世界各国习惯上都以货物装完或卸完的时间，作为装卸时间的止算时间。

（二）装卸率

所谓装卸率（Load Rate），是指每日装卸货物的数量。装卸率的具体确定，一般应按照港口习惯的正常装卸速度，掌握实事求是的原则。装卸率的高低，关系到完成装卸任务的时间和运费水平，装卸率规定过高或过低都不合适。规定过高，完不成装卸任务，要承担滞期费（Demurrage）；规定过低，虽能提前完成装卸任务，可得到船方的速遣费（Despatch Money），但船方会因装卸率低，船舶在港时间长而增加运费，致使租船人得不偿失。因此，装卸率的规定应当适当。

（三）滞期费和速遣费

滞期费（Demurrage）是指在规定的装卸期限内，租船人未完成装卸作业，给船方造成经济损失，租船人对超过的时间应向船方支付的一定罚金。

速遣费（Despatch Money）是指在规定的装卸期限内，租船人提前完成装卸作业，使船方节省了船舶在港的费用开支，船方为了鼓励租船人而向其支付的奖金。

滞期费和速遣费通常约定为每天若干金额，滞期费或速遣费等于规定的每天的费率乘以实际天数，不足一天者，按比例计算。按惯例，速遣费一般为滞期费的一半。

六、其他装运条款

装运条款涉及的面很广，除上述条款，有时根据需要还订有其他与装运有关的条款，例如，在同美国进行贸易时，为了取得运费上的优待，可以采用 OCP 条款。

“OCP”是 Overland Common Points 的缩写，意为“内陆地区”。根据美国运费率规定，是以落基山脉为界，其以东地区，均为内陆地区范围。按 OCP 运输条款达成的交易，出口商不仅可享受美国内陆运输的优惠费率，而且也可以享受 OCP 海运的优惠费率。因此，对美交易中，采用 OCP 运输条款，对进出口双方均有利。

在采用 OCP 条款时，必须注意下列问题：

（1）货物最终目的地必须属于 OCP 地区范围；

（2）货物必须经由美国西海岸港口中转，因此，签订 CFR 和 CIF 出口合同时，目的港必须是美国西海岸港口；

（3）提单上必须标明 OCP 字样，并且在提单目的港一栏中除填明美国西部海岸港口名称外，还要加注内陆地区的城市名称。

第六节　运输单据

运输单据是承运人收到承运货物后签发给托运人的证明文件，它是交接货物、处理索赔与理赔以及向银行结算货款或进行议付的重要单据。在国际货物运输中，运输单据的种类很多，主要包括海运提单、铁路提单、承运货物收据、航空运单、多式联运单据和邮政收据等。

一、海运提单

海运提单(Ocean Bill of Lading，B/L)，简称提单，是由承运人或其代理人签发给托运人的证明海上运输合同和货物由承运人接管或装船，以及承运人据以保证交付货物的凭证。

(一)海运提单的性质和作用

海运提单的性质和作用可以概括为以下三个方面。

1. 海运提单是承运人或其代理人出具的货物收据

海运提单是承运人或其代理人应托运人的要求向其签发的收据，确认已经收到提单所载货物并已装船，或已接管货物以待装船，并按提单所载事项，向收货人交付货物。

2. 海运提单是代表货物所有权的物权凭证

提单是货物所有权的凭证，提单在法律上具有物权证书的作用，船货抵达目的港后，承运人应向提单的合法持有人交付货物。提单可以通过背书转让，从而转让货物的所有权。

3. 海运提单是运输合同或契约的证明

提单条款明确规定了承运人、托运人及船方之间的权利和义务，责任与豁免，是处理他们之间争议的法律依据。但提单本身并不是运输合约，提单是在运输合约成立以后签发的，只是运输契约的证明。

(二)海运提单的格式和内容

每个船公司自己设计制作的提单格式存在不少差异，但基本内容大致相同，一般包括提单正面的记载事项和提单背面印就的运输条款。

1. 提单正面的内容

提单正面的记载事项，分别由托运人和承运人或其代理人填写，通常包括下列事项：(1)托运人；(2)收货人；(3)被通知人；(4)收货地或装货港；(5)目的地或卸货港；(6)船名及航次；(7)唛头及件号；(8)货名及件数；(9)重量和体积；(10)运费预付或运费到付；(11)正本提单的份数；(12)船公司或其代理人的签章；(13)签发提单的地点及日期。

值得注意的是，承运人签发的正本提单一式多份，凭其中任何一份提货后，其余各份均失效。

2. 提单背面的条款

在班轮提单背面，通常都有印就的运输条款，这些条款是作为确定承运人与托运人之间以及承运人与收货人及提单持有人之间的权利和义务的主要依据。提单中的运输条款，起初是由船方自行规定的，后来由于船方在提单中加列越来越多的免责条款，使货方的利益失去保障，并降低了提单作为物权凭证的作用。为了缓解船、货双方的矛盾并照顾到船、货双方的利益，国际上为了统一提单背面条款的内容，曾先后签署了有关提单的国际公约，其中包括：

(1)1924 年签署的《关于统一提单的若干法律规则的国际公约》，简称《海牙规则》(The Hague Rules)；

(2)1968 年签署的《布鲁塞尔议定书》，简称《维斯比规则》(The Visby Rules)；

(3) 1978 年签署的《联合国海上货物运输公约》，简称《汉堡规则》(The Humburg Rules)。

由于上述三项公约签署的历史背景不同，内容不一，各国对这些公约所持有的态度也不相同，因此，各国船公司签发的提单背面条款也就互有差异。

(三) 海运提单的种类

海运提单可以从各种不同角度予以分类，主要有以下几种分类方法。

1. 根据提单签发时，货物是否已装船，分为已装船提单和备运提单

(1) 已装船提单 (On Board B/L；Shipped B/L)，是指承运人已将货物装上指定船舶后所签发的提单。提单上必须标明货物所装船舶的船名、装船日期，同时还应由船长或其代理人签字。已装船表示货物已出运，收货人可以根据提单日期推算货物的到岸日期，以便及时提货。根据《跟单信用证统一惯例》规定，如信用证要求海运提单作为运输单据，银行将接受注明货物已装船或已装指名船舶的提单。所以，在国际贸易中，一般都要求卖方提供已装船提单。

(2) 备运提单 (Received for Shipment B/L)，又称收讫待运提单，是指承运人已收到托运货物，在等待装运期间所签发的提单，提单上没有写明装船日期和装运船舶的名称。在签发备运提单情况下，发货人可在货物装船后凭以调换已装船提单；也可经承运人或其代理人在备运提单上加注"已装船"字样，注明装船日期、船舶名称，并签字证明使之成为已装船提单。

2. 根据提单上对货物或货物外包装有无不良批注，分为清洁提单和不清洁提单

(1) 清洁提单 (Clean B/L)，是指不带有明确宣称货损或包装不良，或其他有碍结汇现象的文字或批注的提单。

(2) 不清洁提单 (Unclean B/L)，是指载有明确宣称货物或包装有缺陷的条款或批注的提单。例如，"Insufficiently Packed" (包装不牢固)、"One Case in Damaged Condition" (一箱有破损) 等。

根据《跟单信用证统一惯例》规定，除非信用证中明确规定可以接受的条款或批注，银行只接受清洁提单。清洁提单也是提单转让时所必备的条件。

3. 根据提单收货人抬头的不同，分为记名提单、不记名提单和指示提单

(1) 记名提单 (Straight B/L)，是指提单上的收货人栏内填明特定收货人名称，只能由该特定收货人提货，由于这种提单不能通过背书方式转让给第三方，不能流通，故其在国际贸易中很少使用。

(2) 不记名提单 (Bearer B/L)，是指提单收货人栏内没有指明任何收货人，只注明提单持有人 (Bearer) 字样，承运人应将货物交给提单持有人。承运人凭单交货，谁持有提单，谁就可以提货。不记名提单无须背书转让，流通性极强，采用这种提单风险大，故其在国际贸易中很少使用。

(3) 指示提单 (Order B/L)，是指提单上的收货人栏填写"凭指定" (To order) 或"凭某某人指定" (To order of…) 字样。这种提单可经过背书转让，故其在国际贸易中广为使用。背书有两种方式："空白背书"，即背书人 (提单转让人) 在提单背面签名，而不注明被背书人 (提单受让人) 名称；"记名背书"，即背书人除在提单背面签名外，还列明被背书人名称。

记名背书的提单受让人如需再转让，必须再加背书。目前在实际业务中使用最多的是“凭指定”并经空白背书的提单，习惯上称其为“空白抬头、空白背书”提单。

4. 根据运输方式，分为直达提单、转船提单和联运提单

(1) 直达提单（Direct B/L），是指轮船中途不经过转船而驶往目的港所签发的提单。这类提单只注明装货港和卸货港名称，不带有“转船批注”。凡合同和信用证规定不准转船者，必须使用这种直达提单。

(2) 转船提单（Transhipment B/L），是指从装运港装货的轮船，不直接驶往目的港，而需在中途换装另外船舶所签发的提单。在这种提单上要注明“转船”或“在××港转船”字样。

(3) 联运提单（Through B/L），是指经过海运和其他运输方式联合运输时由第一程承运人所签发的包括全程运输的提单。它如同转船提单一样，货物在中途转换运输工具和进行交接，由第一程承运人或其代理人向下一程承运人办理。联运提单虽包括全程运输，但签发联运提单的承运人一般都在提单中规定，只承担他负责运输的一段航程内的货损责任。

5. 根据船舶营运方式的不同，分为班轮提单和租船提单

(1) 班轮提单（Liner B/L），是指由班轮公司承运货物后所签发给托运人的提单。

(2) 租船提单（Charter Party B/L），是指货方租船运输时，由船长、船东或其代理人以租船合约为依据而签发的提单。这类提单受租船合同条款的约束，会注明“一切条件、条款和免责事项按照×年×月×日的租船合同”或批注“根据××租船合同出立”字样。银行或买方在接受这种提单时，通常要求卖方提供租船合同的副本。

6. 根据提单内容的繁简，可分为全式提单和略式提单

(1) 全式提单（Long Form B/L），是指提单正反两面内容齐全，除提单正面内容完整外，提单的背面还列有承运人和托运人权利、义务的详细提单。

(2) 略式或简式提单（Short Form B/L），是指提单背面无条款，只列出提单正面的必须记载事项。

在实务中，租船提单通常是略式提单。这种提单一般都列有“所有条件根据某年某月某日签订的租船合同”字样。这种提单与全式提单在法律上具有同等效力。但租船合同项下的略式提单，除非信用证另有规定，银行一般不予接受。

7. 根据提单使用效力，分为正本提单和副本提单

(1) 正本提单（Original B/L），是指提单上有承运人、船长或其代理人签名盖章并注明签发日期的提单。这种提单在法律上是有效的单据。正本提单上必须标明“正本”（Original）字样。正本提单一般签发一式两份或三份，凭其中的任何一份提货后，其余的即作废。根据《跟单信用证统一惯例》规定，银行接受仅有一份的正本提单，如签发一份以上正本提单时，应包括全套正本提单。买方与银行通常要求卖方提供船公司签发的全部正本提单，即所谓“全套”（Full Set）提单。

(2) 副本提单（Copy B/L），是指提单上没有承运人、船长或其代理人签字盖章，而仅供工作上参考之用的提单。在副本提单上一般都标明“Copy”或“Non-negotiable”（不作流通转让）字样，以示与正本提单有别。

8. 根据收取运费的方式，分为运费预付提单、运费到付提单和最低运费提单

(1) 运费预付提单（Freight Prepaid B/L），是指预付运费情况下出具的提单。这种

提单正面载明“运费预付”字样，付运费后才能取得提单。付费后，若货物灭失，运费不退。

(2)运费到付提单(Freight Payable at Destination B/L)，是指注明“运费到付”字样的提单。货物运到目的港后只有付清运费才能提货。

(3)最低运费提单(Minimum B/L)，是指对每一提单上的货物按起码收费标准收取运费所签发的提单。如果托运人托运的货物批量过少，按其数量计算的运费额低于运价表规定的起码收费标准时，承运人均按起码收费标准收取运费，为这批货物所签发的提单就是最低运费提单，也可称为起码收费提单。

9. 根据签发提单日期的不同，分为倒签提单、预借提单

(1)倒签提单(Anti-dated B/L)，是指承运人在装船后签发提单时，应托运人的要求，将提单上的签发日期提前，以符合信用证规定的装运日的提单。一般来说，倒签提单属于诈欺行为，船公司不会签出倒签提单，但若托运人的诚信度高，倒签日期在5日之内，船公司会予以考虑。

(2)预借提单(Advanced B/L)，是指货物已处于承运人的监管之下，因故未能装船或正在装船但未全部装船，由于信用证规定装运日已到，应托运人的要求而签发的提单。

10. 其他种类提单

(1)集装箱提单(Container B/L)，是指由负责集装箱运输的经营人或其代理人，在收到货物后签发给托运人的提单。集装箱提单与传统的海运提单有所不同，其中包括集装箱联运提单(Combined Transport B/L，CTB/L)及多式联运单据(Multimodal Transport Document，MTD)等。

(2)舱面提单(On Deck B/L)，是指承运货物装在船舶甲板上所签发的提单，故又称为甲板货提单。由于货物装在甲板上风险较大，故托运人一般都向保险公司加保甲板险。承运人在签发提单时加批“货装甲板”字样。《海牙规则》不适用甲板货，除非在提单条款中明确订明。货物装在甲板上受损的风险很大，所以进口商一般不愿意货物装在甲板上，不接受甲板提单。根据《跟单信用证统一惯例》规定，除非信用证另有约定，银行不接受甲板提单。

(3)过期提单(Stale B/L)，是指错过规定的交单日期或者晚于货物到达目的港日期的提单。前者，是指卖方超过提单签发日期后21天才交到银行议付的提单，根据《跟单信用证统一惯例》规定，如信用证无特殊规定，银行将拒绝接受在运输单据签发日后超过21天才提交的单据。后者，是在近洋运输时容易出现的情况，故在近洋国家间的贸易合同中，一般都订有“过期提单可以接受”(Stale B/L is acceptable)的条款。

二、海运单

随着现代船舶航行速度的提高，一些近洋航线的航行时间也大大缩短。这时如果还采用提单就产生一个问题：货物已经到达目的港，提单还因为传递和银行审核而不能到达收货人手里，贻误收货人提货。伪造篡改等不法行为也对提单构成了威胁。在这样的背景下推出了海运单。

海运单(Sea waybill，Ocean waybill)是证明海上运输合同和货物由承运人接管或装船，

以及承运人保证据以将货物交付给单证所载明的收货人的一种不可流通的单证，因此又称“不可转让海运单”(Non—negotiable sea waybill)。

海运单与海运提单性质不同，海运提单是货物收据、运输契约证明、物权凭证，海运单只是货物收据和运输契约的证明，不具有物权凭证的性质，因此不能流通转让。在海运单的使用中，实物交付后卖方仍有权控制货物，这与象征性交货中完全代表物权的海运提单不同。

近年来，欧洲、北美和某些远东、中东地区的贸易界越来越倾向于使用不可转让的海运单，主要是因为海运单能方便进口商及时提货，简化手续，节省费用，还可以在一定程度上减少以假单据进行诈骗的现象。另外，由于电子数据交换(Electronic Data Interchange，EDI)技术在国际贸易中的广泛使用，不可转让海运单更适用于电子数据交换信息。1990年国际海事委员会曾通过《1990 年国际海事委员会海运单统一规则》，该规则适用于不使用可转让提单的运输合同，适用于全部海运的运输合同和含有海运的多式联运合同。

三、电子提单

电子提单(e-B/L)，是指通过 EDI 对海运途中的货物支配权进行转让的程序。运用 EDI 系统后，托运和承运行为都是通过 EDI 网络连接的计算机系统来进行，待货物装上船后，承运人计算机向托运人计算机发出确认信息，整个过程都通过计算机完成，承运人和托运人签订的是电子提单。

电子提单不同于传统提单，它是无纸单证，即按照一定规则组合而成的电子数据。各有关当事人凭密码通过 EDI 进行电子提单相关数据的流转，既解决了因传统提单晚于船舶到达目的港，不便于收货人提取货物的问题，又具有一定的交易安全性，因而有着广阔的应用前景。

四、铁路运单

铁路运单(Railway Bill)是由铁路承运人签发的货运单据，是收、发货人同铁路部门之间的运输契约。铁路运单正本随货物自始发站运至终点站，最后在终点站由收货人付清应由其负担的运杂费用后，连同货物由终点站交给收货人。运单副本由铁路始发站签发给发货人作为货物已经交运的凭证和凭以向银行办理货款结算的主要单据。铁路运单并不是物权凭证，不能通过背书进行转让和作为抵押品向银行融资。

铁路运输可分为国际铁路联运和国内铁路运输两种方式，前者使用国际铁路联运运单，后者使用国内铁路运单。由于国内铁路运单不能作为对外结汇的凭证，故使用“承运货物收据”这种特定性质和格式的单据。

(一)国际铁路联运运单

国际铁路联运运单是国际铁路联运的主要运输单据，它是参加联运的发送国铁路与发货人之间订立的运输契约，其中规定了参加联运的各国铁路和收、发货人的权利和义务。

(二)承运货物收据(Cargo Rcceipt)

承运货物收据是在特定运输方式下所使用的一种运输单据，它既是承运人出具的货物收据，也是承运人与托运人签订的运输契约。

承运货物收据的格式及内容和海运提单基本相同，主要区别是它只有第一联为正本。在该正本的反面印有“承运简章”，载明承运人的责任范围。该简章第 2 条规定由该公司承运之货物，在铁路、轮船、公路、航空及其他运输机构范围内，应根据各该机构的规章办理，可见这种“承运货物收据”，不仅适用于铁路运输，也可用于其他运输方式。

五、航空运单

航空运单(Air Waybill)是承运人与托运人之间签订的运输契约，也是承运人或其代理人签发的货物收据。航空运单还可作为承运人核收运费的依据和海关查验放行的基本单据。但航空运单不是代表货物所有权的凭证，也不能通过背书转让。收货人提货不是凭航空运单，而是凭航空公司的提货通知单。在航空运单的收货人栏内，必须详细填写收货人的全称和地址，而不能做成指示性抬头。

根据签发人的不同，航空运单可分为主运单(Master Air Waybill，MAWB)和分运单(House Air Waybill，HAWB)。主运单是由航空公司签发的，分运单是由航空货运代理公司签发的，两者在内容上基本相同，法律效力相当，对于收、发货人而言，只是承担货物运输的当事人不同。

航空运单共有正本一式三份：第一份正本注明“Original for the Shipper”，应交托运人；第二份正本注明“Original for the Issuing Carrier”，由航空公司留存；第三份正本注明“Original for the Consignee”，由航空公司随机带交收货人；其余副本则分别注明 “For Airport of Destination”“Delivery Receipt”“For Second Carrier”“Extra Copy”等，由航空公司按规定和需要进行分发，作为报关、结算、国外代理中转分拨等用途分别使用。

六、多式联运单据

多式联运单据(Multimodal Transport Document，MTD)是指证明多式联运合同以及证明多式联运经营人接管货物并负责按照合同条款交付货物的单据。多式联运单据具有以下特点。

(1)包含至少两种不同的运输方式。

(2)在多式联运单据可背书转让且是物权凭证的情况下，凭正本提单交付货物；在多式联运单据不可背书转让，不是物权凭证的情况下，只能货交指定收货人。

(3)如果最后一程是海运，则单据可背书转让且是物权凭证；如果最后一程运输不是海运，则单据不可背书转让且无物权凭证限制。

多式联运单据如签发一套一份以上的正本单据，应注明份数，其中一份完成交货后，其余各份正本即失效。副本单据没有法律效力。在实际业务中，对多式联运单据正本和副本的份数规定不一，主要视发货人的要求而定。

七、邮政收据

邮政收据(Parcel Post Receipt)是邮政运输的主要单据，一般由寄件人填写，主要注明寄件人和收件人的名称、地址、寄件物体名称、价值等，由邮局核实重量并收费后予以签发。它既是邮局收到寄件人的邮包后所签发的凭证，也是收件人凭以提取邮件的凭证，当邮包发生损坏或丢失时，它还可以作为索赔和理赔的依据，但邮政收据只是货物收据和运输合同证明，不是物权凭证，因而一律做成记名抬头且不能转让。

本章小结

1. 国际货物运输主要的运输方式包括海洋运输、铁路运输、航空运输、大陆桥运输、公路运输、内河运输、邮政运输、管道运输、集装箱运输、国际多式联运。

2. 装运条款的主要内容包括装运时间、装运港(地)和目的港(地)、分批装运、转运、装运通知、滞期、速遣条款及 OCP 条款。

3. 主要的运输单据有海运提单、海运单、电子提单、铁路运单、航空运单、多式联运单据、邮政收据。

基本概念

班轮运输　租船运输　集装箱运输　国际多式联运　装运时间　分批装运　转运　装运通知　滞期费　速遣费　海运提单　海运单　电子提单

思考题

1. 国际货物运输主要有哪些运输方式？各有什么特点？
2. 海洋运输有什么特点？海洋运输可以怎么分类？
3. 班轮运输有哪些特点？如何计算班轮运费？
4. 租船运输的三种方式有何异同？
5. 装运条款主要包括哪些内容及如何制定？
6. 如何从多种角度对海运提单进行分类？

案例分析

1. A 进出口公司与国外 C 公司成交一笔花生仁出口贸易，于 6 月 26 日由通知行——B 银行通知信用证，其部分有关条款规定：“本证凭提交如下详列的单据可由任何议付行公开议付。400 公吨手拣花生仁，新麻袋装。从大连装运至伦敦，最迟装运期 7 月 31 日。不许分批装运和转船。” A 进出口公司接到信用证经审核后未发现问题，准备安排装运，但在即将装运之际，于 7 月 5 日又接到买方信用证修改书：“数量增加 100 公吨。装运期延展至 8 月 31 日。”

A 进出口公司根据合同规定“7 月份装运 400 公吨；8 月份装运 100 公吨”，认为该信用证增装 100 公吨部分属于 8 月份交货额，所以修改也延展至 8 月 31 日。原信用证既规定 400 公吨不许分批，应理解为该 400 公吨须原数装出。对于增装修改部分也应按照 100 公吨原数不分批另行再装出。所以 A 进出口公司仍照原计划安排装运该 400 公吨，同时以书面形式向通知行通知接受该修改。

A 进出口公司于 7 月 8 日将 400 公吨货物以集装箱装运完毕，7 月 9 日将该信用证项下的全套单据向 A 进出口公司的往来银行——C 银行办理交单议付。A 进出口公司在交单时认为本议付单据属于原证 400 公吨项下的，与修改项下待装的 100 公吨无关，所以在议付时未将修改书附在信用证上即向 C 银行办理了议付。但单据寄到开证行，于 7 月 18 日被提出单证不符：

(1) 我信用证规定总数量 500 公吨不许分批装运，即应一次不许分批装出 500 公吨。但你所提交的第××号提单只装 400 公吨，因此违背我信用证规定。

(2) 我信用证规定不许转运，但你方所提交的提单上记载有将转运的字样，故不符合我信用证要求。根据以上不符点，我行无法接受，单据暂代留存，并告单据处理的意见。”

开证行对于分批装运问题坚持不放。A 进出口公司又几经与买方交涉，均无效果。由于买方拒收单据，使货物无人提取，A 进出口公司为了避免货物的损失，委托目的港的船方代理又将货物运回内销处理，结果损失惨重。

请分析：A 错在哪里？

2. 某年 4 月，我国某公司以 FOB 条件向荷兰某公司出售一批纸箱装货物。5 月 10 日，货轮到达青岛港装船。装船时，船方发现有 20 箱货物外包装有不同程度的破损，于是大副批注“该批货物有 20 箱外包装破损”。当船方签发提单，欲在提单上同样批注时，出口公司出具保函：“若收货人因包装破碎货物受损为由向承运人索赔时，由我方承担责任。”船方接受了保函，签发了清洁提单。船抵达鹿特丹后，收货人发现有 40 多箱货物包装严重破碎，于是以货物与清洁提单不符为由向承运人提出索赔。承运人赔付后，凭保函向出口公司要求偿还。但出口公司以装船时仅有 20 箱破损为由，拒绝偿还其余 20 多箱的损失。双方发生争执。请分析双方各自的风险。

3. 我国某公司按 FOB 青岛/烟台出口玉米 3000 公吨，国外开来信用证规定不准分批装运。临近装运期，我方分别于青岛、烟台两地各装 1500 公吨于同一航次的同一船只上。请问：这样做是否符合来证要求？为什么？

4. 有一份 CIF 合同，出售矿砂 5000 公吨。合同规定：“CIF 汉堡，2 月份由一船或数船装运，并凭单据付款。”事后，卖方于 2 月 15 日装运 3100 吨，余数在 3 月 1 日装上另一艘船。当卖方凭单据要求买方付款时，买方以“第二批货物是 3 月 1 日装船，违反合同的装船时间”为由，拒绝接受全部单据和拒付全部货款，但卖方提出异议。请问：上述情况下，买方能否拒绝接受全部单据和拒付全部货款？为什么？

5. 有一份合同，其内容为出售中国大米 10000 公吨。合同规定：“自 2 月份开始，每月装船 1000 公吨，分 10 批交货。”卖方从 2 月份开始交货，但交至第 5 批大米时，大米品质有霉变，不适合人类食用，因而买方以此为理由，主张以后各批均应撤销。请问：在上述情况下，买方能否主张这种权利？为什么？

第七章
国际货物运输保险

学习目标

1. 了解国际货物运输保险的性质和作用；
2. 掌握海洋运输货物保险保障的范围，我国以及伦敦保险协会海洋运输保险条款的基本内容；
3. 了解陆运货物保险、空运货物保险、邮包运输货物保险；
4. 掌握国际货物买卖合同中保险条款的主要内容。

第一节 国际货物运输保险的性质与作用

保险是一种经济补偿制度，从法律角度看，它是一种补偿性契约行为，即被保险人向保险人提供一定的对价(保险费)，保险人则对被保险人可能遭受的承保范围内的损失负赔偿责任。保险的种类很多。按保险性质，可分为商业保险、社会保险和政策保险；按保险标的，可分为人身保险、财产保险、责任保险、信用与保证保险。国际货物运输保险属于财产保险的范畴，其性质为商业保险。

按照货物运输方式，国际货物运输保险分为海运货物保险、陆运货物保险、航空货运保险和邮包运输保险。其中，海运货物保险起源最早，应用最多，其他货物运输保险是以其为基础发展起来的。

保险在国际贸易中起着重要的作用。办理国际货物运输保险是同自然灾害和意外事故作斗争的一种经济措施。这是因为国际货物一般都需要通过国际间的长途运输，在运输过程中可能遇到各种自然灾害和意外事故而使货物中途遭受损失，货主为了转嫁运输途中的风险损失，便通过办理货物运输保险将在途货物可能发生的损失变为固定的费用，一旦在途货物遭受到承保范围内的损失，即可从保险公司及时得到经济上的补偿。这不仅有利于进出口企业加强经济核算，也有利于进出口企业保持正常营业，从而有效地促进国际贸易的发展。

第二节 海运货物保险的保障范围

海运货物保险保障的范围，包括保障的风险、保障的损失、保障的费用。

一、保障的风险

海运货物保险保障的风险，并非泛指所有发生在海上的风险。在海运货物保险中，保险人承保的风险主要有海上风险和外来风险。

(一) 海上风险

按照国际保险市场的一般解释和习惯做法，保险公司所保障的海上风险，并不包括所有发生在海上的风险，也不局限于航海中所发生的风险。在现代海运保险业务中，凡是与海运相连的，包括陆上、内河、驳船运输过程中的风险，都包含在海上风险之内并予以承保。

海上风险一般包括自然灾害和意外事故两种，按国际保险市场的一般规定与习惯做法，这些风险所指的内容大致如下。

1. 自然灾害

自然灾害是指不以人们意志为转移的自然现象引起的物质损毁和人员伤亡的灾害。海运保险承保的自然灾害是指运输过程中发生人力不可抗拒的诸如恶劣气候、雷电、海啸、地震、洪水和火山爆发等事件而导致的船货损失。

2. 意外事故

意外事故是指由于外来的、偶然的、意外的原因所导致的事故。海运保险所承保的意外事故，并非航运途中所发生的所有意外事故，而是限定一定的承保范围。中国现行的《海洋运输货物保险条款》中所承保的意外事故，包括船舶搁浅、触礁、沉没、互撞、与流冰或其他物体碰撞、失火、爆炸等。英国伦敦保险协会于 1982 年制定的《协会货物条款》中所承保的意外事故的范围，与中国保险条款的规定基本相同，其中包括火灾、爆炸、船舶或驳船搁浅、触礁、沉没或倾覆、运输工具碰撞、陆上运输工具的倾覆或出轨以及抛弃等。

(二) 外来风险

外来风险分为一般外来风险和特殊外来风险。

1. 一般外来风险

一般外来风险是指一般外来原因造成的风险，一般包括偷窃、提货不着、短量、混杂、玷污、渗漏、碰损、破碎、串味、受潮受热、包装破裂、淡水雨淋、钩损、锈损等。

2. 特殊外来风险

特殊外来风险是指除一般外来风险以外的其他外来原因导致的风险。常见的特殊外来风险主要有战争风险、罢工风险、进出口国有关当局拒绝进口或没收货物的风险等。

二、保障的损失

海上损失(简称海损)是指被保险货物在海运过程中由于各类灾害所造成的损失或灭失。根据国际保险市场的一般解释，凡与海运连接的陆运过程中所发生的损失或灭失，也属于海损范围。就货物损失的程度而言，海损可分为全部损失和部分损失。区分全部损失和部分损失的意义在于，方便保险人处理保险索赔，因有的保险单仅承保货物的全部损失，而对部分损失不予赔偿，故在保险理赔实践中，应当明确货物的损失程度。

（一）全部损失

全部损失（简称全损），是指运输途中货物全部灭失，或完全变质，或不可能归还被保险人等。根据全损情况的不同，又可分为实际全损和推定全损。

1. 实际全损

实际全损是指保险标的发生保险事故后灭失，或者受到严重损坏完全失去原有形体、效用，或不可能再归被保险人所有。保险货物的实际全损，可按保险金额向保险人请求赔偿全部损失。

2. 推定全损

推定全损是指货物发生保险事故后，认为实际全损已经不可避免，或者为避免发生实际全损所支付的费用与继续将货物运抵目的地的费用之和，将超过保险价值的损失。判断货物的推定全损有两个标准：一是实际全损不可避免；二是为避免实际全损所支付的各种费用之和将超过保险标的的价值。

需要说明的是，当保险标的构成推定全损时，被保险人有权选择恢复和修理标的，按实际损失向保险人索赔部分损失。被保险人也有权选择索赔全部损失，但索赔全部损失时，被保险人必须首先委付保险标的。如果保险人拒绝接受委付，则仍需按全损予以赔偿。

（二）部分损失

在海洋运输途中，当保险标的发生承保范围内的损失，凡不属于实际全损和推定全损的，即属部分损失。部分损失，按其损失性质的不同可分为单独海损和共同海损。

1. 单独海损

保险标的在运输过程中遭遇海上风险直接造成船舶或货物的部分损失，属于这种特定利益方的部分损失，即为单独海损。构成单独海损应具备两个条件：一是单独海损必须是意外的、偶然的海上风险事故直接导致的船舶或货物的损失；二是单独海损由受损的货主或船方自行承担。

需要说明的是，现行《协会货物保险条款》已不再使用“单独海损”这个术语，但在海洋运输保险实际业务中，它仍被用来表示除共同海损以外的部分损失。

2. 共同海损

在海洋运输途中，当船舶、货物或其他财产遭遇共同危险时，为了解除共同危险，有意采取合理的救难措施，所直接造成的特殊牺牲和支付的特殊费用，称为共同海损。在船舶发生共同海损后，凡属共同海损范围内的牺牲和费用均可通过共同海损理算，由有关获救受益方（船方、货方、运费收入方）根据获救价值按比例分摊。这种分摊，称为共同海损分摊。构成共同海损应具备下列条件：

（1）共同海损的危险必须是真实存在的、紧迫的和不可避免的；

（2）共同海损行为必须是为了船货的共同安全而有意采取的紧急、合理的措施；

（3）共同海损必须是主动采取合理措施所做出的特殊牺牲和支付的额外费用；

（4）共同海损行为必须是最终有效的，即终于避免了船货的全损，共同海损才能成立。

共同海损和单独海损的区别主要表现在下列两个方面。

(1)造成海损的原因不同。单独海损是承保风险所直接导致的船、货损失；共同海损是为了解除或减轻共同危险人为地造成的一种损失。

(2)承担损失的责任方不同。单独海损的损失一般由受损方自行承担；共同海损的损失由收益的各方按照收益大小的比例共同分摊。若被保险人已投保海运保险，则由保险人按合同规定承担对被保险人分摊金额的赔偿责任。

三、保障的费用

当海洋运输货物发生海上危险事故时，为避免损失的发生和扩大，而采取适当措施所引起的费用，保险人按其性质和赔付原则予以赔偿。保险人负责赔偿的费用主要有以下几种。

(一)施救费用

施救费用是指货物遭遇承保范围内的事故时，被保险人或其代理人、雇员和受让人为避免或减少损失而采取各种抢救保护措施所产生的合理费用。施救费用应符合下列三个条件：

(1)施救行为必须是由被保险人或其代理人、雇员或受让人所采取的，如属其他与被保险人无关的人员采取抢救行为所产生的费用，不属于施救费用的范畴；

(2)只有承保责任范围内的施救费用，才能得到保险人的补偿；

(3)施救费用应当是必要的、合理的，施救行为不当引起的费用，保险人不予补偿。施救费用的赔偿金额最多不能超过保险金额。

(二)救助费用

载货船舶中途遭遇海难，由保险人和被保险人以外的第三者采取救助措施，在救助成功后由被救方付给救助方的报酬，称为救助费用。海上救助的成立和救助费用的产生，必须具备下列三个条件：

(1)被救助的船舶或货物必须处于不能自救的危险境地，只要船舶或货物的一方遇难，即可采取海上救助；

(2)救助人必须是与保险人和被保险人无关的第三者；

(3)救助行为必须有实际效果，救助人才有权获得适当的报酬，即保险人才赔付救助费。

(三)其他费用

船舶中途遭遇海上风险，为防止或减轻货物的损害，在中途港或避难港，由于卸货、存仓和运货所产生的费用，以及保险索赔成立时，对保险货物进行检验、查勘、公证、理算和拍卖受损货物等所支付的额外费用，保险人均负责赔偿。

第三节　我国海运货物保险条款

中国人民保险公司根据我国保险实际情况并参照国际保险市场的习惯做法，分别制定了各种保险条款，总称为“中国保险条款”，其中包括“海洋运输货物保险条款”“海洋运输货物战争险条款”和其他各种专门条款。投保人可根据货物特点和航线与港口实际情况自行选择投保适当的险别。

按中国保险条款规定，我国海运货物保险的险别包括基本险、附加险和其他专门险三种类型。

一、基本险

中国人民保险公司所规定的基本险别包括平安险、水渍险和一切险。

(一) 平安险

投保了平安险，保险公司对下列损失负赔偿责任。

(1) 被保险的货物在运输途中由于恶劣气候、雷电、海啸、地震、洪水等自然灾害造成整批货物的全部损失或推定全损。若被保险的货物用驳船运往或运离海轮时，则每一驳船所装的货物可视作一整批。

(2) 由于运输工具遭到搁浅、触礁、沉没、互撞、与流冰或其他物体碰撞以及失火、爆炸等意外事故所造成的货物全部或部分损失。

(3) 在运输工具已经发生搁浅、触礁、沉没、焚毁等意外事故的情况下，货物在此前后又在海上遭受恶劣气候、雷电、海啸等自然灾害所造成的部分损失。

(4) 在装卸或转船时由于一件或数件甚至整批货物落海所造成的全部或部分损失。

(5) 被保险人对遭受承保责任内的危险货物采取抢救、防止或减少货损的措施所支付的合理费用，但以不超过该批被毁货物的保险金额为限。

(6) 运输工具遭遇海难后，在避难港由于卸货引起的损失，以及在中途港或避难港由于卸货、存仓或运送货物所产生的特殊费用。

(7) 共同海损的牺牲、分摊和救助费用。

(8) 运输契约中如订有“船舶互撞责任条款”，根据该条款规定应由货方偿还船方的损失。上述平安险的责任范围表明，在投保平安险的情况下，保险公司主要是对自然灾害造成的全部损失和意外事故造成的全部损失及部分损失予以赔偿。此外，对于海上意外事故发生前后，由于自然灾害造成的部分损失也予以赔偿。

(二) 水渍险

投保水渍险后，保险公司除了担负平安险的各项责任外，还对被保险货物由于恶劣气候、雷电、海啸、地震、洪水等自然灾害所造成的部分损失负赔偿责任。可见，水渍险的责任范围比平安险大，投保水渍险时，保险公司对自然灾害和意外事故造成的全部损失或部分损失，均负责赔偿。

(三) 一切险

投保一切险后，保险公司除了担负水渍险的各项责任外，还对被保险货物由于一般外来风险所造成的全部或部分损失负责赔偿。从上述三种基本险别的责任范围来看，平安险的责任范围最小，它对自然灾害造成的全部损失和意外事故造成的全部和部分损失负赔偿责任，而对自然灾害造成的部分损失，一般不负赔偿责任。水渍险的责任范围比平安险的责任范围大，凡因自然灾害和意外事故所造成的全部和部分损失，保险公司均负责赔偿。一切险的责任范围是三种基本险别中最大的一种，它除包括平安险、水渍险的责任范围外，还负责赔偿被保险货物在运输过程中由于一般外来原因所造成的全部或部分损失。需要注意的是，一切险并非保险公司对一切风险损失均负赔偿责任，它只对水渍险和一般外来原因引起的可能发生的风险损失负责，而对货物内在缺陷、自然损耗以及由于特殊外来原因(如战争、罢工等)所引起的风险损失，概不负赔偿责任。

中国海洋运输货物保险条款，除规定上述基本险的责任范围外，还同时规定了以下除外责任，即对下列原因造成的损失不负赔偿责任：

(1)被保险人的故意行为或过失所造成的损失；

(2)属于发货人责任引起的损失；

(3)在保险责任开始前，被保险货物即已存在品质不良或数量短少造成的损失；

(4)被保险货物的自然损耗、本质缺陷、特性以及市价跌落、运输延迟引起的损失或费用；

(5)海洋运输货物战争险条款和罢工险条款规定的责任范围和除外责任。

我国的《海洋运输货物保险条款》除规定了上述各种基本险别的责任外，还对保险责任的起讫，也作了具体规定。在海运保险中，保险责任的起讫主要采用“仓至仓”条款，即保险责任自被保险货物运离保险单所载明的起运地仓库或储存处所开始，包括正常运输的海上、陆上、内河和驳船运输在内，直至该项货物运抵保险单所载明的目的地收货人的最后仓库或储存处所或被保险人用作分配、分派或非正常运输的其他储存处所为止。但被保险的货物在最后到达卸载港卸离海轮后，保险责任以 60 天为限。

当被保险货物遭受承保范围内的损失时，保险索赔时效，是从被保险货物在最后卸载港全部卸离海港后起算，最多不超过 2 年。

二、附加险别

在海运保险业务中，进出口商除了投保货物的上述基本险别外，还可根据货物的特点和实际需要，酌情选择若干适当的附加险别投保。附加险别包括一般附加险和特殊附加险。

(一)一般附加险

一般附加险不能作为一个单独的项目投保，而只能在投保平安险或水渍险的基础上，根据货物的特性或需要加保一种或若干种一般附加险。如加保所有的一般附加险，就叫投保一切险。在投保一切险时，不存在再加保一般附加险的问题。

一般附加险主要包括：偷窃提货不着险、淡水雨淋险、渗漏险、短量险、钩损险、混杂沾污险、碰损破碎险、生锈险、串味险、受潮受热险和包装破裂险。这 11 种一般附加险均包括在一切险中。

(二)特殊附加险

1. 战争险

按中国人民保险公司的保险条款规定，战争险不能作为一个单独的项目投保，只能在投保上述三种基本险之一的基础上加保。加保战争险时，保险公司按加保战争险条款的责任范围，对由于战争和其他各种敌对行为所造成的损失负赔偿责任。战争险的保险责任起讫是从货物装上海轮开始至货物运抵目的港卸离海轮为止，即只负责水面风险。若海轮到目的港后货物未卸船，最长期限为海轮到达目的港当天午夜起算满 15 天。

2. 罢工险

罢工险是在投保海运货物保险的基础上加保的特殊附加险，只承保罢工行为所致的被保险货物的直接损失，罢工行为使货物无法正常装卸导致的间接损失，保险人不负责赔偿。罢工险的保险期限以“仓至仓”条款为准。

根据国际保险市场的习惯，若被保险人在投保海运货物基本险的基础上已加保战争险，还要再加保罢工险，则不需另付罢工险的保险费；若只在投保基本险的基础上加保罢工险，则需按战争险费率缴付保险费。

(三)其他附加险

除上述一般附加险和特殊附加险外，中国人民保险公司附加条款中还列有六种其他附加险：交货不到险、进口关税险、舱面货物险、拒收险、黄曲霉素险、出口货物到香港或澳门存仓火险。这六种附加险，必须在投保基本险的基础上另行加保才能获得保障。

三、其他专门险别

(一)海洋运输冷藏货物保险险别

海洋运输冷藏货物保险包括冷藏险(Risk for Frozen Products)和冷藏一切险(All Risk for Frozen Products)两种险别，均可单独投保。凡蔬菜、水果、肉类和水产品等货物，为保持其新鲜程度，运输时都需置于专门的冷藏箱。为使这些冷藏货物在运输过程中得到全面保障，就需要投保海洋运输冷藏货物保险的有关险别。冷藏货物保险的保险期限为：

(1)冷藏货物到达保险单载明的最后目的港后，须在 30 天内卸离海轮，否则保险责任终止；

(2)若冷藏货物卸离海轮后不存入冷藏仓库，保险责任至卸离海轮时即终止；

(3)冷藏货物全部卸离海轮并存入冷藏仓库，保险人负责货物卸离海轮后 10 天内的风险。但在上述期限内，货物一经移出冷藏仓库，保险责任即终止。

(二)海运散装桐油险

桐油因自身特性，在运输过程中容易受到污染、变质等损失，故需提供不同于一般货物保险的特殊保障。为此，保险公司设立了海运散装桐油保险的险别，本险别可以单独投保。

海运散装桐油险的责任范围包括不论任何原因所致的桐油超过保险单规定免赔率的短少、渗漏损失和不论任何原因所致的桐油的污染或变质损失。

(三)卖方利益险

卖方利益险是一种供出口企业在采用托收方式并按 FOB 或 CFR 术语成交出口时为保障卖方利益而投保的独立险别。在这种险别下，如被保险货物在运输途中由于承保范围内风险造成损失，国外买方既不付款赎单，又拒绝支付货物受损部分的损失时，保险公司对买方拒绝赔付受损或灭失部分的损失负赔偿责任。在这种情况下，卖方应将其向买方或第三方追偿的权利转移给保险公司。如卖方已将这种追偿的权利转让给其他方，则保险公司解除其应负的全部责任。保险人要在卖方利益险下获得赔偿，必须符合两个条件：一是被保险货物的损失必须属于货运保险承保责任；二是买方拒绝支付该受损货物部分的货款。至于卖方拒绝提货而使卖方遭受的其他损失，则不属于保险人承担的责任。

第四节　伦敦保险协会海运货物保险条款

在世界海上保险业中，英国是一个具有悠久历史的发达国家，英国伦敦保险人协会制定的“协会货物条款”(Institute Cargo Clause，ICC)对世界各国有着广泛的影响。目前，世界上许多国家在海运保险业务中直接采用该条款，还有一些国家在制定本国保险条款时参考或采用该条款内容。

英国协会货物条款最早制定于 1912 年，是为补充和修订“船、货保险单”(The S.G. Policy Form，1779)而制定的。为了与时俱进，“协会货物条款”经常进行修订和补充。2009 年 1 月 1 日，联合货物保险委员会推出了新的条款 ICC 2009。

伦敦保险协会的“协会货物条款”包括协会货物条款(A)，即 ICC(A)；协会货物条款(B)，即 ICC(B)；协会货物条款(C)，即 ICC(C)；协会战争险条款(Institute War Clauses-Cargo)；协会罢工险条款(Institute Strikes Clauses-Cargo)；恶意损害险条款(Malicious Damage Clauses)；偷窃、提货不着险条款(Institute Theft，Pilferage and Non-delivery Clauses)。前五个险别可以单独投保，后两种属于附加险，不能单独投保。

一、ICC(A)条款的主要内容

ICC(A)的承保范围较广，采用“一切风险减去除外责任”的规定方法。ICC(A)的除外责任包括一般除外责任、不适航和不适货除外责任、战争险除外责任、罢工险除外责任。但其除外责任中不包括海盗行为和恶意损害险条款。

二、ICC(B)条款的主要内容

ICC(B)的承保范围采用列明风险的方式，其范围仅次于 ICC(A)。ICC(B)的除外责任是 ICC(A)的除外责任再加上 ICC(A)承保的海盗行为和恶意损害险。

三、ICC(C)条款的主要内容

ICC(C)只承保“重大意外事故”的风险，不承保 ICC(B)中的自然灾害和非重大事故。ICC(C)的除外责任与 ICC(B)的除外责任相同(如表 7-1 所示)。

表 7-1　ICC(A)、ICC(B)、ICC(C)承保风险对比

风险	ICC(A)	ICC(B)	ICC(C)
火灾、爆炸	1	1	1
船舶或驳船触礁、搁浅、沉没、倾覆	1	1	1

续表

风险	ICC(A)	ICC(B)	ICC(C)
陆上运输工具倾覆或出轨	1	1	1
船舶、驳船或运输工具同水以外的任何外界物体碰撞	1	1	1
在避难港卸货	1	1	0
地震、火山爆发或雷电	1	1	1
共同海损牺牲	1	1	1
抛弃	1	1	0
浪击入海	1	1	0
海水、湖水或河水进入船舶、驳船、运输工具、集装箱、大型海运箱或储存处	1	1	0
货物在船舶、驳船装卸时落海或跌落造成的任何整件的全损	1	1	0
海盗行为	1	0	0
恶意损害行为	1	0	0
由于一般外来风险造成的损失	1	0	0

注：1 表示承保风险，0 表示不承保风险

四、协会海运货物战争险条款的主要内容

协会海运货物战争险条款主要承保由于下列原因所导致的保险标的的损失：

(1) 战争、内战、革命、叛乱、造反或由此引起的内乱，交战国或针对交战国的任何敌对行为；

(2) 由于上述承保风险引起的捕获、拘留、扣留、管制或扣押及其后果，或任何有关企图、威胁。

(3) 遗弃的水雷、鱼雷、炸弹或其他遗弃的战争武器。

(4) 上述原因导致的共同海损和救助费用。

在上述承保风险中，不包括海盗行为所造成的损失。

在除外责任方面，由于战争原因造成航程终止，货物未能到达保险单所载明的目的地而引起的间接损失，保险人不负责赔偿责任；对于原子或热核武器等所致损失，规定由于敌对行为使用原子或热核武器所致灭失或损害不负赔偿责任。

战争险的责任起讫同中国保险条款一样，采取“水上风险”的原则，即把保险人对保险货物的责任期间规定为从货物装上海轮开始，直到卸离海轮为止。若卸货海轮到达最后港口或卸货港口当日午夜起满 15 天仍不从海轮卸下货物，保险责任亦告终止。

五、协会海运货物罢工险条款的主要内容

协会海运货物罢工险的承保范围大大超出了罢工的范围，它除了负责罢工风险损失外，对于工潮、民众骚扰、恐怖主义行为，出于政治、信仰、宗教目的的行为所导致的风险损失也予负责。

协会海运货物罢工险的承保风险与中国人民保险公司的罢工险一样，仅负责由于罢工等风险所直接造成的保险标的物质损失，而不负责由于罢工等风险所产生的费用或间接损失。

罢工险的责任起讫和 ICC(A)、ICC(B)、ICC(C) 条款的规定完全相同，即承保“仓至仓”责任。

六、恶意损害险的主要内容

恶意损害险是伦敦保险协会的附加险别，该保险承保的是被保险人以外的其他人的故意破坏行为所导致的被保险货物的灭失或损害。但是，如果恶意损害是出于政治动机等的人的行为，则不属于该险别的承保范围。恶意损害的风险在 ICC(A)条款中被列为承保风险，但是在 ICC(B)、ICC(C)条款中被列为除外责任。因此，投保 ICC(A)条款时，无须加保，在投保 ICC(B)和 ICC(C)条款时，如果被保险人要获得这方面的保险保障，须另行加保“恶意损害险”。

七、偷窃、提货不着险的主要内容

偷窃、提货不着险是附加险别。投保 ICC(A)条款时被保险人无须加保。本条款承保两类风险：一是偷窃(Theft，Pilferage)，二是提货不着(Non-delivery)。“偷”是指海上袭击性偷窃，须伴有暴力或暴力性威胁。“窃”是指暗中进行的小偷小摸。提货不着是指由于任何不明原因造成的整件货物不知去向，或者误交给不知姓名的其他提货人而无法追回。

第五节 其他国际货物运输方式下的保险

在国际货运保险史上，海上保险历史最长、发展最完善，其他运输方式的保险都是源于海上运输保险的法律和实践。但是，由于运输方式的不同，运输途中货物可能遭受的风险不同，从而各运输方式的险别及其承保的责任范围也有所不同。

一、陆上运输货物保险

根据中国人民保险公司制定的《陆上运输货物保险条款》的规定，陆上运输货物保险的基本险别有陆运险(Overland Transportation Risks)和陆运一切险(Overland Transportation All Risks)两种。被保险货物在投保陆运险或陆运一切险的基础上还可以加保一种或几种附加险，如陆上运输货物战争险(Overland Transportation Cargo War Risks)等。此外，陆上运输冷藏货物险[Overland Transportation Insurance(Frozen Products)]也具有基本险的性质。

1. 陆运险和陆运一切险的责任范围

陆运险的承保责任范围与海洋运输货物保险条款中的水渍险相似，保险公司负责赔偿被保险货物在运输途中由自然灾害或意外事故造成的全部或部分损失。此外，被保险人对遭受承保责任范围内危险的货物采取抢救、防止或减少货损的措施而支付的合理费用，保险公司也负责赔偿，但以不超过该批被救货物的保险金额为限。

陆运一切险的承保责任范围与海洋运输货物保险条款中的一切险相似，即保险公司除了承担陆运险的赔偿责任外，还承担被保险货物在运输途中由于一般外来风险所造成的全部或部分损失。

陆运险和陆运一切险的责任范围仅适用于火车和汽车运输。

2. 陆运险和陆运一切险的除外责任

陆运险和陆运一切险的除外责任与海洋运输货物保险条款中规定的除外责任基本相同。表现在以下三个方面：

(1) 被保险人的故意行为或过失所造成的损失；

(2) 属于发货人所负责任或被保险货物的自然消耗所引起的损失；

(3) 由于战争、工人罢工或运输延迟所造成的损失。

3. 陆运险和陆运一切险的责任起讫

陆运险的责任起讫采用“仓至仓”责任条款，即从被保险货物运离保险单所载明的起运地仓库或储存处所时生效，包括正常运输过程中的陆上和与其有关的水上驳运在内，至该项货物运达保险单所载目的地收货人的最后仓库或储存处所或被保险人用作分配、分派的其他储存处所为止。如未运抵上述最后仓库或储存处所，则以被保险货物运抵最后卸载的车站满60天为止。

陆运险的索赔时效为从被保险货物在最后目的地车站全部卸离车辆后算起，最多不超过两年。

陆运一切险的责任起讫和索赔时效同陆运险完全相同。

4. 陆上运输冷藏货物险

陆上运输冷藏货物险是陆运货物保险中一种专门的险别，适用于陆运冷藏货物的专门保险，并具有基本险的性质。其主要责任范围是，陆运险所列举的自然灾害和意外事故所造成的全部或部分损失，以及由于冷藏机器或隔温设备在运输途中损坏所造成的被保险货物解冻融化以致腐败的损失。

一般的除外责任条款适用于本险别。此外，因战争、罢工或运输延迟而造成的被保险货物的腐败或损失，以及被保险冷藏货物在保险责任开始时未能保持良好状况，包括整理、包扎不妥，或冷冻上的不合规定以及骨头变质所造成的损失除外。

本险别责任的起讫为，被保险货物从保险单所载明的起运地冷藏库装入运输工具开始运输时，包括正常的陆运和与其有关的水上驳运在内，至货物运达保险单所载目的地收货人仓库为止。最长保险责任的有效期限以被保险货物到达目的地车站后10天为止。索赔时效为从被保险货物在最后目的地全部卸离车辆后算起，最多不超过2年。

5. 陆运战争险

陆运战争险是陆上运输货物保险的特殊附加险，在投保了陆运险或陆运一切险的基础上可以加保。国外私营保险公司大都不予承保本险别，我国保险公司接受加保，但是仅限于火车运输，若使用汽车运输则不能加保。

加保陆运战争险后，保险公司负责赔偿在火车运输途中由于战争、类似战争和敌对行为、武装冲突所导致的损失，以及各种常规武器包括地雷、炸弹所致的损失。但是，由于敌对行为使用原子或热核武器所致的损失和费用，以及执政者、当权者或者其他武装集团的扣押、拘留引起的承保运程的丧失和挫折所造成的损失除外。

陆运战争险的责任起讫与海运战争险相似，以货物置于运输工具时为限，即自被保险货物装上保险单所载起运地的火车开始到卸离保险单所载目的地的火车为止。若被保险货物不卸离火车，则以火车到达目的地的当日午夜算起，满48小时为止；若在运输途中转车，则不论货物在当地卸载与否，保险责任以火车到达该中途站的当日午夜起计算满10天为止；若运输契约在保险单所载明目的地以外的地点终止时，该地即视作本保险单所载明的目的地。

在加保陆上运输货物战争险的基础上加保罢工险不另行收费。若仅加保罢工险，则按战争险费率收费。陆上运输罢工险的承保责任范围与海洋运输货物罢工险的责任范围相同。

二、航空运输货物保险

根据我国现行的《航空运输货物保险条款》规定，空运货物保险的险别包括航空运输险（Air Transportation Risks）和航空运输一切险（Air Transportation All Risks）两种基本险。此外，还有航空货物运输战争险、航空运输罢工险两种特殊附加险。

1. 航空运输险和航空运输一切险的责任范围

航空运输险的承保责任范围与海洋运输货物保险中的水渍险相似，保险公司负责赔偿被保险货物在运输途中由自然灾害和意外事故所造成的全部或部分损失。航空运输一切险，除了包含航空运输险的责任外，保险公司还负责赔偿被保险货物由于被偷窃、短少等一般外来原因所造成的全部或部分损失。

航空运输险和航空运输一切险的除外责任，与海洋运输货物险的除外责任基本相同。

2. 航空运输险和航空运输一切险的责任起讫

航空运输险和航空一切险的责任起讫，采用“仓至仓”条款。但是与海洋运输险的“仓至仓”责任条款，有下列几点不同之处。

(1) 若货物运达保险单所载目的地，而未运抵保险单所载收货人仓库或储存处所，则以被保险货物在最后卸载地卸离飞机以后满 30 天为止。如在上述 30 天内被保险货物需要转送到非保险单所载明的目的地时，则以该项货物开始转运时终止。

(2) 由于被保险人无法控制的运输延迟、绕道、被迫卸货、重新装载、转运，或承运人运用运输契约赋予的权限所做的任何航行上的变更或终止运输契约，致使被保险货物运到非保险单所载目的地时，在被保险人及时将获知的情况通知保险人并在必要时加缴保费的情况下，保单继续有效，保险责任按下述规定终止：被保险货物如在非保险单所载目的地出售，保险责任至交货时为止；但不论何种情况，均以被保险货物在卸载地卸离飞机后满 30 天为止；被保险货物在上述 30 天期限内继续运往保险单所载原目的地或其他目的地时，保险责任在卸离飞机后满 30 天为止。

3. 航空运输货物战争险

航空运输货物战争险是航空运输货物险的一种特殊附加险，它只能在投保了航空运输险或航空运输一切险的基础上方可加保。

加保航空运输货物战争险后，保险公司负责赔偿在航空运输途中由于战争、类似战争行为、敌对行为、武装冲突所导致的损失，以及各种常规武器所致的货物损失。但是，不包括原子或热核武器所致的损失。

航空运输货物战争险的责任起讫是，自被保险货物装上保险单所载起运地的飞机开始到卸离保险单所载目的地的飞机为止。若被保险货物不卸离飞机，则以飞机到达目的地的当日午夜算起，满 15 天为止；若在运输途中转运，则保险责任以飞机到达转运地的当日午夜起计算满 15 天为止；待装上续运的飞机，保险责任再恢复有效。

航空运输罢工险的责任范围和海洋运输罢工险的责任范围相同。与海运、陆运险相同，在加保战争险的前提下，加保罢工险不另行收费。若仅要求加保罢工险，则按战争险费率收费。

三、邮包运输保险

中国人民保险公司参照国际保险市场的通行做法，并结合我国邮政包裹业务的实际情况，制定了邮包运输保险条款，包括邮包险条款和邮包战争险条款。邮包险条款对邮包险(Parcel Post Risks)和邮包一切险(Parcel Post All Risks)作了具体规定。邮包战争险(Parcel Post War Risks)是特殊附加险，只能在投保了邮包险或邮包一切险的基础上加保。

1. 邮包险和邮包一切险的责任范围

邮包险的承保责任范围包括，被保险邮包在运输途中由自然灾害或意外事故所造成的全部或部分损失。另外，还负责被保险人对遭受承保责任范围内风险的邮包采取抢救、防止或减少货损的措施而支付的合理费用，但以不超过该批被救邮包的保险金额为限。邮包一切险，除了包含邮包险的责任外，还负责赔偿被保险邮包由于被偷窃、短少等一般外来原因所造成的全部或部分损失。

邮包险和邮包一切险的除外责任包括：被保险人的故意行为或过失所造成的损失；战争、敌对行为、海盗行为、工人罢工造成的损失；运输延迟、被保险货物本质上的缺陷或自然损耗造成的损失；寄件人责任和被保险邮包在保险责任开始前已经存在的品质不良或数量短差造成的损失。

2. 邮包险和邮包一切险的责任起讫

邮包险和邮包一切险的责任起讫是自被保险邮包离开保险单所载起运地点寄件人的处所运往邮局时开始生效。直至被保险邮包运达保险单所载目的地邮局发出通知书给收件人当日午夜起满 15 天为止，但在此期限内，邮包一经递交至收件人的处所时，保险责任即终止。保险索赔时效从被保险邮包递交收件人时算起，最多不超过 2 年。

3. 邮包战争险

加保邮包战争险后，保险公司负责赔偿在邮包运输过程中由于战争、类似战争行为、敌对行为、武装冲突、海盗行为以及各种常规武器所导致的损失。此外，还负责被保险人对遭受承保责任范围内风险的邮包采取抢救、防止或减少货损的措施而支付的合理费用。但是，不包括原子或热核武器所致的损失。

邮包战争险的责任起讫是，自被保险邮包经邮政机构收讫后自储存处所开始运送时生效，直到邮包运达保险单所载目的地邮政机构送交收货人为止。

邮包运输罢工险的责任范围和海洋运输罢工险的责任范围相同。在加保战争险的前提下，加保罢工险不另行收费。若仅要求加保罢工险，则按战争险费率收费。

第六节　合同中的保险条款

在国际货物买卖合同中，为了明确交易双方在货运保险方面的责任，通常都订有保险条款，其内容主要包括以下五个方面。

一、保险投保人的约定

保险投保人取决于买卖双方约定的交货条件和所使用的贸易术语。按 FOB、CFR 条件成交时，在买卖合同的保险条款中，一般只订明保险由买方自理。如果买方要求卖方代办保险，则应在合同保险条款中订明：“由买方委托卖方按发票金额的×××%代为投保××险，保险费由买方负担”。按 CIF、CIP 条件成交时，由于货价中包含保险费，因此在保险条款中应详细约定卖方负责办理货运保险的有关事项，如投保险别、支付保险费和向买方提供有效的保险凭证等。

二、保险险别的约定

交易双方在约定采用何种险别时，应考虑下列因素：货物的品类和特性、货物的包装、运输方面的各种因素、货物的使用价值与价值、目的地的政治局势等。

一切险的责任范围包括了平安险、水渍险和 11 种一般附加险，但是就保险费率而言，水渍险的费率约相当于一切险的 1/2，平安险约相当于一切险的 1/3。化学纤维类商品遭受损失的可能性较大，如玷污、钩损、偷窃、短少、雨淋等，有必要投保一切险。矿砂、钢材等低值裸装的大宗货物，主险没有必要投保一切险，投保平安险即可，另外可根据实际情况投保舱面险作为附加险。对于不大可能发生碰损、破碎或容易生锈但不影响使用的货物，如铁钉、螺丝等小五金类商品以及旧汽车、旧机床等二手货物，可以投保水渍险为主险。

在买卖双方未约定投保险别的情况下，按国际保险市场习惯，卖方可按最低险别予以投保。

三、保险金额的约定

根据保险市场的习惯做法，保险金额一般都是按 CIP 或 CIF 价加成计算，即按发票金额再加一定的百分率。此项保险加成率主要是作为买方的预期利润。根据国际贸易惯例，预期利润一般按 CIP 或 CIF 价的 10%估算，因此，如果买卖合同中未规定保险金额时，习惯上是按 CIP 或 CIF 价的 110%投保。由于不同货物不同地区不同时期的预期利润不一样，因此在洽谈交易时若买方要求保险加成超过 10%时，卖方也可酌情接受。若买方要求保险加成率过高，则卖方应同有关保险公司商妥后方可接受。

四、保险公司和保险条款的约定

在按 CIP 或 CIF 条件成交时，保险公司的资信状况与卖方关系不大，但是与买方有重大的利害关系。因此，为了日后索赔工作的顺利进行，买方一般要求在合同中限定保险公司和所采用的保险条款。例如，我国按 CIP 或 CIF 条件出口时，买卖双方通常在合同中订明：“由卖方向中国人民保险公司投保，并按该公司的保险条款办理。”

五、保险单的约定

在国际货物买卖合同中，若约定卖方代为保险，通常要在合同中规定卖方必须向买方提供保险单。一旦被保险货物在运输途中发生承保范围内的损失，买方即可凭卖方提供的、经卖方背书签章的保险单向有关保险公司索赔。

本章小结

1. 国际货物运输保险是一种商业保险，是同自然灾害和意外事故做斗争的经济措施。

2. 海洋运输货物保险保障的范围包括海上风险、外来风险、全部损失、部分损失、施救费用、救助费用、其他费用。

3. 我国以及伦敦保险协会海洋运输保险条款的基本内容。

4. 其他运输方式下的货物运输保险如陆上运输货物保险、航空运输货物保险、邮包运输货物保险。

5. 国际货物买卖合同中保险条款的主要五方面内容：保险投保人的约定；保险险别的约定；保险金额的约定；保险公司和保险条款的约定；保险单的约定。

基本概念

海上风险　自然灾害　意外事故　外来风险　全部损失　推定全损　部分损失　单独海损　共同海损　施救费用　救助费用　平安险　水渍险　一切险　陆上运输货物保险　航空货物运输战争险

思考题

1. 在海运货物保险中，保险公司承保哪些风险、损失和费用？

2. 平安险、水渍险、一切险的承保范围分别是什么？

3. 我国海洋运输货物保险条款中规定了哪些附加险和专门险？

4. 伦敦保险协会海洋运输货物保险包括哪些保险条款？各条款的主要内容是什么？

5. 陆运、空运与邮包运输保险的基本险别和附加险的承保范围、除外责任分别是什么？保险责任起讫分别采用什么条款？

6. 国际货物买卖合同中的保险条款包含哪些内容？

案例分析

1. 某国际经济贸易发展公司（以下简称经发公司）与哈斯曼贸易有限公司成交一笔交易，来证中保险条款规定：“Insurance policy covering W.P.A. and War Risk as per Ocean Marin Cargo Clause of P.I.C.C. dated 1/1/1981.”（根据中国人民保险公司 1981 年 1 月 1 日海洋运输货物保险条款投保水渍险和战争险。）经发公司按时装运，并取得 8 月 19 日签发的提单，于 8 月 20 日交单办理议付手续。但于 8 月 30 日开证行提出：“第××号信用证项下的单据存在单证不符情况：提单签发日期是 8 月 19 日，保险单的签发日期却为 8 月 20 日，说明你方先装运货物后办理海运险保险手续，保险晚于装运日期。我无法接受，联系开证申请人亦不同意接受。单据暂在我行留存，速告处理的意见。”

经发公司经办人员经查留底单据，并联系保险公司后于 9 月 2 日作如下答复：“你 30 日电悉。关于保险单日期问题，我保险单的签发日期虽晚于提单的签发日期，但保险单上已由保险公司声明：‘This cover is effective at the date of loading on board.’（本保险责任于装船日起生效。）说明保险已在装船前办妥，其保险责任在货物装船日已经生效，不影响索赔工作。所以你行应接受单据。”但 9 月 4 日又接到开证行复电：“你 2 日电悉。关于保险单的签发日期问题，根据《UCP500》惯例规定，我行不管你保险手续的实际办理日期是否在装运日之前，也不管将来是否影响索赔工作，我行只根据单据表面上所表示保险单的签发日期晚于提单的装运日期，就是不符信用证要求。”

经发公司接到上述开证行电后，直接与哈斯曼贸易有限公司交涉均无效果，最终以降价而结案。请分析：银行是否应该拒绝接受保险单据？

2. 我某出口公司按 CIF 条件向某国出口一批草编织品，向中国人民保险公司投保了一切险，并规定用信用证方式付款。我出口公司交货并办理了议付。第二天接客户来电，称装货的海轮在海上失火，货物全部烧毁，要求我公司出面向中国人民保险公司索赔，否则要求我公司退回全部货款。请问：对客户的要求我公司该如何处理？为什么？

3. 海轮的舱面上装有 1000 台拖拉机，航行中遇大风浪袭击，450 台拖拉机被卷入海中，海轮严重倾斜，如不立即采取措施则有翻船的危险，船长下令将余下的 550 台拖拉机全部抛入海中。请问：这 1000 台拖拉机的损失由谁承担？属于何种性质？

4. 我国 A 公司与美国某公司按 CIF 旧金山成交出口一批布料。货轮在海上运输途中触礁，某舱舱底出现裂口，舱内存放的 A 公司的布料全部严重受浸。因舱内进水，船长不得不将船就近驶入避风港修补裂口。如果将受水浸的布料漂洗后，再运至原定目的港旧金山所花费的费用已超过该批布料本身的价值。请问：该批布料的损失属于什么性质的损失？

5. 某外贸公司与荷兰进口商签订了一份皮手套合同，价格条件为 CIF 鹿特丹，向中国人民保险公司投保一切险。生产厂家在生产的最后一道工序时将手套的湿度降低到了最低限度，然后用牛皮纸包好装入双层瓦楞纸箱，再装入 20 尺集装箱。货物到达鹿特丹后，检验结果表明，全部货物湿、霉、玷污、变色，损失价值达 8 万美元。据分析，该批货物的出口地不异常热，进口地鹿特丹不异常冷，运输途中无异常，完全属于正常运输。试问：保险公司对此损失是否赔偿？为什么？进口商对受损货物是否支付货款？为什么？你认为出口商应如何处理此事？

第八章
国际货款的结算

学习目标

1. 牢记本票、支票、汇票等国际结算工具的概念与使用方法;
2. 熟练掌握汇付、托收、信用证三种最基本的国际贸易结算方式、种类与特点;
3. 了解国际保理、福费廷、备用信用证、银行保函等国际结算方式;
4. 能结合宏观经济与企业特点合理选择适当的国际结算方式。

国际贸易中买方最基本的义务就是按约定的条件支付货款。一方面,出口商希望能在交付货物的同时安全稳妥地收回出口款项;另一方面,进口商也希望在支付款项的同时能按时按质按量地收到货物。因此,进出口双方选择合适的货款结算方式对于国际贸易合同的顺利履行是十分关键的。支付条款是进出口合同中十分重要的条款,在很多贸易实例中,卖方甚至可能为获得较为安全的结算方式而在商品价格等方面做出一定的让步。支付条款主要涉及支付工具和支付方式两方面内容。

第一节　国际货款的结算工具

考虑到买卖双方的公平性,对一般交易而言,双方最为简单、稳妥、安全的货款结算方式就是"一手交钱,一手交货",不须用任何复杂的工具。但在当代国际贸易结算业务中,由于绝大多数国际贸易涉及款项数额较大,几百万、上千万甚至上亿美元的业务屡见不鲜,如采用现金方式进行一手交钱一手交货的简单支付结算,一则运输不便,二则安全系数低。因此绝大多数国际贸易买卖除了支付定金、预付款等小额款项外,均采用非现金结算方式。即凭单据结算,凭单据付款的非现金结算。

在非现金结算中,票据是最基本的信用工具,充分发挥了货币支付作用、结算作用、流通作用和信用保证作用。因此,国际贸易结算离不开票据。

一、票据概述

票据是指出票人自己承诺或委托他人(付款人)在见票或指定日期向收款人或持票人

无条件地支付一定金额，且可流通转让的一种有价证券，如汇票、本票和支票。在国际贸易结算中，人们通常将发票、运输单据、保险单据等称之为商业单据或货运单据，而将以支付一定金额为目的、可以自由流通转让的证券称之为票据（或金融单据）。因此，票据可以替代现金流通。并且随着商品经济和国际贸易的不断发展，票据在国际贸易结算中的作用越来越明显。票据可以发挥结算、信用、流通、节约通货、异地汇兑等作用。

一般而言，票据具有以下四大特性与六大功能。

（一）票据的四大特性

1. 无因性

票据无因性指的是在票据流通过程中，持票人在行使票据权利时无须向票据付款人陈述或证明该票据产生或转让的原因。即使票据的基础关系有所缺陷也不会影响当事人之间根据票据记载所产生的权利与义务关系。只要持票人取得票据的程序合法，就依法享有票据权利，票据债务人必须向持票人支付票款。

2. 要式性

票据要式性指的是票据的形式和内容，票据的记载事项和记载方式必须符合相关规定。依据不同国家的票据法，票据必要的项目必须齐全，票据使用的各个环节例如出票、提示、承兑、背书、保证、追索等行为都有其规范。

3. 流通性

票据流通性指的是票据合法持有人可以在必要的时候将票据在票据市场上进行转让、贴现等操作，只要票据市场健全且票据债务人资信可靠，票据本身即可被视作现金进行资金融通，成为广义货币的一种。

4. 文义性

票据文义性指的是票据债务人只根据票据记载的文字内容来履行义务，不能进行任意解释或是根据票据之外的任何文件确定权利义务关系。这是无因性的必然要求，也是票据得以顺利流通转让的基础。

正因为票据具备了以上四个特性，才能在结算实践中减少票据纠纷，保证其顺利流通，发挥其代替现金承担经济活动的下列六大功能。

（二）票据的六大功能

(1) 支付功能，指票据作为支付工具进行货款的支付结算。

(2) 汇兑功能，指票据也可具备一国货币所具有的购买外国货币的能力。

(3) 信用功能，指票据当事人可以凭借自己的信誉，将未来才能获得的金钱作为现在的金钱来使用。

(4) 结算功能，指票据具备债务抵销功能。

(5) 融资功能，指融通资金或调度资金。票据的融资功能是通过票据的贴现，转贴现和再贴现实现的。

(6) 流通功能，指票据的转让无需通知其债务人，只要票据要式具备就可交付或背书转让票据权利。

其中，国际贸易结算中使用最多、通行最广泛的三类票据为汇票、支票及本票。下文将对这三种票据进行具体说明。

二、汇票

汇票是国际贸易结算中使用最为广泛的一种信用工具和支付工具。在票汇、托收或信用证的结算方式中，通常需要提交使用汇票。

(一)汇票的含义

汇票是由出票人以书面形式签发的，要求付款人在见票(提示)时或在将来的指定时间支付确定金额给持票人或收款人的无条件支付命令。我国《票据法》将汇票的定义确定为："汇票是出票人签发的，或委托付款人在见票时或在指定日期无条件支付确定金额给收款人或持票人的票据。"

(二)汇票的必要记载事项与其他事项

汇票作为票据必须具备要式性，各国票据法及国际法都会对票据记载事项进行严格规定，将法定内容记载于汇票之上，才能产生票据的效力，若欠缺法律规定的必要记载事项，该汇票就不能视为有效。我国《票据法》第 22 条清楚地规定了汇票必须记载下列事项。

1. 表明"汇票"的字样

中国《票据法》要求在汇票票面上明确表明"汇票"字样，以便当事人易于辨认，避免与本票、支票等其他票据混淆。

2. 无条件支付的委托

无条件支付的委托是票据无因性的体现。汇票的付款必须是无条件的，如果在汇票上规定收款人必须完成某行为或履行某项义务才予以付款，该汇票便为无效票据。通常在票面上以"凭票支付""于到期日无条件支付"等文字来体现。

3. 确定的金额

汇票上注明的支付内容必须是金钱，且数额必须确定。如果以文字和数字同时表述金额，则二者金额须相等。若二者不符，根据《日内瓦统一票据法》的规定以文字为准。如果金额同时有大小写表示，则二者必须一致，大小写金额不一致的汇票无效。在国际贸易中，汇票的金额原则上应在合同或信用证金额的范围内，如无特殊规定，其具体金额和货币一般必须与发票金额和货币一致，否则受票人有权拒付。

4. 付款人名称

付款人是汇票债务的承担者。汇票可以指定银行或其他受托人为付款人，也可指定出票人自己为付款人，即所谓"对己汇票"(例如本票实质上就是对己汇票)。汇票的付款人一般是一个，但也可载明一个以上的付款人，任何一个付款人均须承担支付全部汇票金额的责任，当其中一人付款后，其余付款人即可解除付款义务。

5. 收款人名称

汇票收款人即有权最终得到汇票金额的权利人。《日内瓦统一票据法》和我国《票据法》都规定不记载收款人名称的汇票无效。汇票的收款人一栏有以下几种写法：

(1) 限制性抬头：写明收款人具体名称，不能背书转让，英文为 Pay A only；

(2) 来人式抬头：写明收款人是来人，不需要背书就可转让，英文为 Pay bearer；

(3) 指示性抬头：写明收款人具体名称，但通过其背书就可转让，英文为 Pay A or order，Pay to the order of A。

6. 出票日期

出票日期即出票人开出汇票的确切日期，它影响汇票提示、追索等操作的有效时限。

7. 出票人签章

出票人须在汇票上签名或盖章或二者皆为，表示出票人承诺负担出票责任。出票人签章可以是一个签章，也可以是多人签章，后者的所有签章人须对票据义务承担连带责任。

以上七条事项是我国《票据法》规定的汇票必要记载事项，若汇票未记载以上任意一条则汇票无效。除此之外，我国《票据法》还规定了以下选载事项，缺少以下事项不影响汇票的效力：

(1) 付款日期。付款日期可以按以下方式填写：

①见票即付；②定日付款；③出票后定期付款；④见票后定期付款。

若汇票上未记载付款日期的，则视为见票即付。

(2) 付款地点：汇票上未记载付款地的，付款人的营业场所、住所或者经常居住地为付款地。

(3) 出票地点：汇票上未记载出票地的，出票人的营业场所、住所或者经常居住地为出票地。

(4) 其他事项：汇票上可以记载《票据法》规定事项以外的其他出票事项，但不具有汇票上的效力。

(三) 汇票的种类

根据不同标准，汇票通常可分为以下几种。

1. 按出票人不同，分为银行汇票和商业汇票

由银行开立的汇票即为银行汇票 (Banker's Bill)，它一般是银行应汇款人的要求，开立以汇入行为付款人的汇票，即出票人和付款人都是银行。这种汇票一般由汇款人直接寄交收款人，凭票向汇入行取款。商业汇票 (Commercial Draft) 则是指出票人是工商企业或个人的汇票。在国际贸易中，凡由出口商签发，向进口商或银行收取货款或其他款项的汇票，都属商业汇票。

2. 按有无附属单据分为光票汇票和跟单汇票

光票 (Clean Bill) 汇票本身不附带以海运提单为代表的货运单据，银行汇票多为光票。这种汇票无法从事实上约束付款人付款，其是否能顺利流通、发挥功能取决于出票人、付款人或出让人的信用，因此在国际贸易中除了少量用于货款结算外，一般仅用于从属费用、货款尾数、佣金等的托收或支付。

跟单汇票 (Documentary Bill) 又称信用汇票、押汇汇票，是需要附带提单、仓单、保险单、装箱单、商业发票等单据，才能进行付款的汇票。商业汇票多为跟单汇票，在国际贸易中经常使用。跟单汇票的付款人即进口人要取得货运单据提取货物，必须接受汇票并按其要求付清货款或进行承兑，这就遵循了钱款与单据对流的原则，对进出口双方都有利。

3. 按付款时间不同，分为即期汇票和远期汇票

即期汇票(Sight Bill，Demand Bill，Sight Draft)指持票人向付款人提示后对方立即付款，又称见票即付汇票。其付款日期的填写方法多为：Pay…at sight。

远期汇票(Time Bill，Usance Draft)是在出票一定期限后或特定日期付款。在远期汇票中，记载一定的日期为到期日，于到期日付款的，为定期汇票，表示为 Pay at Fixed Date；记载于出票日后一定期间付款的，为计期汇票，表示为 At…days after date；记载于见票后一定期间付款的，为注期汇票，表示方法为 At…days after sight；将票面金额划为几份，并分别指定到期日的，为分期付款汇票。也可写为提单签发后若干天付款，表示方法为 At…days after date of Bill of Lading。

4. 按承兑人不同，分为商业承兑汇票和银行承兑汇票

这两种汇票需经过承兑环节(后述)再付款，因而都属于远期汇票。

商业承兑汇票(Commercial Acceptance Bill)是以银行以外的任何工商企业或个人为承兑人的远期汇票。其付款人能否按期付款建立在商业信用基础上。

银行承兑汇票(Banker's Acceptance Bill)，承兑人是银行的远期汇票。通常由出口人签发，银行对汇票承兑后即成为该汇票的主债务人，由于银行信用一般高于商业信用，银行承兑汇票在票据市场上有比商业承兑汇票更强的流通性。

注意，以上汇票的定义分类依据不同标尺，因此存在相互交叉的范围，一份汇票可能同时具备几种特性，例如，一份商业汇票同时又可以是即期跟单汇票，一份远期商业跟单汇票同时又是银行承兑汇票等。

(四)汇票的票据行为

一般而言汇票使用过程中要经历一些共同环节，但不同种类汇票所经过的环节不尽相同，例如，即期汇票仅有出票、提示、付款三个简单环节，而远期汇票则还需要经过承兑。此外，根据情况不同还可能出现背书、拒付、追索等环节。

1. 出票(Issue)

出票是指出票人签发票据并将其交付给收款人或持票人。该环节是汇票效力产生的初始，包括两项内容：出票人写成汇票并签字；出票人将汇票交给收款人或其指定的持票人。出票人签发汇票后便需要承担保证该汇票必然会被承兑和/或付款的责任，否则，被拒付的收款人有权要求出票人清偿汇票金额、自汇票到期日或提示付款日至清偿日的利息，以及取得拒绝证书等的费用。

2. 提示(Presentation or Sight)

提示是收款人或持票人将票据提交付款人要求付款或承兑的行为。付款人见到汇票即为见票(Sight)。提示分为以下几种：

(1)提示付款(即期汇票、远期汇票承兑后)；

(2)即期汇票、见票后定期付款须在出票日一个月内向付款人提示付款；

(3)已承兑的远期汇票，自到期日起10日内须向承兑人提示付款；

(4)提示承兑(远期汇票)；

(5)定日付款/出票后定期付款：汇票到期日前须提示承兑；

(6)见票后定期付款：自出票日起一个月内须提示承兑。

汇票未按照规定期限提示承兑的，持票人丧失对其“前手”的追索权。

3. 承兑(Acceptance)

承兑是指持票人或收款人向远期汇票付款人提示后，付款人接受出票人的付款委托，表明同意承担支付汇票金额给持票人或者收款人的行为表示(见票后3日内)。它的做法通常是付款人在远期汇票上表明“承兑(Accepted)”，签名、署上日期并交还持票人。若仅有付款人签字而未写“承兑”字样，则一般也构成承兑。须注意远期汇票承兑之前，出票人是第一债务人，承兑之后，承兑人是第一债务人。

4. 付款(Payment)

即期汇票见票时立即付款，已承兑远期汇票在到期时付款。收款人或持票人获得付款后，在汇票上签字并交给付款人，作为付款人的付款收据。汇票一经付款，则汇票上的债权债务关系即告终止。

5. 背书(Endorsement)

背书指的是如果需要，持票人可在汇票背面签名，将其转让给其他受让人的行为，但不是所有的汇票都可以背书转让。背书可分为以下三种情况。

(1)限制性背书(Restrictive Endorsement)：只能由指定的个人或企业作为汇票的收款人，不得背书转让，无法流通。该种情况对应的汇票的收款人一栏为限制性抬头，即收款人为特定的企业或个人。例如，汇票上收款人注明“Pay to BE company only，not transferable”。

(2)记名背书(Special Endorsement)：背书人先在汇票上记载被背书人(即汇票的受让人)再签字，表明将汇票的权利义务转让给被背书人。记名背书不仅要求背书人签名盖章，还要求记载被背书人的姓名。汇票的收款人一栏则对应指示性抬头。例如，汇票上收款人一栏填写“Pay to BE company or order”用以表明款项可付给BE公司或其指定的汇票转让人。

我国《票据法》第31条规定，以背书转让的汇票，背书应当连续(指在票据转让中，转让汇票的背书人与受让汇票的被背书人在汇票上的签章依次前后衔接)。持票人以背书的连续，证明其汇票权利；非经背书转让，而以其他合法方式取得汇票的，须依法举证，证明其汇票权利。汇票经过背书转让之后，“前手”对“后手”均有保证汇票会被承兑或付款的担保责任，当出现付款人拒绝承兑或拒付的时候，后手可以找任一前手以及出票人行使追索权。

(3)空白背书(Blank Endorsement)：背书人转让汇票时，仅需背书人在汇票背面签字而不记载被背书人的名称即可完成背书转让过程。经过空白背书后，受让人可以不经背书，仅凭交付再继续转让汇票。中国《票据法》不承认空白背书汇票的效力。

此外，关于背书，中国《票据法》还规定背书不得附有条件。背书时附有条件的，所附条件不具有汇票上的效力。将汇票金额的一部分转让的背书或者将汇票金额分别转让给两人以上的背书无效。背书人在汇票上记载“不得转让”字样，其后手再背书转让的，原背书人对后手的被背书人不承担保证责任。

6. 拒付(Dishonor)

以下情况均可称为汇票遭到拒付：

(1)持票人提示汇票要求承兑时遭到付款人拒绝；

(2) 提示汇票要求付款人付款时遭到拒绝；

(3) 付款人拒不见票；

(4) 付款人死亡或宣告破产。

汇票发生拒付时，持票人可以凭拒绝证书（付款地的公证机构制作）向汇票的任一前手或出票人追索（期限：6 个月），当然也可向承兑人或付款人要求偿付。此外，中国《票据法》第 36 条规定，汇票被拒绝承兑、被拒绝付款或者超过付款提示期限的，不得背书转让；背书转让的，背书人应当承担汇票责任。

有时候汇票出票人或某个背书人为了避免承担汇票遭到拒付后被后手追索的责任，会在出票时或在背书时加注“不受追索（Without Recourse）”字样，这种汇票在市场上较难流通。

7. 贴现（Discount）

贴现是指远期汇票承兑后尚未到期，由银行或者贴现公司从票面金额按照一定贴现率计算利息后，将余额付给持票人并获得汇票。贴现一般要求是银行承兑汇票。

贴现银行取得汇票后，可以向中央银行办理再贴现，也可以等票据到期后要求付款人付款。

下图是一张由北京市某工厂签发的，由工行付款的银行承兑汇票样本：

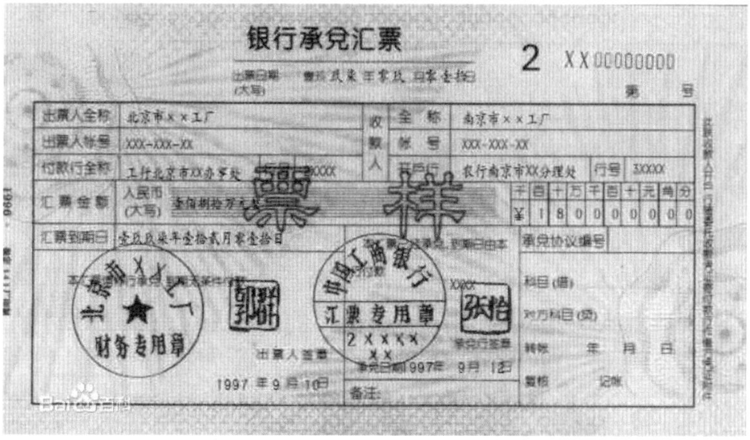

三、本票

（一）本票的含义和内容

根据我国《票据法》第 73 条规定，本票是出票人签发的，承诺自己在见票时无条件支付确定的金额给收款人或持票人的票据。第 74 条又规定，本票的出票人必须具有支付本票金额的可靠资金来源，并保证支付。根据《英国票据法》的规定，本票是一个人向另一个人签发的，保证于见票时或定期或在可以确定的将来的时间，对某人或其指定人或持票人支付一定金额的无条件的书面承诺。

简言之，本票是出票人对收款人承诺无条件支付一定金额的票据。并且可以明显地看出，本票本质上是特殊的汇票，即出票人和付款人是同一人的汇票。

各国票据法对本票内容的规定各不相同。我国《票据法》规定，本票必须记载下列事项：

(1) 表明“本票”字样；

(2) 无条件的支付承诺；

(3) 确定的金额；

(4) 收款人的名称；

(5) 出票日期；

(6) 出票人签章；

本票上未记载规定事项之一的，本票无效。

(二) 本票的种类

本票的种类划分相对汇票而言要简单一些。按本票出票人的不同，本票可分为商业本票和银行本票。由工商企业或个人签发的称为商业本票或一般本票。由银行签发的称为银行本票。商业本票有即期和远期之分，银行本票则都是即期的。在国际贸易结算中使用的本票，大多是银行本票。有的银行发行见票即付、不记载收款人的本票或是来人抬头的本票，它的流通性与纸币相似。由于银行本票建立在银行信用的基础上，因此，它在国际货款结算中被广泛使用。

(三) 本票的票据行为

由于本票本质上是特殊的汇票，因此在本票的票据行为中，对于出票、背书、付款等与汇票类似，但本票在其使用环节中还有一些特定的规定和性质。

1. 出票

本票的出票行为既适用本票出票的规定，又适用汇票出票的规定(因为本票本质上也是一种以出票人为付款人的汇票)；此外，由于本票出票人也是本票付款人，因此本票出票人必须具有支付本票金额的可靠资金来源并保证支付该数量的金额给收款人。

另外，我国《票据法》规定：本票只能由中国人民银行审定的银行或其他金融机构签发；出票人必须具有支付本票金额的可靠资金来源；本票自出票之日起，付款期限最长不得超过 2 个月。本票持票人未按规定期限提示见票的，丧失对出票人以外的前手的追索权。

2. 背书

汇票背书的规定同样可以约束本票背书行为。具体有：

(1) 本票背书的方式以记名背书为限；

(2) 本票背书的记载事项按照汇票背书记载事项进行；

(3) 本票背书的效力与汇票背书相同；

(4) 本票背书连续的确定按照汇票背书连续确定的方式进行。

3. 保证

如果需要，本票收款人的权利也可由本票债务人以外的第三者进行保证(同样适用于汇票保证的场合)，保证人对合法取得本票(汇票)的持票人所享有的票据权利承担保证责任。保证人必须在本票(汇票)或粘单上记载下列事项：

(1) 表明“保证”的字样；

(2) 保证人名称和住所；

(3) 被保证人的名称；

(4) 保证日期；

(5) 保证人签章。

此外，根据我国《票据法》，被保证的本票(汇票)，保证人应当与被保证人对持票人承担连带责任。本票(汇票)到期后得不到付款的，持票人有权向保证人请求付款，保证人应当足额付款。保证人为两人以上的，保证人之间承担连带责任。保证人清偿汇票债务后，可以行使持票人对被保证人及其前手的追索权。

4. 付款

本票的付款行为与汇票的规定基本相同。

(四)本票与汇票的区别

作为支付工具，本票与汇票都属于票据的范畴，且本票实质上属于付款人是出票人的汇票。但两者又有所不同，其主要区别表现在以下三方面。

(1)本票的票面有两个当事人，即出票人和收款人；而汇票则有三个当事人，即出票人、付款人和收款人。

(2)本票的出票人即是付款人，远期本票无须办理承兑手续；而远期汇票则要办理承兑手续。

(3)本票在任何情况下，出票人都是绝对的主债务人，一旦拒付，持票人可以立即要求法院裁定，命令出票人付款；而汇票的出票人在承兑前是主债务的，在承兑后，承兑人是主债务人，出票人则处于从债务人的地位。

下图是一张招商银行开出的现金本票样本：

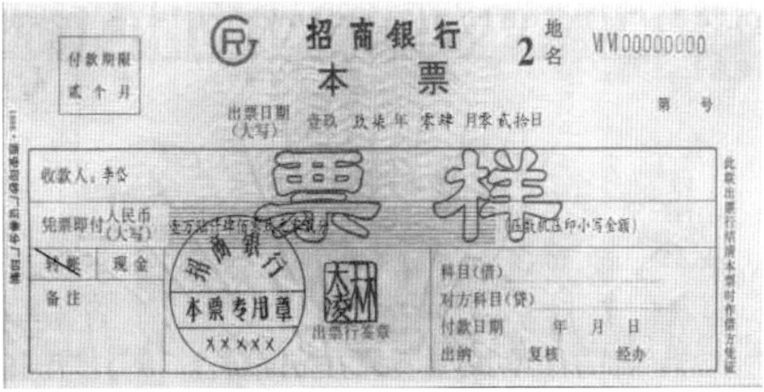

四、支票

(一)支票的含义与内容

我国《票据法》第 82 条规定，支票是出票人签发的，委托办理支票存款业务的银行或者其他金融机构在见票时无条件支付确定金额给收款人或持票人的票据。按《英国票据法》规定，支票是以银行为付款人的即期汇票，即存款人对银行的无条件支付一定金额的委托或命令。出票人在支票上签发一定的金额，要求受票的银行于见票时立即支付一定金额给特定人或持票人。

支票的基本当事人同样包括出票人、付款人和收款人。出票人就是支票的签发人，他在银行已经开设存款账户并且订有支票协议。付款人是出票人的开户银行。付款人可以在支票上注明，也可以不注明。可见，从本质上来说支票也是一种特殊汇票，即票据付款人是出票人办理支票存款业务的银行或者其他金融机构的即期汇票。

出票人在签发支票后，应承担票据上的责任和法律上的责任。前者是指出票人对收款人担保支票的付款；后者是指出票人签发支票时，应在付款银行存有不低于票面金额的存款。如存款不足，支票持有人在向付款银行提示支票要求付款时，就会遭到拒付。这种支票叫做空头支票。开出空头支票的出票人要负法律责任。

我国《票据法》规定，出票人必须按照签发的支票金额承担保证向该持票人付款的责任。出票人在付款人处的存款足以支付支票金额时，付款人应当在当时足额付款。《票据法》又规定，支票的出票人所签发的支票金额不得超过其付款时在付款人处实有的存款金额。出票人签发的支票金额超过其付款时在付款人处实有的存款金额，为空头支票。禁止签发空头支票。

我国《票据法》第 85 条规定，支票必须记载下列事项：

(1) 表明“支票”字样；

(2) 无条件的支付委托；

(3) 确定的金额；

(4) 付款人名称；

(5) 出票日期；

(6) 出票人签字。

支票上未记载规定事项之一的，支票无效。

注意支票上不会注有付款日期，因为支票限于见票即付，不得另行记载付款日期。另行记载付款日期的，该记载无效。

（二）支票的种类

支票种类大致可以分为以下几种。

1. 记名支票

记名支票(Check Payable to Order)须在支票收款人一栏写明收款人姓名，如“支付某某人或指定人”(Pay sb. or Order)；取款时须有收款人签章，方可支取。

2. 不记名支票

不记名支票(Check Payable to Bearer)，又称空白支票。支票上不记载收款人姓名，只写“付来人”(Pay Bearer)。取款时持票人无需在背面签章，即可支取。

3. 现金支票

现金支票是只能去付款行领取现金的支票。

4. 转账支票

转账支票是只能通过转账得到款项的支票。

5. 划线支票与非划线支票

划线支票(Crossed Check)是在支票正面划两道平行线的支票，又称为平行线支票。划线支票不同于一般支票。一般支票可委托银行收款入账(转账支票)，也可由持票人自行提取现款(现金支票)。在实际操作中许多国家允许持票人自由选择提取现金还是转账，并不规定现金支票还是转账支票，而以划线与否作为标志。非划线支票是既可以在付款银行领取现金，也可去付款行或往来银行要求转账代收；划线支票持票人不得要求银行支付现款，只能委托付款行或往来银行收款入账(可以在平行线间加注委托取款的银行的名字)。划线支票制度最早起源于英国，后来欧美各国亦相继采用。划线支票的作用主要是为了减少支票遗失、被窃的风险，如被他人冒领，还有可能通过银行代收的线索追回票款。

6. 保付支票

保付支票(Certified Check)是指由付款银行在支票上加盖“保付”戳记并签字的支票。支票一经保付，付款银行就负有绝对付款的义务。保付支票具有更好的信誉，可靠性增强，身份也随之提高，更有利于流通。

7. 空白支票

票据上有一项或几项应当记载的事项是空白，授权收款人根据授权范围自行补记的票据。例如，票据金额、收款人、出票日期等。

8. 空头支票

如前文所述，出票人签发的支票金额超过其付款时在其办理支票付款业务的付款银行或金融机构实有的存款金额，包括事前空头和事后空头，这种支票叫空头支票。空头支票为我国和世界绝大部分国家法律所禁止。

(三)支票的票据行为

在支票的票据行为中，对于出票、背书、付款行为和追索权的行使，适用票据法中对于汇票的相应行为权利行使的规定，但对支票的特殊规定除外。例如，我国《票据法》规定：支票的持票人应当自出票日起10日内提示付款；异地使用的支票，其提示付款的期限由中国人民银行另行规定，超过提示付款期限的，付款人可以不予付款；付款人不予付款的，出票人仍应当对持票人承担票据责任。

下图是一张付款人为招商银行的转账支票：

第二节 国际货款的结算方式：汇付与托收

本节介绍两类主要的国际贸易支付方式。在介绍支付方式之前，首先界定两个重要概念：顺汇与逆汇。按资金的流向与支付工具的传递方向，支付方式可以分为顺汇和逆汇两种。顺汇是指资金的流动方向与支付工具的传递方向相同，即债务人主动将资金交给银行，并委托银行使用某种支付工具主动向债权人付款的支付方式；逆汇是指资金的流转方向与支付工具的传递方向相反，债权人出具支付工具委托银行主动向债务人收取款项的支付方式。在国际贸易实务中常见的债权人是出口商，而债务人是进口商。

本节介绍的汇付是顺汇方法，托收采用的是逆汇方法。汇付和托收都是国际贸易中经常采用的支付方式。

一、汇付

(一)汇付的含义及其当事人

汇付(Remittance)又称汇款，指付款人(债务人)主动通过银行或其他途径将款项汇交收款人(债权人)的结算方式。国际货款的收付如采用汇付，一般是由进口方按买卖合同约定的条件(如收到单据或货物)和时间，将货款通过银行，汇交给出口方。汇付这种支付方式不但被用于国际贸易支付，而且，由于其当事人关系清晰，涉及业务简单，在国内交易中也经常被债权债务双方使用。

在汇付业务中，通常涉及四个当事人。

(1)汇款人(Remitter)，即汇出款项的债务人，在进出口交易中，汇款人通常是进口人。

(2)收款人(Payee or Beneficiary)，即收取款项的债权人，在进出口交易中，收款人通常是出口人。

(3)汇出行(Remitting Bank)，即受汇款人的委托汇出款项的银行，通常是在进口地的银行。

(4)汇入行(Paying Bank)，即受汇出行委托解付汇款的银行，故又称解付行，在对外贸易中，通常是出口地的银行。

汇款人在委托汇出行办理汇款时，要出具汇款申请书。此项申请书是汇款人和汇出行之间的一种契约。汇出行一经接受申请，就有义务按照汇款申请书的指示并使用一定的传递方式(如电报、电传、信件、票据等)通知汇入行。汇出行与汇入行之间，事先订有代理合同，在代理合同规定的范围内，汇入行对汇出行承担解付汇款的义务。

(二)汇付的基本流程

采取汇付方式进行结算流程简单，基本步骤包括下面五步：

(1)汇款人向汇出行提交汇款申请并交付费用；

(2)银行将汇款受理回执交汇款人，同时根据汇款金额借记汇款人的账户；

(3)汇出行以各种方式向汇入行发出付款指示(具体方式见下文)；

(4)汇入行通知并将款项拨付给收款人；

(5)汇入行借记汇出行账户或直接索要头寸(也可解付前汇出行就已将资金拨付至汇入行)。

(三)汇付的种类

按资金转移方式或支付工具的不同，汇付可分为电汇、信汇和票汇三种形式。

1. 电汇

电汇(Telegraphic Transfer，简称 T/T)是指汇出行应汇款人的申请，通过加押电报(cable)、电传(telex)或 SWIFT 方式给国外汇入行，指示其解付一定金额给收款人的一种汇付方式。与其他汇付方式相比，电汇方式的特点是资金调拨速度快且安全可靠，银行无法占用资金所以费用比较高。目前使用最普遍的是采用 SWIFT 系统的电汇方式。

SWIFT(Society For Worldwide Interbank Financial Telecommunication)是环球银行间金融电讯协会的缩写，简称环银电协。SWIFT 现已成为世界上最大的金融清算与通讯组织，也是国际金融与国际结算的主体网络。中国银行于 1983 年 2 月在国内同业中率先加入 SWIFT 组织。

电汇结算业务流程，如图 8-1 所示。

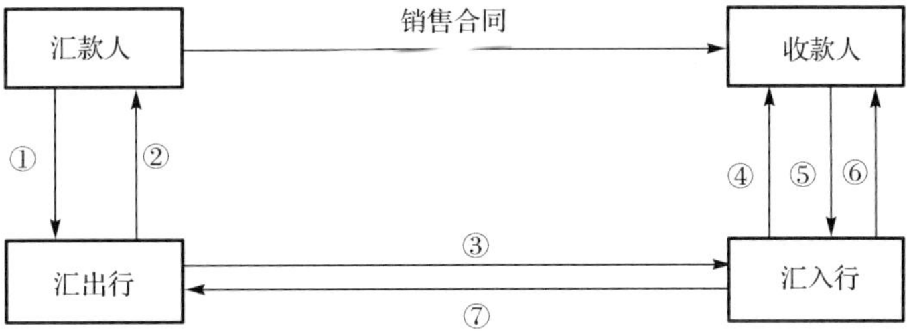

注释：

① 汇款人递交电汇申请书并交款、付费；

② 汇出行发给汇款人电汇回执；

③ 汇出行发出电报或电传；

④ 汇入行缮制电汇通知书，通知收款人取款；

⑤ 收款人持通知书一式两联向汇入行取款，并在收款收据上签字；

⑥ 汇入行解付汇款；

⑦ 汇入行向汇出行寄送付讫借记通知书并索偿。

图 8-1　电汇结算业务流程图

2. 信汇

信汇(Mail Transfer，M/T)是指汇出行应汇款人的申请，将信汇委托书邮寄给汇入行，授权解付一定金额给收款人的一种汇款方式。信汇方式的优点是费用较为低廉，但资金在途时间长，收款人收到汇款的时间较迟。信汇结算业务流程图，如图 8-2 所示。

3. 票汇

票汇(Remittance by Banker's Demand Draft，D/D)是指汇出行应汇款人的申请，代汇款人开立以其分行或代理行为解付行的银行即期汇票(Banker's Demand Draft)，支付一定金额给收款人的一种汇款方式。

票汇的汇入行无须通知收款人取款，而由收款人持票登门取款(汇款人取得汇票后自行通过各种方式将汇票交付收款人)。这种汇票除有限制转让和流通的规定外，经收款人背书，可以转让流通，而电汇、信汇的收款人则不能将收款权转让。因此票汇具有较大的灵活性，且具有融资作用，使用也比较方便。票汇结算业务流程，如图 8-3 所示。

须注意，上述三种通知汇付方式在时间花费上差异较大，电汇最快，信汇其次，票汇最慢，这意味着这三种通知方式下收款人从确定有外汇收入至最后收到外汇的时间是不同的，其面对的汇率、利率风险也不同。例如，若本国本币在近期处于升值趋势，则出口商若要求进口商采取较慢的票汇方式，最终收到的外汇兑换为人民币的数量就可能出现较大幅度减少，其流转期间利息的损失也较大。当然，若选择较快的汇付方式，所需支付的费用同样也较高。

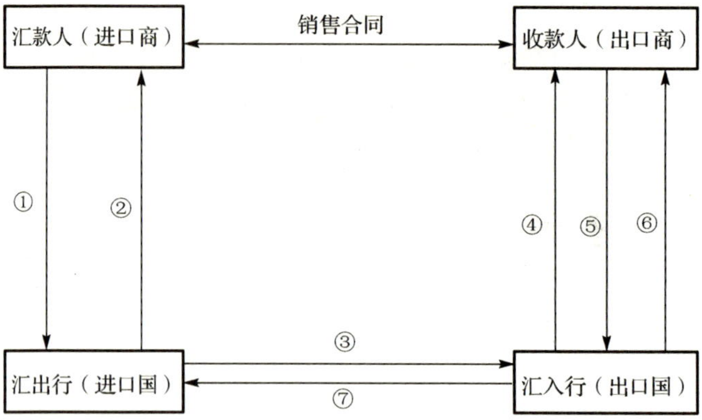

注释：

① 进口商递交信汇申请书并交款、付费

② 汇出行接受信汇申请并签发信汇回执

③ 汇出行向汇入行邮寄信汇委托书

④ 汇出行缮制信汇通知书，通知收款人取款

⑤ 出口商签署收据

⑥ 汇入行解付汇款

⑦ 汇入行向汇出行寄送付讫借记通知书并索偿

图 8-2　信汇结算业务流程图

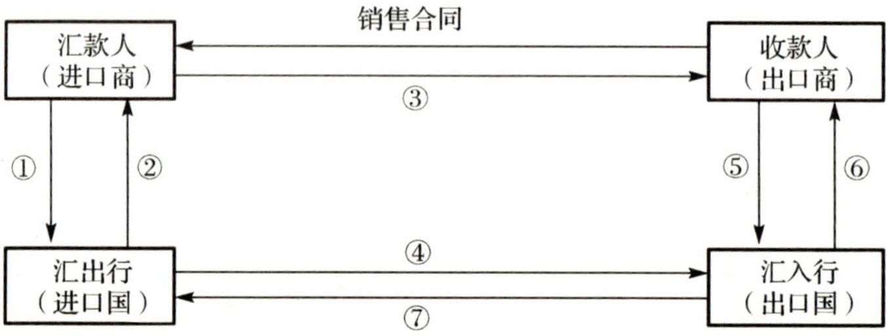

注释：

① 汇款人填写票汇申请书并交款、付费；

② 银行开出即期汇票给汇款人；

③ 汇款人将即期汇票自行邮寄给收款人；

④ 汇出行将汇票通知书和汇票票根寄给汇入行；

⑤ 收款人持汇票向汇入行取款；

⑥ 汇入行核对无误后付款；

⑦ 汇入行向汇出行寄送付讫借记通知书并索偿。

图 8-3　票汇结算业务流程图

（四）汇付方式在国际贸易中的使用

由于汇付是纯粹的商业信用，债权方无法约束债务方按时足额汇款。在国际贸易中，汇付方式通常用于货到付款、赊销、预付货款及随订单付现等业务。下面以货到付款和预付货款为例进行简单介绍。

1. 货到付款

货到付款(Payment after Arrival of the Goods)是指出口商在收到货款前，先交出单据或货物，然后由进口商主动汇付货款的方法。如交货付现(Cash on Delivery，简称COD)。其本质是一种赊账业务(Open Account Transaction)，进口方尚未付款便取得了对货物的控制权，对进口商较为有利。而出口商在发货后能否按时顺利地收回货款，完全取决于进口商的信用。若进口商拒不履行或拖延履行付款义务，出口商就会被迫面对货款两空或晚收款的利息损失。因此除非进口商的信誉可靠或进出口商是母子公司，否则出口商一般不宜轻易采用汇付方式收款。

但若汇付方式运用得当，对进出口双方都有利。对进口方来说，先取得代表货物的装运单据或货物再付款显然更有利于资金周转，并可节省费用(当然若出口商同意进口商采取汇付方式结算，通常其货物单价要高于信用证等其他支付方式)；对出口方来说，在进口方商誉可靠或与出口方有特殊密切关系的条件下，采用汇付方式有利于降低贸易成本、减少结算步骤从而扩大出口。

目前我国货到付款汇付方法主要用于下述几方面业务。

(1)在我国对某些地区的供应中，为了方便客户，巩固和扩大市场，作为一种特殊做法，对一些长年供应的鲜活商品，大部分采取汇付方式结算货款。

(2)在空运进出口买卖合同中，采用凭出口方电报或电传发货通知，进口方汇付货款的做法，以适应空运货物到货迅速的特点。

(3)在寄售出口业务中，为适应寄售业务先出货由代销商凭实货向买方进行现货销售的特点，通常采用“先出后结”的汇付方法。

(4)出口商为推销滞销商品或试销新产品，或者为打开国际市场，可酌情采用货到付款的结算方式。

2. 预付货款

预付货款(Payment in Advance)是指进口商先将全部或部分货款汇付给出口商，出口商收到货款后再发货的方法。例如，订货时汇付(Cash with Order)或交货前汇付货款。这种做法多应用于客户提出特殊加工要求或专门为客户加工的特殊商品，或一些市场畅销而又稀缺，处于明显卖方市场的商品。采用预付货款结算的买方一般可优先取得供应。当然，汇付货款不一定要全部付清货款，可以先采用汇付方式支付一定比例的货款，其余部分货款采取其他方式支付。

预付货款对出口商较为有利，因为进口方预先履行全部或部分付款义务，货物的所有权并没有在付款时转移，在CIF等装运港交货的条件下，出口方在没有交出装运单据以前，货物的所有权仍归其所有。由此可见，预付货款使进口方过早地垫出资金，并承担出口方延迟交货和不交货的风险。为了降低风险，进口商也会采取相应措施，如要求出口商提供银行保函或者备用信用证等担保，以便督促出口商履行合同义务。总之，在国际贸易中，预付货款方式不易被普遍接受，只是在个别小额交易中采用。

(五)汇付的特点

汇付方式步骤简单，优势与劣势明确，主要表现为以下几点。

1. 汇付是一种商业信用

汇付虽是以银行为媒介进行国际结算的，但银行在此过程中仅承担收付委托款项的责任并收取一定服务费用，而对买卖双方在履行合同中的义务并不提供任何担保，因此是一种商业信用而非银行信用。

2. 汇付的交易风险相对较大

如前所述汇付是纯粹的商业信用，双方都有毁约的可能。一般用于小额从属费用支付，或者相互信任的公司之间，例如，子母公司之间或子公司之间的支付。对于货到付款的卖方或对于预付货款的买方来说，能否按时收汇或能否按时收货，完全取决于对方的信用，可能出现钱货两空的糟糕局面，因此，买卖双方必定有一方要承担较大的风险。这就要求经营者加强信用风险管理，如交易前进行详细有效的资信调查。

3. 双方资金负担不平衡

就本质而言，汇付方式对货到付款的卖方或预付货款的买方来说属于一种赊账业务，资金负担较重，整个交易过程中需要的部分，甚至全部资金在一定时期内或由卖方或由买方承担，资金负担极为不平衡。

4. 费用低廉、手续简便

汇付结算的手续比较简单，相对托收、信用证而言须支付银行的手续费用较低。因此，在交易双方相互信任的情况下，或在跨国公司的子母公司或各子公司之间，或公司内的贸易结算，均可以采用汇付方式。

(六)合同中的汇付条款

合同中的汇付条款，举例如下：

“卖方应于×年×月×日前将全部货物运抵至目的地，在货到后 15 天内，买方将全部货款用电汇(信汇/票汇)方式汇付给卖方。”

“合同签署后30天内，买方应以电汇方式付给卖方合同价格的10%的金额。”

延伸阅读

汇付方式缺陷的一种改进——第三方支付(交易)平台

无论在国际贸易还是国内贸易中，由于汇付方式是商业信用，导致无大量业务往来的买卖双方产生互不信任的问题，严重减少贸易可能性，因此近十几年来一种新兴交易结算方式——第三方交易平台逐渐兴起。

第三方交易平台指的是一些和产品所在国家以及国外各大银行签约，并具备一定实力和信誉保障的第三方独立机构提供的交易支持平台。在通过第三方支付平台的交易中，买方选购商品后，使用第三方平台提供的账户进行货款支付，由第三方通知卖家货款到达、进行发货；买方检验物品后，就可以通知付款给卖家，第三方再将款项转至卖家账户。由于第三方是信誉较好、资金实力雄厚的企业或机构，这就避免了买卖双方互不信任的问题，极大地促进了贸易的进行。

第三方交易平台实践中可分为两类，一类是以 PayPal(ebay 公司产品)、支付宝(阿里巴巴旗下产品)、财付通(腾讯产品)、盛付通(盛大产品)、易宝支付(Yeepay)等为首的互联网型支付企业，它们以在线支付为主，捆绑大型电子商务网站，迅速做大做强。一类是以银联电子支付、快钱、汇付天下为首的金融型支付企业，侧重行业需求和开拓行业应用。

二、托收

(一)托收的含义

托收(Collection)是委托收款的简称，简单地说就是债权人(出口商)出具汇票和各类单据委托银行向国外债务人(进口商)收取款项的支付方式。国际商会制定的《托收统一规则》(URC522)对托收作了较为正规的定义：托收是指由接到托收指示的银行根据所收到的指示处理金融单据(Financial Documents)和/或商业单据(Commercial Documents)，以便取得付款/承兑，或凭付款/承兑交出商业单据，或凭其他条款或条件交出单据。这里的金融单据又指资金单据，是指汇票、本票、支票、付款收据或其他类似用于取得付款的凭证。商业单据是指发票、运输单据、物权单据或其他类似单据，或除金融单据以外的其他单据。

国际贸易实践中银行是为客户办理托收业务的最常见机构。银行托收的基本做法是：出口人根据买卖合同先行发运货物，然后开立汇票(作为无条件付款命令书，此汇票的出票人是出口人，付款人是进口商；当然也可不开汇票)连同各类金融、商业单据，向出口地银行提出托收申请，委托出口地银行(托收行)通过其在进口地的代理行或往来银行(代收行)向进口人收取货款，视托收方式不同授权进口地银行在进口商对汇票承兑或支付货款后将单据交出，便于其及时获取货物。

(二)托收当事人

托收方式所涉及的当事人主要有以下各方。

1. 委托人

委托人(Principal 或 Consignor)，即委托银行向国外付款人代收货款的人，通常为出口商。

2. 托收行

托收行(Remitting Bank)，即接受出口商委托代为收款的出口地银行。托收行有义务按照委托人的指示办事，它与委托人之间是委托代理关系。托收行对单据的正确性、真实性不负责任。对于因委托人的指示利用外国银行服务而发生的一切费用和风险，托收行也不负责。

3. 代收行

代收行(Collecting Bank)是指接受托收行委托向付款人收取票款的进口地银行，它通常是托收银行的国外分行或代理行。代收行应遵照托收行的指示，尽快向付款人提示汇票，要求其付款或承兑，并在付款或承兑后，及时通知托收行。

4. 提示行

提示行(Presenting Bank)，是指向付款人提示汇票和单据的银行。代收行可以自己兼任提示行，当然也可委托与付款人有账户往来的银行作为提示行。

5. 付款人

付款人(Drawee)是指根据托收指示应支付货款作为接受代收行出具的各类单据对价的人。如使用汇票，即为汇票的受票人，也就是付款人，通常为进口人。

在托收业务中，如发生拒付，委托人可指定付款地的代理人代为料理货物存仓、转售、运回等事宜，这个代理人叫做“需要时的代理”(Customer’s representativein case of need)。委托人如指定需要时的代理人，必须在托收委托书上写明此代理人的权限。

(三)托收委托书

按照国际商会《托收统一规则》(URC522)的规定，一切托收业务都必须附有托收委托书(Collection Order)，以便对银行办理托收的有关事项作出明确指示，并注明该托收按照《托收统一规则》(URC522)办理。所谓托收委托书，是约束委托人与托收行之间权利与义务的法律文件。根据惯例，委托人应填写托收委托书，并详细说明要求，银行将只根据托收委托书给予的指示办理托收事宜。

托收委托书包括以下内容。

(1)托收涉及当事人的具体信息，例如，托收行、委托人、付款人、提示行的情况，包括全称、邮编和 SWIFT 地址、电话、电传及传真号码等；

(2)委托托收的总金额及使用货币种类；

(3)所附单据种类及其份数；

(4)光票托收时据以取得付款和/或承兑的条款及条件；跟单托收时据以交单的条件，包括付款和/或承兑，以及其他条件和对单据的要求；

(5)应收费用，同时须注明该费用是否可以放弃；

(6)应收利息(如果有)，同时须注明该项是否可以放弃，并应包括利率、计息期和计算方法(如一年是按 360 天还是 365 天计算)；

(7)付款方式及付款通知的形式；

(8)意外事件，例如，发生拒付、不承兑和/或执行其他批示情况下的处理。

上述 URC522 规定托收指示仅具有指南性质，实际托收业务中的托收指示不一定仅局限于上述内容，可在买卖双方同意的前提下由委托方与银行协商确定。

(四)托收的种类

根据委托人签发的汇票是否附有票据，托收可以分为光票托收和跟单托收。

1. 光票托收

光票托收(Clean Collection)是指委托人仅签发金融单据(例如汇票)不附有商业单据的托收，即提交金融单据委托银行代为收款。由于光票托收委托人(即出口方)手中没有约束进口方支付货款的商业单据，无法约束进口方支付货款以取得对货物的控制权。因此在国际贸易中，光票托收仅用于收取贷款的尾数、佣金、样品费以及其他贸易从属费用等小额款项。根据出口人签发汇票的种类，有即期光票托收和远期光票托收之分。

2. 跟单托收

跟单托收(Documentary Collection)，是指委托人签发的金融单据附有商业单据或不附有金融单据的商业单据，作为进口方买单对价的托收。在实务中，跟单托收主要有提单、保险单、装箱单等。跟单托收如以汇票作为收款凭证，则使用跟单汇票。由于附有提单等重要单据得以约束进口人，使其不付款或不承兑就无法获得对货物的控制权，因此在国际贸易中货款的收取大多采用跟单托收方式。在跟单托收的情况下，按照货物单据和货款的支付是否同时进行，即根据向进口人交单条件的不同，又可分为付款交单和承兑交单两种。

(1)付款交单。付款交单(Documents against Payment，D/P)是指出口商的交单是以进口商的付款为条件，即出口商发货后，取得装运单据，委托银行办理托收，并指示银行只有在进口商付清货款后，才能把商业单据交给进口商。一言蔽之，即“进口商付款，托收行或代收行才能交付进口商商业单据”。

在付款交单情况下，如按付款时间的不同，又可细分为即期付款交单和远期付款交单。

① 即期付款交单(Documents against Payment at sight，简称 D/P at sight)，即出口商发货后开具一张即期汇票连同其他商业单据，通过银行向进口商提示付款，进口商见票后立即付款，进口商在付清货款后才可向银行领取商业单据。在所有托收业务中，显然即期付款交单对于出口商收汇而言是相对最为安全快速的。即期付款交单的业务流程如图 8-4 所示。

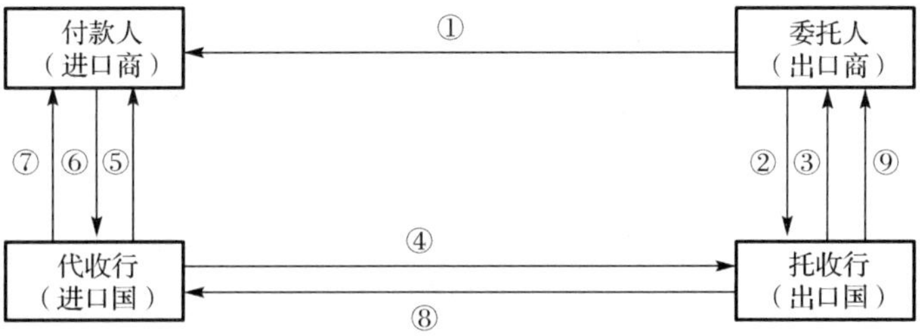

注释：

① 买卖双方订立合同，约定使用即期付款交单方式结算货款。

② 出口商发货后缮制托收申请书或开立即期汇票，连同货运单据交托收行。

③ 托收行审核申请书和单据无误后，开出回单给出口商。

④ 托收行按申请书的要求，缮制托收指示书，连同全套单据寄交代收行。

⑤ 代收行向进口商提示单据或汇票。

⑥ 进口商验单无误后付清货款。

⑦ 代收行将全套单据交给进口商。

⑧ 代收行通知托收行，款已收妥并贷记银行账户。

⑨ 托收行将货款付给出口商。

图 8-4　即期付款交单结算流程图

② 远期付款交单(Documents against Payment after sight，简称 D/P after sight)，即出口商发货后开具一张远期汇票连同其他商业单据，通过银行向进口商提示承兑，进口商审核无误后即在汇票上进行承兑，但代收银行此时并不向进口商交付商业单据，进口商须于汇票到期日付清货款后再向代收行领取商业单据。远期付款交单流程如图 8-5 所示。

在远期付款交单的条件下，如付款日和实际到货日基本一致，则不失为对进口商的一种资金融通。但如果应付款日期晚于到货日期且该产品在进口地市场行情很好，则进口商为了抓住有利时机想先行获得货物，可以采取以下两种做法。

第一种做法：在付款到期日之前付款赎单，扣除提前付款日至原付款到期日之间的利息，作为进口商享受的一种提前付款的现金折扣。

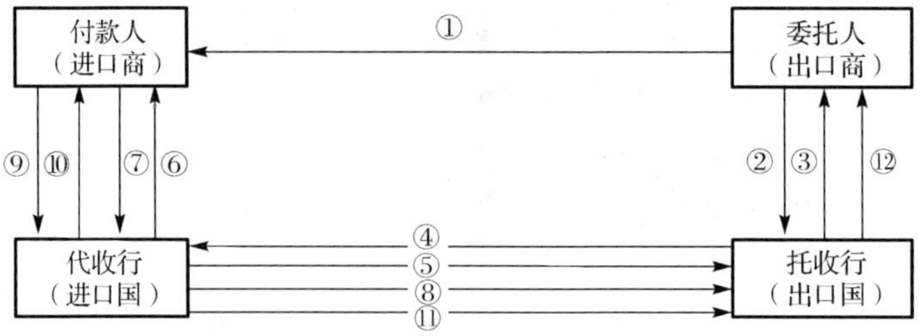

注释：

① 买卖双方订立合同，约定使用远期付款交单方式结算货款。
② 出口商发货后，缮制托收申请书、远期汇票，连同货运单据交托收行。
③ 托收行审核申请书和单据无误后，开出回单给出口商。
④ 托收行按申请书的要求，缮制托收指示书，连同全套单据寄交代收行。
⑤ 代收行向托收行寄发收到单据的回单。
⑥ 代收行向进口商提示单据和汇票。
⑦ 进口商承兑汇票，代收行保留汇票和全部单据。
⑧ 代收行向托收行签发承兑通知书。
⑨ 汇票到期，进口商向代收行付清货款。
⑩ 代收行将全套货运单据提交进口商。
⑪ 代收行通知托收行货款已收妥，并贷记托收行账户。
⑫ 托收行将货款付给出口商。

图 8-5 远期付款交单结算流程图

第二种做法：对于资信较好的进口商，代收行允许进口商凭自己开立的信托收据(Trust Receipt)先行向代收行借取货运单据以便先行提货，于汇票到期时再向代收行付清货款，称为远期付款交单凭信托收据借单(D/P • T/R)。这里的信托收据指的是进口商借单时向代收行提供的书面信用担保文件，表明进口商愿意以代收行委托人身份代为提货、报关、存仓、保险或出售，并承认货物所有权仍属代收银行。货物售出后所得的货款，应于汇票到期时交代收行。

须注意的是若代收行未经托收委托人(即出口商)同意，擅自向进口商提供 D/P • T/R 的信用便利，则其行为实质上属于越权代理的一种。因此若代收行借出单据后，进口商未能如约在汇票到期时将货款付清(例如，货物销售情况不如意导致进口商资金困难，或是进口商倒闭等)，则损失应由代收行负责，即由代收行负责向出口商支付货款。因此，采用这种做法时，代收行往往要求进口商提供担保或抵押品。但若 D/P • T/R 是出口商主动授权代收行在进口商承兑但未付款的情况下先行借单提货，则如果进口商到期拒付，其损失应由出口商自己承担，银行并无过错。此时的 D/P • T/R 本质上就是下文所述的承兑交单，安全系数便下降一个等级。

(2)承兑交单。承兑交单(Documents against Acceptance，D/A)，是指出口商的交单是以进口商在汇票上承兑为条件。即出口商在装运货物后开具远期汇票，连同商业单据，通过银行向进口商提示，进口商承兑汇票后，代收银行即将商业单据交给进口商，在汇票到期时履行付款义务。承兑交单方式只适用于远期汇票的托收。由于承兑交单是在进口商承兑汇票后，即可取得货运单据，并凭以提货，这对出口商来说，已交出了物权凭证，其收款的保障只能取决于进口商的信用，一旦进口商到期不付款，出口商就有可能蒙受货物与货款两空的损失。所以，如采用承兑交单这种做法，必须从严掌握。承兑交单流程如图 8-6 所示。

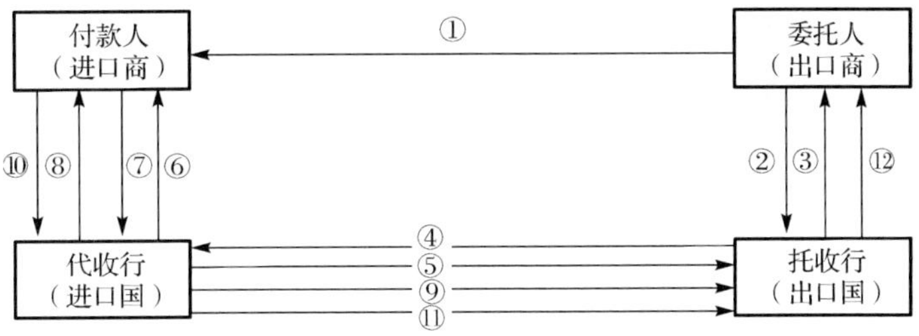

注释：

① 买卖双方订立合同，约定使用承兑交单方式结算货款。

② 出口商发货后，缮制托收申请书、远期汇票，连同货运单据交托收行。

③ 托收行审核申请书和单据无误后，开出回单给出口商。

④ 托收行按申请书的要求，缮制托收指示书，连同全套单据寄交代收行。

⑤ 代收行向托收行寄发收到单据的回单。

⑥ 代收行向进口商提示单据和汇票，办理汇票承兑手续。

⑦ 进口商承兑汇票，代收行收回并保留汇票。

⑧ 代收行将货运单据交给进口商。

⑨ 代收行向托收行签发承兑通知书。

⑩ 汇票到期，代收行向进口商收款，进口商付款。

⑪ 代收行通知托收行款已收妥，并贷记托收行账户。

⑫ 托收行将货款交付给出口商。

图 8-6 承兑交单结算流程图

(五)托收的特点

1. 托收相对汇付较为安全

从上述托收业务的流程可以看出，相对汇付而言托收是较为安全的一种收汇方式，因为就出口商而言其手中掌握了进口商必须付款(或必须承诺付款)的对价——海运提单等用以提货的商业单据。若进口商拒绝付款或承诺付款，则无法获得货物控制权，这就可以避免采用汇付方式下较容易出现的“钱货两空”的局面。就安全系数而言，付款交单大于承兑交单大于汇付。

2. 托收是商业信用，仍然存在风险

必须清醒地看到，托收的性质仍然是商业信用，也存在相当的风险。托收虽然通过银行办理，但是银行只是按照卖方的指示办事，不承担付款的责任，不过问单据的真伪，如无特殊约定，对已运到目的地的货物不负提货和看管责任。因此，卖方交货后，在付款交单下买方是否如约买单付款，在承兑交单下买方是否如约对汇票承兑，以及提货、到期后能否如约付款，则完全取决于买方的信誉。所以，托收的支付方式是建立在商业信用基础上的。如果出现以下情况，采取托收方式的出口商仍然可能遭受损失。

(1)行市突变，进口地市场该货物销量不如意，诱使进口商采取各种理由拒绝对汇票承兑或付款，或要求(要挟)出口商降低合同价格。

(2)按照 FOB 出口，货物在海运途中发生损失，进口商已知情，由于进口商未投保相应保险因此借故拒不赎单或承兑。

(3)出口商发货后，进口商破产或丧失清偿债务的能力。

(4)承兑交单方式下，进口商对汇票承兑并提货后到期借故不付款或干脆逃之夭夭。

因此即使采用托收方式，付款交单也可能出现“货走(但在控制之中)钱不到”的局面，承兑交单则可能出现“钱货两空”的局面。此时卖方一方面要承担无法按时收回货款或货款落空的损失，另一方面要承担货物到达目的地后提货、存仓、保险的费用和变质、短重的风险，以及转售可能发生的价格损失。当然，上述第1、2、4种情况是由于进口商违约造成的损失，出口商可以通过诉讼或仲裁方式得到赔偿，但费时费力费财(若是不法进口商提货后逃之夭夭则更为麻烦)，现实中一旦出现这样的情况，很多出口商可能会被迫选择妥协退让、采取降价的办法让进口商买单付款，损失可能更小一些。而对于第3种情况，卖方即使可以根据企业破产法从进口商处追回一些赔偿，也往往不足以弥补全部损失。因此即使采用托收方式，出口商也须做好对进口商的资信调查工作，尤其是在该产品市场行情下跌的时期。

3. 托收是出口方对进口方提供的一种资金融通

托收方式对卖方来说是先发货后收款，因此是一种卖方信用。如果是远期托收，卖方还可能要在货到后甚至更晚才能收回全部货款，因此在资金收回时间方面，托收与“货到付款”的汇付方式是类似的。

4. 托收对于进口方的风险

托收对于进口方来说虽然不失为一种资金融通的方法，但同样也有一定的货物与信用风险，特别是使用付款交单的情形：由于付款交单强调了货物单据化的重要性，即代收行提交给进口商表面合格的单据(托收行、代收行无须对单据的真实性及货物的真实情况负责)，进口商就应当付款买单，之后才能提取货物，这样就有可能在买方付款赎单提货后发现货物与合同不符，同时也存在单据被出口商伪造的可能性，从而使买方同样遭到“钱货两空”的危险。

(六) 托收风险的防范

在我国的出口业务中，为加强对外竞争力和扩大出口，可针对不同商品、不同贸易对象和不同国家与地区的习惯，适当和慎重地使用托收方式。但是，在使用此种方式时，应注意下列问题。

(1) 若为大额交易、初次交易，必须对进口商进行详细切实的资信调查，并根据进口商的具体情况妥善掌握成交金额，不宜超过其信用程度。

(2) 对于合同货物在进口地市场价格变化波动较大，尤其是处于行市下降行情的，慎用托收，防止进口商寻找借口不赎单并要求降价。

(3) 对于贸易管理和外汇管制较严的进口国家和地区，不宜使用托收方式，以免货到目的地后，由于不准进口或收不到外汇而造成损失(可使用信用证)。

(4) 仔细了解进口国家关于托收的商业惯例，以免由于当地习惯做法，影响安全迅速收汇。例如，有些拉美国家的银行，对远期付款交单的托收，按当地的法律和习惯，在进口商承兑远期汇票后立即把商业单据交给进口商，即把远期付款交单(D/P 远期)改为按承兑交单(D/A)处理。因而会使出口商增加收汇的风险，并可能引起争议和纠纷。

(5) 出口合同应争取按 CIF 或 CIP 条件成交，由出口商办理货运保险；必要时也可酌情投保出口信用保险。在不采用 CIF 或 CIP 条件时，则可酌情投保卖方利益险。所谓卖方利益险指的是如被保险货物在运输途中由于承保范围内风险造成损失，国外买方既不付款赎单，又拒绝支付货物受损部分的损失时，保险公司对买方拒绝赔付受损或灭失部分的损失负赔偿责任。

(6) 采用托收方式收款时，要建立健全管理制度，定期检查，及时催收清理，如发现问题，应迅速采取应对措施，以避免或减少可能发生的损失。

(7) 根据进口商资信情况和产品行情，合理选择不同托收方式，例如，承兑交单、付款交单及其期限。

延伸阅读

托收方式出口受损案

1998 年夏，河北省进出口公司(以下简称河北公司)通过函电与马来西亚一个客商建立了贸易联系。该客商对河北产鸭梨感兴趣，经过实地看样后，订购 6 个 40 英尺集装箱的货物。初次交易，河北公司建议采用即期信用证的支付方式。客商表示同意。随后，河北公司按照客户的订单要求开始准备货物。交货期临近，河北公司仍没有收到由马来西亚开来的信用证。几经催问，客户告知由于资金周转困难，暂时无法开证，并提出以 D/P 即期方式付款。河北公司同意接受。

1998 年 10 月，货物由天津港发往科隆港。过了一段时间，该客商来电说，由于当地市场价格下跌，货物不太好销，建议由 D/P 即期改为 D/A 35 天。考虑到货物已经到达目的港，如果该客户不赎单，把货物变卖或者运回，损失很大。在这种情况下，河北公司接受了买方提出的 D/A35 天的付款要求。汇票承兑到期时，河北公司仍没有收到该客商的付款。该客商以种种不同的理由推延付款。两年后，河北公司委托东方保理中心代理追收这笔欠款。东方保理中心在当地并没有找到债务人，后经过调查得知，该客商的营业执照已经被吊销一年多了，且不再营业；而在 1998 年以前，该客商经营着一家礼品店，从未做过水果生意。

(七) 国际商会《托收统一规则》

从上述内容可以得知，在托收业务流程中银行是主要执行者。国际贸易实际操作中，各国银行办理托收业务时，往往可能由于当事人各方对权利、义务和责任的不同解释及各银行业务习惯差异导致争议和纠纷。为调和托收业务进出口双方，尤其是托收行、代收行与进出口人之间可能出现的矛盾、问题，国际商会早在 1958 年即草拟了《商业单据托收统一规则》，并建议各国银行采用该规则。在总结实践经验的基础上，于 1978 年对该规则进行了修订，改名为《托收统一规则》(The Uniform Rules for Collection，ICC Publication No.322)，并于 1995 年再次修订，称为《托收统一规则》国际商会第 522 号出版物(简称 URC522)，于 1996 年 1 月 1 日实施。《托收统一规则》自公布实施以来，被各国银行所采用，已成为托收业务的国际惯例。URC522 包括七部分内容：A．总则及定义；B．托收的形式及结构；C．提示方式；D．义务与责任；E．付款；F．利息、手续费及费用；G．其他规定。共 26 条。现将主要内容介绍如下。

(1) 银行办理托收业务应以托收指示为准。一切寄出的托收单据均须附有托收指示，并注明该项托收按照 URC522 办理。托收指示是银行及有关当事人办理托收的依据。

(2) 不提倡 D/P 远期。URC522 第 7 条规定：托收不应含有远期汇票而又同时规定商业单据要在付款后才交付。如果托收含有远期付款的汇票，托收指示书应注明商业单据是凭承兑(D/A)交付款人还是凭付款(D/P)交付款人。如无此项注明，商业单据仅能凭付款交付，代收行对因迟交单据产生的任何后果不负责任。如果托收单据中含有远期付款汇票，且托收指示注明凭付款交付商业单据，则单据只能凭付款交付，代收行对于因任何迟交单据所产生的后果概不负责。

(3) 银行不接受或处理货物。除非事先征得银行同意，货物不应直接运交银行，不应以银行或其指定人为收货人。银行对跟单托收项下的货物没有义务采取任何行动，对此项货物的风险和责任由发货人承担。

(4) 银行代制单据。在托收行指示，或者是代收行或者是付款人应代制托收中未曾包括的单据(汇票、本票、信托收据、保证书或其他单据)时，这些单据的格式和词句应由托收行提供，否则，代收行对由托收行和/或付款人所提供任何该种单据的格式和词句将不承担责任或对其负责。

(5) 银行对收到单据的处理。银行必须确定它所收到的单据与托收指示中所列表面相符，如果发现任何单据有短缺或非托收指示所列，银行必须以电讯方式，如电讯不可能时，以其他快捷的方式通知从其收到指示的一方，不得延误；如果单据与所列表面不相符，托收行对代收行收到的单据种类和数量应不得有争议；银行将按所收到的单据办理提示而无需做更多的审核。

(6) 银行对单据有效性的免责。银行对于任何单据的形式、完整性、准确性、真伪性或法律效力，或对于单据上规定的或附加的一般性和/或特殊条件，概不承担责任；银行对于任何单据所表示的货物的描述、数量、重量、质量、状况、包装、交货、价值或存在与否，对于发货人、承运人、运输行、收货人或保险人或其他任何人的诚信、行为和/或疏忽、偿付能力、行为能力，也概不负责。

(7) “需要时的代理”的职责。如果委托人在托收指示中指定一名代表，在遭到拒绝付款或拒绝承兑时作为“需要时的代理”，应在托收指示中明确而且完整地注明此项代理的权限。所谓“需要时的代理”是指委托人指定的在付款地的代理人，如托收发生拒付，此代理人便可代替委托人处理货物存仓、保险、转售、运回等事宜。如委托人指定需要时的代理人，必须在托收指示中明确代理人的权限，如是否有权提货、指示减价转售货物等。否则，银行将不接受该需要时的代理的任何指示。

(8) 银行对托收被拒付的处理。托收如被拒付，提示行应尽力确定拒绝付款和/或拒绝承兑的原因，并须毫不延误地向发出托收指示的银行送交拒付的通知。委托行收到此项通知后，必须对单据如何处理给予相应的指示。提示行如在发出拒付通知后 60 天内仍未收到此项指示，则提示行可将单据退回发出托收指示的银行，而不再负任何责任。

此外，URC522 还对托收的提示方式，付款、承兑的程序，利息、托收手续费和费用的负担，托收被拒付后作成拒绝证书等事宜都分别作了具体规定。

经过长时间的发展，目前《托收统一规则》是国际贸易托收业务具有一定影响的国际惯例，并已被各国银行采纳和使用。但必须明确的是，与《国际贸易术语解释通则》的性质一样，URC522 也只是商业惯例，不具有法律上的约束力，只有在有托收业务相关当事人事先在合同中约定的条件下，或在合同中无约定，但在诉讼或仲裁过程中引用国际惯例时，该惯例才对各当事人起到实质上的约束力。

(八) 合同中的托收条款

合同中有关托收条款举例说明如下。

1. 即期付款交单

例如：买方应凭卖方开具的即期跟单汇票，于见票时立即付款，付款后交单。(Upon first presentation，the buyers shall pay against documentary draft drawn by the sellers at sight. The shipping documents are to be delivered against payment only.)

2. 远期付款交单

例如：买方对卖方开具的见票后 45 天付款的跟单汇票，于提示时应即予承兑，并应于汇票到期日即予付款，付款后交单。(The buyers shall duly accept the documentary draft by the sellers at 45 days sight upon first presentation and make payment on its maturity. The shipping documents are to be delivered against payment.)

3. 承兑交单

例如：凭付款日为提单装船日后 60 天的汇票付款，承兑交单。(Payment by draft payable 60 days after on board B/L date，documents against acceptance.)

第三节 信用证

信用证(Letter of Credit，L/C)，是指开证银行应申请人的要求并按其指示向第三方(信用证受益人)开立的载有一定金额的、在一定期限内凭符合规定的单据向其付款的书面保证文件。由于相比汇付、托收等支付方式优点明显，对买卖双方而言安全系数高，信用证是目前国际贸易中最主要、最常用的支付方式。

一、信用证产生的历史背景

在国际货物贸易中，尤其是双方初次贸易时，进出口双方互不信任。若采取汇付方式，出口商担心发货后进口商不付款，进口商担心预付货款后进口商不发货；即使采取相对安全的托收方式，如上节所述也有可能出现进口方借故拒不付款赎单的行为。而若如同国内贸易一样进出口双方一手交钱、一手交货的当面货款交割方式，在时间、安全问题、运输难度等方面可行性很差。随着这些问题的出现，就需要有一种更为安全、更为公平的支付方式进行调和。最简单的思路，就是有一位财力丰厚、信誉卓著的第三者作为中间人为买卖双方提供资金保证和资金垫付，保证出口方履行义务后可以从其处先得到货款，而进口商在向该第三者交付货款后也能按质按量得到出口商提供的货物。这是信用证产生和运作的最基本机理。

信用证的起源一般被认为是在 12 世纪。当时欧洲教皇或国王派人到外地购物，为了解决大量携带金银进行面对面交易带来的不便，教皇或国王给其派出的商人签发一种信函，向潜在的货物卖方保证，持有该信函的人对其所欠下的货款将以教廷/国家公债(即所谓的信誉第三方)的方式得到偿还，这就是信用证的原始形态。很快，13 世纪商品经济贸易较为发达的英国伦敦的商人，以及意大利北部商业城市开始使用一种付款指令信函，其签发人多为资金实力雄厚、在国际上信誉卓著的机构，说明这些机构将为持有信函的商人所开立的汇票提供承兑，这些持有信函的货物买方可以在得到货物后将汇票转让给卖方，卖方可凭汇票向这些机构要求承兑付款，从而为这些持有信函的贸易商提供资金融通。这种早期的信用证区别于现代信用证的一个明显特点是其受益人就是开立申请人，即货物买方本人，货物买方亲自携带信用证以便在购货地筹措资金。

具有现代意义的信用证被认为起源于19世纪初工业革命后的英国。随欧洲主要国家生产能力和贸易量的快速发展，对贸易支付的安全性、便利性、对进出口双方的融资功能提出了更高要求。同时，随着国际贸易的发展，特别是航运业的发展与新航路的开辟，独立的第三方运输方开始出现，提单也从一般收据变为了物权凭证，于是出现了出口商将提单和要求进口商付款的汇票交给银行请求货款贴现，并以提单作为担保的收款方法(注意这与托收方式不同)。但不少银行认为汇票付款人(即进口商)远在国外，信用状况较难把握，若出现进口商拒绝付款换取提单的情况，银行又不熟悉每种货物的市场行情，想要利用提单将货物变卖来补偿货款是很困难的。因此，随着银行越来越多地参与国际贸易结算，逐步形成了一种新的支付方式，即现代信用证支付方式：即由进口商开立信用证，注明出口商应提交的各类包括提单、保险单、装箱单等物权凭证和其他商业单据，只要出口方能按时按质提供信用证要求的单据，则得以把进口商履行付款责任转为由开证行来垫付款项，保证出口商安全迅速地收到货款，买方按时收到装运单据(Shipping Documents)，而买方也有向银行支付货款以获得单据的义务。因此，现代信用证方式在一定程度上解决了进出口商之间互不信任的问题。同时，也为进出口双方提供了资金融通的便利。所以，自信用证出现以来，这种支付方式发展很快，并在国际贸易中被广泛应用。如今，信用证付款已成为国际贸易中一种重要的支付方式。

这一支付方式很快就产生了专门规范其运作模式的国际惯例。1926 年 3 月，美国商会建议国际商会制定关于信用证的国际统一规则并在获得授权后负责起草工作。1929 年形成《商业跟单信用证统一规则》(Uniform Regulations for Commercial Documentary Credit)，并于 1930 年由国际商会以第 74 号出版物的形式公布。1933 年又由国际商会重新修订并更名为《商业跟单信用证统一惯例》(Uniform Customs and Practice for Commercial Letter of Credit)，即 UCP。后来经过多次修订完善，UCP 系列成为规范信用证支付方式的主要国际惯例。目前最新的版本是 UCP600。

UCP600 是国际商会经过三年多的广泛咨询和充分酝酿，于 2006 年 11 月在全球范围内正式发布的有关信用证领域的最新国际惯例——《跟单信用证统一惯例(2007 年修订本)》，并于 2007 年 7 月 1 日起全面取代实施了长达 13 年的《跟单信用证统一惯例(1993 年修订本)》(简称 UPC500)。

二、信用证的定义与性质

(一)信用证的定义

UCP600 在第 2 条“定义”中规定：“信用证意指一项不可撤销的安排，不论其如何命名或描述，该项安排构成开证行对相符交单予以承付的确定承诺。”换句话说，信用证是一种银行开立的凭装运单据付款的书面承诺。信用证结算方式的特点之一就是凭单付款。进口方作为申请人在申请开证行开立信用证时需要递交开证申请书，进口商填写开证申请书，就是有效地将买卖合同条款转化为对进口商(受益人)提交单据的要求。以 CIF 买卖合同为例，出口方按买卖合同和信用证规定，通过向保险公司投保、商检机构报检、将货物装船发运等履约过程，获取了信用证通常要求的保险单据、商检证书、海运提单，并连同出口方自己缮制的汇票、发票、装箱单等有关单据，在规定期限内送银行办理结汇手续。这些单据是出口方按买卖合同及信用证要求履约的证据，其中，海运提单通常是买方在目的地据以提货的凭证，所以银行及进口方才肯凭单付款。从本质上讲，信用证就是买卖合同条款的单据要求加银行的付款保证。

由此可见，信用证是开证银行对受益人的一种保证，只要受益人履行信用证所规定的条件，即受益人只要提交符合信用证所规定的各种单据，开证行就保证付款。因此在信用证支付方式下，开证行成为首先付款人，属于典型的银行信用。

（二）信用证的性质

信用证支付方式主要有以下三个方面的性质与特点。

1. 信用证是一种银行信用

信用证支付方式是一种银行信用，是开证行以自己的信用作出承付的保证。作为区别于汇付、托收方式的根本优势，一旦出口人提供了信用证上要求提供的各种单据且单据合格，则无论进口人最终付款与否，开证银行均有义务先行向出口人垫付货款，即开证行处于第一付款人的地位。

2. 信用证是一项单据业务

在信用证方式之下，实行的是凭单付款的原则。UCP600 在第 5 条中规定："银行处理的是单据，而不是单据可能涉及的货物、服务或履约行为。"所以，信用证业务是一种纯粹的单据业务。按照 UCP600 第 14 条"审核单据的标准"中的 a 项规定："按照指定行事的被指定银行、保兑行(如有)以及开证行必须对提示的单据进行审核，并以单据为基础，以决定单据在表面上看来是否构成相符交单。"因此，银行对任何单据的形式、完整性、准确性、真实性以及伪造或法律效力，或单据上规定的或附加的一般和/或特殊条件概不负责。按照 UCP500 的规定，在信用证结算方式下，受益人所提交的单据不仅要做到"单证相符"(受益人提交的单据在表面上与信用证规定的条款相符合)，还要做到"单单不得互不一致"(受益人提交的各种单据之间的表面上不得互不一致)。UCP 在第 2 条"定义"中也明确规定："相符交单是指信用证条款、本惯例的相关适用条款以及国际标准银行实务相一致的交单。"

单据不符合导致拒付是信用证支付方式下一种极为普遍的现象，这降低了信用证的适用范围，也导致信用证的诉讼案激增。因此，UCP600 在第 14 条"审核单据的标准"中的 d 项中规定："单据中的数据，在与信用证、单据本身以及国际标准银行实务参照解读时，无须与该单据本身的数据，其他要求的单据或者信用证中的数据等同一致，但不得矛盾。"可见，UCP600 即使在单证之间也不要求"等同"(Identical)，而仅要求"不得矛盾"(Must not conflict with)，从而体现了审单标准宽松化的倾向。

3. 信用证是独立于合同之外的一种自足的法律文件

虽然信用证是依据买卖双方之间的买卖合同和其他合同(如开证申请书、运输合同、保险合同)开立的，但信用证并不依附于买卖合同和其他合同，而是独立于买卖合同之外的银行信用凭证。银行只对信用证负责，不受买卖合同或其他合同的约束。即使信用证中包含有关合同的任何援引文句，银行也与该合同完全无关。

因此，一家银行作出承付、议付或履行信用证项下其他义务的承诺，并不受申请人与开证行之间或与受益人之间在已有关系上产生索偿或抗辩的制约。受益人在任何情况下，不得利用银行之间或申请人与开证行之间的契约关系。

UCP600 在第 4 条“信用证与合同”中还进一步指出：“开证行应劝阻申请人试图将基础合同、形式发票等文件作为信用证组成的做法。”

三、信用证的当事人

信用证支付方式涉及的当事人较多，其中最为简单、最为基本、核心的信用证当事人包括信用证的开证申请人(国际贸易中多为进口商)、开证行、受益人(国际贸易中多为出口商)三者。随着国际贸易业务广泛开展，为了更方便信用证支付方式的使用，实践中又产生了通知行、议付行、保兑行、偿付行等辅助性当事人。

(一) 开证申请人(Applicant)

按照 UCP600 的定义，申请人是指要求开立信用证的一方。在实际业务中，申请人通常为进口商。另外，UCP500 和 UCP600 均规定，允许开证行以自身名义开证。在信用证支付方式下，进口商须对开证行提交不同类型信用证的申请书。为保证出口商在收到信用证后有充足的备货装运时间,进口商应该在买卖合同规定的期限之前及时申请开立信用证。申请书的内容应当基于双方贸易合同，列明出口商应当提交的各类单据及要求，用词应当明确、简洁，不能前后矛盾。

(二) 开证行(Issuing Bank)

按照 UCP600 的定义,开证行是指应开证申请人的要求或代表自己开出信用证的银行。在实际业务中，开证行一般为进口地的银行。开证行和开证申请人(通常为进口商)之间的契约是开证申请书。进口商在申请开证时，应根据开证行的要求，交付押金及手续费；开证行应根据申请书条款，正确、及时地开出信用证。信用证开出后，开证行便要对信用证独立负责，承担第一性付款责任。开证行不能因进口商拒绝赎单或无力付款而拒绝承担保证承付的责任。

一方面，由于开证行是进口商货款的垫付者，因此开证行资信对信用证受益人即出口商安全收回货款而言至关重要。若进出口双方在买卖合同中指定了开证行，则进口商必须至此开证行开证，若未指定，进口人可以自行选择开证行，一般会选择与进口商有密切往来或是其开户的银行作为开证行。

而另一方面，开证行若向受益人履行了付款义务后，根据开证申请书这个契约，进口商便有义务向开证行付款赎单(当然前提是开证行提交给进口商的单据满足单证相符、单单相符的要求)。因此为保障自身资金安全，开证行必须在开证进行之前对进口商进行充分的资信调查，或同时要求进口商提供一定形式的担保，例如，要求进口商交纳合同金额一定比重的现金，或是其他动产或不动产等，其数量由开证行根据进口商的资信状况自行决定。

(三) 受益人(Beneficiary)

按照 UCP600 的定义，受益人是指有权使用信用证的人。在实际业务中，受益人通常是出口商或实际供货人。受益人是信用证权益的受益者，由于信用证业务是纯单据业务，其对受益人的要求源于合同但独立于合同，所以信用证受益人必须提交的各类单据必须与信用证上记载的要求相同(即使这些要求与进出口买卖合同不符)，才能最终从开证行处取得货款。因此受益人在收到信用证后必须将信用证内容(尤其是对各类单据的要求)与进出口买卖合同条款进行仔细核对，发现信用证条款与买卖合同条款不符，或信用证条款无法履行时(这属于进口商违约的表现)，受益人有权要求进口商指示开证行修改或重新开立信用证，也可拒绝接受与合同条款要求不符的信用证。反之，受益人发现信用证要求与合同不符或无法履行，但受益人并不通知进口商改证，仅保持沉默拒不发货，则可能会被视为出口商违约。

(四)通知行(Advising Bank)

在信用证业务实践中，由于开证行往往在进口商所在地，直接将信用证传递给出口商在距离上较为遥远不便，因此信用证当事人中往往有一个通知行的角色来便利信用证的传递。通知行指应开证行要求通知信用证的银行，通常是出口地银行，而且一般是开证行的代理行(Correspondent Bank)。

开证行开立信用证后，首先将其通过各种方式(最常见的是电开)传递给出口商所在地的通知行，通知行在收到开来的信用证后必须核对密押，确认无误后缮制通知书(往往附加翻译服务)通知受益人，确保受益人收到真实的信用证。但必须提出的是，就责任义务而言通知行的责任仅限于通知信用证及保证信用证本身的真实性，而对于信用证上任何信息的错误(真实性问题以外)，或是其他信函、单据传递过程中的延误、残缺或其他差错并不负责，通知行对专门性术语的翻译或解释上的错误也不负责，且保留仅仅传递、通知信用证而不翻译的权利。只不过在通知业务实践中，为了扩展业务面或是树立良好的服务形象争取更多的潜在客户，通知行往往代客户审核信用证的电传打错、缺行、漏字等问题，作为一种非价格竞争手段。

需要指出的是，UCP600 新增了“第二通知行”(Second Advising Bank)的概念，即：通知行可以通过另一银行(“第二通知行”)向受益人通知信用证及其修改。第二通知行的责任是核实所收到的通知书的表面真实性及其准确性。另外，经由通知行或第二通知行通知信用证的银行必须经由同一银行通知其后的任何修改。

(五)代付行(Payment Bank)

按信用证支付的基本理念，信用证受益人一般是向开证行提交单据，并由开证行直接向信用证受益人付款。但开证行也可指定一家银行作为开证行的付款代理人，为其向受益人代为支付货款。开证行通常委托通知行为代付行，当然也可委托其他银行进行代付。开证行和代付行的关系属于委托代理关系，代付行仅仅是作为开证行代理向受益人先付款，之后只能向开证行索偿，而不得向受益人进行追索。

(六)议付行(Negotiation Bank)

信用证的最终付款人从理论上而言必为信用证开证行。但开证行往往远在进口地而信用证受益人往往在出口地，受益人向开证行交单获取款项存在着距离和语言等方面的不便。为了出口商更快更方便地获得出口款项，议付行成为现代信用证系统中十分重要的一部分。议付行是指买入或贴现受益人按信用证规定提交的汇票及/或单据的银行。信用证受益人在准备好信用证要求的各类单据文件后，可以不直接向开证行提交，而是向信用证上所邀请的出口所在地的议付行提交(信用证中邀请特定银行为议付行的，称为限制议付信用证，当然受邀请银行可以拒绝议付：可由任何银行议付的信用证称为公开议付信用证，或称自由议付信用证)，议付行对受益人提交的单据进行审核，若符合信用证条款，则对受益人进行垫款，并向信用证开证行或其规定的偿付行寄送单据要求偿付。UCP600 首次明确规定："议付意指被授权议付的银行对汇票及/或单据给付对价，仅仅审核单据未给付对价不构成议付。"

议付行需要对受益人提交的单据对照信用证进行严格审核，确实无误后才能通过对跟单汇票的购买获得单据并向受益人垫付货款。由于议付行是根据信用证上开证行的付款承诺向开证行索偿的，而开证行对议付行寄送的单据是否偿付则取决于单据本身是否符合信用证的要求，如发现不符则可以拒绝对议付行偿付。所以议付行必须严格审单，以如期收回货款，保全自己的利益。尽管根据各国票据法的基本精神，若开证行(即受益人开出的跟单汇票付款人)拒付，作为汇票背书人和持有人的议付行可以向其前手(即作为汇票出票人的受益人)追偿，但实践中只有在单证严格相符但开证行无力付款(例如倒闭)的情况下，议付行才可向受益人要求追偿。此外议付行为了尽量减小损失，往往要求受益人签署质押书，即在开证行拒付的情况发生时，议付行有权处理单据，甚至变卖单据下的货物以补偿拒付的损失。

必须注意的是，UCP600 对议付的定义作出了重大修改。按照 UCP600 的规定，议付是指议付行在相符交单下，在其应获偿付的银行工作日当天或者之前向受益人预付或同意预付款项，从而购买汇票及/或单据的行为。另外，汇票的付款人必须是银行，但不能做成以议付行为付款人。

(七)偿付行(Reimbursement Bank)

偿付银行又称清算银行(Clearing Bank)，是指信用证指定的代开证行向议付行或代付行清偿垫款的银行。偿付行的出现往往是由开证行的资金调度或集中在该银行的缘故。一般来说，当开证行与议付行或代付行之间无账户结算关系时，为了方便向它们汇付其预先支付给受益人的款项，开证行往往委托另一家与其有账户关系的银行向代付行或议付行支付，这家银行就是偿付行。信用证中如有规定有关银行向指定偿付行索偿时，开证行应及时向该偿付行提供照付该索偿的适当指示或授权，并且不应以索偿行向偿付行提供单证相符的证明为先决条件。如索偿行未从偿付行获得偿付，开证行并不能解除其自身偿付的任何义务。除非另有规定，偿付费用应由开证行承担。

具体操作时，开证行开出信用证后立即向偿付行发出偿付授权书，通知授权付款的金额、有权索偿的银行(例如代付行、议付行)的名称等内容，出口地银行在议付或代付款项后，把单据寄给开证行，同时向信用证上规定的偿付行发出索偿书，偿付行核对索偿书的金额和开出人无误后，立即向索偿行付款。偿付行付款后，开证行便有义务向偿付行付款。

需要指出的是，由于偿付行并不接受单据，也不审查单据，与受益人无直接联系，因此若开证行收到单据发现与信用证不符，只能向议付行追索货款而不能向偿付行索偿，因为偿付行仅仅是按其命令付款，并不接受单据又不审单，自然不必背负单证不符的责任。

(八)保兑行(Confirming Bank)

按照 UCP600 的定义，保兑行是指根据开证行的授权或者要求在信用证上加具保兑的银行。保兑行在信用证上加具保兑后，即对信用证独立负责，承担必须对相符交单承付或议付的第一付款责任。受益人提交符合信用证要求的单据后，可以自由选择向开证行(或其指定的议付行、代付行)或是保兑行要求付款。汇票、单据一经保兑行承付或议付，即使开证行倒闭或无理拒付，保兑行也必须履行付款责任，同时，付款后无权向受益人追索款项。这样，保兑信用证下的受益人可获得开证行和保兑行的双重独立保证。保兑银行可以由通知行兼任，也可以由其他银行加具保兑。

(九)受让人(Transferee)

受让人又称第二受益人(Second Beneficiary)，是指接受第一受益人转让所有权使用信用证的人，大多是出口人的实际供货商。在可转让信用证下，受益人有权要求将该证的全部或一部分转让给第三者，该第三者为信用证的受让人。

四、信用证的流转程序

虽然不同类型信用证的流转程序在具体细节上有所不同，但其基本环节大致相同，现以议付信用证为例，简要介绍信用证业务的一般流转程序，如图 8-7 所示。

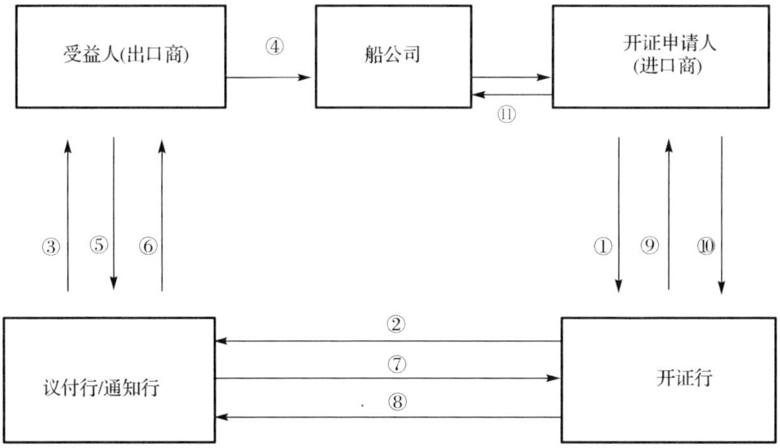

注释：

① 进口商根据买卖合同规定，填写开证申请书，向开证行申请开立信用证。

② 开证行接受进口方开证申请、收受开证押金后，依据开证申请书内容开出信用证，发送至出口商所在地的通知行。

③ 通知行鉴定信用证表面真实性后通知受益人。

④ 出口商审核信用证与买卖合同条款相符后，按信用证规定装运货物。

⑤ 出口商备齐各种装运单据并开立汇票，在信用证规定的交单期和有效期内送交当地银行(议付行)议付。

⑥ 议付行按信用证条款审核单证相符后，按汇票金额扣除有关利息和手续费，将余额垫付给出口商。议付后，议付行应在信用证背面作有关议付事项的必要记录，称为“背批”，其作用是防止超额和重复议付。

⑦ 议付行将汇票和装运单据分次寄往开证行索赔，以防邮寄过程中发生单据遗失的现象。

⑧ 开证行对照信用证审核单据无误后，将款项偿付给议付行。

⑨ 开证行通知进口商付款赎单。

⑩ 进口商付款赎单。倘若进口商验单时，发现单证不符，有权拒绝付款赎单，此时开证行就有可能造成损失。而且，开证行不能以验单时未发现单据不符为由向议付行要求退款。

⑪ 进口商付款赎单后，在海运方式下，凭海运提单在目的港提货。

图 8-7　信用证业务的一般流转程序

五、信用证的内容与形式

信用证的内容虽然不多，但由于没有一个统一格式，各国银行均按本行需要自行设计，所以各不相同，形式纷杂，不仅处理费时，还易引起误解，影响业务的顺利进行。为此，国际商会曾先后以268、323、416号出版物介绍了几种标准格式，为适应UCP500的需要，国际商会出版了516号小册子，即《为UCP500制定的新版标注跟单信用证格式》(The New Documentary Credit Forms for the UCP500)。该516号出版物中的开证申请和开证格式对即期或延期付款、承兑、议付四种信用证同样适用，目的是减少信用证各当事人的不熟练、不准确和错误操作给信用证业务带来的风险，以期对跟单信用证业务带来的新的澄清和一致性。

(一)信用证的主要内容

简而言之，信用证的内容主要是买卖合同条款上对于出口商提交的单据要求以及银行的付款保证。其目的是为了提供一个出口商履约的衡量标准，并通过单据来证明其已经履约，作为开证行予以付款的证明。信用证的主要内容如下。

(1)对信用证本身的说明。对信用证的说明包括信用证的种类、性质、信用证号码、开证日期、有效期和到期地点、交单期限等。

(2)对汇票的说明。在信用证下，如使用汇票，要明确汇票的付款人、汇票金额、汇票期限、主要条款等内容。

(3)对装运货物的说明。在信用证中，应列明货物名称、规格、数量、单价等，且这些内容应与买卖合同的规定一致。

(4)对运输事项的说明。在信用证中，应列明装运港(地)、目的港(地)、装运期限以及可否分批、转运等项内容。

(5)对装运单据的说明。在信用证中，应列明所需的各种装运单据，主要规定应提交哪些单据(如发票、提单、保险单、装箱单、重量单、产地证及商检证书等)，各种单据的份数，以及这些单据应表明的货物的名称、品质规格、数量、包装、单价、总金额、运输方式、装卸地点等。

(6)其他事项，例如：

① 开证行对议付行的指示条款；

② 开证行保证付款的文句；

③ 开证行的名称及地址；

④ 其他特殊条款，例如，限制由××银行议付、限制船舶国籍和船舶年龄、限制航线和港口等。这些特殊条款根据进口国政治经济情况的变动可以有所不同。

(7)根据《跟单信用证统一惯例》开立(Subject to UCP…)的文句。

(二)信用证开立的形式

信用证开立的形式主要有信开本和电开本两种。

1. 信开本(To Open by Airmail)

信用证的英文名称"Letter of Credit"，这是因为初创时采用"Letter"(信函)的形式开立的。信开本是指开证银行采用印就的信函格式的信用证，开证后以空邮寄送通知行。这种形式现已很少使用。

2. 电开本(To Open by Cable)

电开本是指开证行使用电报、电传、传真、SWIFT 等各种电讯方法将信用证条款传达给通知行。电开本又可分为以下 3 种类型。

(1) 简电本(Brief Cable)，即开证行只是通知已经开证，将信用证主要内容，如信用证号码、受益人名称和地址、开证人名称、金额、货物名称、数量、价格、装运期及信用证有效期等预先通告通知行，详细条款将另航寄通知行。由于简电本内容简单，在法律上是无效的，所以不足以作为交单议付的依据。该简电通知中必须注明“详情后告”(Full Details to Follow)等类似用语，或声明以邮寄确认书为有效信用证或修改的文本，借以表明该简电仅作预先通知之用，而不是信用证或信用证修改的有效文本。除非开证行在其预先通知书中另有规定，否则，发出预先通知的开证行应不可撤销地保证不延误地开出信用证或修改的文本，且条款不能与预先通知书相矛盾。

(2) 全电本(Full Cable)，即开证行以电讯方式开证，把信用证全部条款传达给通知行。全电开证本身是一个内容完整的信用证，因此是交单议付的依据。有些银行在电文中注明“有效文本”(Operative Instrument)，借以明确该全电本性质。未标明“详情后告”或“随寄证实书”等字样的电开信用证或修改文本，应视为有效电开信用证或修改文本，即全电本。

(3) SWIFT 信用证。SWIFT 是“全球银行金融电讯协会”(Society for Worldwide Interbank Financial Telecommunication)的简称。该机构于 1973 年在比利时布鲁塞尔成立，设有自动化的国际金融电讯网，其成员银行可通过该电讯网办理信用证业务以及外汇买卖、证券交易、托收等。目前，该组织已有 1000 多家成员银行，凡参加 SWIFT 组织的成员银行，均可使用 SWIFT 办理信用证业务。

凡按照国际商会所制定的电讯信用证格式，利用 SWIFT 系统设计的特殊格式(Format)，通过 SWIFT 系统传递的信用证的信息(Message)，即通过 SWIFT 开立或通知的信用证称为 SWIFT 信用证，也有称为“全银电协信用证”的。

采用 SWIFT 信用证，必须遵守 SWIFT 使用手册的规定，使用 SWIFT 手册规定的代号(Tag)。采用 SWIFT 信用证后，使信用证具有标准化、固定化和统一格式的特性，且传递速度快捷，成本也较低。现在已被西北欧、美洲和亚洲等国家与地区的银行广泛使用。我国银行在电开信用证或收到的信用证电开本中，SWIFT 信用证也已占很大比重。

六、信用证的种类

信用证根据其性质、期限、流通方式等特点从不同角度可分为以下几种。

(一) 看是否附货运单据，可分为跟单信用证和光票信用证

1. 跟单信用证(Documentary Credit)

跟单信用证是指开证行凭跟单汇票或仅凭单据付款的信用证。国际贸易中所使用的信用证，绝大部分是跟单信用证。

2. 光票信用证(Clean Credit)

光票信用证是指开证行仅凭不附单据的汇票付款的信用证。在采用信用证方式预付货款时，通常是用光票信用证。

(二)看是否能被开证行随意撤销，可分为不可撤销信用证和可撤销信用证

不可撤销信用证(Irrevocable Letter of Credit)是指信用证一经开出，在有效期内，未经受益人及有关当事人的同意，开证行不得片面修改和撤销，只要受益人提供的单据符合信用证规定，开证行必须履行付款义务。这种信用证对受益人较有保障，在国际贸易中，使用最为广泛。根据UCP500第6条规定，信用证上应明确注明可撤销的或是不可撤销的，如无此项注明，应视为不可撤销的信用证。由于在实际业务中，开立可撤销信用证(Revocable Letter of Credit)的情形极少，故UCP600便删除了可撤销信用证的概念及相关规定。

(三)看是否得到另一银行保兑，可分为保兑信用证和不保兑信用证

1. 保兑信用证(Confirmed Letter of Credit)

保兑信用证是指开证行开出的信用证，由另一银行保证对符合信用证条款规定的单据履行付款义务。对信用证加保兑的银行，称为保兑行。保兑行一经保兑，就和开证行一样承担兑付责任，并在承付或议付后，对受益人或其他前手银行无追索权。

信用证的"不可撤销"是指开证行对信用证的付款责任，"保兑"则是指开证行以外的银行保证对信用证承担兑付责任。保兑信用证，则意味着该信用证不但有开证行不可撤销的承付保证，而且又有保兑行的兑付保证，两者都负第一性的付款责任。所以这种有双重保证的信用证对出口商最为有利。保兑行的保兑责任，是以规定的单据在到期日或之前向保兑行或信用证的指定银行提交，并符合信用证的条款为条件。保兑行通常是通知行，有时也可以是出口地的其他银行或第三国银行。保兑的做法一般是由保兑银行在信用证下加列下述保兑文句："兹对此证加具保兑，并保证于提示符合此条款的单据时履行兑付。"

2. 不保兑信用证(Unconfirmed Letter of Credit)

不保兑信用证是指开证银行开出的信用证没有经另一家银行保兑。当开证银行资信好和成交金额不大时，一般都使用这种不保兑的信用证。

(四)看兑付方式，可分为议付信用证、即期付款信用证、延期付款信用证、银行承兑远期信用证

UCP500和UCP600均规定，任何一份信用证均须明确表示其适用于何种兑付方式。按照兑付方式的不同，信用证又可分为议付信用证、即期付款信用证、延期付款信用证和银行承兑远期信用证四种，后两种也被合称为远期信用证。需要指出的是，UCP600首次引入了"承付"(Honour)的概念。所谓"承付"是指：(1)如果为即期付款信用证，则即期付款；(2)如果为延期付款信用证，则承担延期付款责任并于到期日付款；(3)如果为承兑信用证，则承兑受益人开出的汇票并于到期日付款。可见，"承付"一次包括了"即期付款""承兑"和"延期付款"三类信用证项下与支付有关的行为，从而使得UCP600的条文更加统一和简洁。

1. 议付信用证（Negotiation Credit）

注明“议付兑付”（Available by negotiation）的信用证称为议付信用证。议付信用证是指开证行在信用证中，邀请其他银行预先买入汇票及/或单据的信用证，即允许受益人向某一指定银行或任何银行交单议付的信用证。通常在单据符合信用证条款的条件下，议付银行扣除获得偿付前的利息和手续费后，将款项垫付给受益人。按照 UCP500 和 UCP600 的规定，保兑行的议付没有追索权。

需要指出的是，UCP600 规定：信用证不得开成凭以申请人为付款人的汇票兑付。开证行通常在议付信用证中加列了如下述保证条款：“我行同意出票人、背书人及善意持票人在其适时提交符合信用证条款和条件的汇票/单据时即予以承付。”（We hereby agree with the drawers，endorsers an bona fide holders of Drafts/documents drawn under and in compliance with the terms and conditions of the Credit that such Draft/documents will be duly honoured on due presentation.）

议付信用证根据银行是否可以自由参加议付，分为公开议付与限制议付两种。

(1) 公开议付信用证（Open Negotiation Credit），又称自由议付信用证（Freely Negotiation Credit；Open Negotiation L/C），是指开证行对愿意办理议付的任何银行作公开议付邀请和普通付款承诺的信用证，即任何银行均可按信用证条款自由议付的信用证。

(2) 限制议付信用证（Restricted Negotiation Credit），指开证行指定某一银行或开证行本身进行议付的信用证。在限制议付信用证中，通常有下列限制议付文句：“本证限××银行议付。”

公开议付信用证和限制议付信用证的到期地点都在议付行所在地。这种信用证经议付后，如因故不能向开证行索得票款，议付行有权对受益人行使追索权。任何议付行（除保兑行以外）有议付的权利，但没有议付的义务。

议付信用证在我国出口业务中应用最为普遍。在出口时，受益人应要求议付信用证中的议付行由出口地一家或任何银行担负，此时信用证的交单地点也在该议付处。目的是就近议付能较快地收回贷款，单据出现问题也可就近洽商解决，因为出口商应向信用证指定的议付行交单议付。UCP600 规定，除规定的交单地点外，开证行所在地也是交单地点。

2. 即期付款信用证（Sight Payment Credit）

注明“付款兑付”（Available by Payment）的信用证为付款信用证。按付款期限的不同，付款信用证又可分为即期付款信用证和延期付款信用证。

注明“即期付款兑付”（Available by Payment at sight）的信用证称为即期付款信用证。因有些国家的规定票据须征收印花税，为逃避印花税，即期付款信用证通常不要求受益人开立汇票，付款行或开证行仅凭与信用证条款相符的单据付款。开证行通常在不要汇票的即期付款信用证下加列下述保证条款：“我行保证凭符合信用证条款的单据付款。”（We hereby engage that payment will be dully made against documents presented in conformity with the terms and conditions of this credit.）即期付款信用证也可要求受益人出具以被指定银行（即付银行）为付款人的即期汇票。即期付款信用证要求汇票的原因有两个：一是履行付款的银行以受益人出具的即期汇票作为证明自己已履行付款义务的凭据；二是以汇票作为保护有关各方在票据法下所享有的权利。开证行通常在要求即期汇票的即期付款信用证中加列下述保证条款："我行保证凭符合本信用证条款之汇票及单据付款。"(We hereby engage that all drafts drawn under and documents presented hereunder will be duly honoured by us provided that the terms and conditions of the credit are complied with.)

出口人作为受益人，在利用即期付款信用证作为出口结算方式时，应注意以下问题：按UCP600规定，信用证必须规定可在其所在地兑付的银行，或者是否可在任何银行兑付。规定在指定银行兑付的信用证同时也可在开证行兑付。除非信用证规定只能由开证行办理即期付款，信用证须指定一付款行办理即期付款，该付款行即是信用证中"available with"后紧接着的被指定银行。信用证中规定的最迟交单期及信用证有效期的到期地点，通常也在该被指定付款行处。因此，如国外开立的即期付款信用证中的被指定付款行与受益人同处一地，对受益人来说具有以下便利：

(1)交单方便，如单据有问题，受益人可就近与付款行协商解决；

(2)交单付款是在本地的付款行，因此，受益人交单可节省一个寄单邮程，收汇也较快；

(3)与议付信用证不同，本地付款行付款后对受益人无权追索，受益人可放心使用资金，无后顾之忧。

上述付款行与受益人同处一地的即期付款信用证在实践中应用较为普遍，对受益人最为有利。相反，如信用证中规定付款事项仅由开证行或国外某家被指定银行办理，这就要求受益人必须在信用证所规定的交单期及信用证有效期内将单据寄交国外开证行或指定付款行，这样受益人不仅须承担单据邮寄国外途中遗失的风险，单据出现差错时也不易解决，且收汇需延迟一个寄单邮程。因此，受益人在出口业务中应力争买方开立付款行在受益人当地的即期付款信用证。

3. 延期付款信用证(Deferred Payment Credit)

注明"延期付款兑现"(Available by Deferred Payment)的信用证称为延期付款信用证。为逃避印花税，同时也由于某些国家对远期汇票的期限有所限制，延期付款信用证不要求受益人出具远期汇票。延期付款信用证必须在证中明确规定在到期日付款(不能为即期付款)，以及该到期日如何确定，如装运日后45天付款或交单日后30天付款。如延期付款信用证需要汇票，则开证行只能要求受益人在延期付款到期日提示即期汇票，以作为有关银行已履行付款义务的凭证。

需要指出的是，延期付款信用证不要求远期汇票，也就没有"银行已承兑汇票"这一融资工具，因此，受益人不能根据已贴现汇票融资，这对受益人相当不利。此时，作为出口人的受益人可通过向银行申请打包贷款和出口押汇等其他途径解决其资金占压问题。

4. 银行承兑远期信用证(Acceptance Credit)

注明"承兑兑付"(Available by Acceptance)的信用证称为银行承兑远期信用证，简称为承兑信用证。承兑信用证必须要求受益人提供以被指定银行为付款人的远期汇票，不得要求出具以进口人等商号或非银行机构为付款人的汇票。远期汇票期限可定为："见票后××天付款""装运日后××天付款"等。因此，承兑信用证属远期信用证。开证行在承兑信用证中通常加列下述保证条款："我行保证对按信用证条款开立之汇票提示时即予承兑，并于到期时付款。"(We hereby engage that drafts drawn in conformity with the terms of this credit will be duly accepted on presentation and honoured at maturity.)

受益人在使用承兑信用证时应注意以下问题。

(1) 按 UCP500 规定，除非信用证规定只能由开证行办理，否则，承兑信用证须指定一承兑行办理承兑汇票事项。除非被指定银行同时又是保兑行，否则，它对是否办理承兑汇票事项有自主决定权。承兑信用证中被指定的承兑行即是“available with”后紧接着的被指定银行，该行通常也是信用证中规定的最迟交单期及信用证有效期的到期地点。

(2) 承兑信用证下受益人将符合信用证要求的远期汇票及有关单据向承兑行提交后，便可获得承兑行已承兑的银行承兑汇票，受益人据此获得票据法要求的承兑行到期付款的承诺。另外，受益人获得银行承兑汇票后可将其出售，以提前取得垫款，这项业务称为贴现。贴现业务是指贴现行或贴现公司为购得已承兑汇票，按汇票票面金额扣除至汇票到期日的利息及其他有关费用后，将余额提前垫付给受益人，从而成为汇票正当持有人的业务。通过贴现汇票，受益人可获得融资便利。但应注意，如贴现行或贴现公司到期未能从汇票付款人处取得票款，它享有向受益人索回已垫付款项的权利。

可见，承兑信用证一般用于远期付款的交易。但有时，买方为了便于融资或利用银行承兑汇票以取得比银行放款利率更低的优惠贴现率，在与卖方订立即期付款的买卖合同后，要求开立银行承兑信用证，证中规定“远期汇票即期付款、所有贴现和承兑费用由买方负担”。此种做法对受益人来说有利，他虽然开出的是远期汇票，但却能即期收到全部货款。

UCP500 并没有提及开证行对承兑信用证和延期付款信用证项下的指定银行的垫付融资有偿付责任，由此在实践中常引发纠纷。鉴此，UCP600 首次明确规定，开证行指定一银行承兑汇票或作出延期付款承诺，即为授权该指定银行预付或购买其已承兑的汇票或已作出的延期付款的承诺。可见，UCP600 保障了指定银行的上述融资权力。

(五) 看信用证可否被转让，可分为可转让信用证与不可转让信用证

可转让信用证 (Transferable Credit) 是指信用证的受益人 (第一受益人) 可以要求授权付款、承担延期付款责任、承兑或议付的银行 (统称“转让银行”)，或当信用证是自由议付时，可以要求信用证中特别授权的转让银行，将信用证全部或部分转让给一个或数个受益人 (第二受益人) 使用的信用证。

不可转让信用证是指受益人不能将信用证的权利转让给其他人的信用证。凡信用证中未注明“可转让”的，就是不可转让信用证。UCP500 和 UCP600 均规定，只有明确指明“可转让”(Transferable) 的信用证方可转让。UCP500 进一步规定，使用诸如“可分割”(Divisible)、“可分开”(Fractionable)、“可让渡”(Assignable) 和“可转移”(Transmissible) 之类的措辞并不能使信用证成为可转让信用证。如使用此类措辞，则不予理会。

UCP500 和 UCP600 均规定，受益人可通过款项让渡及信用证转让两种方式将其权利转让于第三者。两种方式的不同之处在于：在款项让渡项下，受益人是根据现行法律规定，将信用证项下应得款项让渡或转让于第三者；而在可转让信用证项下，受益人是将信用证项下执行权力转让给实际供货商，由实际供货商 (即第二受益人) 装运出口、交单取款。

UCP600 对可转让信用证的主要规定有以下几点。

1. 关于转让次数及受让人

(1) 除非信用证另有规定，可转让信用证只能转让一次。因此，信用证不能应第二受

益人的要求转让给任何其后的第三受益人，即禁止“垂直转让”。但允许第二受益人将收到的可转让信用证重新回转给第一受益人，此做法不属于二次转让。也就是说，第一受益人不视为其后受益人。

(2) 如可转让信用证不禁止分批装运/分批付款，则可转让信用证可分为若干个部分，在总和不超过信用证金额的情况下，分别办理转让，即可转让给多个第二受益人，这些转让的总和被认为是构成该信用证的一次转让，属允许之列。

2. 对转让行的限制

转让行意指办理信用证转让的被指定银行，或当信用证规定可以在任一银行兑付时，转让行是指由开证行特别授权并实际办理转让的银行。UCP600 还规定，开证行也可担任转让行。除上述银行外，其他银行一概无权办理信用证的转让。

另外，办理可转让信用证的转让是转让行的权利而非义务。在第一受益人提出的转让范围(如第二受益人的名称及转让金额)和转让方式(如转让行责任、是否替换单据、是否保留修改拒绝权)为转让行明确同意，且有关转让费用已由第一受益人付讫后，转让行才受理信用证的转让。

3. 对原证条款处理的规定

转让必须按照原证条款办理，但以下几点除外：

(1) 信用证金额和单价可以降低，差价为第一受益人的利润；

(2) 有效期、运输单据签发日后的交单期和装运期可以缩短；

(3) 保险加成比例可以增加；

(4) 除非原信用证特别要求申请人名称出现于发票以外的任何单据中，第一受益人的名称可替换申请人的名称。

4. 对修改通知的规定

若申请转让是在信用证转出之前，第一受益人须明示转让行自己是否允许转让行将随后收到的对原证的修改通知第二受益人。如转让行同意第一受益人的这种要求，则该行在办理转让时，须将第一受益人关于修改的指示通知第二受益人，以保护第二受益人的利益。

当第二受益人为多数时，因第二受益人的立场不同，对于随后的信用证修改事项采取的态度可能并不一致，将会有同意及拒绝修改两种情形。对此，不同第二受益人得分别单独表示是否同意修改。同意修改的第二受益人，修改对其生效；不同意修改的第二受益人，该修改对其无效，以原证为准。

5. 对第二受益人交单的规定

为避免第二受益人绕过第一受益人直接交单给开证行，从而损害第一受益人的利益，UCP600 明确规定，第二受益人必须同时向转让行交单。

另外，为保护无过错的第二受益人的利益，UCP600 规定：若第一受益人换单时提交的发票导致了第二受益人的交单中出现原本不存在的不符点，而其未能在第一次要求时修正，转让行有权将从第二受益人处收到的单据照交开证行，并不再对第一受益人承担责任。

可见，在有中间商充当中介的交易中，作为第一受益人的中间商可通过向实际供货商(第二受益人)转让信用证，借以向实际供货商提供付款的银行凭证，同时又不占用中间商自己的资金。如此，通过利用可转让信用证，有利于增强实际供货商的履约信心，保证中间商从实际供货商处获取货物，赚取差额利润，同时简化了交易及货款支付手续。但信用证的转让，并不等于买卖合同的转让，如第二受益人不能按时交货或单据有问题，第一受益人(原出口人)仍要负买卖合同上的卖方责任。所以，第一受益人在选择信用证受让人时，应注意对其资信及履约能力进行审查。

(六)对背信用证

对背信用证(Back to Back Credit)又称转开信用证，是指受益人要求原证的通知行或其他银行以原证为基础，另开一张内容相似的新信用证。

对背信用证盛行于第二次世界大战后。因战后物资严重不足，出现卖方市场，商品制造商的地位较高，出口商作为中间商即使根据海外寄来的信用证订货，制造商也要求预付货款或提供某种确保付款的方法。此时，出口商不是向制造商预付货款，而是以国外寄来的信用证做抵押并提交其通知行，请该行为制造商重新开立一张新证，由于该新证起初附在原证的背面，对背信用证的名称由此而来。

对背信用证通常适用于以下几种情况：(1)当中间商收到以自己为受益人的信用证为不可转让信用证时，为向实际供货商提供付款保证，获得所需货物，遂以原证为抵押请求原证通知行或另一家银行重开一张以实际供货商为受益人的新证(即对背信用证)，以解决不可转让信用证禁止转让的局限性。对背信用证的受益人可以是国外的，也可以是国内的。对背信用证的开证行只能根据不可撤销信用证来开立。(2)信用证虽规定“可转让”，但因按《跟单信用证统一惯例》的规定，可转让信用证只能转让一次，当该笔交易有两个以上的中间商存在时，第一中间商将可转让信用证转让给第二中间商后，第二中间商以及此后的中间商可通过依次开立对背信用证直至到达实际供货商的办法，来解决可转让信用证只能转让一次的局限性。

对背信用证的内容除开证人、受益人、金额、单位、装运期限、有效期限等可有变动外，其他条款一般与原证相同。由于对背信用证的条款修改时，新证开证人需得到原证开证人和开证行的同意，所以受益人使用对背信用证时必须特别慎重。

对背信用证与可转让信用证虽同样适用于存在中间商的交易，但二者仍有以下区别。

(1)可转让信用证允许将开给出口商(第一受益人)的信用证转让给作为第二受益人的供货商，并允许其直接利用该信用证；而对背信用证则是独立于原信用证的另开立的一张新证，二者相互并存。

(2)可转让信用证流转程序所涉及的银行是为一套相互关联的可转让信用证服务的银行，主要包括：开证行，通知行，转让行；而对背信用证的流转程序要涉及为两套独立并存的信用证服务的银行，主要包括：原证开证行以及通知行/指定银行，对背信用证(新证)开证行及通知行/指定银行。

(3)可转让信用证的转让，要以开证申请人及开证行的明确指示为前提；而对背信用证的开立，则与原开证申请人及开证行无关。

(4)可转让信用证的受让人与原受益人一样，可以得到开证行的承付保证；而对背信用证的受益人对原证的申请人及开证行无任何债权，它仅能得到对背信用证开证行的承付保证。

(5)可转让信用证对转让行有一定的限制；而对开立对背信用证的银行无任何限制。另外，对背信用证的开证行要比转让行承担更大的责任和风险。

(6) 在可转让信用证项下，第一受益人只能有权替换第二受益人的发票及/或汇票；而在对背信用证下，通常要将供货商提交的几乎所有的单据全部替换为卖方(中间商)的单据，以便符合原证要求。

(七) 对开信用证 (Reciprocal Credit)

对开信用证是指两张信用证的开证申请人互以对方为受益人而开立的信用证。对开信用证的特点是，第一张信用证的受益人(出口人)和开证申请人(进口人)就是第二张信用证的开证申请人和受益人，第一张信用证的通知行通常就是第二张信用证的开证行。两张信用证的金额相等或大体相等，两证可同时互开，也可先后开立。对开信用证多用于易货交易、来料加工和补偿贸易业务，交易的双方都担心对方凭第一张信用证出口或进口后，另外一方不履行进口或出口的义务，于是采用这种互相联系、互为条件的开证办法，用以彼此约束。

(八) 循环信用证 (Revolving Credit)

循环信用证是指信用证按全部或部分使用后，其金额又恢复到原金额，可再次使用，直至达到规定的次数或规定的总金额为止。循环信用证与一般信用证的不同之处就在于：一般信用证在使用后即告失效；而循环信用证则可多次循环使用。这种信用证通常在分批均匀交货的情况下采用。

循环信用证又分为按时间循环信用证和按金额循环信用证。

1. 按时间循环信用证

按时间循环信用证是受益人在一定的时间内可多次支取信用证规定的金额。例如，信用证规定："本证按月循环，信用证每月可支金额 50000 美元，于每个日历月的第一天被自动恢复。本行在此循环信用证项下的最大责任不超过 6 个月的总值 300000 美元，每个月未使用的余额不能移至下个月合并使用。"

2. 按金额循环信用证

按金额循环信用证是指在信用证金额议付后，仍恢复到原金额可再使用，直至用完规定的总额为止。在按金额循环的信用证的条件下，恢复到原金额的具体做法有以下三种。

(1) 自动式循环使用。受益人按规定时间装运货物交单议付一定金额后，信用证即自动恢复到原金额，可再次按原金额使用。例如，信用证中规定："本证将再次自动恢复每月一期，每期金额 50000 美元，总金额为 150000 美元。"

(2) 非自动式循环使用。受益人按规定时间装运货物交单议付一定金额后，必须等待开证银行的通知到达后，才能使信用证恢复至原金额，再次使用。例如，信用证中规定："本金额须在每次议付后，收到开证银行本证可以恢复的通知方可恢复。"

(3) 半自动式循环使用。受益人每次装货交单议付后，在若干天内开证银行未提出中止循环的通知，信用证即自动恢复至原金额，并可再次使用。例如，信用证中可规定如下条款："议付银行在每次议付后 7 天内未被通知中止恢复，则信用证余额恢复至原金额。"

循环信用证的优点在于：进口方可以不必多次开证，从而节省开证费用，同时也可简化出口方的审证、改证等手续，有利于合同的履行。

(九) 预支信用证(Anticipatory L/C)

预支信用证是指允许受益人在货物装运交单前预支货款的信用证，有全部预支和部分预支两种。在预支信用证项下，受益人预支的方式有两种：一种是向开证行预支，出口人在货物装运前开具以开证行为付款人的光票，由议付行买下向开证行索偿；另一种是向议付行预支，即由出口地的议付行垫付货款，待货物装运后交单议付时，扣除垫款本息，将余额支付给出口人。如货未装运，由开证行负责偿还议付行的垫款和利息。为引人注目，这种预支货款的条款常用红字，故习称“红条款信用证”(Red Clause L/C)。

七、信用证的作用

采用信用证支付方式，在很大程度上缓解了进出口双方互不信任的矛盾，并给进出口双方以及银行都带来资金融通等多种好处。信用证的作用主要表现在以下几方面。

1. 对出口商的作用

(1) 保证出口商凭单取得货款。信用证用银行信用取代商业信用，银行支付与否只看单据，只要出口商交货后提交的单据与信用证规定相符，银行就保证支付货款。出口商交货后不必担心进口商到时不付款，因其由银行承担付款责任，银行倒闭、拒付的可能性远比商业企业低，因此这种银行信用要比商业信用可靠，即信用证支付为出口商收取货款提供了较为安全的保障。

(2) 确保出口商顺利收取外汇。在进口管制和外汇管制严格的国家，进口商要向本国申请外汇得到批准后，方能向银行申请开证，出口商如能按时收到信用证，说明进口商已得到本国外汇管理当局使用外汇的批准，因而可以保证出口商履约交货后，按时收取外汇。

(3) 可取得银行资金融通。除了最为传统的将准备好的单据交给开证行，得到开证行提供的货款外，出口商利用信用证还可取得各种资金融通：例如，出口商在交货前，可凭进口商开来的信用证作抵押，向出口地银行办理打包放款业务(Packing Credit)，提前获取部分货款；或出口商在收到信用证后，按规定办理货物出运，并提交汇票和信用证规定的各种单据，通过向议付行办理出口押汇的方法提前获得货款。这是出口地银行对出口商提供的资金融通，从而有利于资金周转，扩大出口。

2. 对进口商的作用

(1) 确保取得进口商履行买卖合同的证据。进口商填写开证申请书，就是有效地将买卖合同条款转化为对出口商(受益人)提交单据的要求，因此，进口商申请开证时，可以通过控制信用证条款来约束出口商交货的时间、交货的品质和数量，如在信用证中规定最迟的装运期限，以及要求出口商提交由信誉良好的公证机构出具的品质、数量或重量证书等，以保证进口商按时、按质、按量收到货物。

其中，FOB、CFR 和 CIF 买卖合同下的已装船海运提单，是卖方完成交货义务的凭证和买方在目的地据以提货的凭证，因此，可以保证进口商收到的是代表货物的单据，特别是提货凭证。

(2) 提供资金融通。进口商在申请开证时，通常要交纳一定的押金，如开证行认为进口商资信较好，进口商就有可能在少交或免交部分押金的情况下履行开证义务。如采用远期信用证，进口商还可以凭信托收据(Trust Receipt)向银行借单，先行提货、转售，到期再付款，这就为进口商提供了资金融通的便利。

3. 对银行的作用

开证行接受进口商的开证申请，即承担开立信用证和付款的责任，这是银行以自己的信用作出的保证，以银行信用代替了进口商的商业信用。所以，进口商在申请开证时要向银行交付一定的押金或担保品，为银行利用资金提供便利。此外，在信用证业务中，银行每做一项服务均可取得各种收益，如开证费、通知费、议付费、保兑费、修改费等各种费用。因此，承办信用证业务是各银行的业务项目之一。在国际贸易结算中，信誉良好、作风正派的银行以及高质量的服务，又促进了信用证业务的发展。

八、合同中的信用证支付条款举例

在进出口合同中，如约定凭信用证付款，买卖双方应将开证日期、信用证的类别、付款时间、信用证金额、信用证的有效期和到期地点等事项作出明确具体的规定。现将我国出口合同中信用证支付条款进行举例说明。

(一)即期信用证支付条款

1. “买方应通过卖方所接受的银行于装运月份前××天开立并送达卖方不可撤销即期信用证，有效期至装运月份后第15天在中国议付。”

2. “买方应于××××年××月××日前(或收到卖方备货通知后××天内)通过银行开出以卖方为受益人的(由××银行保兑的)不可撤销的(可转让的)全部发票金额的即期信用证。信用证有效期延至装运日期后15天在中国到期。”

须提出的是，当前不少国际贸易买卖合同中涉及信用证支付时往往不仅仅约定信用证开出时间，还约定其应送达受益人的最晚期限，以保证出口人能够合理安排生产、备货与装运。

(二)远期信用证支付条款

“买方应于××××年××月××日前(或接到卖方通知后××天内或签约后××天内)通过××银行开立以卖方为受益人的不可撤销的(可转让的)见票后××天(或装船日后××天)付款的银行承兑信用证。信用证议付有效期延至上述装运期后15天在中国到期。”

(三)循环信用证支付条款

“买方应通过为卖方所接受的银行于第一批装运月份前××天开立并送达卖方不可撤销的循环信用证，该证在19××年期间，每月自动可供××(金额)，并保持有效至19××年1月15日在北京议付。”

九、软条款信用证

所谓软条款信用证，其本质并不是信用证的某一种类，而是一种违反信用证根本作用机制原理的，扭曲进出口双方和开证行基本关系的不合理信用证，指的是在信用证的生效条件中，或要求受益人提交的单据中，有必须经过开证申请人的作用才能获取的部分，从而使受益人陷于被动，开证申请人达到控制交易进程的目的。软条款信用证的开立通常有以下几种做法。

(1) 对信用证的生效附加条件。这指的是买方开来的信用证上规定必须具备某种条件或证明信用证才能生效的信用证。例如“领取进口许可证后通知生效”“货样经开证申请人认可后通知生效”等。如果买方借故晚发来通知书，卖方是无法及时备货、发货结汇的，因为此时信用证还未生效无法结汇。只有收到买方的通知书后卖方才可以开始备货、发货、装运，因此，卖方常常由于超过履约时间使得保证金落入买方的手里。买方如果由于市场行情不想要这批货了，就干脆不发通知书，使得卖方根本无法结汇。

(2) 信用证上有限制性单据条款。买方开来的信用证规定要提交的单据中包括需要买方确认或者买方指定的机构认定的单据。例如，质量或数量检验证书、货物收据由买方指定机构或代表签发等。卖方若等不到发货制单，则由于单证不符无法结汇，若苦等买方对相关单据进行确认，则主动权完全落在买方手里。买方可以根据自己的需要选择是及时确认，完成交易，还是借故延迟造成对方违约，骗取保证金和拒不收受货物。

这类手法还有一种方式，就是要求某些单据由买方指定代表签发，且要求其印鉴要与开证行的留样相符。买方往往给予卖方有自己签名的证书，但其与开证行的留样是否一致，就要看买方的信用了。买方愿意成交，就签发与留样一致的印鉴，若由于市场行情下跌不愿意接收这批货物，则签发不一样的印鉴。

(3) 信用证要求直接寄单据给进口商。这种做法从根本上违背了信用证制衡双方权利义务的作用，使得银行无法控制代表货物物权的单据，买方可以不通过银行付款直接提取货物。买方可以一边提走货物，一边挑剔货物的毛病、拒绝付款，甚至有存心诈骗的“皮包公司”提了货物就消声匿迹了。

第四节　保理与福费廷

除了前文介绍的汇付、托收、信用证三种最为常见的国际贸易支付方式之外，在国际贸易实践中还存在其他使用率较高的支付处理方式，本节介绍的保理与福费廷就是其中具有代表性的两种类似但存在区别的方式。需注意的是这两种方式可以与汇付、托收、信用证等支付方式结合使用。

一、保理

保理全称为保付代理(Factoring)，它起源于美国，之后逐渐成为一种国际贸易短期融资方式。

(一) 保理的概念

保理是指在国际贸易中，保理商(银行或其他专门机构)买进出口商或销售商或供应商以商业信用(如 P/A、D/A、货到付款等)出口或销售商品后的发票、汇票和提单等有关单据，即出口商等对进口商(债务人)的应收账款债权，向出口商支付一定比例货款并承担相应风险的贸易融资业务。除融资业务外，保理业务还包括保理商向出口商提供销售账务处理、信用销售控制、债务回收、坏账担保等综合性的金融服务。出口商也可以根据自身的实际需要，要求保理商提供上述全部或部分业务服务。在保理方式下，保理商承担进口商的信用风险、进口国的政治风险以及转移风险。

(二)保理业务的特点

以保理方式处理国际贸易支付有以下几个特点。

1. 保理是保理商向出口商提供的资金融通

出口商如向保理商卖出提单等单据并申请贸易融资服务，则可立即从保理商处收到部分现款。如出口商资金雄厚，也可在票据到期后再向保理组织索要货款；有时保理组织也在票据到期日以前，先向出口商支付 80%的出口货款，其余 20%的货款待进口商付款后再予支付。

2. 风险由出口商转移至保理商

出口商如将单据无追索权地卖给保理商，则此行为属于卖断的性质，其风险也随债权同时转让给了代理商。若海外进口商破产、拒付货款或不按期付款等，保理组织不能向出口商行使追索权，全部风险由自身承担，这也是保理业务的最主要的特点和内容。为了降低拒付风险，保理商均设有专门部门对进口商资信情况进行调查，并在此基础上决定是否承购出口商的票据，折扣多少等。

3. 保理组织承担资信调查、托收、催收账款，甚至代办会计处理手续

不少中小企业对国际市场了解不深，因此求助于保理商帮助其顺利收款，保理组织不仅代理他们对进口商进行资信调查，并且承担托收货款的任务；有时还要求出口商交出与进口商进行交易磋商的全套记录，以了解进口商负债状况及偿还能力。一些具有季节性的出口企业，每年出口时间相对集中，他们为减少人员开支，还委托保理组织代其办理会计处理手续等。

(三)保理的主要业务

(1) 出口贸易融资(Export Trade Financing)，这是保理最为常见、最为核心的业务，是指出口保理商在出口商发货后，购买其发票金额的一定比例(一般不超过发票金额的 90%)的应收账款，立即向出口商支付该比例的金额(分为有追索权和无追索权两种，后述)，使出口商及时获得所需的资金，解决在途和销售资金占压问题。

(2) 销售账务处理(Maintenance of Sale Ledger)，又称销售分户账管理，是指保理商(银行)为出口商设立有关分户账，处理账务管理工作，如记账、催收、清算、计息、收费、统计报表及打印账单等会计财务业务。

(3) 债款回收(Collection from Debtors)，又称收取应收账款(Collection of Receivables)，是指保理商负责为出口商收取账款，解决应收账款占压营运资金的问题。

(4) 坏账担保(Full Protection against Bad Debts)，又称买方信用担保(Protection for Buyer’s Credit)，是指保理商对在核定的信用销售额度内已核准的应收账款提供担保，当出现坏账时负责赔偿。

(5) 信用销售控制(Credit Control)，是指保理商为出口商了解贸易伙伴的资信状况，制定切实的信用销售限额，采取必要的防范措施，避免或减少收汇风险提供的服务。

(四) 保理业务的分类

保理业务依据不同的标准可划分为以下几种类型。

1. 依据保理商的不同，保理业务可分为单一保理商模式和双保理商模式

单一保理商模式是指出口商与进口地的保理商(进口保理商)签订保理合同，进口保理商再与出口地的一家银行(非保理商)订立协议，出口地银行只负责传递信息和划拨款项，不承担保理商的责任。因此，这种保理业务只有三方关系人：出口商、进口商和进口保理商。由于这种保理业务存在诸多不便和缺点，因而目前极少使用。

双保理商模式是指出口商和出口地的保理商(出口保理商)订立保理合同，出口保理商再与进口保理商订立协议，相互委托代理业务，出口保理商向出口商提供保理业务服务。因此，这种保理业务包括四方关系人：出口商、进口商、出口保理商和进口保理商。由于这种保理业务对各方关系人均有利，因而使用较多。通常所说的保理业务一般是指双保理商业务。

2. 依据追索权，保理业务可分为有追索权保理和无追索权保理

有追索权保理(Recourse Factoring)，是指保理商不负责为出口商核定信用额度和提供坏账担保，只提供包括融资在内的其他业务。若进口商因偿付能力不足而形成坏账时，保理商有权向出口商追索。

无追索权保理(Non-Recourse Factoring)，是指保理商负责为出口商核定信用额度和提供坏账担保，在额度内因进口商的资信等问题形成的坏账损失由保理商承担。

3. 依据是否提供融资，保理业务可分为到期保理和融资保理

到期保理(Maturity Factoring)，是指保理商根据出口商给予进口商的付款期限计算出到期日，在该到期日将应收账款付给出口商。

融资保理(Financed Factoring)，是指保理商一旦收到进口商的应收账款单据立即预付不超过 90%的发票金额给出口商，其余 10%的货款在收货后结算。

4. 依据货款支付对象，保理业务可分为公开保理和保密保理

公开保理(Disclosed Factoring)，是指出口商必须以书面形式将保理商参与结算的情况通知其进口商，并指示进口商将货款直接支付给保理商。

保密保理(Undisclosed Factoring)，是指保理商参与结算的事实对进口商保密，进口商直接向出口商支付货款，融资与清算的费用由出口商承担。

(五) 保理业务的基本流程

下面列出双保理业务的大致流程供参考。

(1) 出口商与出口保理商签订出口保理业务合同。

(2) 出口商填写《信用额度申请表》，向保理商申请信用额度。

(3) 出口保理商将《信用额度申请表》传送给进口保理商。

(4) 进口保理商对进口商进行信用评估，确定和批准进口商的信用额度，并通知出口保理商，然后再通知出口商。

(5) 出口商与进口商签订贸易合同，并规定采用 OA 或 D/A 或类似的支付方式。

(6) 出口商按贸易合同发运货物，将货运单据直接寄送进口商；同时，将发票副本和《应收账款转让通知书》送交出口保理商，转让债权。

(7) 出口保理商签署《应收账款转让通知书》，并在发票上加盖“再让渡”章，将该笔应收账款再转让给进口保理商。

(8) 进口保理商于付款到期日向进口商收取应收账款。若进口商无力付款，依《国际保理惯例规则》第 13 条规定，应收账款在到期日后 90 天内仍未由债务人(进口商)偿付时，进口保理商应于第 90 天对出口保理商付款。

(9) 进口保理商将汇款信息传递给出口保理商。

(10) 出口保理商为出口商办理货款的收款，将已融资的预付本息从收汇金额中扣除。

图 8-8 大致列出国际双保理业务的流程。

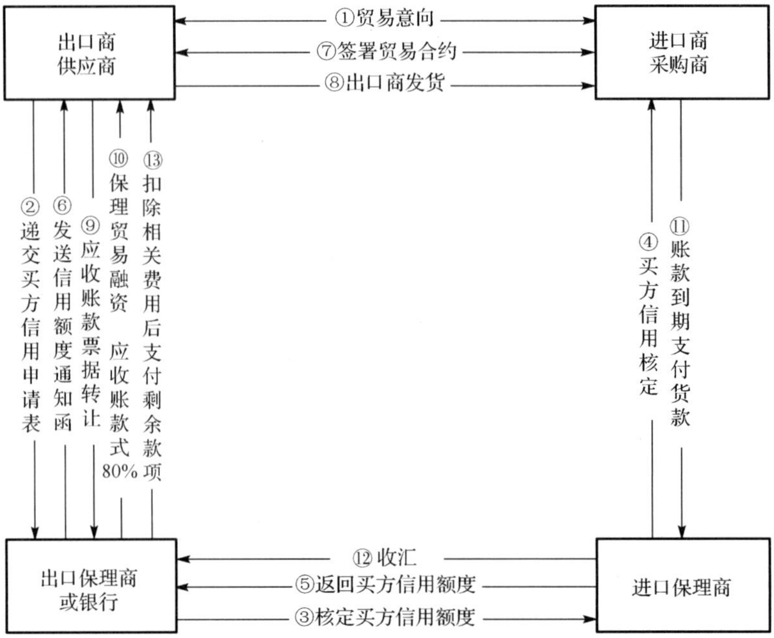

图 8-8 双保理业务流程图

二、福费廷

福费廷业务也称包买票据，现代福费廷业务起源于第二次世界大战后的欧洲。20 世纪 70 年代，美国、英国和加拿大等发达国家也开始办理此项业务。目前该业务已逐渐扩展到亚洲、非洲、中南美洲和中东等发展中国家，成为一种贸易融资工具。

(一) 概念及特性

福费廷 (Forfeiting) 一词源自法语“a forfeit"，意指“放弃权利”(To Surrender One’s Rights)，通常译为“福费廷”“包买票据”或“收买应收账款”等。

福费廷业务是指，在大型成套设备等资本货物的出口中，当出口商以赊销等方式出口货物后，由贴现商或买断银行(Forfeiter)以固定利率的贴现方式，在无追索权的条件下，买入出口商因出口货物而产生的远期付款票据(如汇票或本票)，并预付现金给出口商。远期付款票据不论是由出口商签发(如 D/A 项下的汇票)，还是由进口商签发(如分期付款的本票)，原则上都要先由进口国的金融机构加以承兑或保证。因此，福费廷是一种兼具融资和规避风险的中长期贸易融资工具。

综上所述，福费廷业务具有以下特点。

(1)福费廷是在无追索权的基础上，向出口商提供贴现贸易融资，即出口商放弃对所出售债权的一切权益，贴现商也放弃对出口商的追索权，换言之，贴现商承担债权的风险和责任。

(2)必须有经银行或权威机构承兑过的票据作为条件。

(3)不仅可结合远期信用证操作，也可以用非信用证付款的中长期延付方式，如承兑交单(D/A)、赊销(OA)或分期付款(Installment)等的贸易融资。

(4)贴现商所贴现的票据必须先经过进口国银行或政府机构的承兑或保证。

(5)主要用于资本货物或技术的出口中，票据的开立均以国际贸易为背景。

(6)融资期限多以中长期为主，通常在半年以上，有的长达十年。

(二)福费廷业务的基本流程

福费廷业务的基本流程包括以下几部分(以托收或远期信用证为例)。

(1)出口商向贴现商询价，贴现商报价(贴现率及支付净款)。

(2)贴现商承诺贴现价格，给予宽限期和承担期限；出口商接受报价，达成贴现交易。

(3)贴现商向出口商发出承诺书，承诺无追索权地购买远期票据。

(4)出口商向进口商发运货物，同时向贴现银行提交全套货运单据。

(5)贴现商寄单给进口地银行(托收代收行/信用证开证行)。

(6)进口地银行收到单据：信用证开证行承兑汇票，代收行要求进口商承兑汇票，或通知进口商签发本票换取货运单据。

(7)进口地银行担保本票，并提交进口商。

(8)进口商将已承兑或担保的远期票据交给当地银行，换取全套货运单据。

(9)进口地银行寄送远期票据给贴现行。

(10)贴现商将远期票据交出口商，出口商背书票据无追索权地转让给贴现商。

(11)贴现商支付净款给出口商。

(12)远期票据到期日，提示承兑人或担保人(保证人)要求其付款，担保人借记进口商账户，付款给贴现商，债务全部结清。

目前，在中国的各中资银行、外资银行办理的福费廷业务暂局限于信用证项下的包买票据业务，对于其他票据不予办理。

(三)福费廷业务对出口商的积极作用

在当前买方市场的国际竞争中，出口商提供卖方信贷争取订单的情况日益普遍。有效地利用各种贸易融资工具来确保交易债权的安全，并提高资金周转的效率，已成为出口商参与国际竞争的重要目标。福费廷业务可以为此发挥积极作用。

(1) 增强出口竞争力。通过福费廷业务，出口商可以为进口商提供优惠的付款条件，如远期信用证、D/A 或分期付款，争取更多的出口机会，尤其是对开拓资金不足的发展中国家来说更具竞争力。

(2) 提高出口商资金运用效率。与一般出口押汇不同，福费廷并不占用出口商在银行的信用额度。通过贴现国外银行承兑或担保的票据，提前取得票款，出口商不仅可以增加资金运用的灵活性，减轻资金周转压力，改善账务结构，而且可以解决信用证押汇额度不足的问题。这对资金不足的出口商更具现实意义。

(3) 增强避险功能。出口商以无追索权方式贴现票据，将买方的信用风险、进口国的政治风险转移给贴现商，这使出口商在开拓金融体制不健全或资信程度不高的发展中国家市场时，可以比较放心地进行交易。

(4) 控制汇率与利率变动风险。出口商的中长期外币票据以固定利率贴现，可以有效地控制融资期间汇率与利率变动的风险，特别是当国际利率处于低水平、本币有升值压力时，福费廷的这一作用更加显著。

(5) 帮助进口商争取低利率的国际性通货融资。若进口国的利率水平较高，通过福费廷业务可以帮助进口商取得较为优惠的国外融资利率，降低进口利息成本，从而提高进口商的积极性。

(四) 福费廷的局限性

尽管福费廷具有上述的积极作用，但它的运用也存在一定局限性，出口商对此应采取一定措施加以克服。

(1) 融资成本相对较高。由于福费廷业务的贴现商需承担各种风险(包括信用、政治、汇兑、汇率、利率等风险)，因而其融资成本相对较高。福费廷的融资成本由利息、承诺费和付款宽限期三部分构成，其中利息是主要成本。计算利息的贴现利率由伦敦或新加坡金融市场银行间拆借利率(LIBOR 或 SIBOR)与风险加码(Risk Margin)构成。进口国银行的担保、进口商的信用评级、进口国的政治及商业风险等都会反映在风险加码上。

(2) 无追索权的例外。在福费廷业务中，通常情况下贴现商对出口商无追索权，但下列情况除外：①出口商对进出口交易的错误陈述；②出口商履行商务合同有违约行为；③出口商提交的票据无效；④进口商的风险评级未被接受；等等。

(3) 票据承兑与保证严格。贴现商要求票据必须先由进口国银行承兑或保证，其目的不仅是保护其债权，同时也是为了评估贴现商所承担风险的大小。为此，贴现商在承做福费廷时，应以票据获得信誉良好的银行的承兑或保证为前提。

(五) 福费廷与保理的比较

尽管福费廷与保理都是通过债权转让，由第三者(贴现商或保理商)向进出口商提供融资，但两者在实务操作中还存在着不同之处，主要体现在以下几方面。

(1) 福费廷处理的是经过承兑的远期票据，而保理处理的是应收账款。因此福费廷适用于交易中会产生远期汇票、本票等的远期信用证、承兑交单等业务，而保理是对应收账款的融资，不受票据的限制。

(2) 从融资期限上来看，福费廷方式以中长期为主，从半年至数年不等，适合成套设备、机械工程等大金额交易结算。保理方式只能做短期，适合批量大、金额小、期限短的贸易结算，融资期限在一年甚至半年内。

(3) 从追索权来看，福费廷在买断票据后，只要不存在商业欺诈行为，即将风险全部转移至贴现商，一般无追索权；而在保理业务中，保理商的无追索权只针对其核准的应收账款部分，即无追索权保理服务，还存在不核准应收账款额度，仅提供融资的有追索权保理服务。

(4) 从贴现比例来看，保理商是在收到出口商交付的合格单据后，先支付部分款项，其余款项在收到进口商付款后，扣除保理费等各项费用后才将余额付给出口商；福费廷业务中，融资商在收到出口商交付的合格票据后，扣除贴息和各项费用后，即将全部余额支付给出口商。

(5) 福费廷业务的贴现商需要面对的风险除了进口商的商业信用风险以外，由于买进了经承兑或担保的远期票据，属于远期交易，还要承担汇率、利率、政治等风险和担保银行或开证行倒闭的风险；保理商面对的则是相对较为单纯的商业风险，控制风险手段是资信调查及赊销额度。

第五节　银行保函与备用信用证

在国际商务活动中，交易双方分处不同国家与地区，国际贸易总金额又往往巨大，尽管采取了托收、信用证等现代支付方式，但双方往往难以完全相互信任，阻碍潜在贸易机会的产生。这就使得第三方担保，即由一个信誉卓著、资金实力雄厚的第三方为合同按约履行作出担保，在国际商务中大行其道。本节要介绍的银行保函与备用信用证就是国际贸易中第三方担保的典型例子。

国际商会为建立一个各国统一使用的国际担保规则，在保函方面，曾于 1978 年和 1992 年分别出台了《合约保函统一规则》(URCG) 和《见索即付保函统一规则》(URDG458)。并于 2010 年更新了后者，于当前 7 月 1 日起生效了最新的《2010 年见索即付保函统一规则》(URDG758)。在备用信用证方面，为进一步在全球范围内规范备用信用证的做法，国际商会于 1998 年 4 月 6 日正式颁布了《国际备用证惯例》(International Standby Practices，简称 ISP98)，于 1999 年 1 月 1 日起正式实施。鉴于独立保函和备用信用证这两种担保方式具有共同的特点，为克服各种不同法律制度的不一致性，联合国国际贸易法委员会于 1995 年 12 月 11 日通过了《联合国独立保函和备用信用证公约》，将两者有机地统一起来。本节将根据上述国际惯例规则介绍银行保函与备用信用证的含义、性质和基本做法。

一、银行保函

(一) 银行保函的含义

保函 (Letter of Guarantee，简称 L/G) 又称保证书，是指银行、保险公司、担保公司或个人 (保证人) 应申请人的请求，向第三方 (受益人) 开立的一种书面信用担保凭证。保证在申请人未能按双方协议履行其责任或义务时，由担保人代其履行一定金额、一定期限范围内的某种支付责任或经济赔偿责任。保函是保证保险的一个典型应用。

保函既可由银行机构开立，称为银行保函，也可由非银行担保机构开立，称为商业保函。但商业保函基于商业信用，在国际贸易实践中很少被采用，因此保函一般指的就是作为银行担保凭证的银行保函。

（二）银行保函的类别

在保函项下，受益人在什么条件下才能取得保证人的偿付，按索偿条件分，通常可分为两种。

1. *有条件保函*（Conditional L/G）

有条件保函也称从属性保函，指担保人的偿付责任从属于或依附于委托人在基础交易合同下的责任和义务，如果委托人已经履行了合同下的责任义务，担保人也随之解除了对受益人的偿付责任。可见有条件保函的担保人承担的是第二性的、附属的付款责任。

2. *见索即付保函*（Demand Guarantee）

见索即付保函是独立性保函的代表，是担保人凭在保函有效期内提交的符合保函条件的要求书及保函规定的其他单据进行付款的承诺。可见，所谓“见索即付保函”就是担保人替债务人（申请人）向债权人（受益人）开出的凭规定单据赔款的承诺书，是集担保、融资、支付与相关服务为一体的多功能金融产品。据此，见索即付保函的担保人承担的是第一性的、直接的付款责任。故这种保函，又称无条件保函（Unconditional L/G）。银行保函一般为见索即付保函。

以见索即付保函为代表的独立性保函是第二次世界大战后为适应当代国际贸易发展的需要，由银行和商业实践的发展而逐步确立起来的，并成为国际担保的主流和趋势，原因主要在于：第一，从属性保函发生索赔时，担保银行须调查基础合同履行的真实情况，这是银行人员和专业技术能力不能及的，且会因此被卷入到合同纠纷甚至诉讼中。银行为自身利益考虑，绝不愿意卷入到复杂的合同纠纷中，使银行的利益和信誉受到损坏，所以趋向于使用独立性保函。而且银行在处理保函业务时，正越来越多地引进业务的处理原则，甚至有的将保函称为担保。第二，独立性保函可使受益人的权益更有保障和更易于实现，可以避免保函申请人提出各种原因如不可抗力、合同履行不可能等来对抗其索赔的请求，避免对违约人起诉花费大量的金钱、精力及诉讼旷日持久等缺陷，可确保其权益不至因合同纠纷而受到损害。

URDG 第 2 条 b 款规定，见索即付保函与其可能依据的合约或投标条件分属不同的交易，即使在保函户提及此合约或投标条件，担保人也与该合约或投标条件完全无关。换句话说，见索即付保函是一种与基础合同相脱离的独立性担保文件，受益人的权利与担保人的义务完全以保函所载的内容为准，不受基础合同的约束，即使保函中包含有对基础合同的援引，担保人也与该合同无关，受益人只要提交了符合保函要求的单据，担保人就必须付款。所以保函均为不可撤销的文件。保函必须是书面的，“书面”包括有效的电讯信息或加密押的电子数据（EDI）信息。

银行保函运用十分广泛，若根据其用途分类至少可分为以下几种。

1. *投标保函*

投标保函指银行应投标人申请向招标人作出的保证承诺，保证在投标人报价的有效期内投标人将遵守其诺言，不撤标、不改标，不更改原报价条件，并且在其中标后，将按照招标文件的规定在一定时间内与招标人签订合同。

2. 履约保函

履约保函指银行应国内国际交易某一方的请求而向另一方作出的一种履约保证，承诺当保函申请人不履约时由银行负责代为履行合同。在一般国际进出口交易中，履约保函又可分为进口履约保函和出口履约保函。

进口履约保函是指担保人应申请人(进口人)的申请开给受益人(出口人)的保证承诺。保函规定，如出口人按期交货后，进口人未按合同规定付款，则由担保人负责偿还。这种履约保函对出口人来说，是一种简便、及时和确定的保障。

出口履约保函是指担保人应申请人(出口人)的申请开给受益人(进口人)的保证承诺。保函规定，如出口人未能按合同规定交货，担保人负责赔偿进口人的损失。这种履约保函对进口人有一定的保障。

3. 还款保函

还款保函又称预付款保函或定金保函，指担保人应合同一方当事人的申请，向合同另一方当事人开立的保函。保函规定，如申请人不履行他与受益人订立合同的义务，不将受益人预付或支付的款项退还或还款给受益人，则由担保人向受益人退还或支付款项。

4. 借款保函

借款保函指银行应借款人要求向贷款行作出的一种旨在保证借款人按照借款合约的规定按期向贷款方归还所借款项本息的付款保证承诺。

5. 补偿贸易保函

补偿贸易保函指在补偿贸易合同项下，银行应设备或技术的引进方申请，向设备或技术的提供方作出的一种旨在保证引进方在引进后的一定时期内，以其所生产的产成品或以产成品外销所得款项，来抵偿所引进设备和技术的价款及利息的保证承诺。

6. 融资租赁保函

融资租赁保函指承租人根据租赁协议的规定，请求银行向出租人出具的一种旨在保证承租人按期向出租人支付租金的付款保证承诺。

7. 延期付款保函

延期付款保函指保证人应买方或业主方的要求，向卖方或承包方所出具的，保证在卖方完成发货义务的若干时日后，或在承包方完成工程建设或基本完成其工程项目的若干时日后，将按照合同中所规定的延付进度表中显示的到期时间分期分批向卖方或承包方支付本金及利息的付款承诺。

8. 质量保函

质量保函指应供货方或承建人申请，向买方或业主保证，如货物或工程的质量不符合合同约定而卖方或承建人又不能依约更换或修理时，按买方或业主的索赔予以赔偿的书面文件。在进出口贸易中，进口商为了确保货物品质符合要求，往往要求出口方提交质量保函，即保证按照合同规定的质量标准交货，若发现货物质量不符合规定，由出口方负责退换或补偿损失；否则，由保证人进行赔付。质量保函的担保金额一般为合同金额的 5%～10%，有效期由双方根据交易需要协商确定。

（三）银行保函的当事人

银行保函可能涉及如下当事人。

(1) 委托人，即保函的申请人，是与受益人订立合同的执行人与债务人。例如，在投标保函项下的投标人，出口保函项下的出口商，进口保函项下的进口商，还款保函下的预付款收受人。

(2) 保证人，也称担保人，即开立保函的银行或其他金融机构。

(3) 受益人，指保函受益人，也就是在其与委托人之间订立合同的债权人，即当委托人未履行合同时通过保函取得货款或赔款的人。例如，在投标保函项下的招标人，出口保函项下的进口商，进口保函项下的出口商，还款保函下的预付款支付人等。

以上三种是银行保函的最基础当事人，此外保函业务还可能涉及转递行、保兑行、转开行等。转递行有时也称通知行，指的是根据保证银行的请求将保函转递给受益人的银行，它只负责核对保函的签字或密押并收取手续费，不负其他责任。保兑行指的是在保函上加具保兑的银行，当保函的保证银行不按保函规定履行赔付义务时，保兑行有责任向保函受益人付款，使得受益人得到双重赔付保障。转开行的角色则是接受保证银行的请求向受益人开出保证书，保证当发生符合保证书规定条件范围内的事件时，保证银行的义务转至转开行，受益人只能向转开行要求付款或赔偿。而一旦发生此类事件，转开行在赔付受益人后有权向原保证银行索偿。

（四）银行保函的内容

银行保函的内容根据交易的不同而有所不同，但通常包括以下内容。

(1) 基本栏目：包括保函的编号，开立日期，各当事人的名称、地址，有关交易或项目的名称，有关合同或标书的编号和订约或签发日期等。

(2) 责任条款：即开函银行在保函中承诺的责任条款，作为银行保函的主体。

(3) 保证金额：即开立保函的银行所承担责任的最高金额，可以是一个具体的金额，也可以是合同有关金额的某个百分率。如果担保人可以按委托人履行合同的程度减免责任，则必须作出具体说明。

(4) 保函有效期：即最迟的索赔日期，或称到期日（Expiry Date），它既可以是一个具体的日期，也可以是在某一行为或某一事件发生后的一个时期到期。例如，在交货后三个月或六个月、工程结束后 30 天等。

(5) 索赔方式：即索赔条件，是指受益人是否在任何情况下都可向开立保函的银行提出索赔。即明确是无条件的“见索赔偿”保函，还是有条件保函。

保函与跟单信用证相比，当事人的权利和义务基本相同，所不同的是跟单信用证要求受益人提交的单据是包括运输单据在内的商业单据，而保函要求的单据实际上是受益人出具的关于委托人违约的声明或证明。这一区别，使两者适用范围有了很大的不同，保函可适用于各种经济交易中，为契约的一方向另一方提供担保。另外，如果委托人没有违约，保函的担保人就不必为承担赔偿责任而付款。而信用证的开证行则必须先行付款。

二、备用信用证

(一) 备用信用证的起源

作为信用证的一个分支，备用信用证最早产生于 19 世界的美国。由于世界各国银行一般均可开立保函，而当时美国法律却禁止其国内商业银行开立保函，为与外国银行竞争，达到为客户担保之目的，美国银行于第二次世界大战后广泛开立实际上属于保函性质的支付承诺——备用信用证。作为一个独立的凭单付款的承诺，备用信用证通常要求受益人提交汇票和简单的文件，以证明申请人违约。由于美国银行在开具备用信用证时很谨慎，开出的备用信用证多半是“备而不用”的，对申请人来说既方便又节省费用，所以很受欢迎。

时至今日，虽然限制商业银行开立保函的法律早已取消，但由于备用信用证具有独立性、单据化和见索即付的特点，在处理具体业务时又可根据 UCP 办理，因此较保函而言，备用信用证更易为银行和进出口商所接受，不仅在美国沿用至今，而且在世界范围也得到了广泛应用。

(二) 备用信用证的含义

备用信用证(Srandby Letter of Credit)是一种跟单信用证或安排，不论其如何命名或描述，它代表了开证人对受益人的一种责任：偿还开证申请人的借款，或支付由开证申请人承担的任何债务，或支付由开证申请人违约所造成的任何损失。

备用信用证通常用作投标、还款、履约保证金的担保业务。在备用信用证下，只要受益人向指定银行提交备用信用证规定的汇票及/或开证申请人未履约的声明或证明文件，即可取得开证人的付款。备用信用证属跟单信用证的一种，它是相对于一般附有装运单据的商业信用证(Commercial Letter of Credit)而言的。商业信用证由受益人将货物装运出口并提交符合信用证严要求的单据这一履约行为而使信用证成为可使用的结算方式；备用信用证则由于开证申请人的违约而支持了受益人，如到时开证申请人履约无误，则备用信用证就成为“备而不用”的结算方式，故称为“备用信用证”。由于备用信用证所具有的“担保”性质，所以有时也称为“担保信用证”(Guarantee L/C)。

(三) 备用信用证的种类

按照用途的不同，备用信用证主要可分为以下几种。

(1) 履约备用信用证(Perfoemance Standby L/C)，用于担保履约责任而非担保付款，包括对申请人在基础交易中违约所造成的损失进行赔偿的保证。在履约备用信用证有效期内如发生申请人违反合同的情况，开证人将根据受益人提交的符合备用信用证的单据(如索款要求书、违约申明等)代申请人赔偿备用信用证规定的金额。

(2) 投标备用信用证(Tender Bond Standby L/C)，主要用于担保申请人中标后签约的责任和义务，否则开证人须按备用信用证的规定向受益人履行赔款义务。投标备用信用证的金额一般为投标报价的 1%～5%(具体比例视招标文件规定)。

(3) 预付款备用信用证(Advance Payment Srandby L/C)，用于担保申请人对受益人的预付款所应承担的责任和义务。预付款备用信用证常用于国际工程承包项目中业主向承包人支付的合同总价 10%～25%的工程预付款，以及进出口贸易中进口商向出口商的预付款。

(4) 直接付款备用信用证(Direct Payment Standby L/C)，用于担保到期付款，尤指到期没有任何违约时支付本金和利息。直接付款备用信用证主要用于担保企业发行债券或订立债务契约时的到期支付本息义务。直接付款备用信用证已经突破了备用信用证“备而不用”的传统担保性质。

(四)备用信用证的当事人

备用信用证的当事人主要包括申请人、开证人、受益人和保兑人。

1. 开证申请人

开证申请人，简称“申请人”(Applicant)，是指申请开立或代理他人申请开立备用信用证的一方当事人。具体讲，包括以自身名义为自己申请开证之人和代他人以自身名义申请开证之人。

2. 开证人

开证人(Issuer)，是指开立备用信用证之人，开证人承担向受益人兑付表面上符合备用信用证条款的提示的义务。

3. 受益人

受益人(Beneficiary)，是在备用信用证下有权支款的指名当事人，包括可转让备用信用证下的“受让受益人”。

交单人(Presenter)，是指作为或代表受益人或其指定人提交单据的人。具体讲，交单人主要包括两种人：第一种是为自己向开证人或被指定人提交单据要求付款的受益人；第二种是代表受益人提交单据要求付款的人。

4. 保兑人

保兑人(Confirmer)，是指经开证人指定在开证人的承诺上加上其自身保证承付备用信用证的人。一般讲，保兑备用信用证，是指由开证行以外的银行接受开证行授权或要求，对其开出的不可撤销备用信用证加具保兑责任的双重担保备用信用证。保兑人的责任与开证人的责任是分离的，相互独立的。

5. 转开行

转开行(The Reissuing Bank)，是指接受反担保银行的要求，向受益人开出备用信用证的银行。转开备用信用证通常是由于外国法律或外国政府的规定和受益人的要求而进行的，其目的是为了使“海外”担保变为“国内”担保，一旦产生争议和纠纷，不仅索赔迅速，而且还可以利用本国法律来进行仲裁。转开行转开备用信用证后，如发生申请人(债务人)不履行基础合约，受益人凭备用信用证只能向转开行索赔，而不能向反担保银行(或指示行)索偿。

6. 通知人

通知人(Advising Party)，即向受益人通知备用信用证之人。通知人通知的行为一般被认为已经检查了所通知信息的表面真实性，以及该通知正确反映了其收到的内容。

(五)备用信用证的主要内容

备用信用证虽然种类很多，但其内容基本相同，归纳起来主要有以下几点：

(1)备用信用证申请人的名称和详细地址；

(2)备用信用证受益人的名称和详细地址；

(3) 开证人的名称和详细地址；

(4) 备用信用证的通知行或转开行（如有的话）的名称和详细地址；

(5) 备用信用证的编号和开立的日期；

(6) 备用信用证所依据的合同或标书等协议的号码、日期及事由等；

(7) 备用信用证项下开证人承担偿付责任的金额（包括大写和小写）；

(8) 备用信用证的性质，即备用信用证的种类，如投标备用信用证或履约备用信用证等；

(9) 备用信用证的有效期，包括备用信用证的生效日期（Effective Date）和失效日期（Expiry Date）；

(10) 开证人的责任及申请人、受益人的权利和义务；

(11) 备用信用证的索赔文件，即受益人根据备用信用证条款向开证人提出索赔时应附的文件；

(12) 备用信用证的仲裁条款和适用法律，即在备用信用证项下发生纠纷时，应由哪个仲裁机构及其适用法律等。

（六）备用信用证与跟单信用证的区别

与一般商业跟单信用证一样，备用信用证也具有独立性和单据化的特点，只要受益人提交了与备用信用证相符的单据，开证人就必须履行付款义务。但备用信用证的作用与一般商业跟单信用证存在显著不同。

1. 两者的使用范围不同

与商业信用证相比，备用信用证用途更广泛。除进出口交易外，备用信用证还广泛适用于保证付款或履约，如在大型工程承包中保证投标人履行其职责，在融资过程中保证借款人到期还款，在货到付款、技术交易、租赁交易等交易中作付款保证等；而商业信用证则主要用于进出口贸易结算，其目的是为了解决进出口双方互不信任的矛盾，将商业信用转化为银行信用，为进出口双方提供资金融通上的便利。

2. 两者使用的前提不同

备用信用证下，只有在申请人未按照基础合同的规定履约时，开证银行才会根据受益人的索偿要求，凭相符单据按照备用信用证所规定的内容赔付款项。而在商业跟单信用证下，只有受益人履行其买卖合同义务后，提交了符合信用证条款的单据，开证行才必须向受益人或其指定人进行承付。因此，商业信用证项下的款项支付一般是必然会发生的。而备用信用证下，如申请人履约，则赔偿不会发生。简言之，商业跟单信用证用于受益人履约收款，而备用信用证则用于申请人违约赔款。可见，尽管备用信用证的开证人形式上承担着“见索即付”的“第一性”付款责任，但其开立意图实质上是“第二性”的，具有保函的性质，因此有时也称为“担保信用证”。

3. 两者要求付款的单据不同

备用信用证一般仅凭受益人或第三者所出具的证明开证申请人违约的文件、索赔书以及其他有关文件或单据来支付款项；而商业信用证一般以符合信用证要求的装运单据，如商业发票、保险单、商检证书等作为付款的依据。可见，备用信用证的特点是凭简单单据付款，而商业信用证的特点是凭证明履行买卖合同的装运单据付款。商业信用证规定全套装运单据和装运期、交单期、有效期等，是“狭义”的跟单信用证；而备用信用证一般仅规定汇票和违约声明书，只有有效期，一般没有装运期，属于“广义”的跟单信用证，接近于光票信用证。

4. UCP600 条款对两者的适用不同

商业信用证一般适用 UCP600 全部条款；而备用信用证仅适用 UCP600 的部分条文，另有一部分条款则不适用，如分期装运/分期支款和对到期日的限制等。

（七）备用信用证与银行保函的区别

银行保函与备用信用证存在许多类似之处，它们都是由银行应某项交易合同项下的当事人（申请人）的请求或指示，向交易另一方（受益人）出立的书面文件，承诺对提交的在表面上符合其条款规定的书面索赔声明或其他单据予以付款。它们都是国际结算和担保的重要形式，在国际经贸往来中发挥相同的作用，达到相同的目的。但两者同样还存在着一些不同。

1. 保函有从属性保函和独立性保函之分，备用信用证无此区分

如前文所述，保函作为人的担保的一种，在性质上有从属性保函（有条件保函）和独立性保函（见索即付保函）之分。从属性保函是基础合同的一个附属性契约，其法律效力随基础合同的存在、变化、灭失，担保人的责任属于第二性的付款责任，只有当保函的申请人违约且不承担违约责任时，保证人才承担保函项下的赔偿责任。独立性保函虽是依据基础合同开立，但一经开立便具有独立效力，是自足文件，未经受益人同意，不能修改或解除其所承担的保函项下的义务，担保人对受益人的索赔要求是否支付，只依据保函本身的条款。

备用信用证并无从属性与独立性之分，它具有“独立性、自足性、纯粹单据交易”的特点，受益人以此为准，开证行只根据条款与条件来决定是否偿付，而与基础合约无关。

当然，如前文所述，近年来银行为避免卷入复杂的合同纠纷，并使得保函受益人利益得到更好的保障，银行保函多为独立的见索即付保函，这就使得银行保函和备用信用证的差距逐渐消失。

2. 两者适用的法律规范和国际惯例不同

由于各国对保函的法律规范各不相同，到目前为止，尚未有一个可为各国银行界和贸易界广泛认可的保函国际惯例。独立性保函虽然在国际经贸实践中有广泛的应用，但大多数国家对其性质在法律上并没有明确规定，这在一定程度上阻碍了保函的发展。

3. 两者在索赔时对汇票的要求不同

备用信用证常常要求受益人在索偿或索赔时出具即期汇票；银行保函不要求受益人索偿或索赔时出具汇票。

本章小节

1. 本章主要介绍了国际贸易的结算工具和结算方式的基本知识及相关国际惯例。

2. 介绍了国际贸易支付工具的特点，特别是信用证支付方式，以及国际保理业务与银行保函的相关知识。

基本概念

汇付　托收　信用证　汇票　本票　支票　银行保函　备用信用证　付款交单　承兑交单

思考题

1. 汇票、本票与支票的概念是什么，请整理出本票、汇票、支票的相同点与不同点。
2. 汇票在托收与信用证支付方式中是如何运用的？举例说明。
3. 信用证的基本使用流程与特点是什么？相对于托收与汇付，信用证的优点在哪里？
4. 备用信用证与银行保函、跟单信用证的区别在哪里？
5. 保理与福费廷的相同与不同点是什么？

案例分析

1. 甲公司出口一批器材给国外一家合伙企业乙公司，约定采用 D/A 的支付方式。甲公司装运后将单据和开出的汇票经过托收行一起交给乙公司，并得到了乙公司承兑的汇票。之后甲公司将该汇票背书转让给了丙公司。汇票到期后，丙公司拿着乙公司承兑的汇票要求乙公司兑付，却发现乙公司已经宣布破产，其公司资产已经不足以清偿其债务。请问此时丙公司可以怎么做？

2. 我某公司以 CIF 价格向美国出口一批货物，合同的签订日期为 7 月 2 日。到 7 月 28 日由渣打银行开来了不可撤销即期 L/C，金额为××万日元，证中规定装船期为 8 月份，付款行为美国的花旗银行。我中国银行收证后于 8 月 2 日通知出口公司。8 月 10 日花旗银行通知我方国外进口商因资金问题破产倒闭而无法向其支付货款，因此不再对信用证负责。请问：我方该如何取得货款？

3. A 出口一批大豆至美国商人 B，合同规定“大豆含油量在 5%上下 10%范围内(4.5%～5.5%)”，使用信用证支付。B 通过开证行开出的信用证规定的是“大豆含油量在 5%以上 10%范围内(5%～5.5%)”。A 收到信用证后并没有发现问题。装船后 A 将所有单据连同注明 4.8%的质检证书交给开证行，但开证行拒付。A 拿出进出口合同质量条款予以抗辩，声明质检证书符合合同要求，要求开证行付款。请问：开证行是否应该付款？

4. A 出口一批大豆至美国商人 B，合同规定大豆含油量应当在 5%上下 10%范围内，使用信用证支付。B 通过开证行开出的信用证也如此规定。A 装船后提交了一套包含 5.4%含油量的质检证书的合格单据，顺利从开证行取得货款。B 在货物到港时向开证行付款得到了单据，并取得了货物，但经检验发现大豆含油量仅有 4.4%，于是要求开证行偿还货款。请问：开证行是否有义务偿还 B 货款？为什么？B 应当如何做？（暂不考虑检验条款的规定）

5. A 出口一批大豆至美国商人 B，信用证规定大豆含油量应当在 5%上下 10%范围内。A 装船后提交了一套包含 4.6%含油量的质检证书和汇票等单据，交给当地议付行光大银行议付，光大银行没发现问题，垫付了货款，将票据寄给开证行索偿，但此时开证行已经倒闭无力付款。光大银行于是要求 A 偿还货款，A 坚持不偿还。请问：A 和光大银行谁有理？

6. A 出口一批大豆至美国商人 B，信用证规定大豆含油量应当在 5%上下 10%范围内。A 装船后提交了一套包含 4.4%含油量的质检证书和汇票等单据，交给当地议付行光大银行议付，光大银行没发现问题，垫付了货款，将票据寄给开证行索偿，但开证行基于质量不符信用证要求拒付。光大银行于是要求 A 偿还货款，A 认为议付行已经认为单据符合信用证要求，坚持不付。请问：A 和光大银行谁有理？

第九章

商 品 检 验

学习目标

1. 通过本章学习，了解商品检验的重要性，掌握进出口商品检验检疫的规定，包括检验时间和地点；

2. 了解进出口商品的检验机构与检验内容；

3. 掌握进出口商品的检验程序、检验证书及买卖合同中的检验条款。

第一节 进出口商品检验的规定

商品的检验检疫(Commodity Inspection and Quarantine)是指在国际商品买卖中对买卖双方成交的商品由商品检验检疫机构对商品的品质、数量、重量、包装、安全、卫生、残损以及装运条件等进行检验和鉴定，并出具检验证书，以确定商品是否符合合同条款的规定，是否符合交易双方国家有关法律法规的规定。

在国际贸易中，国际公约和国际惯例、各国的法律法规及买卖合同都对实施贸易检验检疫行为做出了规定。

一、国际公约和国际惯例

联合国及有关国际组织在相关的国际公约、协定及条约中规定了检验检疫的行为规范。如《联合国国际货物销售合同公约》规定：进口商应在实际可行的最短时间内检验货物或由他人检验货物，或推迟到货物抵达目的地后检验货物。《2010 通则》等国际惯例，均规定进口商可要求出口商提供货物符合质量、数量等规定的证明。

二、各国的法律法规

为维护国家利益、保护环境、保障人们的健康和消费者权益，各国都制定了相当完备的法律法规。例如，我国先后制定了《中华人民共和国进出口商品检验法》《中华人民共和国进出境动植物检疫法》《中华人民共和国国境卫生检疫法》《中华人民共和国食品卫生法》等，从法律上确定了中国出入境检验的重要地位，并成为检验检疫的法律依据。其中，我国《中华人民共和国进出口商品检验法》规定，对于列入《进出口商品检验种类表》和其他法律、行政法规规定须经商检机构检验的进出口商品，必须依法实施检验。

三、买卖合同的规定

国际货物买卖合同中的检验检疫条款通常规定，出口商交付的货物应由第三方对其质量、数量、包装等项目进行检验检疫并出具公证报告，其公证报告对买卖双方具有约束力。

在国际货物买卖合同中，关于检验的时间和地点的规定有四类。

(一) 在出口国检验检疫

1. 产地检验

产地检验是指在货物离开生产地点(如工厂、农场或矿山等)之前，由出口商(或其委托人)或者进口商(或其委托人)向检验检疫机构申请对货物进行检验检疫。检验检疫合格后，出口商不再对商品负责，离开产地后的货物风险由进口商承担。

2. 装运港(地)检验

装运港(地)检验又称"离岸品质、离岸重量"，是指货物在装运港(地)交货前，由买卖合同中规定的检验机构对货物进行检验鉴定，并以该机构出具的检验证书为最后依据。卖方对交货后所发生的变化不承担责任。

采用以上两种规定方法时，对买方非常不利。

(二) 在进口国检验检疫

1. 目的港(地)检验

目的港(地)检验又称"到岸品质、到岸重量"，是指货物运达目的港(地)时，由买卖合同中规定的检验机构在规定的时间内，就地对货物进行检验鉴定，并以该机构出具的检验证书为最后依据。若检验检疫证书证明货物与合同规定不符，则属于卖方责任，由出口商负责。

2. 进口商营业处所或最终用户所在地检验

进口商营业处所或最终用户所在地检验是指将货物运抵进口商营业处所或最终用户所在地后的一定时间内进行检验，并以双方约定的该地的检验检疫机构所出具的检验检疫证书作为交货质量和数量的最后依据。这种检验方法适用于需要安装调试进行检验的设备、机电仪表产品以及使用前不便拆开包装的产品。

采用以上两种规定方法时，卖方必须承担到货品质、数量等检验内容的责任，对卖方非常不利。

(三) 出口国检验、进口国复验

出口国检验、进口国复验是指卖方在出口国装运货物时，以合同规定的装运港(地)检验检疫机构出具的检验证书作为卖方收取货款的依据之一，货物运抵目的港(地)后的一段时间内，卖方再进行复验。

这种做法兼顾了买卖双方的利益，是国际货物买卖中最为常见一种方法。

（四）装运港（地）检验数量、目的港（地）检验品质

装运港（地）检验数量、目的港（地）检验品质又称“离岸数量，到岸品质”，是指以装运港（地）检验检疫机构出具的检验证书作为卖方所交货物数量的最后依据，以目的港（地）检验检疫机构出具的检验证书作为卖方所交货物品质的最后依据。

第二节　进出口商品检验机构与检验内容

一、商品检验机构

商品检验机构是指根据客户的委托或有关法律法规的规定对出入境商品进行检验、鉴定和管理的机构，简称商检机构。

（一）国外的商品检验机构

世界上大多数国家都设有自己的商检机构，特别是发达国家，由于商品进出口量大、对品质要求高，因此所设立的检验机构种类繁多。国际上的商品检验机构名称各异，有的称作公证行（Authentic Surveyor）、宣誓衡量人（Sworn Measurer），也有的称之为实验室（Laboratory）。这些机构有的属于综合性的，有的属于专业性的。

国外的商检机构大体可归纳为官方检验机构、半官方检验机构和非官方检验机构三种。

1. 官方检验机构

官方检验机构是指由国家或地方政府投资，按照国家有关法律法令对出入境商品实施强制性检验、检疫和监督管理的机构。国际上比较著名的官方检验机构有：美国的动植物检验署（APHIS）、食品与药品管理局（FDA）、法国的国家实验检测中心、日本的日本通商省检验所等。

2. 半官方检验机构

半官方检验机构是指有一定权威的、由国家政府授权、代表政府行使某项商品检验或某一方面检验管理工作的民间机构。例如，美国保险人实验室（UL），这一机构由美国几家保险公司于 1894 年创办，属于民间组织，后来从保险公司中独立出来，接受政府委托，负责进出口商品的安全检查。根据美国政府的规定，凡是进口与安全有关的商品（如电器、药品等），必须经 UL 检验认证合格，并贴上该实验室的英文缩写标志“UL”，方可进入美国市场。

3. 非官方检验机构

非官方检验机构是指由私人创办的、具有专业检验、鉴定技术能力的公证行或检验公司，比较著名的民间性质的私人协会有：英国劳埃氏公证行（Lloyd's Surveyor）、瑞士的日内瓦通用公证行（SGS）、国际羊毛局（IWS）等。

（二）我国的商品检验机构

1. 国家质检总局

中华人民共和国国家质量监督检验检疫总局（Administration of Quality Supervision,

Inspection and Quarantine of People's Republic of China，AQSIQ)，简称国家质检总局，是2001 年 4 月 10 日由国家质量技术监督局和国家出入境检验检疫局合并组建的主管全国质量、计量、出入境卫生检验、动植物检疫、商品检验、鉴定、认证和监督管理的行政执法机构。其在各省、自治区、直辖市设立分支机构，负责监督管理本地区的进出口商品检验工作。

2. 其他检验机构

为了适应我国对外贸易发展的需要，20 世纪 80 年代初，经国务院批准成立了中国进出口商品检验总公司(以下简称商检公司)。商检公司作为一家独立的检验机构，以非官方身份和公证科学的态度，接受进出口业务中的当事人和外国检验机构的委托，办理进出口商品的检验、鉴定业务，签发检验、鉴定证书并提供咨询服务。商检公司的成立既为进出口商品的顺利交接、结汇以及合理解决索赔争议提供了诸多便利条件，同时也促进了我国同世界各国进出口商品检验机构的联系与合作。

除此之外，我国还有其他的专业检验机构。例如，进出口药品由卫生部指定的药品检验部门检验；进出口飞机由民航部门的专门机构办理；进出口计量器具由国家计量部门检验鉴定；进出口船舶、主要船用设备和材料、集装箱由船舶检验机构检验。上述物品的进出口检验需向各专业部门的检验机构申请办理，取得合格证书后方可进出口。

3. 我国商检机构的职责

根据《中华人民共和国进出口商品检验法》(简称《商检法》)和《中华人民共和国进出口商品检验法实施条例》(简称《商检法实施条例》)的规定，国家商检部门及其设在各地的检验机构的职责有下述四项。

(1)对进出口商品实施检验。检验包括法定检验和对法定检验以外的进出口商品的检验。

法定检验是指商检机构根据国家法律、行政法规，对规定的进出口商品和有关的检验事项实施强制性检验。属于法定检验的出口商品，未经检验合格的不准出口；属于法定检验的进口商品，未经检验合格的不准销售、使用。

法定检验的范围包括：对列入《商检机构实施检验的进出口商品种类表》的进出口商品的检验；对出口食品的卫生检验；对出口危险货物包装容器的性能鉴定和使用鉴定；对装运出口易腐烂变质食品、冷冻品的船舱、集装箱等运载工具的适载检验；对有关国际条约规定须经商检机构检验的进出口商品的检验；对其他法律、行政法规规定必须经商检机构检验的进出口商品的检验。

对于法定检验以外的进出口商品，商检机构可以抽查检验。此外，商检机构还对对外贸易合同约定或者进出口商品的收货人、发货人申请商检机构签发检验证书的进出口商品实施检验。

(2)对进出口商品办理鉴定业务。鉴定是指根据国际贸易关系人的申请，商检机构以第三方公证人的身份，对被申请要求检验的进出口商品以及其他事项进行检验鉴定，并出具证明。

进出口商品鉴定业务不同于法定检验，主要表现在：鉴定业务是凭申请办理的，是非强制性的，而法定检验则是根据国家法律法规，对进出口商品实施的强制性检验；办理鉴定业务时商检机构与申请人是平等的民事主体，而进行法定检验时商检机构与申请人之间是管理与被管理的关系。

进出口商品鉴定业务的范围主要包括：

① 对进出口商品的质量、数量、包装检验鉴定、货载衡量；

② 对进出口商品的监装和监卸；

③ 对进出口商品的积载鉴定、残损鉴定和海损鉴定；

④ 对装载进出口商品的船舶、车辆、飞机、集装箱等运载工具的适载鉴定；

⑤ 对与进出口商品有关的外商投资的价值、品种、质量、数量和损失鉴定；

⑥ 抽取并签封各类样品；

⑦ 签发价值证书及其鉴定证书；

⑧ 其他进出口商品检验鉴定业务。

(3) 对进出口商品的质量和检验工作实施监督管理。监督管理是指检验检疫机构依法对进出口商品通过行政和技术手段进行控制、管理和监督。

根据中国《商检法》规定，国家质检总局以及地方出入境检验检疫机构对进出口商品检验检疫工作实施监督管理的主要内容有：

① 对法定检验范围以外的进出口商品根据国家规定实施抽查检验；

② 对重点的进出口商品生产企业派驻质量监督员；

③ 对进出口商品的质量认证工作，准许认证合格的商品使用质量认证标志；

④ 指定、认可符合条件的国外检验机构承担特定的检验鉴定工作，并对其检验鉴定工作进行监督抽查；

⑤ 对重点的进出口商品及其生产企业实施质量许可制度；

⑥ 对经检验合格的进出口商品加施商标和封识管理。

监督管理与法定检验都是检验机构强制实施的行政管理行为，两者的区别在于管理的对象不同。法定检验的对象是进出口商品，而监督管理的对象是进出口商品检验工作。

(4) 对进出口商品进行认证。按认证性质的不同，分为强制性认证和自愿性认证。与人身安全、健康、检疫、环保、劳保等有关的产品，依据法律规定必须实施强制性认证，该类产品未获得认证，不得销售，否则依法惩处。对一般产品均实行自愿性认证，没有经过认证的产品，也可以在市场上销售，但在国际市场上往往会由于没有认证而使产品滞销或降价。

按认证的内容不同，可分为质量认证、安全认证和质量认证 + 安全认证。使用质量认证标志的产品，说明该产品符合某一技术标准。使用安全认证标志的产品，说明该产品符合某一安全标准，大多数安全认证都是强制性认证。

二、检验内容

商品检验的内容主要包括：品质检验、数量和重量检验、包装检验、卫生检验和残损鉴定等。

1. 品质检验

品质检验主要是对商品的外观、化学成分、物理性能等进行检验。一般采用仪器检验和感官检验两种方法。仪器检验是指利用各种有关仪器和机械对商品进行物理检验、化学检验和微生物检验等。感官检验是指通过眼、耳、鼻、口和手对商品进行鉴定。

2. 数量和重量检验

数量和重量检验是指按合同规定的计量单位和计量方法对商品的数量和重量进行检验。

3. 包装检验

包装检验是指对商品包装的牢固度、完整性进行检验，看其是否适合商品的性质和特点，是否适于商品流转过程的装卸、搬运，是否符合合同及其他有关规定，是否合乎标准或合同规定的内包装和衬垫物料或填充物料，并对包装标志的各项内容进行核对，看其是否与合同规定相符。

4. 卫生检验

卫生检验是指对肉类罐头食品、奶制品、禽蛋及蛋制品、水果等货物是否无菌、无寄生虫等进行检验。

5. 残损鉴定

残损鉴定是指对受损商品的残损部分予以鉴定，分析致残原因及其对商品使用价值的影响，估计损失程度，出具证明等。

第三节 商品检验程序

出入境检验检疫的程序包括以下三个环节：报检、检验检疫、通关放行。出境货物的检验检疫程序是报检后，先检验检疫，后通关放行；入境货物的检验检疫程序是报检后，先放行通关，后进行检验检疫。为适应外贸发展、提高检验检疫工作效率，国家质检总局还推行了“三电工程”，即电子报检、电子监管和电子放行。

一、报检

报检(Application for Inspection)是指对外贸易关系人向商检机构申请对进出口商品进行检验或检疫。

1. 报检范围

在我国需要报检的进出口商品包括：

(1) 列入《出入境检验检疫商品目录》的商品；

(2) 进口国家或地区规定，必须凭检验检验机构出具的证书才可入境的商品；

(3) 有关国际条约规定须经检验检疫的商品；

(4) 申请签发普惠制原产地证明或一般原产地证明的商品；

(5) 贸易商申请鉴定和委托检验的商品；

(6) 进出口合同或信用证规定由检验检疫机构或官方机构出具证明的商品；

(7) 未列入《出入境检验检疫商品目录》的入境货物，经收、用货单位验收，发现品质不合格或残损、短缺，需要检疫机构出证索赔的商品；

(8) 涉及出入境检验检疫内容的司法和行政机关委托的鉴定业务等。

属于下列情况之一的，商检机构不受理检验：

(1) 已超过合同规定的索赔期和质量保证期，丧失索赔权的 ；

(2) 按规定在免赔范围之内的少量损失；

(3) 缺少必要的单据及有关资料，无检验依据的；

(4) 按进口货物检验分工，不属于商检机构检验范围之内的。

2. 报检时限

出境货物报检最迟应于报关或装运前 7 天办理，对于一些检验周期较长的货物，应留有足够的检验时间。

进口不同的货物，其检验检疫报检的时间不同。

(1) 微生物、人体组织、生物制品、血液及其制品，或者种畜、禽及其精液、胚胎、受精卵，应当在入境前 30 天报检；其他动物的，应当在入境前 15 天报检。

(2) 植物、种子、种苗及其他繁殖材料，应在入境前 7 天报检。

(3) 入境货物需对外索赔出证的，应在索赔有效期前不少于 20 天内报检。

3. 报检手续

报检单位首次报检时要先持相关证明文件及材料办理登记备案手续，取得报检单位代码，之后由其报检人员凭报检员证报检，报检员必须经过培训获得质检机构颁发的报检员证书。若无报检员证而需办理报检业务的，应委托经国家质检总局注册登记的代理报检单位及其代理报检员办理。代理报检的须向检验检疫机构提供由委托人按检验检疫机构规定的格式填写的委托书。

货物出境报检可在产地或报关地进行，应填写《出境货物报检单》，并随附合同、发票、装箱单等单证，凭样品买卖成交的货物应提供双方确认的样品。检验检疫机构审核有关单据，符合要求的受理报检并计收费用，然后转施检部门实施检验检疫。

在法定检验检疫货物入境前或入境时，报检人应首先向卸货口岸或到达站的检验检疫机构报检。报检时应填写《入境货物报检单》，并提供外贸合同、发票、提单、装箱单等单证。检验检疫机构按规定审核报检人员提供的资料，符合要求的受理报检并计收费用。 货物通关后，报检人员应及时与检验检疫机构联系检验检疫事宜。

二、检验检疫

检验检疫程序包括以下内容。

1. 抽样和制样

检疫人员到现场抽取样品时，应注意抽取的样品必须具有代表性、准确性和科学性，并填写现场记录。抽取后的样品应及时封识送检，以免发生意外。制样即样品制备，是指对抽取的样品要先经过加工才能进行检验。一般在检验检疫机构的实验室制样。

2. 检验检疫

检验检疫是对出入境商品通过感官的、物理的、化学的、微生物的方法进行检验检疫，以判定所检对象的各项指标是否符合合同及买方所在国官方机构的有关规定。商检机构接受报验之后，应认真研究申报的检验项目，确定检验内容，仔细审核合同(信用证)对品质、包装等的规定，弄清检验的依据，确定检验标准、方法，然后对抽样进行检验。

3. 卫生除害处理

检验检疫机构所涉及的卫生除害处理的对象包括：出入境的货物、动植物、运输工具、公共场所、病源地和疫源地。

检验检疫工作时限是指检验检疫机关受理报检后，从与报检人员约定开始实施检验检疫之日起至完成检验检疫并签发检验检疫证明之日为止的最多实际工作时间。出境货物一般为 7 天，首次出境的货物或者初次检验检疫有问题而需要进一步检验检疫的货物，工作时限适当延长，但不能超过出口装运期。

三、通关放行

《出境货物通关单》是国家对实施出境检验检疫的货物许可出境的证明。对产地和报关地一致的货物，经检验检疫合格，检验检疫机构出具《出境货物通关单》；对产地和报关地不一致的货物，报关人应向产地检验检疫机构报检，产地检验检疫机构对货物检验检疫合格后，出具《出境货物换证凭单》，或将电子信息发送给口岸检验机构并出具“出境货物换证凭条”，报检人据此向报关地的检验检疫机构申请换发《出境货物通关单》。出口企业应在检验检疫机构规定的期限内装运货物，如超过有效期装运出口的，出口企业应重新报检，经复检合格后才能出口。凡是法定检验的货物经检验检疫不合格的，检验检疫机构签发《出境货物不合格通知单》，一律不得出口。

对来自疫区的、可能传播检疫传染病、动植物疫情及可能夹带有害物质的入境交通工具或包装实施必要的检疫、消毒、卫生除害后，签发《入境货物通关单》；对入境废物、活动物等特殊货物，检验检疫机构要先进行部分或全部项目的检验检疫，合格以后才签发《入境货物通关单》，以供报检人办理通关手续。入境货物通关后，货主需要在检验检疫机构规定的时间和地点申请检验检疫。经检验检疫合格的，签发《入境货物检验检疫证明》，准予销售和使用；不合格的签发《检验检疫处理通知书》，货主或其代理人应在检验检疫机构的监督下进行处理。无法处理或者处理后仍不合格的，做退运或销毁处理。需要对外索赔的，检验检疫机构签发检验检疫证书。

四、电子报检、电子监管和电子放行

为了适应外贸发展，提高检验检疫工作效率，国家质检总局推行了“三电工程”，在“三电工程”实施的初始阶段，“三电”（俗称“旧三电”）指的是电子报检、电子转单和原产地证电子签证。随着对电子政务推广和检验检疫信息化的发展，“三电”发展成为现阶段的电子申报、电子监管和电子放行。

(1) 电子申报包括原来的电子报检和原产地证电子签证。

①电子报检是指报检人使用电子报检软件通过检验检疫电子业务服务平台，将报检数据以电子方式传输给检验检疫机构，经检验检疫业务管理系统和检务人员处理后，将受理报检信息反馈报检人，实现远程办理出入境检验检疫报检的行为。电子报检有安装企业端软件通过专门平台电子报检和通过浏览器网上报检两种方式。②原产地证电子签证是企业与检验检疫机构电子业务平台联网后，通过电子签证企业端软件，以电子方式进行一般原产地证及普惠制产地证的申请，从而完成原产地证远程申请工作。

(2) 电子监管包括电子数据监管和视频监控。实行电子监管的企业须安装专用的企业端软件，与检验检疫机构进行网上数据交换。在检验检疫机构的电子监管平台上，检验检疫人员能实时了解进口货物或出口货物的情况。

(3) 电子放行包括电子转单和电子通关(或通关单联网核查)。①电子转单是指通过系统网络，将产地检验检疫机构和口岸检验检疫机构的相关信息相互连通，产地检验检疫机构将检验检疫合格的出境货物的相关电子信息传输到出境口岸检验检疫机构，入境口岸检验检疫机构将入境货物的相关电子信息传输到目的地检验检疫机构实施检疫的监管模式。电子转单改变了由客户凭《出境货物换证凭单》到报关地检验检疫机构换发《出境货物通关单》的传统的模式。②电子通关是指采用网络信息技术，将检验检疫机构签发的出入境通关单的电子数据传输到海关计算机业务系统，海关将报检报关数据对比确认相符合予以放行。 不仅加快了通关速度，还有效避免了报检数据和报关数据不相符及不法分子伪造、变造通关单证的不法行为。

第四节　商品检验证书

商品检验证书(Inspection Certificate)是商检机构依据有关规定对进出口商品进行检验检疫或鉴定后出具的证明文件，是各种检验检疫证书、鉴定证书的统称。

一、检验证书的作用

在国际贸易中，第三方出具的检验证书是实施检验检疫行为的体现，检验证书具有多方面的重要作用，具体体现在以下方面。

(一) 检验证书维护了国家的信誉和利益

出口国对出口货物实施强制性检验或检疫、鉴定和监管的行为，不合格的商品不允许出口，维护了本国在国际上的信誉，提高了本国产品的国际竞争力。

(二) 检验证书是证明卖方所交货物符合合同规定的依据

在国际货物买卖中，交付与合同相符的货物是卖方的基本义务，检验证书能证明卖方所交货物的品质、数量、包装及卫生条件等方面符合合同规定。

(三) 检验证书是卖方向银行议付货款、办理货款结算的依据

凭检验证书中确定的货物等级、规格、数量结算货款，是买卖双方都接受的合理公正的结算方式。检验证书也是银行付款结算时的必需文件。

(四) 检验证书是计算运费、仓储费、关税等费用的依据

检验证书确定的货物重量或体积，是托运人和承运人之间计算运费，港口仓储运输部门计算栈租、装卸、理货等费用的有效证件，也是海关征收关税的重要依据。残损证书所标明的残损、缺少的货物可以作为向海关申请退税的有效凭证，产地证明书是进口国海关给予差别关税待遇的基本凭证。

（五）检验证书是海关验关放行的有效证件

许多国家的政府为了维护本国利益，对某些进出口商品的品质、数量、包装、卫生、安全制定了严格的法律法规，在有关货物进出口时，必须由当事人提交检验检疫机构符合规定的检验证书和有关证明手续，海关当局才准予进出口。

（六）检验证书是索赔的依据

检验证书是买方对品质、重量、包装等条件提出异议、拒收货物、办理索赔和理赔的依据。检验检疫机构出具的关于货物品质不良、数量缺少、残损、水渍、玷污、淡水雨淋、腐烂等证明，是进口商向出口商、承运人或保险公司索赔的重要依据，同时也是保险公司向有关责任方代位追偿的重要依据。

（七）检验证书是证明货物状况、明确责任的依据

检验机构出具的监装证明、监卸证明、集装箱的验箱、拆箱证明等，都是货物、运输工具、集装箱等在装卸、运输环节所处状况的有效证明，是船方和有关方面免责的重要依据。

（八）检验证书是仲裁或诉讼的有效文件，是裁决或判决的重要依据

二、检验证书的种类

国际货物买卖中的检验证书，其种类繁多，卖方究竟需要提供哪种证书，要根据商品的特性、种类、贸易习惯以及政府的有关法令而定。在实际业务中，常见的检验证书主要有以下几种。

（1）品质检验证书（Inspection Certificate of Quality），即证明进出口商品质量、规格、等级的文件。

（2）数量检验证书（Inspection Certificate of Quantity），即证明进出口商品数量的证书。

（3）重量检验证书（Inspection Certificate of Weight），即证明进出口商品重量的证书。

（4）价值检验证书（Inspection Certificate of Value），即证明发货人发票所列商品的价值正确属实的证书。

（5）包装检验证书（Inspection Certificate of Packing），即用于证明进出口商品包装及标志情况的证书。

（6）产地检验证书（Inspection Certificate of Origin），即用于证明出口商品原生产地的证书，包括一般产地证、普惠制产地证、野生动物产地证等。

（7）消毒检验证书（Inspection Certificate of Disinfection），即证明出口动物产品在出口前经过消毒处理，符合卫生和安全要求的证书。适用于猪鬃、马尾、皮张、山羊毛、羽毛、人发等商品。

（8）兽医检验证书（Veterinary lnspection Certificate），即证明出口动物产品检疫合格的证书。适用于冻畜肉、冻禽、禽畜肉罐头、冻兔、皮张、毛类、绒类、猪鬃、肠衣等出口商品。

（9）卫生检验证书（Sanitary lnspection Certificate），也称健康检验证书（Inspection

Certificate of Health)，即证明可供人类食用或使用的出口动物产品、食品等经过卫生检验或检疫合格的证书。适用于肠衣、罐头、冻鱼、冻虾、食品、蛋品、乳制品、蜂蜜等商品。

(10) 熏蒸证书(Inspection Certificate of Fumigation)，即证明出口粮谷、油籽、豆类、皮张等商品，以及包装用的木材与植物性填充物等，已经经过熏蒸灭虫的证书。此证书主要证明使用的药物、熏蒸的时间等情况。若国外不需要单独出证，可将其内容列入品质检验证书中。

(11) 温度检验证书(Certificate of Temperature)，即证明出口冷冻商品温度的证书。若国外仅需证明货物温度，不需要单独的温度证书，可将测温结果列入品质检验证书中。

(12) 验残检验证书(Inspection Certificate on Damaged Cargo)，简称验残证书，主要内容为确定商品的受损情况，估定损失程度，判断致损原因及对使用、销售的影响，作为向发货人或承运人或保险人等有关责任方索赔的有效证件。

(13) 船舱检验证书(Inspection Certificate on Tank/Hold)，即证明承运出口商品的船舱清洁、牢固、冷藏效能及其他装运条件是否符合保护承载商品的质量和数量完整与安全要求的证书。

(14) 货载衡量检验证书(Inspection Certificate on Cargo Weight & Measurement)，也称衡量检验证书，即证明进出口商品的重量、体积吨位的证书。

一般货物的商检证书自签发日起 2 个月内有效，鲜果菜和蛋类为 2 个星期。商品逾期未出口，应申请展期，商检机构认为必要时会要求重新检验。

第五节 商品检验条款

一、出口合同中的商检条款

在我国出口贸易中一般采用出口国检验、进口国复验的方法，即货物在装船前，由我国口岸质检局进行检验并签发检验证书，作为我国出口商向银行议付货款的凭证；货到目的港后进口商有复验权，以目的港检验机构出具的检验证明作为其索赔的依据。这种检验条款的具体规定如下：“买卖双方同意以装运港国家出入境检验检疫机构签发的品质和数量(重量)检验证书作为信用证项下议付所提交单据的一部分。买方有权对货物的品质、数量(重量)进行复验，复验费用由买方负担。如发现品质和数量(重量)与合同规定不符，买方有权向卖方索赔，并提交经卖方同意的公证机构出具的检疫报告，索赔期限为货到达目的港××天内。”

此外，若采用装运港检验的方法，则商检条款可规定为：“双方同意以装运港中国出入境检验检疫所签发的品质检验证书为最后依据，对双方具有约束力。”

二、进口合同中的商检条款

双方同意以××厂出具的品质及数量检验证书作为在信用证项下付款的单据之一，但货物品质及数量的检验应按下列规定办理：“货物到达目的港××天内经中国出入境检验检疫机构复验，如发现品质及数量与本合同不符，除属于保险公司或船公司责任外，买方可凭中国出入境检验检疫局出具的检验证书，向卖方提出索赔或退货。所有因索赔或退货引起的一切费用(包括检验费)及损失，均由卖方承担”。在此情况下，凡货物适于抽样的，买方可应卖方要求，将货物的样品寄交卖方。

三、订立合同的检验条款应注意的问题

进出口合同的检验条款是不可缺少的重要条款。订立好检验条款有利于出口交货和进口到货的检验及验收工作的顺利进行。订立检验条款的注意事项包括以下几个方面。

1. 检验条款应与合同的其他条款相互衔接、协调一致

进出口合同中所规定的货物品质、数量(重量)、包装项等条款的具体内容是实施货物检验的重要依据，在订立这些条款的时候，要保持条款间相互一致，尤其应把检验时间、地点的确定和贸易术语结合起来考虑。例如，出口合同按 CIF 贸易术语成交，这意味着卖方在装运港交货后，即可凭合同中规定的单据到银行议付货款，若在检验条款中规定“以到岸品质和重量由买方验货后付款”，二者便产生矛盾。

2. 检验条款中应规定明确、具体的检验标准和抽样、检验方法

商品检验标准是衡量进出口货物是否合格的依据。只有明确规定检验标准，才能具体实施检验，并据以出具公正的检验结果。国际贸易中的商品种类繁多，商品标准也五花八门，不同的标准有不同的内容和要求。我国商品标准有国家标准、行业标准(专业标准)和企业标准三级。国际上有国际标准。在这种情况下，必须在进出口合同中明确规定所采用的具体标准(如同为国家标准，应有不同年份之分)，以便实施检验，分清责任。

出口商品的抽样、检验方法，一般均按我国的有关标准规定和商检部门统一规定的方法办理。有些商品如粮食，在国际上有一些惯用的标准化取样和定级方法，在订立合同时应明确规定采用哪一种方法。如果买方要求使用其他的抽样、检验方法时，应在合同中具体订明，必要时应先征得商检部门的同意再对外签约。

3. 检验条款中要明确规定复验的期限、地点和机构

在买方享有复验权的情况下，卖方在装船前所进行检验取得的检验证书具有法律效力，但不具有最后效力，货到目的港(地)后，买方复验的结果，据以签发的检验证书才具有最后效力。因此，在买方有复验权时，必须在合同中明确规定复验期限、复验地点和机构，这有利于保障卖方的权益。

复验期限，实际上就是索赔限期，错过复验期，买方就失去了索赔权。对于复验期长短的规定，应结合商品的特点和港口等因素综合确定。如农副产品，复验期限可短一些，机电仪表和成套设备的复验期限要长一些。复验地点的选择与复验期限有着密切的联系，地点选择不当，实际检验的时间就得不到保障。

复验地点除非买卖双方另有规定，一般为货物到达的目的地。如果目的地不是港口，而是内地，则检验地点应延展到货物的最后目的地。

对于复验机构，贸易双方一般指定对自己友好、业务能力强的检验或公证机构。

4. 对于规格复杂的商品要加列必要的特殊性规定

对于规格复杂的商品，如机械设备，应根据商品的不同特点在合同条款中加列一些特

殊性规定，如详细的检验标准、考核及检测方法、产品所使用的材料及其质量标准、样品及技术说明书等，以便检验时对照检验与验残。

本章小结

1. 进出口商品检验是国际货物买卖中不可缺少的重要环节，本章介绍了进出口商品检验检疫的基础知识。

2. 在国际贸易中，国际公约和国际惯例、各国的法律法规及买卖合同都对实施贸易检验检疫行为做出了规定。在国际货物买卖合同中，关于检验的时间和地点的规定有在出口国检验检疫、在进口国检验检疫、出口国检验进口国复验、装运港(地)检验数量目的港(地)检验品质四类方法。

3. 国外的商检机构大体可归纳为官方检验机构、半官方检验机构和非官方检验机构三种类型。我国的商品检验机构有国家质检总局和中国进出口商品检验总公司及其他的专业检验机构。商品检验的内容主要包括：品质检验、数量和重量检验、包装检验、卫生检验和残损鉴定等。

4. 出境货物的检验检疫程序是报检后，先检验检疫，后通关放行；入境货物的检验检疫程序是报检后，先放行通关，后进行检验检疫。

5. 检验证书是商检机构对货物检验检疫后出具的证明文件，其作用体现在多方面，证书种类也很多。

6. 进出口合同的检验条款是不可缺少的重要条款。订立好检验条款有利于出口交货和进口到货的检验及验收工作的顺利进行。

基本概念

商品检验检疫　商品检验机构　报检　三电工程　商品检验证书

思考题

1. 在国际货物买卖合同中，关于检验的时间和地点的规定有哪几类？
2. 商品检验的主要内容是什么？
3. 简述出入境检验检疫的流程。
4. 简述商品检验证书的作用和种类。
5. 订立合同的检验条款时应注意哪些问题？

案例分析

1. 香港甲公司和中国内地乙公司于 2010 年 3 月 20 日签订了总金额为 9 万美元，由乙公司向甲公司购买中国台湾生产的电脑部件的合同。双方在合同中约定，甲公司所提供的货物必须在 4 月 10 日前发运，且规定货物到达目的地后 12 个月为甲公司对产品的质量保证期。4 月 7 日，甲公司按合同规定的标准向乙公司提供产品。4 月 20 日，乙公司在货物到达后请检验部门对产品进行了检验，并获取了由检验部门出具的检验证明。

1 个月后，乙公司突然致函甲公司要求换货，如果甲公司不能换货则要求退货，并要求甲公司承担相关费用及损失，其理由是乙公司在使用由甲公司提供的产品进行生产的过程中，发现甲公司提供的部分产品在质量方面存在问题。而甲公司在回函中声称，货物大部分已投入生产使用，且在入库前乙公司已对其进行了详细的核对、检查，因而拒绝了乙公司有关赔偿的要求。由于乙公司认为双方签订的合同项下的货物存在质量问题，于是在2011年6月2日，即在收到货物13个月后，自行到中国商品检验机构对合同项下的货物进行了检验。根据中国商品检验机构出具的检验证书证明，该批货物在6个方面存在不同程度的问题，且在发货前已存在，是由于甲公司在生产过程中监管不力所导致的。2011年6月5日，乙公司据此提起仲裁，向甲公司索要6万美元的赔偿费。而甲公司以第二次商检的时间已经超过了索赔有效期，商检证书不能发生效力，以及乙公司不能证明第二次送检的产品是交货时的产品为由，拒绝向乙公司进行赔偿。请问：甲公司应该对乙公司进行赔偿吗？

2. 我国某公司(买方)与美国某公司(卖方)签订了一份买卖成套机电设备的CIF合同。合同规定目的港为天津港，检验和索赔条款规定，买方有权在货物到达目的地后90天内根据商检报告提出索赔。卖方如期发运了货物。货到天津港后，买方没有申请商检，而是委托某汽车运输公司将货物运至最终用户所在地偏僻的N县城，并在当地申请商检局对货物进行检验，结果发现货物有些残损，商检证书证明残损是发货前因素所致。买方依据商检证书，要求卖方赔偿损失。双方发生争议，提交仲裁。请问：仲裁庭应如何裁决此案？

3. 2012年10月，我国某公司与日本商人签订引进二手设备合同。合同规定，出口商设备在拆卸之前均应正常运转，符合正常生产要求。同时规定，如果有卸件损坏，货到中方工厂后14天内出具检验证明，办理更换或退货手续。设备运抵后，因中方工厂的土建工程尚未完工，3个月后才将设备运进厂房打开检验，结果发现几乎全是报废设备，只是对方刷了油漆，表面难以识别。

请问：中方是否可以退货或索赔？

4. 我国某出口公司与外商签订出口合同一份，凭即期信用证付款。合同中的商检条款规定：“双方同意以装运港中国进出口商品检验局签发的品质和数量检验证书作为信用证项下议付所提交单据的一部分。买方有权对货物的品质和数量进行复验。复验费由买方负担。如发现品质或质量与合同规定不符，买方有权向卖方索赔，但须提供经卖方统一的公证机构出具的检验报告。索赔期限为货物到达目的港××天内。”该公司凭来证规定装运出口，备齐包括我国商检局签发的品质合格证书在内的全套单据交给中国银行转寄开证行电汇。货到目的港因单据未到，开证申请人(即买方)凭担保向船公司提走了货物。事后，买方以该公司所交货物品质不符合规定提出索赔，开证行又同时来电称我方单证不符而拒绝付款，并且信用证已经到期。请问：该公司应如何处理？简述理由。

5. 我国某公司以CFR对德国出口一批小五金工具。合同规定货到目的港后30天内检验，买方有权凭检验结果提出索赔。我公司按期发货，德国客户也按期凭单支付了货款。可半年后，我公司收到德国客户的索赔文件，称上述小五金工具有70%已锈损，并附有德国某内地一检验机构出具的检验证书。请问：对德国客户的索赔要求，该公司应如何处理？

第十章
索赔、不可抗力与仲裁条款

学习目标

1. 了解争议与违约责任的界定、索赔条款的基本规定以及索赔与理赔的正确处理；
2. 熟悉仲裁的含义、仲裁协议的作用及仲裁条款的主要内容；
3. 掌握异议与索赔条款和不可抗力条款的规定及国际贸易争议的处理方法。

第一节　争议与违约

国际货物贸易由于涉及不同国家与地区，运输距离远，履约时间长，而且易受到汇率、国家政策等多方面因素的影响，风险远比国内贸易大得多，所以在发生一方不履行合同义务或不完全履行合同义务的违约情况下，买卖双方在合同履行过程中发生争议是在所难免的。正确处理争议事件，不仅关系到企业的切身利益，更关系到企业所属国家的权益和声誉。

一、国际贸易争议

(一) 争议的含义

国际贸易中的争议，是指交易一方认为另一方未能部分或全部履行合同所规定的责任与义务而引起的纠纷，简单地说，就是国际贸易主体之间在国际贸易活动中产生的纠纷。

(二) 争议的产生原因

国际贸易中双方发生争议是屡见不鲜的，争议的内容也多种多样，究其原因，主要有以下几个方面。

(1) 合同内容及条款不严密。这主要表现为：合同内容与协商内容不一致；双方责任义务不明确；条款相互矛盾或条款内容含糊其辞等。如合同规定贸易条件为 FOB，但保险条款没有明确，就会在保险责任的确定上出现争议。

(2) 贸易中出现违约行为。这主要是买方或卖方不履行或不完全履行合同规定的义务导致的争议。如不按时交货、所交货物质量不符合合同规定、无理拒收货物等行为。

(3) 对国际贸易惯例理解不一致。如 CIF 术语在《华沙—牛津规则》与《2010 通则》中的解释就存在一定的差异，贸易双方国家适用不同的规则可能会产生不同的理解，进而出现争议。

(4) 对不可抗力的理解不同。在合同履约过程中出现了双方不能控制的因素致使合同不能履行或不能按期履行，双方可能对该事件是否可以免责以及对解除合同或是延期履行合同的看法不一致，从而导致争议的产生。

二、违约责任

(一) 违约的含义

违约是指贸易合同一方的当事人没有履行或没有完全履行合同规定的义务的行为。违约一方当事人应当承担继续履行、采取补救措施或者赔偿损失等违约责任，直至解除合同。只有在履约中发生不可抗力事件致使一方不能履约或按期履约，才可根据合同规定或法律规定免责。

(二) 违约的类型

按照违约方不同可以将违约分为卖方违约、买方违约和双方均负违约责任。

1. 卖方违约

卖方违约的情况主要包括不按合同规定的交货期交货，所交货物的品质、包装、数量、规格不符合合同规定，提供的货运单据种类份数不足等。

2. 买方违约

买方违约的情况主要包括在信用证支付条件下不按期开证或不开证，不按合同规定付款赎单，无理由拒收货物，在 FOB 条件下不按合同规定如期派船接货等。

3. 双方违约

买卖双方均负有违约责任主要是由于合同条款规定不明确导致对合同条款理解不一致而引起的违约行为。

(三) 违约责任在不同法律中的规定

根据各国法律和国际条约的规定，不同性质的违约行为所承担的责任是不同的，各国法律对于违约行为性质的划分及法律后果的规定都不一致。

1. 大陆法的规定

大陆法将违约行为概括为不履行债务和延迟履行债务两种情况。不履行债务也称为给付不能，指债务人由于种种原因，不可能履行合同义务。延迟履行债务也称为给付延迟，指债务人履行期已满，而且是能够履行的，但债务人没有按期履行其合同义务。违约方是否要承担违约责任，要看是否有归责于他的过失，如果有过失，违约方才承担违约责任。

2. 英国法的规定

《英国货物买卖法》将违约的形式分为违反要件和违反担保两种。违反要件（Breach of

Condition）是指违反合同中重要的根本性的条款。按照英国法，买卖合同中关于履约时间、货物的品质、数量等规定的条款都属于合同的要件。违反担保（Breach of Warranty）是指违反合同中次要的、从属于合同的条款。与商品无直接联系的条款一般认为是担保条款。在违反要件的情况下，受损的一方有要求损害赔偿和解除合同的权利，而在违反担保的情况下，受损方不能要求解除合同，仍须继续履行他所承担的合同义务。值得注意的是，英国法律允许受害方将卖方的违反要件当作违反担保处理，也允许当事人不把另一方的违反要件作为解除合同的理由。

3. 美国法的规定

美国法从违约的性质及带来的结果出发，将违约分为轻微的违约（Minor Breach of Contract）和重大的违约（Material Breach of Contract）。前者是指债务人在履约中尽管存在一些缺陷，但债权人已经从合同履行中得到交易的主要利益。例如，合同履行时间稍有延迟，交付的货物数量和品质与合同略有出入等。后者是指由于债务人的违约使得债权人不能得到交易的主要利益。例如，交货时间远远晚于规定致使不能顺利结汇，单据不齐全致使无法提取货物等。在轻微违约情况下，受损方可以要求赔偿损失，但不能拒绝履行合同义务或解除合同；在重大违约情况下，受损方可以要求解除合同，赔偿损失。

4. 国际公约的规定

《联合国国际货物销售合同公约》将违约分为根本性违约（Fundamental Breach of Contract）和非根本性违约（Non-fundamental Breach of Contract）。前者指“一方当事人违反合同的结果，如使另一方当事人蒙受损害，以至于实际上剥夺了他根据合同规定有权提到的东西。”后者指不构成根据性违约的情况。若构成根本性违约，受损方可以宣告合同无效及要求损害赔偿，否则只能要求损害赔偿而不能宣告合同无效。

5. 我国法律的规定

我国《合同法》第 107 条规定：“当事人一方不能履行合同义务或者履行合同义务不符合约定，应承担继续履行、采取补救措施、损害赔偿等违约责任。”《合同法》还规定，当事人一方延迟履行合同义务或有其他违约行为致使不能履行合同，对方当事人可以解除合同；当事人一方延迟履行主要债务，经催告后在合同期间仍未履行的，对方当事人可以解除合同。合同解除后，当事人可以要求补救措施，我国规定的违约补救措施有继续履行合同、采取补救措施、赔偿损失、违约金和订金五种。

第二节　异议、索赔与理赔

一、索赔与理赔

索赔（Claim）是指买卖合同一方当事人因另一方当事人违约致使其遭受损失而向另一方当事人提出要求损害赔偿的行为。理赔则是一方对于对方提出的索赔进行处理。所以，索赔和理赔是一个问题的两个方面。在国际贸易中，发生争议的情况很复杂，很多原因都可能导致违约的发生，而损害赔偿是最重要的，也是最常用的违约补救措施。处理好索赔和理赔工作，不仅关系到企业的切身利益，也关系到国家的声誉和权益的问题，还是一项比较复杂的业务技术问题，所以在对外索赔和理赔工作中，要明确索赔依据、索赔期限以及索赔金额等事项，认真对待索赔和理赔工作。

二、合同中的索赔条款

国际贸易合同中的索赔条款通常包括异议与索赔条款和罚金条款，有的合同还将异议与索赔条款同检验条款合订在一起。在大宗货物买卖合同中，一般只订立异议与索赔条款而不订立罚金条款。

(一)异议与索赔条款

异议与索赔条款(Discrepancy and Claim Clause)一般是针对卖方交货的品质、数量或包装不符合合同规定而订立的，主要包括索赔依据、索赔期限、索赔金额以及赔偿办法等。

1. 索赔依据

索赔依据是指提出索赔必须提供的证据以及出证机构。索赔依据包括法律依据和事实依据两个方面，前者指贸易合同和有关国家法律规定，后者指违约的事实真相和书面证明。凡是证据不足或出证机构不符合规定要求的索赔都将遭到拒绝。因此，在提供索赔依据时，要注意与检验条款规定的内容相一致。

2. 索赔期限

索赔期限是指索赔的一方向违约方提出索赔要求的有效期。如果逾期提出索赔，除非是经对方同意的，否则对方可以不予理赔。索赔期不宜过长或过短，以免使双方承担过重的责任或义务。不同的商品有不同的索赔有效期，例如，对食品、农产品及易腐产品，索赔期应规定得短一些；对于有质量保证期限的商品，合同中加订保质期条款，通常为 1 年或 1 年以上。

对于索赔期限，常见的规定方法有以下几种：

(1) 货到目的港后若干天内索赔；

(2) 货到目的港卸离货轮后若干天内索赔；

(3) 货物到达买方营业处所或用户所在地后若干天内索赔；

(4) 货物经检验后若干天内索赔。

3. 索赔金额

对于索赔金额，由于事先难以预计，通常在合同中只作一般笼统规定，规定按实际损失确定赔偿金额。根据有关的法律和国际贸易实践，确定损害赔偿金额的原则为：赔偿金额应与因违约而遭受的包括利润在内的损失额相等；赔偿金额应以违约方在订立合同时料到的合理损失为限；由于受害方未采取合理措施使有可能减轻的损失未减轻，应在赔付金额中扣除。

4. 赔偿办法

对于索赔办法，有的合同对索赔及理赔的依据事项、期限等都作出了具体的规定，此时应当按约定办法处理。如合同约定：“货到目的港后，若买方发现货物品质及/或数量与合同规定不符，除属于保险公司及/或船公司的责任外，买方可以凭双方同意的检验机构出具的检验证书在货物检验后 30 日内提出异议。”也有的合同只作一般笼统的规定，如退货、换货、降价等，此时应当本着实事求是和公平合理的原则，弄清事实，分清责任，区别不同情况，有理有据地对违约事件进行处理。

(二)罚金条款

罚金条款(Penalty Clause)又称违约金条款，适用于卖方延期交货和买方延期接货或买卖双方任何一方未履行合同义务的情况，它预先在合同中规定罚金的数额或罚金的百分率。

1. 罚金条款的规定方法

罚金条款有不同的规定办法，但一般都应包括适用范围、罚金计算方法以及最高限额等。如合同规定："若卖方不能按期交货，在卖方同意由付款行从议付的货款中或从买方直接支付的货款中扣除罚金的条件下，买方可同意延期交货。延期交货的罚金不得超过交货金额的 5%……"需要注意的是，卖方在支付罚金后并不能解除继续履行合同的义务，所以，违约的一方支付罚金后，仍需要继续履行合同。

罚金的起算日期有两种计算方法：以合同规定的交货期或开证期终止后立即起算；规定优惠期，即在合同规定的有关期限终止后再宽限一段时间，在优惠期内免予罚款，等优惠期届满后起算罚金。

2. 不同法律对罚金的解释

大陆法系国家的法律承认并执行合同中的罚金条款，但如果金额过大，法院有权酌情减少。

英美法系国家的法律规定，如果违约金是作为一种预定损害赔偿，即事先估算的金额是违约可能造成的损失的合理估算；或约定的金额确实是作为损失的补偿；或从合同的情况看，事后证明估算实际损失的确很困难的，法院可予以承认和执行。

我国《合同法》规定：当事人可以约定一方违约时应当根据违约情况向对方支付一定数额的违约金，也可以约定因违约产生的损失赔偿额的计算方法。

三、处理索赔与理赔应注意的问题

(一)处理态度要端正

国际贸易中的索赔与理赔不仅仅关乎企业的切身利益，更是维护国家权益和信誉的一项重要工作，它们的处理过程及结果会直接影响到一个国家在国际贸易中的声誉，所以在处理索赔与理赔的过程中应端正态度，本着实事求是的原则，既不能对需要索赔或理赔的部分视而不见，又不能夸大损失捏造事实，而应该加强调查，掌握证据，友好协商。

(二)索赔依据应充分合理

索赔的依据包括法律依据和事实依据，索赔时必须要查明造成损失的事实，必要的索赔证据和单据。索赔证件一般包括：发票、保险单、提单、商检机构出具的货损检验证明或由承运人签字的短缺残损证明等。证明文件应由双方约定的公正权威的检验机构出具，以保证对双方都有约束力。

（三）索赔应及时提出

提出索赔时要注意索赔期限。按照国际惯例，受损方只有在有效的索赔期内提出索赔才是有效的，否则索赔不予受理。

（四）处理理赔应谨慎细致

在处理理赔时要认真细致地查明事实真相，对于确属我方的责任应实事求是地给予补偿，而对于国外商人提出的不合理要求或欺骗式的索赔，应予以拒绝并予以揭露。在具体操作上，首先要对索赔期限进行核对，然后要认真审查国外客户提供的单证内容、检验方法和检验标准是否正确，出证机构是否合法，以防外商弄虚作假导致我方承担不必要的损失责任。

第三节　不可抗力

在国际贸易惯例及各国的法律中有关免责的条款很多，目的在于使合同双方权利义务对等，防止纠纷，维护合同当事人的利益。不可抗力条款便是国际货物买卖合同中的一项普遍约定的免责条款。

一、不可抗力的概念

不可抗力(Force Majeure)是一项免责条款，它是指买卖合同签订后，不是由于合同当事人的过失或疏忽，而是由于发生了合同当事人无法预见、无法避免、无法控制、无法克服的意外事件，以致不能履行或不能如期履行合同，发生意外事件的一方可以免除履行合同的责任或者推迟履行合同。在我国《民法通则》上，不可抗力是指“不能预见、不能避免和不能克服的客观情况”。不同的法律体系下不可抗力的称呼不同，在英美法中称作“合同落空”，在大陆法中称作“情势变迁”或“契约失效”，尽管上述称呼不尽相同，但其所指的意义及处理原则基本一致。

由上述定义可知，一项致使合同不能履行或按期履行的意外事件或自然灾害构成的不可抗力需要三个条件：(1)意外事件发生在合同签订之后、终止之前，即合同的履行期间内；(2)意外事件是当事人在订立合同时不可预见的，且发生之时当事人无法通过努力避免和克服的；(3)不是由合同任何一方的当事人的过失或疏忽造成的。构成一项合同的不可抗力事件，必须同时满足上述三个条件，缺一不可。

二、不可抗力条款的内容

在国际货物买卖合同中，不可抗力条款是指买卖合同中订明当事人一方因不可抗力不能履行合同的全部或部分义务的，免除其全部或部分的履约责任。不可抗力条款的内容主要包括不可抗力的性质和范围、不可抗力的处理原则和方法、不可抗力发生后通知对方的期限和方法以及出具证明文件的机构等。

（一）不可抗力事件的性质和范围

不可抗力的意外事件主要包括两种情况：一是由于“自然灾害”引起的，如水灾、火灾、暴雨、暴风雨、地震、海啸等，二是由于“社会力量”引起的，如战争、罢工、动乱、政府禁令等。合同中关于不可抗力事件范围的约定办法通常有以下几种。

1. 概括式规定

概括式规定，即在合同中对不可抗力事件作笼统的提示，如“由于不可抗力的原因，而不能履行合同或延迟履行合同的一方可不负有违约责任，但应立即以电传或传真通知对方，并在××天内向对方提供证明发生此类事件的有效证明书”。这类规定方法不够具体，言辞模糊，易引起不必要的争议。

2. 举例式规定

举例式规定，即在合同中逐一列明不可抗力事件的形式，如“由于罢工、地震、火灾、暴风雨的原因，致使一方不能如约履行合同的，此合同当事人不负违约责任……”。这类规定方法在合同的履行中，只有列举出的内容才是“不可抗力”，未订明的事件就不是“不可抗力”，就不能免责。

3. 综合式规定

综合式规定，即将概括式和举例式规定综合起来，如“由于罢工、地震、火灾、暴风雨或其他不可抗力的原因而不能履行合同或延迟履行合同的一方不负有违约责任……”。综合式规定既明确具体，又有一定的灵活性，目前我国的进出口贸易合同一般都采取综合式。

（二）不可抗力事件的处理原则和方法

发生不可抗力事故后，应按约定的处理原则及时进行处理。《联合国国际货物销售合同公约》规定，一方当事人享受的免责权利只对履约障碍存在期间有效，如果合同未经双方同意宣告无效，则合同关系继续存在，一国履行障碍消除，双方当事人仍须继续履行合同义务。所以不可抗力事件引起的后果，可能是解除合同也可能是延迟履行合同，应由双方按公约规定结合具体情势商定。

（三）不可抗力事件的通知与证明

不可抗力发生后，按国际惯例当事人必须及时将事件的发生和对履行合同义务的影响通知对方并按照合同规定提供合法的书面证明文件，而且在通知中提出处理意见，如果因未及时通知而使另一方受到损害，则应负赔偿责任。我国涉外经济合同法也规定：“……应及时通知另一方，以减轻可能给另一方造成的损失……”

不可抗力事件出具证明的机构，大多为当地工商组织（商会）。在我国，由中国国际贸易促进委员会出具，另一方接到不可抗力的通知和证明文件后，应根据事件性质，决定是否确认为不可抗力事件，并把处理意见及时通知对方。

三、处理不可抗力事件的注意事项

（一）区分商业风险与不可抗力事件

商业风险往往同不可抗力一样，是不可预见和无法提前避免的，但是两者又有本质的区别。不可抗力一般是有形的风险，如地震、海啸、火灾等，而商业风险是以市场价格和需求变化为主要特征的，如银行利率、汇率变动、国家政策变化等，商业风险带来的可以是损失也可以是盈利，具有一定的投机性，所以一般不能免责，承担由商业风险带来的损失是公平合理的。

(二) 应明确不可抗力条款的内容

为在事件发生后能明确责任以及及时处理不可抗力事件，合同中的不可抗力条款的规定应该尽可能完备，包括范围、处理原则和通知证明等条款的内容都应该事先由双方约定，以便事件发生后能得到妥善的处理。

(三) 重视“特定标的物”的作用

包装后刷上唛头或通过运输单据已经确定为某项合同标的物的货物称为“特定标的物”，又称“货物特定化”。只有特定化的货物由于不可抗力事件而损失，卖方才可以免责，对于未特定化的货物，卖方免责依据不足。

第四节 仲裁

在国际货物买卖中，买卖双方在合同履行过程中由于各种原因产生争议是在所难免的，解决争议的方式也有很多，既可以双方自行协商解决，也可以邀请第三方调解，或者通过仲裁或移交司法机关进行处理。

一、合同争议的解决方式

(一) 友好协商

友好协商是指在争议发生后，由当事人双方用口头或书面形式直接进行磋商，各自作出一定的让步，在双方可以接受的基础上达成和解。这种争议解决方式的好处是明显的：首先，争议解决速度快，不需要经过严格的法律程序，节省时间，而且有助于保持双方的友好合作关系；其次，节约仲裁费或诉讼费；最后，保密性强，由于无第三方及媒体的介入，当事人的商业秘密能得到很好的保护。但是由于协商很难解决重大分歧争议，所以这种方式的使用也有局限性。

(二) 调解

调解是指争议发生后协商无效的情况下，双方当事人自愿由第三方出面进行调解。调解人一般是法院、仲裁机构或专门的调解机构，它的作用是在客观公正和公平合理的原则基础上，帮助当事人分辨是非，查清事实，提出双方都可以接受的争议解决方案。调解在本质上与协商区别不大，最终的解决方案要经过双方当事人一致同意才能成立。

我国仲裁机构采取调解与仲裁相结合的办法，即在仲裁程序开始之前或之后，仲裁庭在当事人自愿基础上可以对受理的争议进行调解。如调解失败，则仲裁庭仍按照仲裁规则继续进行仲裁，直到作出终局裁决。我国法院也实行调解制度，由法院审判人员就案件的争议进行平等协商，达成协议解决纠纷。

（三）诉讼

争议双方经过友好协商与调解均未达成和解，而又不愿采用仲裁解决的情况下，可以由任何一方当事人向司法部门提出诉讼，要求法院按照法律程序来解决。诉讼具有强制性，即一方起诉，另一方必须应诉，而且法院的判决必须执行。而且诉讼程序较为复杂，问题处理较为缓慢，双方在诉讼处理过程中关系紧张，不利于贸易关系的维持，所以也不是一种较为理想的争议解决方式。

（四）仲裁

争议双方经过友好协商与调解均未达成协议，而当事人双方又不愿意诉诸法院解决的情况下，可以采用仲裁方式。仲裁又称公断，是指买卖双方在争议发生之前或之后签订的协议，自愿把他们之间的争议交由双方同意的仲裁机构予以裁决的争议解决方式。仲裁的裁决是终局的，对双方均有约束力。

仲裁与诉讼相比，有着独特的优势。首先，仲裁具有更大的灵活性，仲裁员一般是双方当事人指定的具有专业知识的专家，处理问题较为迅速；其次，仲裁费用低廉；再次，仲裁需要双方的自愿，任何一方不同意仲裁则另一方不能提交仲裁；最后，仲裁中双方解决争议的氛围比较友好，有利于双方贸易关系的维护。所以，争议双方都愿意通过仲裁方式解决争议。

二、仲裁协议

（一）仲裁协议概述

仲裁协议是指双方当事人在合同中订明或以其他方式达成的表示愿意将双方之间已经发生或可能发生的争议提交仲裁解决的书面协议。它的形式必须是书面的，根据协议订立的方式不同，一般分为两种形式。

一种是合同中的仲裁条款。这类条款是在争议发生之前在买卖合同中订立的，表示愿意把未来可能发生的争议提交仲裁解决的协议。

另一种是以其他方式达成的提交仲裁协议。它是双方当事人以书面方式订立的，表示同意把已经发生的争议交付仲裁解决的协议，这种协议可以在争议发生之前达成，也可以在争议发生之后达成。仲裁协议是单独订立的独立于合同之外的协议。

需要注意的是，不论哪种协议形式，他们的法律效力都是相同的，而且都具有独立性。我国仲裁规则明确规定，合同中的仲裁条款应视为与合同其他条款分离而独立存在的条款，附属于合同的仲裁协议也应视为与合同其他条款分离的、独立存在的一个部分；合同的变更、解除、终止、失效或无效以及存在与否，均不影响仲裁条款或仲裁协议的效力。

根据我国仲裁规则的规定，仲裁裁决是终局的，争议各方必须执行，任何一方当事人都不得向法院起诉，也不得向其他机构提出变更仲裁裁决的请求。

（二）仲裁协议的作用

（1）它是双方当事人在发生争议时，以仲裁方式解决争议的依据，双方须受仲裁协议的约束。由于已签有仲裁协议，双方只能向仲裁机构提出申请，以仲裁方式解决争议，而不能向法院起诉。

(2) 它是仲裁机构和仲裁员取得对有关争议案件的管辖权的依据。一方当事人如果将争议案件提交仲裁，而另一方当事人如果在规定的时限未出庭应诉，则仲裁机构有权进行缺席审理并作出缺席裁决。

(3) 它排除了法院对有关争议案件的管辖权，任何一方不应再向法院起诉。若一方违背仲裁协议而自行向法院起诉，另一方可要求法院不予受理，并将案件退交仲裁庭裁决。

三、合同中的仲裁条款

我国国际货物买卖合同中的仲裁条款，通常包括提交仲裁的事项、仲裁地点、仲裁机构、仲裁费用和裁决的效力等。

(一) 仲裁事项

仲裁事项是指争议双方当事人提交仲裁的争议事件，也是仲裁庭依法管辖的范围，当争议超出所规定的范围时，仲裁庭无权受理。所以双方在仲裁协议中应明确规定提交仲裁的争议范围，或笼统规定：“凡因与执行本合同有关的一切争议均提交仲裁解决。”

(二) 仲裁地点

仲裁地点是仲裁条款的主要内容，规定了在哪个国家进行仲裁的问题。双方之所以关心仲裁地点的确定，是因为仲裁程序一般都适用审判地法律，而仲裁地点不同，适用的法律可能不同，直接导致不同的仲裁结果。所以争议双方都会力争在自己熟悉和信任的地方，尤其是本国进行仲裁。

我国进出口厂商在仲裁地点的选择上，一般采用三种选择方法：力争在我国进行仲裁；若对方国家的法律规则及仲裁实践比较公平公正，可以同意在对方国仲裁；选择与我国法律实践相近、关系友好的第三国进行仲裁。

(三) 仲裁机构

仲裁机构是指受理案件并作出裁决的机构。国际上的仲裁机构通常分为两种：常设仲裁机构和临时仲裁机构。

世界上许多国家或地区或区域性组织都设有从事国际商事仲裁的常设机构。国际性的仲裁机构有设在巴黎的国际商会仲裁院。全国性的仲裁机构有瑞典斯德哥尔摩仲裁院、瑞士苏黎世商会仲裁院、日本国际商事仲裁协会、美国仲裁协会、中国香港国际仲裁中心。另外还有如伦敦油籽协会、伦敦谷物商业协会等工商行业组织设立的专业性的仲裁机构。我国常设的涉外商事仲裁机构是中国国际经济贸易仲裁委员会，又称中国国际商会仲裁院，隶属于中国国际贸易促进委员会(中国国际商会)。仲裁委员会总会设在北京，并在上海、深圳、重庆和天津分别设有分会。

临时性仲裁机构为专门审理指定的争议案件而由双方当事人指定的仲裁临时组织仲裁庭仲裁，案件审理完毕仲裁庭即自动解散。采用临时仲裁时，双方应在仲裁协议中明确指定仲裁员的办法、仲裁员人数及仲裁程序规则等。

（四）仲裁费用

仲裁条款中通常明确规定了仲裁费用的负担方，一般规定由败诉方承担，也有的规定由仲裁庭裁决确定。仲裁费用一般按争议价值的 0.1%～1%收取。

（五）仲裁裁决的效力

仲裁裁决的效力主要是指由仲裁庭作出的裁决对双方当事人的约束力，即是否具有终局性，能否向法院起诉要求变更裁决等。

根据我国《仲裁规则》的规定，仲裁裁决是终局的，争议各方必须执行，任何一方当事人都不得向法院起诉，也不得向其他机构提出变更仲裁裁决的请求。即使当事人向法院起诉，法院一般也只是审查程序，而不审查实体，即只审查仲裁裁决在法律手续上是否完备、有无违反程序问题等，而不审查裁决本身是否正确。

四、仲裁程序

仲裁程序主要是规定进行仲裁的手续、步骤和做法，按照《中国国际经济贸易仲裁委员会仲裁规则》（以下简称《仲裁规则》）的规定，仲裁程序包括：仲裁申请、仲裁庭组成、仲裁审理、仲裁裁决的承认与执行等。

（一）仲裁申请

仲裁申请是仲裁机构立案受理的前提，申请人必须向仲裁机构提交仲裁申请书，内容包括：申诉人和被申诉人的名称、地址等基本信息；申诉人所依据的仲裁协议；申诉人的要求及所依据的事实和根据等。仲裁委员会在收到仲裁申请书及其附件后，经过审查认为申诉人申请手续完备，应立即立案并向被申请人发出仲裁通知，被申诉人应在收到仲裁申请书之日起 45 天之内向仲裁委员会提交答辩书及有关证明文件。

（二）仲裁庭组成

在仲裁庭的组成上，双方可以选择三名仲裁员或一名仲裁员的组成方式。既可以各自在仲裁委员会仲裁名册中指定或者委托仲裁委员会主席指定一名仲裁员后，仲裁委员会主席指定第三名仲裁员为首席仲裁员，组成仲裁庭；也可以由双方当事人在仲裁员名册中共同指定或者委托仲裁委员会主席指定一名仲裁员为独任仲裁员，单独审理案件。需要注意的是，如果被指定的仲裁员与案件有利害关系，则应当自行向仲裁委员会请求回避，当事人也有权向仲裁委员会提出书面申请，要求该仲裁员回避。回避要求应在案件第一次开庭审理前提出，但如果回避要求原因的得知是在第一次开庭审理后，也可以在其后到最后一次开庭审理前提出。

（三）仲裁审理

根据我国仲裁规则，仲裁庭应当根据事实，依照法律和合同规定，参考国际惯例，并遵循公平合理原则，独立公正地处理争议。仲裁审理案件有两种形式：一是开庭审理，即由仲裁庭召集全体仲裁员、双方当事人与有关的人员，听取当事人申诉、辩论、调查案件事实并进行调解直到作出裁决；二是书面审理，即只根据书面材料对案件进行审理并进行裁决，海事案件通常采用书面形式的仲裁。

仲裁审理的过程一般包括开庭、收集与审查证据或询问证人，如果有必要还要采取“保全措施”，即对有关当事人的财产采用扣押等临时性强制措施。

（四）仲裁裁决

裁决是仲裁程序的最后一个步骤，仲裁裁决作出后，审理案件即告终结。根据各国仲裁法和仲裁规则的规定，仲裁裁决必须采用书面形式。《仲裁规则》规定，仲裁庭应在组庭之日起 6 个月内作出裁决，在仲裁庭的要求下，仲裁委员会主任认为确有正当理由和必要的，可以延长该期限。我国《仲裁法》与国际上大多数国家的做法一样，对仲裁实行一裁终局的制度，任何一方当事人均不得向法院起诉，也不得向其他任何机构提出变更仲裁裁决的请求。

我国现行的《仲裁规则》还规定了简易仲裁程序，适用于争议金额不超过 50 万元人民币，或争议金额超过 50 万元人民币、经一方当事人书面申请并征得另一方当事人书面同意的案件。简易仲裁程序中，仲裁庭是由一名独任仲裁员组成的，提交答辩书及证明文件的期限缩短至被申诉人收到仲裁通知之日起 20 天内，裁决也应在组庭后 30 日内作出。

（五）仲裁裁决的承认与执行

仲裁裁决是终局性的，对双方当事人均具有法律约束力，当事人应当自动履行裁决。裁决书写明期限的，应在规定的期限内自动履行；如果未写明期限，则应当立即履行，如果败诉方拒绝履行，胜诉方可向法院申请强制执行。如果一方当事人在国外，则胜诉方需要向国外法院申请执行，或通过外资途径要求对方国家有关主管部门或社会团体协助执行，这样就会存在困难。

为解决执行外国仲裁裁决的困难，1958 年在联合国主持下，各国缔结了《承认和执行外国仲裁裁决公约》（简称《1958 年纽约公约》），该公约已经成为有关承认和执行外国仲裁裁决的一个最重要的国际公约。该公约主要内容是要求所有缔约国承认当事人之间订立的书面仲裁协议在法律上的效力，并承认和执行外国仲裁裁决。我国于 1986 年加入上述公约，并作两项保留，即“互惠保留”和“商事保留”，具体内容为：中华人民共和国只有在互惠的基础上对在另一缔约国领土内作出的仲裁裁决的承认和执行适用该公约；中华人民共和国只对根据中华人民共和国法律认定为属于契约性和非契约性商事法律关系所引起的争议适用该公约。

五、仲裁条款的格式

制定合同中的仲裁条款时，应明确提请仲裁争议范围、仲裁地点、仲裁规则等，我国国际贸易合同中的仲裁条款依据仲裁地点不同可以分为三类。

（一）在我国仲裁的条款

“凡因本合同引起或与本合同有关的任何争议，双方应通过友好协商来解决；如果协商不能解决，应提交中国国际经济贸易仲裁委员会，按照该会的仲裁规则进行仲裁。仲裁裁决是终局的，对双方都有约束力。”

（二）在被申诉人国家仲裁的条款

“凡因本合同引起或与本合同有关的任何争议，双方应友好协商来解决；如果协商不能解决，应提交仲裁，由××国（被申诉人所在国）××仲裁机构（被申诉人所在国的仲裁机构名称）根据该组织现行有效的仲裁程序规则进行仲裁。仲裁裁决是终局的，对双方都有约束力。”

（三）在第三国仲裁的条款

“凡因本合同引起的或与本合同有关的任何争议，双方应友好协商来解决；如果协商不能解决，应按××国××地××仲裁机构根据该仲裁机构现行有效的仲裁程序规则进行仲裁。仲裁裁决是终局的，对双方都有约束力。”

本章小结

1. 在国际贸易中，由于合同不明确或双方理解不同等原因都可能造成争议的产生，一方不履行或不完全履行合同义务就会产生违约，索赔与理赔是处理违约事件的最常用的补救措施。索赔条款的规定一般有异议和索赔条款及违约金条款等。

2. 不可抗力是一项免责条款。其发生可以是自然力量引起的，也可以是社会力量引起的。当发生不可抗力使合同无法履行或如期履行时，发生事故的一方可据此免除责任。

3. 解决国际贸易合同争议的方法有友好协商、调解、仲裁和司法诉讼四种。仲裁条款是合同中解决对外贸易争议的一项重要条款，通常规定了提交仲裁的事项、仲裁地点、仲裁机构、仲裁费用和裁决的效力等。

基本概念

根本性违约　异议与索赔条款　不可抗力　罚金　协商　调解　仲裁

思考题

1. 国际贸易争议发生的原因有哪些？解决争议的主要方法有哪些区别？
2. 违约责任有哪几种类型？各国法律对违约责任的规定有何不同？
3. 在国际贸易合同中为什么要订立索赔条款？索赔条款的主要内容有哪些？
4. 在国际贸易买卖合同中索赔期限的规定方法有哪几种？
5. 何为不可抗力？不可抗力是如何认定的？
6. 国际贸易买卖合同中的不可抗力条款有哪些规定？需要注意哪些事项？
7. 仲裁协议的作用是什么？仲裁协议有哪几种形式？
8. 合同中的仲裁条款包括哪些内容？仲裁的一般程序是什么？

案例分析

1. 我国一出口企业 A 与美国 B 公司订立合同，由 A 向 B 出售一批火鸡以供应圣诞节市场。合同规定货物应于 9 月 30 日之前装船完毕，但由于我方失误，直到 10 月 20 日才将货物全部装船，结果致使货物于圣诞节之后抵达美方，错过销售时节。B 公司为此拒收货物并主张撤销合同。请问：在这种情况下，B 公司是否有拒收货物并撤销合同的权利？

2. 我国某公司以 CIF 条件对英国出口一批钢筋。合同规定：“货到目的港后 30 日内检验，买方可凭检验结果于30日内提出索赔。”我方公司按合同规定装船发货，英国客户也按期凭单付款提走了货物。但半年之后，我公司收到英国客户寄来的附有英国一检验机构出具的检验证书的索赔文件，称我方出口的钢筋有50%发现锈损。请问：对英国客户的索赔要求我方应如何应对？

3. 卖方A与买方B签订一份木板买卖合同，合同规定10月份交货，但9月20日卖方A工厂失火，导致全部木板损失。到10月底，买方B向A催货，才得知火灾的发生，A公司以不可抗力为理由，要求撤销合同。由于B急需木板进行生产，于是立即从市场补进替代物，但市场价格比合同约定高了50%。请问：B能否要求A补偿市场价格上涨带来的损失？

4. 甲乙双方在一项进出口贸易合同中约定：如果发生纠纷，应提交北京仲裁委员会仲裁。后来，乙公司作为买方提货时发现甲公司提供的货有严重的质量问题，于是向甲公司提出赔偿损失的要求，甲公司不允，双方协商未果。乙公司遂向仲裁委员会申请仲裁，提出申请的时间为4月15日，仲裁委员会于4月25日受理此案，并决定由3名仲裁员组成仲裁庭。甲、乙公司分别选定了一名仲裁员。乙公司作为申请方又委托仲裁委员会主任指定了首席仲裁员。乙公司所选的仲裁员恰好是乙公司上级单位的常年法律顾问。此三名仲裁员公开对此案进行了审理。当事人当庭达成了和解协议，仲裁庭依和解协议制作了仲裁调解书，此案圆满结束。请问：仲裁委员会在仲裁程序上有无不当之处，并说明理由？

5. 有一份出售茶叶的合同，按卖方仓库交货条件买卖，数量为10000千克，总值为25000美元。合同规定买方应于10月份提取货物，卖方于10月1日已将提货单交付给买方，买方也付清了货款。但是，买方直到10月31日尚未提走货物，于是卖方将货物搬移至另一不适当的地方存放。由于茶叶与牛皮存放在同一地方，当买方于11月15日提货时，发现有10%的茶叶已与牛皮串味而失去商销价值。双方因此发生争议。请问：在上述情况下，各方应负何种责任？为什么？

第三篇　国际货物买卖合同

第十一章

国际货物买卖合同概述

学习目标

1. 掌握国际货物买卖合同的基本内容；
2. 熟悉国际货物买卖合同成立的条件，熟悉国际货物买卖合同适用的法律规范。

第一节　国际货物买卖合同与国际贸易惯例

国际贸易惯例是人们在长期的国际贸易实践中逐渐形成和发展起来的一些较为明确和固定的贸易习惯和做法，由国际性贸易组织或商业团体修订整理成文并推荐使用。它是人们从事国际货物买卖活动的行为规范和应当遵守的行为准则，也是国际贸易法律重要渊源之一。

国际贸易惯例不是法律，不具有强制性，只有各有关当事人在合同中明确规定在交易中采用时，才对当事人具有强制性和法律约束力，因此，它是以当事人的意志自治为基础的。如果双方在合同中的规定和国际惯例发生矛盾，以合同为准；合同中没有规定的事项，以惯例为准。

国际贸易惯例虽然不具有强制性，但对国际贸易实践具有较强的指导性。首先，在长期的国际贸易实践中，国际贸易惯例已被大多数国际贸易界人士所熟知、接受和遵守。采用和遵守国际贸易惯例对于简化贸易程序、节约费用开支、减少贸易纠纷有重要作用。其次，在贸易双方发生纠纷和争议，而合同未明确规定适用的法律，也未明确排除适用国际贸易惯例时，法院或仲裁机构一般会引用国际贸易惯例作为裁决依据。因此，国际贸易惯例对国际贸易实践活动具有重要的指导意义，另外它还可以弥补法律的空缺和立法不足，稳定双方当事人的经济与法律关系。

第二节　国际货物买卖合同的内容

订立合同是一种双方民事法律行为，即合同必须有两个或两个以上的当事人，互相作出一致的意思表示，才能成立。所谓国际货物买卖合同(Contract for the International Sale of Goods)亦称国际货物销售合同，是指营业地处于不同国家或地区的当事人之间所依法订立的货物买卖契约。国际货物买卖合同不仅体现了买卖双方的经济关系，还体现了他们之间的法律关系。只有符合法律规范的合同才能在法律的约束下顺利履行。依法成立的合同具有法律约束力，当一方当事人的利益受到损害可以依据合同得到法律的保护。

一、合同的形式

合同的形式是合同当事人内在意思的外在表现形式。在国际贸易中，对买卖合同的形式没有具体的限制，买卖双方可以采用书面形式、口头形式和其他形式。在国际贸易实践中，书面形式主要包括合同(Contract)、确认书(Confirmation)、备忘录(Memo)和协议书(Agreement)等。

(一)合同

合同的内容比较全面，对双方的权利、义务以及发生争议后如何处理都有详细的规定。我国对外贸易中使用的合同，根据起草人的不同，分为销售合同(Sales Contract)和购买合同(Purchase Contract)，前者由卖方起草，后者由买方起草。这两种合同的格式和主要内容基本一致，其中包括商品的品名、品质、数量、包装、价格、装运、保险、支付、检验、索赔、仲裁、不可抗力等条款。通常，由我方填制的合同正本一式两份，经双方签字后，买卖双方各自保留一份。合同有正本和副本之分，合同副本和正本同时制作，无须签字也没有法律效力，仅供双方内部留作参考资料。大宗商品或成交额较大的交易，多采用此种类型的合同。

(二)确认书

确认书属于一种简式合同(与合同相比，较为简单)，只就主要的交易条件作出规定，对买卖双方的权利义务描述的不是很详细。一般确认书只规定一些主要条款，诸如品质、数量、包装、价格、支付等，而对检验、不可抗力、仲裁条款加以省略。我国在外贸业务中使用的确认书根据起草人的不同，分为售货确认书(Sales Confirmation)和购货确认书(Purchase Confirmation)。这两种确认书的格式也基本一致。当达成交易时，通常也由我方填制，一式两份，经双方签字后，各自保存一份。它无正本和副本之分。这种确认书一般用于金额不大、批数较多的商品交易，或者已订有代理、包销等长期协议的交易。

(三)备忘录

备忘录是用来记录洽商时的内容，以备今后核查的文件。如果双方把洽商的交易条件完整、准确、具体地记入了备忘录，并经双方签字，这种备忘录就和合同的性质一样。但是，如果双方只是对某些事项达成一致或一定程度的理解或谅解，并计入备忘录，作为双方的初步协议或者双方进一步合作的参考依据，并常常冠以“理解备忘录”或“谅解备忘录”(Memorandum of Understanding)的名称，那么这种备忘录就不具有法律约束力，只是对双方有一定的道义约束力。备忘录在我国国际贸易实际工作中很少用到。

(四)协议

协议在法律方面与“合同”具有相同的含义。只要协议明确、肯定、具体地规定了买卖双方的权利义务，即使书面文件被称为“协议”或“协议书”，只要经过双方签字确认后，它就和合同有一样的法律约束力。但是，如果双方洽商的内容比较复杂，只是就部分条件达成了一致，还需要进一步磋商谈判，就先签订了一个“初步协议”(Preliminary Agreement)或者“原则性协议”(Agreement in General)，这种协议就不具有正式有效的合同性质。

二、合同的基本内容

无论是哪种形式的国际贸易合同，其内容通常都包括约首(首部)、正文(主体)和约尾(尾部)三个部分。

(一)约首

约首是合同的序言部分，主要包括合同的序号，订立合同的日期、地点，双方名称、地址(包括通信地址、住址、电报挂号、传真号码、电话号码等)。其中，当事人双方的名称和法定详细地址往往是合同成立的条件，缔约地点可作为判断合同适用法律的依据。合同中如对合同适用的法律未作出规定，根据有些国家的法律规定和贸易习惯的解释，可适用合同缔约地所属国的法律。

(二)正文

合同的正文即主体，是合同的基本条款，包括货物的名称、品质、数量、包装、价格、装运、保险、支付、检验、不可抗力、索赔、仲裁等，具体规定了买卖双方各自的权利和义务，所以也叫作权利义务部分。商订合同主要是指双方磋商如何规定这些基本内容，它分为合同的主要条款和一般条款。

(三)约尾

约尾涉及合同的效力范围和有效条件的主要问题，所以又称效力部分。它一般包括合同适用的法律和惯例、合同的有效期、合同的有效份数、合同的文字及其效力和双方代表签字等内容。

为了合同的顺利履行，在规定合同内容时应考虑周全，力求使合同中的条款明确、具体、严密和相互衔接，且与洽商的内容保持一致。

第三节 国际货物买卖合同成立的条件

买卖双方就各项交易条件达成协议以后，并不意味着此项合同一定成立有效。根据各国的合同法规定，一项合同，除买卖双方就交易条件通过发盘和接受达成协议之外，还需具备以下有效条件，才是一项有效且具备法律约束力的合同。

(一)当事人必须具有订约的行为能力

签订买卖合同的双方当事人可以是自然人或法人。按照各国法律的一般规定，自然人签订合同时必须是具有行为能力精神正常的成年人，而未成年人或精神病人订立合同必须受到限制。关于法人签订合同的行为能力，各国法律一般认为，法人必须通过其代理人，在法人的经营范围内签订合同，而且其活动范围不得超过该公司章程的规定，也就是说，越权的合同不能发生法律效力。

我国《合同法》第 9 条规定："当事人订立合同，应当具有相应的民事权利能力和民事行为能力。"所以，在订立合同时，当事人的缔约能力和主体资格问题是十分重要的。

（二）合同必须有对价或合法的约因

有些国家的法律要求，一项在法律上有效的合同除当事人之间意思表示一致外，还必须具备另一项因素——对价或约因。英美法称之为"对价"（Consideration），指当事人为了取得合同利益所付出的代价。法国法称之为"约因"（Cause），指当事人签订合同所追求的直接目的。按照英美法和法国法的规定，合同只有在有对价和约因时，才是合法有效的合同，无对价或无约因的合同不具有法律约束力。

（三）合同的内容和标的必须合法

"标的合法"，即货物和货款必须合法。货物应是政府允许出口或进口的商品，属于政府管制的，则应有许可证件和配额。外汇的收付必须符合国家规定。合同的内容必须合法，包括不得违反国家法律、不得违反公共秩序、不得违反善良风俗和道德等。如限制价格、限制销售地区、限制竞争等的合同，不符合反垄断法、竞争法等的规定，即属于违反公共政策的合同，是无效的。

（四）合同要符合法律规定的形式

世界上大多数国家，只对少数合同才要求必须按法律规定的特定形式订立，而对大多数合同，一般不从法律上规定应当采取的形式。我国《合同法》第 10 条规定："当事人订立合同，有书面形式、口头形式和其他形式。"

（五）当事人的意思表示必须真实

合同是双方当事人意思表示一致的结果，如果当事人意思表示的内容有错误或意思与表示不一致，或是在受欺诈或胁迫的情况下订立了合同，这时，双方当事人虽然达成了协议，但这种意思是不真实的。对于这种合同如何处理，作了错误意思表示的一方，或受欺诈、胁迫的一方当事人能否以此为理由主张合同无效、或要求撤销该合同，各国法律都有所规定。

以上都是合同有效成立所必须具备的条件，如果任何一项不符合法律规定的要求，合同就不能有效成立。

第四节　国际货物买卖合同适用的法律规范

国际货物买卖合同是进行国际商品交换最主要、最基本的合同，国际货物买卖是以其为中心进行的。当然，国际货物买卖过程中，还要涉及运输合同、保险合同、货款代收合同等辅助性合同。

国际货物买卖合同体现了合同双方当事人的权利和义务关系，其签订和履行既是一种经济行为，又是一种法律行为。合同的签订和履行只有符合有关法律规范和国际贸易惯例的规定，才能使合同当事人受法律约束的同时，权利也得到保护。国际货物买卖合同适用的法律规范主要有以下几种。

（一）国内法

国内法是由主权国家制定或认可并在本国主权管辖范围内生效的法律。国际货物买卖合同的双方当事人首先必须遵守各自所在国的法律规范。

对外贸易法是一个国家对外贸易总政策的集中体现，各国对外贸易企业首先应该遵守本国的对外贸易法。我国现行的《对外贸易法》自2004年7月1日起生效。它是我国对外贸易领域的一项最重要、最基本的法律。《对外贸易法》第2条规定："本法适用于对外贸易以及与对外贸易有关的知识产权保护。本法所称对外贸易，是指货物进出口、技术进出口和国际贸易。"

合同法是关于市场交易规则的法律。它是规范市场交易行为、保护合同当事人的合法权益、维护社会经济秩序的主要法律之一，也是各国对外贸易当事人必须遵守的基本法律。《中华人民共和国法》第7条规定："当事人订立、履行合同，应当遵守法律、行政法规，尊重社会公德，不得扰乱社会经济秩序，损害社会公共利益。"第8条规定："依法成立的合同，对当事人具有法律约束力。当事人应当按照约定履行自己的义务，不得擅自变更或者解除合同。依法成立的合同，受法律保护。"

由于每个国家的法律制度不同，而国际货物买卖合同的双方当事人又身处不同国家，一旦发生贸易纠纷和争议，就会出现"法律适用"和"法律冲突"的问题。各国法律对此大都有具体的规定。我国《合同法》第126条第1款规定："涉外合同的当事人可以选择处理合同争议所适用的法律，但法律另有规定的除外。涉外合同的当事人没有选择的，适用与合同有密切关系的国家的法律。"世界各国法律的规定与我国基本相同。由此可见，合同双方当事人可以自主选择处理合同争议所适用的法律是一般的国际惯例，但我国《合同法》第126条第2款也原则性地规定："在中华人民共和国境内履行的中外合资经营合同、中外合作经营合同、中外合作勘探开发自然资源合同，适用中华人民共和国法律。"

（二）国际条约与规定

国际条约与规定是指两个或两个以上的主权国家为确定彼此间的经济贸易关系而缔结的双边或多边的书面协议。目前，与我国对外贸易密切相关的国际条约和协定主要有我国与其他国家缔结的双边或多边的贸易协定、贸易协定书、支付协定，以及我国缔结或参加的有关贸易、国际海运、陆运、空运、工业产权保护等方面的国际公约。与国际货物买卖关系最大、最重要的一项国际公约就是《联合国国际货物销售合同公约》（以下简称《公约》）。

《公约》是由联合国国际贸易法委员会根据1964年海牙会议上通过的两个统一法，即《国际货物买卖合同统一法》和《国际货物买卖合同成立统一法》制定的，于1980年在有62个国家代表参加的维也纳外交会议上通过，1988年1月1日生效。目前我国主要贸易伙伴中，除英国外，其余都是《公约》的成员国。

我国在1986年交存的批准书中声明：中国不受《公约》第1条第1款第(b)项、第11条及与第11条内容有关的规定的约束。对第一项保留，理论界习惯上称为"国际司法规则保留”，中国不同意扩大《公约》适用范围，对中国企业而言，《公约》仅适用于公约缔约国的当事人之间订立的合同；第二项保留则被称为“合同形式保留”，即我国企业对外订立、修改协议、终止合同应采用书面形式（1999 年 10 月 1 日新《合同法》生效后，对合同形式已没有书面要求；尽管如此，在中国没有撤销有关保留前，该保留仍然有效）。

按照法律原则，国际法优于国内法。根据我国法律规定，中华人民共和国缔结或参加的有关国际条约或协定同中华人民共和国法律有不同的规定的，适用该国际条约规定，但中华人民共和国声明保留的条款除外。

本章小结

1. 国际货物买卖合同的基本内容包括约首、正文、约尾三个部分，这也是书面合同不可缺少的三个部分。

2. 国际货物买卖合同成立需满足以下条件：(1) 当事人必须具有订约的行为能力；(2) 合同必须有对价或合法的约因；(3) 合同的内容和标的必须合法；(4) 合同要符合法律规定的形式；(5) 当事人的意思表示必须真实。

3. 国际货物买卖合同适用的法律规范包括各国的国内法以及国际惯例和条约。

基本概念

国际货物买卖合同　确认书　对价　约因

思考题

1. 一项在法律上具有效力的合同应具备哪些条件？
2. 国际货物买卖合同的基本内容包括哪些？
3. 书面合同的基本形式有哪些？
4. 国际货物买卖合同受哪些法律规范约束？

案例分析

一法国商人于某日上午走访我国某外贸企业洽购某商品。我方口头发盘后，对方未置可否，当日下午法商再次来访表示无条件接受我方上午的发盘，那时，我方已获知该项商品的国际市场价格有趋涨的现象。对此，你认为我方应如何处理好，为什么？

第十二章

国际货物买卖合同的磋商与签订

学习目标

1. 了解国际商务谈判在国际贸易中的重要性，熟悉商务谈判的技巧；
2. 了解国际货物买卖合同磋商的各个环节，尤其是发盘和接受这两个必不可少的法律步骤。

第一节　国际商务谈判

国际商务谈判是一项集政策性、技术性、艺术性于一体的社会经济活动，它是指在国际贸易中，买卖双方就交易的各项条件进行协商的过程。其谈判的内容涉及商务、技术、法律与政策等各方面的问题。谈判的结果决定着合同条款的内容，从而确定合同双方当事人的权利和义务。

因此，掌握国际商务谈判的技巧，研究国际商务谈判的规律，总结国际商务谈判的经验教训，妥善处理谈判中出现的各种问题，在平等互利的基础上达成公平合理和切实可行的协议，具有十分重要的意义。

国际商务谈判既具有一般商务谈判的特点，又具有其自身的特殊性，表现在以下方面。

(1) 国际商务谈判是一项涉外活动，具有较强的政策性。谈判双方的商务关系是两国和两个地区之间经济关系的一部分，常常还会涉及一国同别国之间的政治关系和外交关系，政府也会干预商务谈判的进程，这一切都会对商务谈判产生影响。因此，国际商务谈判必须执行国家的相关方针政策，还应在意国别政策，执行对外贸易的一系列法律和规章制度。

(2) 国际商务谈判以国际商法为准则，以国际惯例为基础。国际商务谈判涉及国际贸易、国际结算、国际保险、国际运输等一系列问题，在适用法律方面必须以国际经济法为准则，按照国际惯例行事。因此，谈判人员一定要熟识各种国际惯例、国际相关组织的各种规定和国际经济法以及对方所在国的法律及规章制度。

(3) 国际商务谈判的难度加大。由于谈判人员来自不同的国家和地区，其在语言、信仰、生活习惯、价值观念、行为规范、道德标准等方面有很大的差别，这些因素都会影响商务谈判，使商务谈判的难度更大，也对谈判人员提出了更高的要求。

第二节　国际商务谈判前的准备

在了解了国际商务谈判的一系列特点后，为了在国际商务谈判中掌握主动权实现自身利益，还需做好以下准备工作。

(1) 组织高素质的谈判队伍。国际商务谈判中，谈判人员的配备直接关系到谈判的胜败。因此谈判人员需要有较高的政策水平和谈判技巧，具备多方面的专业知识，善于随机应变和妥善处理问题，还要恰如其分地发挥各自的优势，互相配合，以整体的力量征服谈判对手。

(2) 熟悉目标市场。在谈判之前必须切实了解目标市场。通过各种途径，广泛收集市场资料，对国外市场的供销状况、价格动态、政策法令、贸易惯例以及风俗习惯等各方面进行调查研究。

(3) 了解交易对象。在谈判前，谈判者要设法全面了解谈判对手的情况，例如，对方的政治、文化背景、资信情况、经营范围、经营能力和经营作风等。切实做到“知己知彼，百战不殆”。

(4) 制定商务谈判的方案。在制定谈判方案的过程中，对需要谈判的问题，应分清主次，合理安排谈判的先后顺序，明确对每一主要问题应当掌握的分寸和尺度，以及准备好在谈判中出现某些变化时所应采取的对策和应变措施，力争谈判成功。

第三节　国际贸易磋商的基本过程

在国际贸易中，交易磋商是指贸易双方为买卖某种商品通过面谈、信函、传真或电子数据交换等方式，对交易的各项条款进行讨价还价、最终达成一致并签订合同的国际商务谈判。交易磋商活动表面上看是一种经济行为，实质上是一种法律行为。买卖双方通过磋商谈判取得一致的协议，双方交易达成，合同成立。交易磋商的基本过程一般包括：询盘 (Inquiry)、发盘 (Offer)、还盘 (Counter Offer) 和接受 (Acceptance) 四个环节，其中发盘和接受是达成交易、合同成立不可缺少的两个基本环节和必经的法律步骤。

一、询盘 (Inquiry)

询盘，是准备购买或出售商品的人向潜在的供货人或买主探询该商品的成交条件或交易的可能性的业务行为，它不具有法律上的效力。

多数情况下询盘是询问成交价格，所以也把询盘称作询价。除价格之外，询盘也会涉及商品的品质、规格、数量、包装和装运等成交条件，也可以索取样品。询盘实际上属于邀请发盘 (Invitation to Offer) 的内容，主要是为了探询买卖双方成交的可能性。

询盘不是每笔交易必经的过程，如果交易双方都了解情况，不需要向对方探询成交条件或交易的可能性，则不必使用询盘，可直接向对方发盘。

二、发盘(Offer)

发盘又称发价或报价，在法律上称为要约，是指一方当事人以缔约合同为目的，将交易的全部条件十分明确、肯定地向另一方所做的一种意思表示，只要对方表示接受，合同即告成立。这种意思表示即成为发盘。

根据《公约》第 14 条第 1 款的规定：“凡向一个或一个以上的特定的人提出订立合同的建议，如果其内容十分确定并且表明发盘人有在其发盘一旦得到接受就受其约束的意思，即构成发盘。”发盘既可由卖方提出，也可由买方提出，因此，有卖方发盘和买方发盘之分。后者习惯上称为递盘(Bid)。

(一)构成发盘的必备条件

1. 发盘必须向一个或一个以上特定的人提出

发盘应向特定的人提出，即向有名有姓的个人或公司提出。这一规定的目的是为了把发盘同普通的商业广告及向国外客商寄发商品目录、价格单等行为区分开来。这类行为一般不能构成发盘，通常只能视为发盘邀请。但是，如果商业广告的内容十分明确具体和肯定，而且登此广告的人明确表示它是作为一项发盘提出来的，如在广告上注明“本广告构成发盘”或“广告项下的商品将售给最先支付货款或最先开来信用证的人”等，则此类广告也可作为一项发盘。

鉴于《公约》对发盘的上述规定既原则又具体，且有一定的灵活性，加之世界各国对发盘又有不同的理解，因此，在实际应用时要特别小心。我方对外进行广告宣传和寄发商品价目单时，不要使对方理解成我方“一经接受，即受约束”。在寄发商品价目单时，最好在其中标明“可随时调整，恕不通知”或“需经我方最后确认”等字样。

2. 发盘内容必须十分确定

一项有效的发盘其内容必须是确定的，即发盘中的交易条件必须是完整的、确定的和终局性的。根据《公约》第 14 条第 1 款的规定：“发盘的内容必须十分确定(Sufficiently Definite)。”在提出的订约建议中，至少包括下列三个基本要素：(1)表明货物的名称；(2)明示或默示地规定货物的数量和确定数量的方法；(3)明示或默示地规定货物的价格或确定价格的方法。凡包含这三项因素的订约建议，即可构成一项有效的发盘。如果发盘被受盘人接受，买卖合同即告成立。

需要特别指出的是，订约建议中关于交货时间、地点以及付款时间、地点等其他内容虽然没有提到，但并不妨碍它作为一项发盘，因而并不妨碍合同的成立。因为，发盘中没有提到的其他条件，在合同成立后，可以双方当事人建立的习惯做法及采用的惯例予以补充，或者按照《公约》中关于货物销售部分的有关规定予以补充。

构成一项发盘应包括的内容，各国的法律规定不尽相同。有些国家的法律要求对合同的主要条款，如品名、品质、数量、包装、价格、交货时间、地点以及支付办法等，都要有完整、明确、肯定的规定，并不附有任何保留条件，以便受盘人一旦接受即可签订一项对买卖双方均有约束力的合同。《公约》关于发盘内容的上述规定，只是构成发盘的起码要求。在实际业务中，如发盘的交易条件太少或过于简单，会给合同的履行带来困难，甚至容易引起争议。因此，在对外发盘时，最好将品名、品质、数量、包装、价格、交货时间、地点以及支付办法等主要条件一一列明，以利合同的履行。

3. 表明一经受盘人接受，发盘人即受约束的意思

发盘人必须在发盘中表明，自己有责任在受盘人对发盘作出有效接受时与其订立合同。如果发盘人只是就某些交易条件建议与对方进行磋商，而根本没有受其建议约束的意思，则此项建议不能被认为是一项发盘。例如，发盘人在其提出的订约建议中加注诸如“仅供参考”“须依发盘人最后确认为准”或其他保留条件，这样的订约建议就不是发盘，而只是邀请对方发盘。如果受盘人不能肯定发盘人是否在发盘中表示了这种含义，应向发盘人提出，不能随意猜测。

在此需要指出，我国《合同法》对发盘及构成要件的规定同上述《公约》的规定和解释基本一致。我国《合同法》第 14 条规定：要约是希望和他人订立合同的意思表示，该意思表示应当符合下列规定：内容具体确定；表明经受要约人承诺，要约人即受该意思表示约束。

(二) 发盘的有效期

在通常情况下，发盘都具体规定一个有效期限，只有在有效期限内，受盘人对发盘的接受才有效，发盘人才承担以发盘条件与受盘人成交的责任，若超过有效期，发盘人不受约束。当发盘没有具体列明有效期限时，受盘人应在合理的时间内接受才有效。何谓“合理的时间”，需根据具体情况而定。根据《公约》的规定，采用口头发盘时，除发盘人发盘时另有声明外，受盘人只能当场表示接受，方为有效。

采用函电成交时，发盘人一般都明确规定发盘的有效期，具体的规定方法有以下几种。

1. 规定最迟接受的期限

例如，限 5 月 4 日复，或限 5 月 4 日复到此地。当规定限 5 月 4 日复时，按有些国家的法律解释，受盘人只要在当地时间 5 月 4 日 24 点以前将表示接受的通知投邮或发出即可。但在国际贸易中，由于双方所在地的时间大多存在差异，所以发盘人往往采取以接收通知送达发盘人为准的规定办法。按此规定，受盘人接收通知不得迟于 5 月 4 日内送达发盘人。

2. 规定一段接受的期限

例如，本发盘有效期为 6 天，或本发盘限 6 天内回复。按照《公约》的规定，这个期限应从发盘发出时刻或信上载明的发信日期起算。如信上未载明发信日期，则从信封所载日期起算。采用电话、电报、电子邮件发盘时，则从发盘送达受盘人时起算。如果有效期的最后一天是发盘人营业地的正式假日或非营业日，则发盘有效期可顺延至下一个营业日。

此外，当发盘规定有效期时，还应考虑双方营业地点不同而产生的时差问题。

(三) 发盘生效的时间

对于发盘生效时间的问题，根据《公约》规定，发盘送达受盘人时生效。我国合同法对发盘生效时间的规定同上述《公约》规定一致，也采取“到达主义”，即发盘送达受盘人时生效。此外，我国《合同法》第 16 条还同时对采用数据电文的到达时间如何确定作出了规定：“采用数据电文形式订立合同，收件人指定特定系统接收数据电文的，该数据电文进入特定系统的时间，视为到达时间；未指定特定系统的，该数据电文进入收件人的任何系统的首次时间，视为到达时间。”

明确发盘的生效时间，具有重要的意义。首先，关系到受盘人能否表示接受，一项发盘只有送达受盘人时，才能发生效力。即只有当受盘人收到发盘后才能表示接受，进而导致合同的成立。其次，关系到发盘人是否可以撤回发盘或修改其内容，只有在发盘生效之前，发盘人才可随时撤回或修改其内容，但是撤回通知或更改内容等的通知，必须在受盘人收到发盘之前或同时送达受盘人。如果发盘一旦生效，那就不是撤回发盘的问题，而是撤销发盘的问题。

（四）发盘的撤回（Withdrawal）和撤销（Revocation）

1. 发盘的撤回

发盘的撤回是指发盘人在发盘送达受盘人之前，将其撤回，以阻止其生效。英美法系认为，发盘原则上对发盘人没有约束力。发盘人在受盘人对发盘表示接受之前的任何时候，都可将其撤回或变更其内容。而大陆法认为，发盘对发盘人有约束力，如《德国民法典》规定，除非发盘人在发盘中订明发盘人不受发盘的约束，否则发盘人就受到发盘的约束。

根据《公约》第 15 条第 2 款规定，一项发盘(包括注明不可撤销的发盘)，只要在其尚未生效之前，都可以修改或撤回。因此，如果发盘人因发盘内容有误或其他原因想改变主意，可以用迅速的通信方法，将发盘撤回或更改通知赶在受盘人收到发盘之前或同时送达受盘人，则发盘即可撤回或修改。

2. 发盘的撤销

发盘的撤销是指发盘已送达受盘人，即发盘生效之后将发盘取消，使其失去效力。关于发盘撤销的问题英美法和大陆法有很大的分歧。英美法认为，在受盘人表示接受之前，即使发盘中规定了有效期，发盘人也可以随时予以撤销，这显然对发盘人片面有利。这种观点，在英美法国家不断受到责难。有的国家制定或修改法律时，不同程度上放弃了这种观点。大陆法系国家对此问题的看法相反，认为发盘人原则上受发盘的约束，不能随意将发盘撤销。

《公约》第 16 条规定发盘可以撤销，其条件是撤销通知要在受盘人发出接受通知之前送达受盘人。如果受盘人一旦发出接受通知，则发盘人无权撤销该发盘。此外，《公约》还规定有以下两种情况的发盘一旦生效是不可以撤销的：(1) 发盘中规定了有效期，或以其他方式表示该发盘是不可撤销的；(2) 受盘人有理由信赖该发盘是不可撤销的，并本着对该发盘的信赖已经采取了行动。

（五）发盘的失效（Termination）

发盘的失效是指发盘失去了法律效力，发盘人不再受到发盘的约束。任何一项发盘，均可以在一定条件下失去效力，发盘失效的原因一般有以下几个方面。

(1) 过了发盘的有效期。在发盘规定的有效期内未被接受，过了有效期该发盘就失去了效力，或虽没有规定有效期，但在合理时间内没有被接受，发盘的效力即告终止。对于口头发盘，受盘人未予接受，离开现场，发盘也即失效。

(2) 发盘被撤回或撤销。一项发盘，如果被宣布撤回或撤销，则发盘失效。

(3) 被受盘人拒绝或还盘。如果受盘人表示了不接受，即拒绝通知送达发盘人时，发盘的效力即告终止。受盘人作出还盘也是对原发盘的拒绝。

(4) 不可抗力事件的发生。发盘人发盘之后，发生了不可抗力事件，按出现不可抗力免责的一般原则，发盘的效力即告终止。

(5) 行为能力的丧失。发盘人或受盘人在接受前丧失了行为能力（如患精神病、发盘人死亡、法人破产等），该发盘也即失效。

三、还盘（Counter Offer）

还盘又称还价，在法律上称为反要约，是指受盘人在接到发盘后，不同意或不完全同意发盘提出的各项条件，为了进一步磋商交易，用书面或口头的形式对发盘提出修改意见。简言之，还盘是对发盘的条件进行添加、限制或修改。对发盘表示有条件的接受也是还盘的一种形式。例如，受盘人在答复还盘人时，附加有“以最后确认为准”“未售有效”等规定或类似的附加条件，这种答复只能被视作还盘或邀请发盘。如果还盘的内容不具备发盘的条件，即视为“邀请发盘”；如还盘的内容具备发盘条件，就构成一项新的发盘。还盘不仅可以针对价格，也可以针对交易的商品的品质、数量、装运、支付等其他条件提出不同的意见。在还盘中没有提到的其他交易条件，则意味着还盘人提出的条件与原发盘条件相同。原发盘人对一项还盘也可以表示不同意见，可以接受、拒绝，也可以再还盘。有时，一项交易需经过多次还盘，最后才能达成协议。

四、接受（Acceptance）

接受在法律上称为承诺，它是指受盘人接到对方的发盘或还盘后，在发盘规定的时间内，同意对方提出的各项条件，愿意与对方达成交易，并且用声明或行动表达出来。可见，接受是对发盘表示同意。这种同意通常应以某种方式表达出来。根据《公约》的规定，受盘人对发盘表示接受，既可以通过口头或书面向发盘人发表声明的方式表示接受，也可以通过其他的实际行动表示接受。沉默或不行为本身并不等于接受。从法律责任来看，受盘人并不承担对发盘必须答复的义务。但是，如果沉默或不行为与其他因素结合在一起，足以使对方确信沉默或不行为是同意的一种表示，即可构成接受。假定交易双方有协议或按业已确认的惯例与习惯做法，受盘人缄默也可以表示接受。

（一）构成接受的条件

《公约》第 18 条和第 19 条规定了构成一项法律上有效的接受，必须具备以下条件。

1. 接受必须由特定的受盘人作出

发盘是向特定的人提出的，因此，只有特定的人才能对发盘作出接受。由第三者作出的接受，不能视为有效的接受，该接受对发盘人无约束力，不能据以成立合同。

2. 接受必须在发盘规定的有效期内作出

一般发盘都规定了有效期，因此，受盘人必须在发盘规定的有效期内（若发盘没有规定具体的有效期，则在“合理的时间内”）作出接受表示并送达发盘人。在发盘的有效期过后才送达发盘人的接受，构成逾期接受（Late Acceptance），逾期接受在法律上构成一项新的发盘或发盘人可拒绝的接受。

3. 接受的内容必须与发盘完全相符

根据《公约》的规定，一项有效的接受必须是同意发盘所提出的所有交易条件，只接受发盘的部分内容，或对发盘条件提出实质性的修改，或提出有条件的接受，均不能构成接受，而只能视作还盘。但是，如果受盘人在表示接受时，对发盘的内容提出某些非实质性的添加、限制和更改，除非发盘人在不过分迟延的时间内表示反对其间的差异外，仍可构成有效的接受，从而使合同得以成立。在此情况下，合同的条件就以该项发盘的条件和接受中所提出的某些更改为准。

4. 接受通知的传递方式应符合发盘要求

发盘人在发盘时，有的具体规定接受通知的传递方式，也有未作规定的。如发盘没有规定传递方式，则受盘人可按发盘所采用的方式，或采用更快的传递方式将接受通知送达发盘人。

需要强调的是，接受通知在规定的期限内到达发盘人，对于合同的成立具有重要意义。因此，各国法律通常都对接受通知到达发盘人的期限作出了规定。我国《合同法》第 23 条也对此作出了明确规定，即：承诺应当在要约确定的期限内到达要约人。要约没有确定承诺期限的，承诺应按照下列规定到达：(1) 对口头发盘要立即作出口头接受，除非双方另有约定；(2) 发盘以非对话方式作出的，接受应在合理期限内到达。

（二）接受生效的时间

在接受生效的时间上，英美法采用“投邮生效”的原则，即接受通知一经投邮或发出，立即生效；而大陆法则采用“到达生效”的原则，即接受通知书必须到达发盘人时才生效。《公约》明确规定，接受送达发盘人时生效。此外，接受还可以在受盘人采取某种行为时生效。《公约》第 8 条第 3 款规定，如根据发盘或依照当事人已确定的习惯做法或惯例，受盘人可以做出某种行为来表示接受，无须向发盘人发出接受通知。

（三）逾期接受（Late Acceptance）

逾期接受是指接受通知送达发盘人的时间超过了发盘所规定的有效期，或者在发盘中未规定有效期时，已超过了合理的时间。按照各国的法律，逾期接受不能认为是有效的接受，而只是一项新的发盘。《公约》对逾期接受采用了一些灵活的处理办法，使它在符合某些条件的情况下仍然具有接受的效力，合同仍得以成立。

(1) 逾期接受原则上无效，但如发盘人毫不迟延地用口头或书面形式通知受盘人，他认为逾期接受仍然有效，则逾期接受仍具有接受的效力。这种情况下逾期接受是否有效的决定权在发盘人手中。

(2) 如果载有逾期接受的信件或其他书面文件表明，他是在传递正常、能及时送达发盘人的情况下寄发的，则该逾期接受具有接受的效力，除非发盘人毫不迟延地用口头或书面形式通知受盘人：他认为他的发盘已经失效。

（四）接受的撤回或修改

在接受的撤回或修改的问题上，《公约》采取了大陆法系的“送达生效”原则。《公约》第 22 条规定：“如果撤回通知于接受原发盘应生效之前或同时送达发盘人，接受得予撤回。”由于接受在送达发盘人时才产生法律效力，故撤回或修改接受的通知，只要先于接受通知或与原发盘接受通知同时送达发盘人，则接受可以撤回或修改。如接受已先送达发盘人，即接受一旦生效，合同即告成立，就不得撤回接受或修改其内容，因为这样做无异于撤销或修改合同。

需要注意的是，在当前通信设施非常发达和各国普遍采用现代化通信的条件下，当发现接受中存在问题而想撤回时，往往已来不及了。为了防止出现差错和避免发生不必要的损失，在实际业务中，应当审慎行事。

第四节 国际贸易合同的签订

在交易磋商过程中，一方发盘经另一方接受以后，交易即告成立，买卖双方就构成了合同关系。双方在磋商过程中的往返函电，即是合同的书面证明。但根据国际贸易习惯，买卖双方还要签订书面合同，以进一步明确双方的权利和义务。

签订书面合同不是合同有效成立的必要条件。《公约》规定："销售合同无须以书面订立或书面证明，在形式方面也不受任何其他条件的限制。销售合同可以用包括人证在内的任何方法证明。"但是，在国际贸易实践中，在当事人双方经过磋商一致，达成交易以后，一般均须另行签订一份具有一定格式的书面合同。因为签订书面合同具有以下三方面的重要意义。

1. 作为合同成立的证据

根据法律要求，凡是合同必须能得到证明，提供证据，包括人证和物证。通过口头磋商成立的合同，举证就难以做到，一旦买卖双方在交易中出现争议，需要提交仲裁或司法诉讼来解决时，便会在证明当事人之间确实存在合同关系的问题上遇到困难。因此，仅以口头磋商成立的合同如不用一定的书面形式加以确定，就会由于不能被证明而不能得到法律的保障，甚至在法律上成为无效合同。

2. 作为合同生效的条件

如果在买卖双方磋商时，一方曾声言以签订书面合同为准，即使双方已对交易条件全部协商一致，也必须在正式签订合同后，合同才能成立。在此情况下，签订书面合同就成为合同生效的条件。

3. 作为履行合同的依据

不论通过口头还是书面形式磋商达成的交易，均须把协商一致的交易条件综合起来，全面、清楚地列明在一份有一定格式的书面合同上，这对进一步明确双方的权利和义务，避免因双方对磋商具体条款记忆或理解的误差，而在履行合同的过程中产生争议，便于买卖双方准确地履行合同。

本章小结

1. 交易磋商是买卖双方洽商交易，以求达成买卖协议的具体过程。交易磋商的程序一般包括询盘、发盘、还盘和接受四个环节，其中发盘和接受是法律上必经的两个环节。发盘必须具备四个条件。发盘在送达受盘人时生效。发盘在特定的条件下可以失效。至于发盘能否撤销，各法系规定不同。有效接受必须由受盘人在发盘期限内作出，必须是无条件的同意原发盘，并以符合发盘要求的方式传递给发盘人。

2. 合同是约束双方的法律文件，关系到缔约双方的利益，有效的合同必须符合法律规范。

基本概念

询盘　发盘 发盘的撤回 发盘的撤销　还盘　接受　逾期接受

思考题

1. 构成一项法律上有效的发盘需满足哪些条件？
2. 如何区分发盘的撤回和撤销？
3. 构成一项法律上有效的接受需满足哪些条件？
4. 什么是逾期接受？逾期接受的法律后果如何？《公约》对逾期接受有哪些规定？
5. 接受能否撤回或撤销？《公约》关于接受撤回与撤销修改有哪些规定？

案例分析

1. 中国某进出口公司向国外某公司询购某商品，不久，中方收到对方 8 月 15 日的发盘，发盘有效期至 8 月 22 日。中方于 8 月 20 日向对方复电："若价格能降至 50 美元/件，方可以接受。"对方未作答复。8 月 21 日中方得知国际市场行情有变，于当日又向对方去电表示完全接受对方 8 月 15 日的发盘。请问：中方的接受能否使合同成立？为什么？

2. 我国某出口企业于 8 月 5 日向美商发盘供应东北大豆 1000 公吨，限 8 月 8 日复到，美商于 8 月 9 日上午用传真表示接受，当时我方用电话通知对方其接受有效，并着手备货，一周后，大豆价格剧烈下降，美商于 8 月 17 日来电称："9 日接受的传真是在你方发盘已失效时作出，属接受无效，故合同不能成立。"请问：美商这一说法合理吗？为什么？

3. 某进出口公司欲进口打印机一批，对方发盘的内容为："兹可供普通打印机 200 台，每台 600 美元 CIF 青岛，6 至 7 月份装运，限本月 21 日复到我方有效。"我方收到对方发盘后，在发盘规定的有效期内复电："你方发盘接受，请内用泡沫，外加木条包装。"请问：我方的接受是否可使合同成立？为什么？

4. 北京某公司向巴黎某公司发盘，其中规定有效期到 3 月 10 日为止，该发盘是 3 月 1 日以特快专递寄出的，3 月 2 日北京公司发现发盘不妥，当天立即用传真通知巴黎公司宣告撤回该项发盘。请问：这样做是否可以？根据是什么？

第十三章
国际货物买卖合同的履行

学习目标

1. 熟悉采用信用证付款方式签订的 CIF 出口合同履行的全过程并掌握各种单据的制作、审核和修改技巧，以及在各个环节卖方应做的工作；

2. 掌握采用 FOB 价格条件和信用证支付方式的进口合同履行的一般程序。

在国际贸易中，买卖合同一经依法有效成立，有关当事人就必须履行合同所规定的义务并享有合同所赋予的权利。按时、按质、按量履行合同，关系到买卖双方的实际经济利益，同时也关系到企业、国家的信誉。因此，买卖双方必须本着“重合同、守信用”的原则，严格履行合同。

第一节　出口合同的履行

出口合同的履行是指出口合同签订后，买卖双方根据合同中所规定的权利和义务，按照各自利益与信誉，而且关系到企业、国家的利益与信誉。所以，买卖双方必须严格履行合同。

我国绝大多数出口合同都采用CIF或CFR价格条件，并且一般都采用信用证付款方式，所以在履行这类合同时，必须切实做好备货、催证、审证、改证、租船订舱、报验、报关、投保、装船和制单结汇等环节的工作。在这些环节中，以货(备货、报验)、证(催证、审证、改证)、船(租船订舱、办理货运手续)、款(制单结汇)四个环节的工作最为重要。只有做好这些工作，才能防止出现“有货无证”“有证无货”“有货无船”“单证不符”或违反装运期等情况。下面介绍出口合同的履行过程中各环节的主要工作。

一、备货和报验

为了保证按时、按质、按量交付约定的货物，在订立合同之后，出口商必须及时落实货源，备妥应交的货物，并做好出口货物的报验工作。

(一) 备货

货物是履行合同的基础，没有货物就无法履行合同。备货是出口企业根据合同或信用证规定，向有关企业或部门采购和安排生产的过程。

出口企业性质不同，备货的形式有所不同。对于外贸进出口公司，如果该公司没有固定的生产加工部门，那么就要向国内有关生产企业联系货源，订立采购合同。对于自营出口的生产型企业的备货是向生产加工或仓储部门下达联系单，要求该部门按联系单的要求，对应交的货物进行清点、加工整理、包装、刷制运输标志以及办理申报检验和领证的工作。联系单是进出口企业内部各个部门进行备货、出运、制单结汇的共同依据。无论哪种类型的企业在备货的工作中，都应该注意以下几个问题。

(1) 货物的品质、规格，应按合同的要求核实，必要时应进行加工整理，以保证货物的品质、规格与合同或信用证的规定一致。

(2) 货物的数量，应保证满足合同或信用证对数量的要求，备货的数量应适当留有余地，万一装运时发生意外或损失，以备调换和适应舱容之用。

(3) 备货时间，应根据信用证规定，结合船期安排，以利于船货衔接。

(4) 货物包装应与合同和法律的要求一致。在备货过程中，要求货物的内、外包装和装潢(包括商标、贴头、标签)均认真核对和检查，如发现包装不良或有破损的情况，应及时进行修正或换装，以免在装运时无法取到清洁提单，造成收汇损失。

(二) 报验

出口报验是指发货人或其代理人在规定的地点和期限内，向商检部门申请办理出口商品检验。凡属国家规定必须商检或合同中明确规定商检的出口商品都必须在规定的地点和期限内，持出口合同、信用证副本、发票、装箱单等有关单证向检验部门申请报检，经检验合格后取得检验部门出具的检验证书，对于国家规定的法检商品，海关凭检验检疫部门出具的放行单予以放行；对于合同规定检验的商品，进口商凭指定检验部门出具的检验证书予以付款。

申请报验的手续是，凡需要法定检验出口的货物，应填制“出口检验申请单”向出入境检验检疫机构办理报验手续。

凡检验检疫合格的出口货物，发货人应当在有效期限内报运出口。一般货物的检验证书从发证日期起 2 个月内有效，鲜果、鲜蛋类的检验证书 2 个星期内有效，动植物检验证书 20 天内有效，鲜活商品证书 14 天内有效。

二、催证、审证和改证

进出口方商定好使用信用证作为支付工具的，就需要落实好信用证的工作，在合同的履行过程中就会涉及催证、审证和改证三项具体的工作。

(一) 催证

催证是指合同履行环节中出口商在进口商未按规定及时开立信用证的情况下，催促其尽快开立信用证的行为。以信用证作为结算方式时，进口商按约定时间开立信用证是出口商履行合同的前提条件。特别是大型机械设备、成套设备或按进口商要求而特制的商品交易，如果进口商不能够及时开证，会给出口商造成极大的损失。同时，由于国际市场瞬息万变，进口商不按时开立信用证的情况时有发生，因此，出口商应结合货源情况认真做好催证工作，及时提请进口商按约定时间开证，必要时可请驻外机构或有关银行协助代为催证，以利于合同的履行。如果进口商拖延开证已成事实，出口商应尽快查明原因，本国银行的驻外机构或国外分行可以办理此项查询业务，以免造成更大的损失。

（二）审证

审证是审核所收到的信用证是否与合同规定一致。在实践中，由于种种原因，如工作的疏忽、电文传递的错误、贸易习惯的不同、市场行情的变化或进口商有意利用开证的主动权加列对其有利的条款，往往会出现开立的信用证条款与合同规定不一致；或者在信用证中加列一些出口商看似无所谓但实际是无法满足的信用证付款条件（在业务中也被称作为“软条款”）等，使得出口商根本就无法按信用证收取货款。为确保收汇安全和合同顺利执行，防止造成不应有的损失，应该在国家对外政策的指导下，对不同国家、不同地区以及不同银行的来证，依据合同进行认真的核对与审查。

审证工作是由银行和进出口公司共同承担的。银行一般侧重于审查信用证的真伪性、开证行的资信能力、政治背景、付款责任和索汇路线等方面的内容，并对审核无误的真实信用证打上类似“印鉴相符”的字样。对于“印鉴不符”的信用证，银行有责任及时通知出口商，提示出口商注意，通常情况下，银行不提倡出口商接受此类信用证。出口公司收到银行转来的信用证后，则应着重审核信用证内容与买卖合同是否一致。但为了安全起见，出口商也应尽量根据自身能力对信用证的内容进行全面审核或复核性审查，此项审核应注意下列事项。

(1) 关注信用证通知行“印鉴相符”的说明。对于没有及时拿到“印鉴相符”通知的信用证，要及时联系通知行，不可在“印鉴不符”的情况下急于出货。

(2) 政治性、政策性审查。在我国对外政策的引导下，对不同国家和不同地区的来证从政治上、政策上进行审查，如来证内容是否符合政府间的支付协定、支付货币是否符合规定。

(3) 开证行的付款责任。注意审核信用证中开证行的付款责任是否加列了“限制性”条款或其他“保留”条款。

(4) 开证行、保兑行的资信情况。为了安全收汇，对开证行和保兑行所在国的政治、经济状况、开证行和保兑行的资信及经营作风等都应细致审查。如开证行支付能力差或信誉不好，其开立的信用证必须由一家与我国有贸易往来关系、资信良好的银行加以保兑方可接受。

(5) 装运期、有效期、到达地点。信用证的有效期一般晚于装运期，在双到期的情况下，即装运期和有效期为同一天，要审慎考虑船、货以及结汇问题。到达地点一般应在受益人所在国家。

(6) 信用证的金额、币别。信用证的金额与币别应与合同金额一致。

(7) 开证申请人和受益人。开证申请人大多数情况下是进口商，有时可能是其他人；受益人是出口商。要注意开证申请人和受益人是否与合同一致，如发生企业改名的情况，应及时在信用证中更新。

(8) 货物描述。审核信用证有关品名、数量或重量、规格、包装和单价等项内容是否与合同一致，有无附加条款。

(9) 装运单据。要仔细审核信用证单据条款，对于不能提供的单据或难以做到的条款必须提出更改。

(10) 信用证应表明受国际商会最新出版的《跟单信用证统一惯例》的约束。

(11) 其他特殊条款。审核信用证有无与合同规定不符的其他特殊条款并根据情况考虑是否需要修改信用证。

(三) 改证

改证是指合同履行环节中进口商开立的信用证与合同条款不符，因而出口商向进口商提出修改信用证的行为。出口商谨慎审核信用证后如发现问题，应区别问题的性质，分别同银行、运输、保险、商检等有关部门研究，作出妥当处理。凡是属于不符合我国对外贸易方针政策，影响合同执行和安全收汇的情况，我们必须要求对方通过开证行对信用证进行修改，并坚持在收到银行修改信用证通知书后才能对外发货，以免发生货物装运后而修改通知书未到的情况，造成我方工作上的被动和经济上的损失。

根据 UCP600 的规定："对同意修改通知中的修改内容不允许部分接受，因而对修改内容的部分接受当属无效。"国外开证行发来的修改通知书如果包括两项或两项以上的内容，我们对此通知要么全部接受，要么全部拒绝，不能只接受其中一部分而拒绝另一部分。

改证时应注意下列问题：

(1) 修改的各项内容，应尽量一次提出，避免多次修改，以免增加双方的手续和费用，浪费双方的时间；

(2) 凡能办到又不增加费用的，应尽量不修改；

(3) 修改应及时提出，以避免因拖延时间过长，造成银行认为我方已接受的假象；

(4) 对信用证的修改书应认真审核，防止国外客户趁机修改、添加、删除一些重要的内容；

(5) 在改证的电函中，必须注明原信用证的证号、合同号、货物名称，以免混淆；

(6) 如果不接受修改应尽早退回，说明情况，否则等于默认。

三、办理货运、报关和投保

出口企业在办理备货的同时，还必须及时办理货运、报关和投保等手续。

(一) 办理货运的步骤

1. 租船订舱

在 CIF 和 CIP 条件下，租船订舱是出口方的责任之一。

如果出口货物数量较大，需要整船运输，则需要办理租船手续；如果出口货物数量不大，不需要整船运输，则可由外运公司代为洽订班轮舱位。

2. 订舱的基本程序

(1) 查看船期表，出口公司填写托运单(Booking Note，B/N)，作为订舱依据。

(2) 船公司或代理人在接受托运人的托运单后，发给托运人装货单(Shipping Order，S/O)。

(3) 货物装船以后，由船长或大副签发收货单。

(4)托运人到船公司换取正式提单(B/L)。

(二)报关

报关是指进出口货物装船出运前向海关申报的手续。按照我国海关法规定：凡是进出国境的货物，必须经由设有海关的港口、车站、国际航空站进出，并由货物的发货人或其代理人向海关如实申报，交验规定的单据文件，请求办理查验放行手续，经海关放行后，货物才可提取或装运出口。目前我国的出口企业在办理报关时，可以自行办理报关手续，也可以通过专业的报关经纪行或国际货运代理公司办理。

无论是自行报关，还是由报关行办理，都必须填写出口货物报关单，必要时还需提供出口合同副本、发票、装箱单或重量单、商品检验证书以及其他有关证件，向海关申报出口。

(三)投保

如果需要卖方投保，例如按 CIF 或 CIP 条件成交的合同，装船前出口商应按合同或信用证的规定向保险公司办理投保手续，填制投保单。出口商的投保手续，一般都是逐笔办理的，投保人在投保时，应将货物的名称、投保金额、运输路线、运输工具、开航日期、投保险别等一一列明。保险公司接受投保后，即签发保险单或保险凭证。

四、制单结汇

出口货物装船以后，出口商应根据信用证或进口商的要求正确缮制有关单据。在信用证规定的交单有效期内，递交银行办理议付结汇手续。

(一)信用证下制单的原则

现代国际贸易绝大部分采用凭单交货、凭单付款方式。因此，在出口业务中做好单据工作，对及时安全结汇，有特别重要的意义。在信用证业务中，由于银行只凭信用证，不管买卖合同，只凭单据，不管货物，对单据的要求就更为严格。对于出口单据，必须符合“正确、及时、简明、整洁”的要求。

(二)结汇的主要单据

1. 汇票

汇票的主要内容和作用前面章节已做了介绍，这里仅介绍缮制汇票时应注意的方面。

(1)受票人。受票人也称付款人，采用信用证支付方式时，汇票的受票人应按信用证的规定填写，一般应为开证行或指定银行。

(2)收款人。信用证项下如来证无特殊要求，收款人一般为议付行或寄单行。

(3)开具汇票的依据。开具汇票的依据也就是汇票上的出票条款。信用证项下，应注意开证行名称、信用证号码及开证日期；托收项下，可注明发运货物的名称、数量，以及有关合同号码等。

汇票一般开具一式两份，两份具有同等的效力，其中一份付讫，另一份自动失效。

2. 发票

发票种类很多，通常指的是商业发票，此外，还有其他各种发票，如海关发票、领事发票和厂商发票等。商业发票是卖方开立的载有货物名称、数量、价格等内容的清单，作为买卖双方交接货物和结算货款的主要单证，也是进出口报关完税必不可少的单证之一。

我国进出口公司的商业发票没有统一的格式，但主要项目基本相同，主要包括发票编号、开票日期、数量、包装、单价、总值和支付方式等项内容。

3. 提单

由于提单是代表货物所有权的凭证，因而也是卖方提供各项单据中最重要的单据。因此，提单的各项内容(如提单的种类、收货人、货物的名称和件数、目的港、有关收取运费的记载、提单的份数等)一定要与信用证相符。根据 UCP600 的规定，银行接受全套正本仅有一份的正本提单，或一份以上的正本提单。如正本提单有几份，每份正本提单的效力是相同的，但是，只要凭一份提单提货，其他各份立即失效。

提单的运费方面，在 CIF、CIP、CFR、CPT 条件下，应注明“运费已付”；如为 FOB、FCA 条件下，则注明“运费到付”。除信用证另有规定外，不必列出运费的具体金额。

4. 保险单

信用证项下，保险单的被保险人一般是受益人，并加空白背书，便于办理保险单转让；如来证有特殊要求，也可视具体情况照办。保险险别和保险金额应与信用证规定一致。保险金额一般为 CIF 价的 110%。投保币别应和信用证、商业发票一致。保险单的签发日期也应当合理，在保险单上，除非表明保险责任最迟于货物装船或发运或接受监督之日起生效外，银行将拒收出单日期迟于装船或发运或接受监督日期的保险单。

5. 普惠制单据

普惠制，即普遍优惠制(Generalized System of Preforences，简称 GSP)。对于向给予我国普惠制待遇的国家出口货物，需提供普惠制单据，作为进口国海关减免关税的依据。目前使用的普惠制单据有：表格 A 产地证，适用于一般商品，由出口公司填制，并经国家质检局签发；纺织品产地证，适用于纺织品类，由国家质检总局签发。对上述单据内容的填制，力求做到准确，并符合各个项目的要求。

6. 装箱单和重量单

装箱单和重量单这两种单据用来补充商业发票内容的不足，便于国外进口商在货物到达目的港时供海关检查和核对货物。

(三)结汇的方式

在信用证付款的条件下，目前我国出口商在银行办理出口结汇的方式主要有三种：收妥结汇、押汇和定期结汇。现将这三种结汇方式作简要介绍如下。

1. 收妥结汇

收妥结汇又称收妥付款，是指信用证议付行收到出口企业的出口单据后，经审查无误，将单据寄交国外付款行索取货款的结汇方法。这种方式下，议付行都是待收到付款行的货款后，即从国外付款行收到该行账户的贷记通知书时，才按当日外汇牌价，按照出口企业的指示，将货款折成人民币拨入出口企业的账户。

2. 押汇

押汇又称买单结汇，是指议付行在审单无误的情况下，按信用证条款贴现受益人的汇票或者以一定的折扣买入信用证项下的货运单据，从票面金额中扣除从议付日到估计收到票款之日的利息，将余款按议付日外汇牌价折成人民币，拨给出口企业。议付行向受益人垫付资金、买入跟单汇票后，即成为汇票持有人，可凭票向付款行索取票款。银行之所以做出口押汇，是为了给出口企业提供资金融通的便利，这有利于加速出口企业的资金周转。

3. 定期结汇

定期结汇是指议付行根据向国外付款行索偿所需的时间，预先确定一个固定的结汇期限，并与出口企业约定该期限到期后，无论是否已经收到国外付款行的货款，都主动将票款金额折成人民币拨交给出口企业。

（四）处理单证不符的办法

在信用证项下制单结汇时，议付银行要求“单、证表面严格相符”。但是，在实际业务中，由于种种原因，单证不符的情况时有发生。如果信用证的交单期允许，应及时修改单据。如果不能及时修改，进出口企业应视具体情况，选择以下处理办法。

1. 表提

表提又称“凭保议付”或“表盖提出”。如果单证不符属于一般性质，或虽属实质性问题，但事先已有开证人确认接受，受益人可向议付行出具担保书，要求凭担保议付货款，议付行则凭担保书议付。如日后遭到开证行拒付时，由受益人承担一切后果。议付行在向开证行寄单结汇时，将单证不符在表盖上提出，并注明“凭保议付”字样。

2. 电提

电提又称“电报提出”，即在单、证不符的情况下，议付行先向国外开证行发电报或电传，列明单、证不符点，待开证行复电同意再将单据寄出。电提的情况一般是单、证不符属实质性问题，金额又比较大。

3. 跟证托收

如出现单、证不符，议付行不愿用表提或电提的方式征询开证行的意见。在此情况下，信用证就会失效。出口企业只能采用托收的方式，委托银行寄单代收货款。

需要注意的是，无论是采用“表提”“电提”，还是“跟证托收”，信用证受益人都失去了开证行在信用证中所作的付款保证，从而使出口收汇从银行信用变成了商业信用。

五、出口退税

出口企业专职办理退税人员，在规定的时间内，持规定单据，即出口货物报关单（退税专用联）、出口销售发票和购进出口货物获取增值税专用发票（抵扣联），到所在地主管出口退税业务的税务部门申请退税。

出口企业所在地主管出口退税的税务部门收到上级税务部门批准的出口退税通知后，签发“税收收入退回书”给出口企业，出口企业用来做账务处理。

六、出口业务的善后处理

出口业务的善后处理程序应视具体的情况而定：如果顺利结汇后，出口商需要办理外汇核销、出口退税并向国外客户寄送善后函；如果遭到拒付首先应与进口商联系，弄清每一笔拒付的背景情况，对症下药。善后函的语气应当诚恳、委婉，并且具有说服力，以赢得买方的谅解，比如回顾双方以往的愉快合作等，重要的是应当强调单、证不符点是细微的，并不影响货物的品质，不会给进口方的利益造成损害。当然，有时作出一些具体的让步，如适当降价，也是必要和明智的。如因买方违约，致使卖方遭受损失，卖方可根据不同对象、不同原因以及损失程度，实事求是地向买方提出索赔。

第二节　进口合同的履行

在我国的进口业务中，一般按 FOB 价格成交的情况较多，如果是采用即期信用证支付方式成交，履行此类进口合同的一般程序是：开立信用证、租船订舱、装运、办理保险、审单付款、接货报关、检验、拨交、索赔。这些环节的工作，是由进出口公司、运输部门、商检部门、银行、保险公司以及用货部门等各有关方分工负责、紧密配合、共同完成的。

一、开立信用证

（一）信用证的开立

进口合同签订以后，进口商应按照合同规定填写开立信用证申请书向银行办理开证手续。开证申请书是开证银行开立信用证的依据。进口商申请开立信用证，应向开证行交付一定比率的押金(Margin)或抵押品，开证申请人还应按规定向开证银行支付开证手续费。

信用证的内容应与合同条款一致，例如品质、规格、数量、价格、交货日期、装货日期、装运条件及装运单据等，应以合同为依据，并在信用证中一一作出规定。信用证还需包括信用证本身的信息，比如信用证的有效期、信用证的性质等。

信用证的开证时间，应按合同规定办理。如果合同规定了开证日期，进口商应在规定的期限内开立信用证；如果合同规定在卖方确定交货期后开证，进口商应在接到卖方上述通知后开证；如果合同规定在卖方领到出口许可证或支付履约保证金后开证，应在收到对方已领到出口许可证的通知，或银行转告保证金已照收后开证；如果合同中只规定了装运期而未规定开证日期，进口商应在合理的时间内开证，一般在合同规定的装运期前 30~45 天申请开证，以便出口方收到信用证后在装运期内安排装运货物。

（二）信用证的修改

进口商收到信用证后，如提出修改信用证的请求，经出口商同意后，即可向银行办理改证手续。最常见的修改内容有延长装运期和信用证有效期、变更装运港口等。按照国际惯例，修改信用证应遵循以下原则：

(1) 信用证的修改必须经过开证行、保兑行、受益人的同意；

(2) 信用证的修改信息应该由同一银行通知受益人；

(3) 信用证自发出修改书之时，即对修改书负有不可撤销的义务；

(4) 原信用证的条款在受益人告知修改的银行修改之前，仍对受益人具有约束力。这一点强调了修改必须是明示的。

二、运输和保险

(一) 办理运输

由于 FOB 条件下的进口合同，应由买方负责派船到卖方指定口岸接运货物。根据合同规定，卖方在交货前一定的时间内，应将预计装运日期通知买方。买方在接到上述通知后，应及时向运输公司办理租船订舱手续，在办妥租船订舱手续后，应在规定的期限内将船名及船期及时通知卖方，以便对方备货装船。同时，为了防止船货脱节和“船等货”的情况，买方应注意催促卖方按时装运。对数量大或重要物资的进口，如果有必要，买方也可以请驻外机构就地了解、催促卖方履约，或派人员前往出口地检验监督。

按照《2000 通则》规定，FOB 条件下的贸易合同，应该由买方办理保险，所以在卖方装船后，应向买方发出货物已交至船上的充分通知，以利买方接货。该装货通知一般应列明合同号、货名、数量、金额、船名及起航日期，买方据此办理保险。

(二) 办理进口保险

FOB 或 CFR 条件下的进口合同，需要由买方办理运输保险。在我国，买方办理进口运输保险有两种方式：一种是逐笔投保的方式，另一种是预约保险的方式。

逐笔投保的方式是收货人在接到国外出口商发来的装船通知后，直接向保险公司填写投保单，办理投保手续。保险公司出具保险单，投保人交付保险费后，保险单随即生效。

预约保险的方式是进口商或收货人同保险公司签订预约保险合同，其中对各种货物应投保的险别做了具体规定，故投保手续比较简单。按照预约保险合同的规定，所有预约保险合同项下按 FOB 或 CFR 条件进口货物的保险，都由该保险公司承保。因此，每批进口货物，在收到卖方的装船通知后，应直接将装船通知寄到保险公司或填制国际货物运输预约保险启运通知书，将船名、提单号、开船日期、商品名称、数量、装运港、目的港等项内容通知保险公司，即被视为已办妥保险手续，保险公司要对该批货物负保险责任，一旦发生承保范围内的损失，由保险公司负责赔偿。

(三) 审单付款

银行收到国外寄来的汇票及单据后，对照信用证的规定进行审核，即使开证行审核无误后，在付款前也需要交由付款人复核。按照我国的习惯，如果进口方在 3 个工作日内没有提出异议，开证行即按信用证的规定履行付款义务。开证行的付款没有追索权，因此，进口方对单据的审核也必须认真对待。同时进口方用人民币按照国家规定的有关外汇牌价向银行买汇赎单。进口方凭银行开具的“付款通知书”向用货部门进行结算。如果审核单据发现单、证不符时，可根据具体情况作出适当处理。例如：拒付；货到检验合格后再付款；凭卖方或议付行出具担保付款；要求国外改正单据；在付款的同时，提出保留索赔权等。

三、报检、报关和提货

(一) 报检

进口商或进口代理人向检验检疫机构申请检验时，要正确填写“进口货物报验单”，并提供合同和有关单证等资料。凡属法定检验的货物到港后，用户或接运货物单位向卸货港口所在地的检验检疫机构办理登记。检验检疫机构在报关单上加盖“已接受登记”的印章，海关凭此印章验放。法定检验的进口货物经登记后，收货人应在规定的时间和地点，持买卖合同、发票、装箱单和货运单等有关单证向检验检疫机构报检，检验检疫机构对已报检的货物，应在索赔期限内检验完成，并出具相应的检验检疫证书。

凡属下列情况的货物，均应在卸货口岸就地报检:

(1) 合同明确规定在卸货口岸检验的货物;

(2) 合同规定货到检验合格后付款的货物;

(3) 合同规定的索赔期限很短的货物;

(4) 卸货时发现残损、缺少或有异状的货物。

凡需要安装调试的产品或成套设备，可酌情在收货人所在地进行检验。

(二) 报关

1. 进口货物的申报

进口货物的申报是指进口货物入境时，由进口公司或其代理人向海关申报，交验规定的单据文件，请求办理进口手续的过程。我国《海关法》对进口货物的申报时限作了如下规定: 进口货物的收货人应当自运输工具申报进境之日起 14 天内向海关申报。进口货物的收货人超过 14 天期限没有向海关申报的，由海关征收滞报金。对于超过 3 个月还没有向海关申报进口的，其进口货物由海关依法处理。

进口货物运到以后，由进出口公司或委托货运代理公司或报关行根据进口单据填具“进口货物报关单”，并随附发票、提单、装箱单、保险单、许可证及审批文件、进口合同、产地证和所需的其他证件向海关申报。如属法定检验的进口商品，还须随附商品检验证书。货、证经海关查验无误，才能放行。

2. 进口货物的查验

海关以进口货物报关单、进口许可证等为依据，对进口货物进行实际的核对和检查，一方面是为了确保货物的合法进口，另一方面是通过确定货物的性质、规格、用途等，以进行海关统计，准确计征进口关税。海关查验货物时，进口货物的收货人或其代理人应当在场，并负责搬移货物、开拆和重封货物的包装。海关认为必要时，可以径行开验、复验或者提取货物。

3. 进口货物的征税

海关按照《中华人民共和国海关进出口税则》的规定，对进口货物征收进口关税。货物在进口环节由海关征收(包括代征)的税种有：关税、产品税、增值税、工商统一税及地方附加税、盐税、进口调节税等。下面对主要税种，如关税、产品税、增值税、工商统一税和进口调节税的计算方法做简要介绍。

(1) 关税。进口关税是货物在进口环节由海关征收的一个基本税种。进口关税的计算以 CIF 价为基数计算。如果是 FOB 价格进口，还要加上国外运费和保险费。其公式如下:

$$进口关税 = CIF价格 \times 关税税率$$

(2) 产品税、增值税和工商统一税(地方附加税)。这些都是货物进口环节由海关代征的税种。这三种税是按货物的不同单位或种类征收其中一种税，而不是同时征两种或三种税。

如果是三资企业的进口货物，征收工商统一税，并按工商统一税税额征收 1%的地方附加税。如果是初级产品的货物，则征收产品税。进口经加工或多次加工的产品，征收增值税，其中多数的机电仪表产品征收增值税。这三种税的征收基数是完税价格，其公式如下：

$$应纳税额 = 完税价格 \times 税率$$

由此推算出完税价格为：

$$完税价格 = (\text{CIF 价格} + 关税)/(1 - 税率)$$

(3) 进口调节税。

$$进口调节税 = \text{CIF 价格} \times 进口调节税税率$$

(三) 提货

进口货物运达港口卸货时，港务局要进行卸货核对。如发现短缺，应及时填制“短缺报告”并由船方签认，并根据短缺情况向船方提出保留索赔权的书面声明。卸货时如发现残损，货物应放于海关指定仓库，待保险公司会同商检机构检验后作出处理。对于法定检验的进口货物，必须向卸货地或到达地的商检机构报验，未经检验的货物不准投产、销售和使用。如进口货物经商检机构检验，发现有残缺，应凭商检机构出具的证书对外索赔。对于合同规定的卸货港检验的货物，或已发现残损短缺有异状的货物，或合同规定的索赔期即将届满的货物等，都需要在港口进行检验。

在办完上述手续之后，如订货或用货单位在卸货港所在地，则就近转交货物；如订货或用货单位不在卸货地区，则委托货运代理将货物转运内地并转交给订货或用货单位。

四、进口索赔

进口商品常因品质、数量、包装等不符合合同的规定，而需向有关方面提出索赔。

(一) 进口索赔的对象

根据造成损失原因的不同，进口索赔的对象主要有三个。

1. *向卖方索赔*

进口商收取货物后，如发现诸如原装数量不足，货物的品质、规格与合同不符，包装不良使货物受损，未按期交货或拒不交货等情况，进口商可向卖方提出索赔。

2. *向轮船公司索赔*

进口商收取货物后，发现诸如包装数量少于提单所载数量；提单是清洁提单，而货物有残缺的情况，且属于船方过失所致，货物所受的损失由船方负责；等等。在这些情况下，进口商均可向船方提出索赔。

3. *向保险公司索赔*

由于自然灾害、意外事故或运输中其他事故的发生致使货物受损，并且属于承保险别范围以内的；凡轮船公司不予赔偿或金额不足抵补损失的部分，并且属于承保范围内的；等等。对于这些情况，进口商均可向保险公司提出索赔。

（二）办理对外索赔的注意事项

1. 关于索赔证据

对外索赔需要提供证据。首先，应制备索赔清单，随附商检局签发的检验证书、发票、装箱单副本。其次，对不同的索赔对象还要另附有关证件。向卖方索赔，应在索赔证件中提出确切的根据和理由，如是 FOB 或 CFR 合同，还须随附保险单一份；向轮船公司索赔时，须另附有船长及港务局理货员签证的理货报告和船长签证的短卸或残损证明；向保险公司索赔时，须另附有保险公司与买方的联合检验报告等。

2. 关于索赔金额

索赔金额，除受损商品的价值外，有关的费用也可提出。如商品检验费、装卸费、银行手续费、仓租、利息等，都可包括在索赔金额内。至于包括哪几项，应根据具体的情况确定。

3. 关于索赔期限

对外索赔必须在合同规定的索赔有效期限内提出，过期无效。如果商检工作需要更长的时间，可向对方要求延长索赔期限。

4. 关于卖方的理赔责任

进口货物发生了损失，属于轮船公司及保险公司责任的由外运机构代办；属于卖方责任的由进出口公司直接办理。为了做好索赔工作，要求进出口公司、外运机构、订货部门、商检局等有关单位密切协作，要做到检验结果正确，证据属实，理由充实，赔偿责任明确，并要及时向有关方面提出，力争使货物所受到的损失如实取得赔偿。

本章小结

1. 就出口商而言，出口合同的履行一般包括：备货与报检、落实信用证、安排出运、制单结汇、出口退税、出口业务的善后处理等过程。其中，货(备货)、证(催证、审证和改证)、船(租船订舱)、款(制单结汇)四个方面最为重要。

2. 我国的进口合同大多数是以 FOB 价格条件和即期信用证结汇的合同。

3. 合同的履行程序一般包括：开证与改证、运输与保险、审单付款、报检、报关与提货索赔。其中开证内容必须与合同内容一致，做到完备、明确、具体。做好催交、租船订舱、派船工作。进口商可采用预约保险或逐笔保险方式办理保险。进口商在规定时间内对银行转来的单据认真审核。进口商或其代理人在货到目的港后须按海关规定报关纳税，并由进口商向中国商检机构申请商品检验。进口索赔工作也是进口合同履行的重要一环。

基本概念

定期结汇　收妥结汇　出口押汇　表提　电提

思考题

1. 对于采用 CIF 条件、信用证支付方式的出口合同，卖方履约时要经过哪些环节？卖方备货应该注意哪些问题？

2. 简述卖方租船订舱的程序。

3. 简述定期结汇、押汇、收妥结汇三者的利弊。

4. 什么是电提？电提对出口商有什么保障？

5. 简述履行 FOB 条件下、信用证支付方式进口合同的一般程序。

6. 申请开立信用证时应注意哪些问题？

案例分析

1. 我国某服装出口公司向国外客户出口一批服装，信用证中规定的装运期为 5 月份，交单期为 6 月 15 日之前，信用证的有效期为 6 月 30 日。该出口公司收到对方发来的信用证后，及时向工厂下单，准备出口货物。但由于某些原因，该公司的服装于 5 月 28 日才全部赶制出来，经与轮船公司联系装运后，该公司取得了 5 月 30 日签发的提单，并制作好单据于 6 月 12 日交单。恰好 6 月 13、14 日为银行的非营业日，该公司只能于 6 月 15 日交单。请问：该公司可否按 UCP600 的规定，凭 5 月 30 日签发的提单连同其他单据从银行取得货款？为什么？

2. 我国某进出口公司与美国某公司订立一份工艺品的出口合同。合同中规定，以 CIF 为交货条件，交货期为 2006 年 11 月 1 日之前，但合同没有对买方的开证日期作出规定。卖方在 10 月上旬开始向买方催开信用证，买方在 10 月 24 日将信用证开抵我方，由于收到信用证的时间较晚，我方到 11 月 4 日才将货物装运完毕，当我方向银行提交单据时，开证银行以单证不符为由拒付。请问：银行拒付是否有理？为什么？此案例中我方存在哪些失误？

3. 南京甲公司向美国乙公司进口 600 箱汽车零件，即期信用证付款，投保一切险。南京甲公司付款的单，凭清洁海运提单提货复验后发现下列情况：(1) 收货人实收 580 箱，少 20 箱；(2) 有 5 箱货物外包装有被水浸湿的迹象，且箱内货物都有生锈的现象。请分析上述情况，南京甲公司应分别向谁提出索赔？为什么？

4. 我某出口企业与非洲某商成交货物一批，到证按合同规定 9 月装运，但计价货币与合同规定不符，加上备货不及，直至 11 月对方来电催装时，我方才向对方提出按合同货币改证，同时要求展延装运有效期。次日非商复电："证已改妥"，我方据此将货发运，但信用证修改书始终未到，致使货运单据寄达开证行时遭到拒付。我方为及时收回货款，避免在进口地的仓储费用支出，接受进口人改按 D/P、T/R 提货要求。终因进口人未能如约付款使我方遭受重大损失。试就我方在这笔交易中的处理过程进行评论。

第十四章
违约与法律救济

学习目标

1. 了解违约的基本概念；
2. 熟悉违约救济的主要措施及不同法律对违约救济措施的不同规定；
3. 了解卖方与买方违约的情况及可采取的相应救济措施。

第一节　一般原则

一、违约概述

在国际货物买卖合同的履行上，违约(Breach of Contract)是指买方或卖方在不存在合同约定的不可抗力事件的情况下，未能全部或者部分履行其合同义务(包括不符合合同约定的内容)的一种行为。例如，卖方不交付合同约定的货物、迟延交付货物、交付与合同规定不符的货物等；买方不按约定支付货款、不及时办理进口证件、不按约定接收货物或对货物进行复验等，都属于合同当事人的违约行为。除合同或法律上规定的属于不可抗力原因造成的以外，违约方都要承担违约的责任。

不同的法律对违约的形式的规定不同。大陆法将违约概括为不履行债务和延迟履行债务两种情况；英国法将违约划分为违反要件和违反担保；美国法将违约划分为轻微的违约和重大的违约；《公约》则将违约划分为根本性违约和非根本性违约。关于不同分类方法下的具体规定，已经在第十章有所解释，此处不再赘述。

二、违约救济

违约救济(Remedies)，是指在一方当事人违反合同约定或法律规定义务的情况下，另一方当事人依照合同约定或法律规定，以保障合同的法律约束力，维护其合法权益为目的而采取的各种措施的总称。违约救济的目的是保护受害方的权益，使其尽量避免或者减少违约造成的损失。本质上，违约救济是一种权利，是受害方在对方违约时，为保护自己的利益所享有的一种权利，受害方既可以行使这项权利，也可以放弃这项权利。各国法律对救济方法的规定也不尽相同，对于买卖双方都可采取的补救措施，主要有损害赔偿、实际履行和解除合同三种。

（一）损害赔偿

损害赔偿（Damages）是指违约方用金钱来补偿另一方由于其违约所遭受到的损失。它是在国际贸易实践中使用最广泛的一种补救措施。各国的法律在损害赔偿责任的成立条件、赔偿方法及赔偿范围上都有着很大的差异。

1. 损害赔偿责任的成立条件

大陆法认为，损害赔偿责任的成立必须具备三个条件：(1)必须要有损害的事实；(2)必须有归责于债务人的原因；(3)损害发生的原因与损害之间必须有因果关系。

英美法规定，只要有一方违约就足以构成对方可以提起损害赔偿之诉。但若受损方没有或无法证明遭到实际损失，就无权要求实质性的损害赔偿。

《公约》认为，一方违反合同致使另一方遭受损失时，受损方就有权向对方提出损害赔偿要求，而且要求损害赔偿的权利并不因采取了其他救济措施而丧失。

2. 赔偿范围

《公约》规定的赔偿额的计算原则是："损害赔偿不得超过违反合同一方在订立合同时，依照他当时已知道或理应知道的事实和情况，对违反合同预料到或理应预料到的可能损失……一方当事人违反合同时，没有违反合同的另一方有义务采取必要的措施，以减轻因违约而引起的损失。如果他不采取这种措施，违反合同一方可以要求从损害赔偿中扣除原应可以减轻的损失数额。"而关于具体的赔偿金额的计算，主要有由当事人自行约定赔偿金额和由法律予以确定损害赔偿金额两种情况。

3. 赔偿方法

各国规定的赔偿方法有实物赔偿和金钱赔偿两种。实物赔偿是指用实物赔偿损失，使恢复到损失发生前的原状；金钱赔偿即支付一定金额的货币来弥补对方所遭到的损失。

（二）实际履行

实际履行是指一方当事人未履行合同义务时，另一方当事人有权要求或由法院强制要求违约当事人按照合同履行义务。

(1)大陆法将实际履行作为主要的救济方法，债权人可以请求法院判令债务人实际履行合同。

(2)英美法将实际履行作为例外的辅助性的救济方法，认为强制履行是对"个人自由"原则的过分干预，所以法律中并未规定这种实际履行的救济方法。

(3)我国《合同法》规定实际履行可以作为一种救济方法。该法第110条规定："当事人一方不履行非金钱债务或履行非金钱债务不符合约定的，对方可以要求履行。"

(4)《公约》规定："买方可要求卖方履行义务，除非买方已采取与此要求相抵触的某种补救方法……如果货物不符合同，买方只有在此种不符合同情形构成根本性违约时，才可以要求交付替代货物。"所以，按照《公约》的规定，当事人有权要求对方实际履行合同义务。

(三)解除合同

解除合同(Rescission)是指合同当事人有权宣布合同无效从而中止履行合同义务的行为。

(1)大陆法认为，只要合同一方当事人不履行合同义务，对方就有权解除合同。

(2)英美法认为，只有一方违约构成违反要件或重大违约时，另一方才可要求解除合同；而若是轻微的违约，只能请求损害赔偿而不能要求解除合同。

(3)我国《合同法》规定，只有在以下两种情况下受损方才有权要求解除合同：违约必须导致不能实现合同的目的,即违约造成了严重的后果致使守约方期望的目的不能实现；一方延迟履行合同，经催告后在合理期限内仍未履行。

(4)《公约》认为，合同一方不履行义务构成根本性违约时，另一方有权解除合同。还可以规定一段合理的额外时限，让违约方履行义务，若违约方仍未按期履行合同，则守约方可以根据情况宣告合同无效。

第二节　对卖方违约的救济

对于一项国际货物买卖合同的卖方而言,他的基本义务是按合同规定交付货物及各种单据，卖方违约的情况经常表现为不交货、延迟交货或货物与合同规定不相符等。对于卖方违约的情况，买方可以采取的合理的救济方法。除了上节所列明的损害赔偿、实际履行和解除合同三种之外，还有交付替代货物、对不符货物进行修补和降低价格等方法。

一、要求实际履行

实际履行是按照合同规定的义务做。当卖方不履行合同义务时，买方可要求其实际履行合同义务，并可通过法院强制手段强迫卖方履行以上义务。具体包括：

(1)要求卖方提交符合合同规定的货物；

(2)对不符合规定的货物进行修理、更换；

(3)提交替代物。

实际履行适用于卖方不交货或延迟交货以及所交货物与合同不符等多种情况，但在贸易实践中，实际履行不是常用的救济方式，仅适用于特定物或特定情况下的货物交易，如果不是这类交易物，买方最有效的救济方式是及时补进货物，或者放弃交易，然后索赔差价损失。

根据《公约》的规定，实际履行应满足以下条件：

(1)买方不得采取与这一要求相抵触的救济方法；

(2)买方应给予卖方履行合同的宽限期；

(3)当卖方交货不符时，只有这种不符构成根本违反合同(Fundamental Breach)时，买方才能要求提交替代物。交付替代物，更换货物的前提是买方将原物返还，如果买方因处分货物而无法返还原物，就不能要求交付替代物。而且买方应在发现交货不符时，将这一要求及时通知对方；

(4)法院是否做出实际履行的判决依赖于该国国内法的规定。

二、请求损害赔偿

依照《公约》有关规定，如果卖方不交货或延迟交货，买方可要求卖方赔偿由此带来的损失，即使买方已经按《公约》规定解除了合同或行使了其他救济方法，买方仍然有权提出赔偿损失的要求。

对于损害赔偿的范围，有以下几种情况：

(1) 如果买方在宣告合同无效后一段时间内，以合理方式购买替代货物，则买方可以取得合同价格和替代货物交易价格之间的差额，以及任何其他的损害赔偿；

(2) 如果买方宣告合同无效后并没有购买替代物，而且货物又有时价，则买方可以取得合同规定的价格和宣告合同无效时的时价之间的差额以及任何其他的损害赔偿；

(3) 如果卖方交付替代货物或修理货物，则损害赔偿金额应包括交付替代货物或修理货物带来的不合理开支。

三、解除合同

所谓根本违反合同，根据《公约》的解释，是指：一方当事人违反合同的结果，使另一方当事人蒙受损害，以至于实际上剥夺了他根据合同规定有权期待得到的东西。

按照《公约》规定，买方在以下情况下可以解除合同：

(1) 卖方不交货或延迟交货或所交货物不符合合同规定构成根本性违约；

(2) 卖方不交货或延迟交货或所交货物不符合合同规定未构成根本性违约，买方应给予卖方一段合理的额外时间让其履行义务，若卖方未在规定时间内履行义务，买方可宣告合同无效。

如果卖方已交货，买方则丧失解除合同的权利，以下情况除外：

(1) 在延迟交货的情况下，买方在得知交货后的合理时间内宣布解除合同；

(2) 在交货不符的情况下，买方在检验货物后的合理时间内提出解除合同；

(3) 在给予卖方做出履行合同或做出补救的宽限期届满后或在拒绝接受卖方履行义务后的合理时间内宣布解除合同。

四、要求降低价格

当卖方交货不符合合同规定时，买方可要求减少价金。《公约》规定，不论价款是否已付，买方都可减低价格。减低价格应按实际交付的货物在交货时的价值与符合合同规定的货物在当时的价值两者之间的比例计算。如果卖方已对交货不符采取了补救方法，买方就丧失了要求减少价金的权利。如果买方拒绝了卖方对违约采取的补救办法或对卖方提出的补救办法未在合理时间内做出答复，也丧失了降价权利。

第三节　对买方违约的救济

买方违约的情况主要表现为不履行合同规定的受领货物和支付货款的义务。大陆法规定，如果买方违约，卖方有权采取各种补救措施；英国法规定卖方可以采取物权或债权两方面的救济方法；而《公约》规定卖方可以采取的补救措施为实际履行、解除合同和损害赔偿。

一、要求实际履行

实际履行包括要求买方履行合同义务和规定一段额外的合理时间让买方履行义务两种情况。按照《公约》第62条的规定，如买方违约，卖方有权要求买方支付价款、收取货物或履行其他合同义务，除非卖方已采取了与此要求相抵触的补救方法；按照《公约》第63条规定，如果买方违约，卖方可以规定一段额外的合理时间让买方履行其合同义务，卖方在这段时间内不得再采取其他的救济方法，但卖方并不因此而丧失可能享有的其他权利。

二、请求损害赔偿

如果买方违约，按照《公约》的有关规定，卖方可以要求损害赔偿。对于赔偿金额的确定，有以下几种情况：

(1) 如卖方已以合理方式将货物转售，则请求损害赔偿金额为合同价格和转售价格之间的差额，加上买方违约而造成的其他损失额；

(2) 如卖方没有转售货物，则损害赔偿金额为合同价格与解除合同时交货地点的现行市价之间的差额，再加上买方违约而造成的其他损失额；

(3) 如买方延迟支付货款，则卖方可以要求赔偿利息损失。

三、解除合同

下列情况下，卖方可以解除合同：买方不履行其在合同或公约中的义务构成根本违反合同；买方不在卖方给予的宽限期内履行合同；买方声明不履行合同。

如果买方已支付了价金，卖方则不能解除合同，除非：

(1) 在得知买方迟延履行义务前，解除合同；

(2) 对于其他违反合同的事件，卖方在得知这种情况后的合理时间内解除合同，或者在给予买方的宽限期届满或在得知买方声明不履行合同的一段合理时间内解除合同。

本章小结

1. 在国际货物贸易中经常会遇到一方违约或者双方违约的情况，不同的法律对违约及违约救济的措施规定也不尽相同，但主要都包括实际履行、损害赔偿和解除合同等。

2. 本章除了从不同法律规定角度介绍违约救济措施之外，还就卖方与买方分别可能违约的情况及采取的救济方法作了简要的介绍。

基本概念

违约救济　实际履行　损害赔偿　解除合同　根本性违约

思考题

1. 什么是违约？大陆法与英美法对违约的构成有何不同规定？

2. 根据各国法律及《公约》规定，违约救济有哪些措施？

3. 按照《公约》规定，买方在哪些情况下可以请求损害赔偿？哪些情况下可以请求解除合同？

4. 买方违约情况下，卖方请求损害赔偿的金额是如何确定的？

案例分析

1. 买卖双方按FOB条件签订了一份购买大豆的合同，合同规定“5月份装船”“若买方在合同规定的期限内不能派船接运货物，卖方同意保留25天，但是买方需要负担现行费率计算的仓租以及相应的利息和保险费”。事后，买方在5月份内未能派船接运货物。卖方发出警告，如果6月25日前仍不能派船接运货物，卖方将撤销合同并保留索赔权。结果买方所派船只直到7月3日才到达，于是卖方拒绝交货，并提出损害赔偿要求。

请问：

(1) 卖方可否拒绝交货？

(2) 卖方是否有权向买方提出索赔？如果卖方有权索赔，索赔应该包括哪些项目？

2. B公司向A公司购买一批化肥，准备出售给第三方。A公司向B公司销售的部分化肥需要向一家C公司购买。A公司要求B公司向C公司提供一批用于运输包装的袋子，袋子的规格尺寸等是由A公司提供的。由于B公司提供的袋子不符合C国化学工业产品的技术要求，C公司不能使用。因此，化肥没有在合同规定的期限内发运。B公司写信询问A公司货物何时发运，并申明，如果A公司不能按时交付货物，他将宣告有关没有交付的那部分货物的合同无效。卖方A公司一直没有做出答复。买方B公司只好向其他公司以更高的价格购买替代货物以履行自己同第三方之间的合同。买方B公司提请仲裁，要求卖方A公司赔偿以下损失：制造袋子的成本费，购买替代货物的损失，以及以上两个方面损失的利息，利息标准是比伦敦同业拆借利率高2%。

请问：本案中卖方是否违约，买方提出的索赔能否得到支持？

3. 中国某出口商与斯里兰卡某进口商在签订的货物买卖合同中约定以CIF Colambo价格条件销售泼纹绸，合同价款共计514.50美元。但在产品接受出口检验时被发现其中混有不合格产品，约占货物全部的39.4%，且卖方未予清理。因卖方在合同与信用证上均未标明在货物中混有不合格产品的比例，故当买方发现货物存在瑕疵后拒绝支付货款，并要求卖方减价赔偿损失。

本案经双方协商后，卖方准备以未出口的下一批货物减价的方式，承担交货不符的法律责任，买方也同意按照汇票金额付款。卖方因此在另一批准备向买方装运出口的玩具制品中扣除价金总额中的150美元向买方供货。请结合CISG相关条款分析此案。

第四篇　国际贸易方式

国际贸易方式是指国际间商品流通所采取的形式和具体做法。由于国际间交易的商品种类繁多、千差万别，加之各国和各地区交易的习惯做法各不相同，故贸易方式也多种多样。本篇所介绍的是指与通常使用的逐笔售定的单边进口或单边出口有别的各种贸易方式，诸如经销、代理、寄售、展卖、招标与投标、拍卖、期货交易、对销贸易、加工贸易以及由于信息技术的发展所产生的电子商务等新的贸易方式。

第十五章

经销与代理

学习目标

1. 了解经销与代理的含义、基本做法以及相关协议的主要内容；

2. 掌握这两种方式在性质上和当事人之间的法律关系方面的差异以及两种交易方式的选择。

第一节　经销

一、经销的含义及其种类

经销（Distribution）是指进口商（即经销商 Distributor）与国外出口商（即供货商 Supplier）订立经销协议（Distributorship Agreement），承担在规定的期限和地域内销售指定商品义务的一种方式。

经销方式有两种：一种是独家经销（Sole Distribution），也称包销（Exclusive Sale），指经销商在协议规定的期限和地域内，对指定的商品享有独家专营权的经销方式。另一种是一般经销，也称定销，指经销商不享有独家专营权，供货商可在同一时间、同一地区内，确定几个商家经销同类商品。

二、经销的特点

经销业务中的经销商是买方，供货商是卖方，二者是买卖关系，在这种关系下，供货人按照协议规定向经销人供应指定的商品，经销人以自己的名义买进商品，自行销售，自负盈亏。即使经销人在协议规定的区域内转售此类商品时，也是以自己的名义进行，接受转售商品的客户与国外供货商不构成合同关系。

三、经销协议

经销协议是经销商和供货商规定双方权利和义务、确立双方法律关系的契约。经销协议一般包括以下内容：经销商品的范围；经销的区域；经销数量和金额；作价方法；经销期限和终止条款；经销商的其他义务，如广告宣传、市场调研和维护供货人权益等。除此之外，还应规定不可抗力及仲裁等一般交易条件，其规定方法与一般买卖合同大致相同。另外，经销协议也有定销和包销两种，具体要求也要视具体情况而定。

四、独家经销业务中当事人之间的关系

独家经销业务中的两个当事人，供货人和包销人之间是一种买卖关系，即供货人是卖方，包销人是买方。双方通过订立独家经销协议确立对等的权利和义务。从法律上讲，供货人和包销人之间是货主对货主(Principal to Principal)的关系。在这种关系下，供货人按照协议规定向包销人供应指定的商品，包销人是以自己的名义买进商品，自行销售，自负盈亏，承担货价涨落及库存积压的风险。包销人在协议规定的区域内转售这些商品时，也是以自己的名义进行。接受转售商品的当地客户与外国供货人之间不存在合同关系。

五、独家经销协议的主要内容

独家经销协议是供货人和包销人之间订立的确立双方法律关系的契约。独家经销协议的内容可繁可简，这要由订约双方根据商品的特点、销售地区的情况以及双方当事人的意图加以决定。在实际业务中，许多独家经销协议只原则地规定双方当事人的权利义务和一般交易条件，以后每批货的交付要依据经销协议订立具体买卖合同，明确价格、数量、交货期甚至支付方式等具体交易条件。

通常，独家经销协议主要包括以下内容。

1. 包销商品的范围

在独家经销方式下，包销人经销的商品可以是供货人经营的全部商品，也可以是其中的一部分，这要根据包销人的经营能力、资信情况等来合理确定。在协议中要明确规定商品的范围，以及同一类商品的不同牌号和规格，以便于执行。

2. 独家经销的区域

经销区域也就是包销人行使独家经营权的地理范围。经销的区域可大可小，确定经销区域时要考虑包销人的经营能力、经销网点的大小以及商品的性质等因素。对于区域的规定并非一成不变，它可以根据业务发展的具体情况，由双方协商加以调整。在独家经销协议中，规定了包销区域以后，供货人即要承担义务，在该区域内不再指定其他经销商经营同类商品，以维护包销人的专营权。

3. 包销数量或金额

在独家经销协议中通常都要规定包销人在一定期限内负责推销商品的数量或金额。这一规定具有双重意义，它既规定了包销人应承购的数额，也规定了供货人应保证供应的数额，对协议双方有同等的约束力。包销数额，一般采用规定最低承购额的做法，确定实际承购数额有各种不同的做法，一般以实际装运数为准。

4. 作价方法

包销的商品可以在规定的期限内一次作价，结算时以协议规定的固定价格为准。但这种做法对交易双方都有一定的风险，所以，大多数包销协议是采用分批作价的方法，即在

协议中只规定价格由双方签订具体合同或成交确认书时予以确定，也可以规定价格由双方随时或定期(如按季度)根据市场情况加以商定。

5. 包销商的其他义务

这主要包括：做好广告宣传、市场调研和维护供货人权益等。在通常的独家经销协议中，往往规定，包销人有义务为其所经营的商品做各类广告宣传工作，以促进销售。在协议中还可以规定包销人承担市场调研的义务，这主要是指收集和报道当地市场的情况，供供货人在制定销售策略和改进产品质量时参考。有的独家经销协议中还规定，在包销区域内如果发生侵犯供货人知识产权的问题，包销人要及时向供货人通报，并配合供货人采取必要的行动，维护其合法权益。

6. 协议期限和终止条款

在这一条款中，首先要规定协议的生效时间，一般采用签字生效的做法。协议期限可规定为一年或若干年。本条款中还往往要规定延期条款，其做法可以是经双方协商后延期，也可以规定在协议到期前若干天如果没有提出终止的通知，则可以继续延长一期。

除了协议期限届满可以终止外，如遇到下列情况之一，也可以终止协议：

(1) 如果一方有实质性的违约行为，并在接到另一方的要求纠正该违约行为的书面通知后的一段时间内，未能加以纠正；

(2) 任何一方发生破产清算或公司改组等严重事项，另一方提出终止协议的书面通知；

(3) 由于发生了人力不可抗拒的意外事件，造成协议落空，而且遭受事故的一方在一定的期限之后仍无法履行协议规定的义务，另一方发出终止协议的书面通知。

除上述主要内容外，还应规定不可抗力及仲裁条款等一般交易条件，其规定方法与一般买卖合同大致相同。

六、采用独家经销方式时应注意的问题

对于出口商而言，采用独家经销方式是稳固市场、扩大销售的有效途径之一。这主要是因为，在独家经销方式下，出口商通常要在价格、支付条件等方面给予包销商一定的优惠，这有利于调动包销商的积极性，利用其经销渠道为推销出口商品服务。由于包销商在经销区域内对指定的商品享有独家专营权，这在一定程度上可避免或减少因自相竞争而造成的损失。当然，这只是成功的经验。在实际业务中，我们也有过失败的教训。根据以往的经验，为了扩大出口而采用独家经销方式时，应注意以下问题。

(一)慎重选择包销商

经验证明，如果包销商选择得当，他可以利用自己熟悉所在国或地区的消费习惯，以及政府条令、法规等方面的便利，及时为供货商提供必要的信息，如市场供需情况、消费者对产品的反映等，以帮助其改进产品，做到适销对路，并且减少不必要的法律纠纷。然而，如果包销商选择不当，其经营能力较弱 ，或者信誉不佳，则会使供货人陷入困境。有些包销商在市场情况不利时，拒绝完成包销协议中规定的承购数额，或“包而不销”，结果不仅不能使供货商通过包销方式达到扩大出口销售的目的，反而减少了出口销量，又失掉了其他客户。也有的包销商凭借自己多年来独家专营所形成的特殊地位，反过来制约供货

商，如在价格以及其他条件上与其讨价还价，为自己谋取好处，却损害了对方的利益。为了防止这类情况的发生，出口商在选择包销商时，必须认真进行仔细调研，以防后患。

(二)订好独家经销协议

独家经销协议是确定供货人和包销人之间的权利和义务的法律文件，协议规定得好坏，直接关系到业务的成败。在协议中应合理确定包销的商品种类，因为并非所有的商品都适合采用包销方式。一些市场潜力较大，出口方货源又有限的畅销商品就不宜采用包销方式，以免捆住手脚。对于包销商品的数量或金额，也应根据实际情况合理规定，不要过高或过低。过高，完不成定额，会产生纠纷；过低，则达不到扩大出口的目的。另外，还应妥善地规定包销的区域和期限。一开始，区域不宜过大，期限不宜过长。以后随着双方合作的发展情况再逐步调整。关于其他条款，均可根据双方的共同意愿，做出合理明确的规定。

第二节　代理

一、代理的含义

代理(Agency)是指代理人(Agent)按照委托人(Principal)的授权，代表委托人与第三人订立合同或实施其他法律行为，而由代理人直接负责由此而产生的权利与义务的贸易方式。

国际贸易中的代理是以委托人为一方，接受委托的代理人为另一方达成协议，规定代理人在约定的时间和地区内，以委托人的名义与资金从事业务活动，并由委托人直接负责由此而产生的后果。

二、代理的特点

在国际贸易的代理方式中，双方当事人是委托人与代理人的关系，这与经销方式中经销商与供货商之间的买卖关系有着本质的区别。代理人是接受委托人的指定，并根据其指示行事的；代理人有积极推销指定商品的义务，但没有必须购买指定商品的责任；代理人只居间介绍，所获得的酬劳是佣金，并非赚取差价，他对经营上的盈亏不负任何责任。

三、代理的种类

1. 代理可按照行业性质的不同划分

(1)销售代理。它是代理方式中常见的一种，指的是代表出口商或制造商为其商品在国际市场上的销售提供服务的代理人。

(2)购货代理。购货代理又称代购代理，即代理人受进口人的委托，为其在国际市场上采购商品提供服务。

(3)货运代理。一般是以货主的受托人身份为货主办理有关货物的报关、交接、仓储、调拨、检验、包装、转运、订舱等项业务。

(4)船方代理。船方代理是指承运人的代理人，包括外轮代理，为承运人承揽货载提供服务。

(5) 保险代理。这通常是指保险人的代理，代表保险人和被保险人打交道。还有一种代理称作保险经纪人(Broker)，他是作为被保险人的代理，为其办理投保手续服务。

此外，还有广告代理、诉讼代理、仲裁代理、商标代理、专利代理等。

2. 国际货物买卖中的代理按委托人授权范围的不同划分

(1) 总代理(General agent)是委托人在指定地区的全权代表，他有权代表委托人从事一般商务活动和某些非商务性事务。

(2) 一般代理(Agent)，又称佣金代理(Commission Agent)，是指不享有独家经营权的代理。因此在同一地区和期限内可以有几个代理人同时代表委托人从事有关业务。

(3) 独家代理(Sole Agent or Exclusive Agent)是在指定地区和期限内单独代表委托人从事代理协议中规定的有关业务的代理人。委托人在该地区内，不得再委托其他代理人。这种进出口业务中常见的独家销售代理是本节介绍的重点。

四、独家代理协议的主要内容

销售代理协议(Selling Agent Agreement)也称代理合同，它是用以明确规定委托人和代理人之间权利与义务的法律文件。协议内容由双方当事人按照契约自由的原则，根据双方的合意加以规定。国际贸易中的代理种类繁多，代理协议的形式和内容也各不相同。业务中常见的独家销售代理协议主要包括以下内容。

(一) 代理的商品和区域

协议要明确规定代理商品的品名、规格以及代理权行使的地理范围。其规定方法与包销协议大体相同。

(二) 代理人的权利与义务

这是代理协议的核心部分。一般应包括以下内容。

(1) 明确代理人的权利范围，是否有权代表委托人订立合同，或从事其他事务，以及明确其所享有的专营权。

(2) 规定代理人在一定时期内应推销商品的最低销售额，并说明核定方法，以及完不成定额的处理办法。

(3) 代理人应在代理权行使的范围内，保护委托人的合法权益。代理人在协议有效期内无权代理与委托人商品相竞争的商品，也无权代表协议地区内的其他相竞争的公司。对于在代理区域内发生的侵犯委托人的知识产权等不法行为，代理人有义务通知委托人，以便采取必要措施。另外，代理人还负有保守商业秘密的责任。

(4) 代理人应承担市场调研和广告宣传的义务。在独家代理协议中，往往规定代理人应定期或不定期地向委托人汇报有关代理区域的市场情况，对代理的商品进行广告宣传，并确定广告的内容及其形式。

(三) 委托人的权利与义务

委托人的权利主要体现在对客户的订单有权接受，也有权拒绝，对于拒绝订单的理由，可以不作解释，代理人也不能要求佣金。但对于代理人在授权范围按委托人规定的条件与客户订立的合同，委托人应保证执行。委托人有义务维护代理人的合法权益，保证按协议规定的条件向代理人支付佣金。在独家代理的情况下，委托人要尽力维护代理人的专营权。如由于委托人的责任给代理人造成损失，委托人应予以补偿。

(四)佣金的支持

佣金是代理人为委托人提供服务所获得的报酬。代理协议要规定在什么情况下代理人可以获得佣金。在独家代理的协议中，常常规定如委托人直接与代理区域内的客户签订买卖合同，代理人仍可获取佣金。协议中还要规定佣金率、佣金的计算基础、佣金的支付时间和方法等内容。

除上述基本内容外，还可在协议中规定不可抗力条款、仲裁条款以及协议的期限和终止办法等条款。这些条款的规定办法与包销协议的做法大致相同。

本章小结

在出口业务中，经销与代理方式有相似之处，但从当事人法律和风险的承担方面来看，两者却有根本的区别。实践证明，这两种方法采用得当，都可以达到扩大出口的目的。前提是对客户选择必须得当，并科学合理地订立相关的法律契约。

基本概念

经销　代理　独家经销　独家代理

思考题

1. 什么是独家经销？它与一般的出口销售方式有何不同？
2. 在独家经销协议中规定包销金额的意义何在？应如何规定？
3. 在独家经销协议中通常是如何规定作价方法的？其意义何在？
4. 试比较出口业务中的独家经销与独家代理的区别？
5. 在经销与代理两种方式中，当事人双方的关系有什么区别？

案例分析

1. 我A公司与美国B公司签订一份“独家代理协议”，A公司把该公司经营的皮革制品在美国的独家代理权授予B公司，期限为一年。一年来，由于B公司销售不力，致使A公司蒙受很大损失。试分析A公司蒙受损失的原因。

2. 1985年10月，A与B签订了某种工艺品的经销合同。合同规定：B一年以内向A订购该产品3万件，总值450万美元，A根据订单分批交货，合同期限为一年，装运口岸为香港，目的口岸为我沿海某城市。支付条件是货到目的地验收后，30天内付款。收货人为C。签约后，A根据订单发运了第一批货/万件，价值150万美元，货到目的地数月后仍未收到货款。A要求B付清货款或退回货物，但B一直未答复，后A提交仲裁。

仲裁庭审理过程中，B称他只是代理C购进货物并由C销售，B与C之间有代理协议。而且A、B、C三方之间曾口头商定，由C收到货后支付人民币给B，B再换成美元付给A。后来由于该工艺品销路不好，C未向B支付人民币，B也无法向A支付美元。请分析A、B、C三者间法律关系，并判定B是否有违约行为？答案［仲裁庭认为，本案涉及的A、B、C三方当事人之间的法律关系很清楚。A与B之间通过订立经销合同，确立了他们之间的关系属于买卖关系。B作为合同的买方，从A处购买货物，就应支付货款。B与C之间通过签订代理协议，确定了委托代理关系。B作为受托人，代C进口货物。而A与C之间并不存在合同关系。所以，只要A履行了其向B的交货义务，B就必须履行其向A的付款义务。B与C之间的权利和义务，则由代理协议来确定。至于C对B付款与否，并不影响B对A的付款义务。因此，仲裁结果是，B应承担其违约责任。］

第十六章

寄售、拍卖与展卖

学习目标

1. 了解寄售的含义与性质，掌握寄售的特点及利弊，并且熟悉寄售协议的主要内容，特别是关于寄售商品的作价方法；

2. 掌握拍卖的概念及其业务特点，熟悉拍卖不同出价方式的做法和一般程序；

3. 了解展卖的基本做法以及开展展卖业务时应注意的问题。

第一节 寄售

一、寄售的含义与性质

寄售(Consignment)是一种委托代售的贸易方式，指寄售人(Consignor)先将准备销售的货物运往国外寄售地，委托当地代销人(Consignee)按照寄售协议规定的条件代为销售后，再由代销人向货主结算货款。

在寄售方式中，寄售人和代销人之间是委托与受托关系，而非买卖关系。与代理人可以用委托人名义，也可用自己的名义从事授权范围事宜有所不同，代销人只能用自己的名义处理寄售协议中规定的事务，而且代销人同第三方所进行的法律行为不能直接对寄售人发生效力。

寄售是按照双方签订的协议进行的，寄售人和代销人之间不是买卖关系，而是委托与受托关系，寄售协议属于行纪合同(或信托合同)性质。按照我国合同法的解释，行纪合同是指经纪人接受委托人的委托，以自己的名义，为委托人从事贸易活动，委托人支付报酬的合同。在寄售业务中的代销人属于行纪人，他也是一个赚取佣金的受托人，其权利和义务与代理人相似，但又有区别。最主要的区别是代理人在从事授权范围内的事务时，可以用委托人的名义，也可以用自己的名义，但代销人只能用自己的名义处理寄售合同中规定的事务，而且受托人同第三方从事的法律行为不能直接对委托人发生效力。由此可见，寄售既不同于包销，又与一般的代理业务有区别。

二、寄售协议的主要内容

寄售协议是寄售人和代销人之间就双方的权利、义务以及寄售业务中的有关问题签订的法律文件。寄售协议中一般应包括下列内容：协议性质、寄售地区、寄售期限、寄售商品名称、规格、数量、运输、保险、商品检验、作价方法、佣金的支付、货款的收付，以及对未售出货物的处理办法等。在签订寄售协议时，要特别注意以下条款。

(一)寄售商品的作价方法

在寄售协议中规定寄售商品的作价方法时，归纳起来，大致有四种主要做法。

1. 规定最低限价

代销人在不低于最低限价的前提下，可以任意出售货物，否则，必须事先征得寄售人同意。

2. 随行就市

代销人可在不低于当地市价的情况下出售寄售货物，寄售人不作限价。这种做法，代销人有较大的自主权。

3. 销售前征得寄售人同意

代销人在得到买主的递价后，立即征求寄售人意见，确认同意后，才能出售货物。也有的是规定一定时期的销售价格，由代销人据以对外成交。

4. 规定结算价格

货物售出后，双方依据协议中规定的价格进行结算。对于代销人实际出售货物的价格，寄售人不予干涉。这种做法，代销人必须承担一定的风险。

(二)佣金的支付

佣金是寄售人付给代销人作为其提供服务的报酬。除了采用规定结算价格方式以外，寄售人都应支付给代销人一定数量的佣金。一般应规定佣金的计算基础、佣金率以及佣金的支付时间和方法等。佣金结算的基础一般都是发票净售价，通常解释为用毛售价减有关费用(如已包括在售价之内)，如销售税、货物税、增值税、关税、包装费、保险费、仓储费、商业和数量折扣、退货的货款和延期付款的利息等。

关于佣金的支付时间和方法，做法各异。代销人可在货物售出后从所得货款中直接扣除代垫费用和应得佣金，再将余款汇给寄售人，也可先由寄售人收取全部货款，再按协议规定计算出佣金汇给代销人。佣金多以汇付方式支付，也有的采用托收方式收取。

(三)货款的收付

寄售方式下，货款多数是在货物售出后收回。寄售人和代销人之间通常采用记账的方法，定期或不定期地结算，由代销人将货款汇给寄售人，或者由寄售人用托收方式向代销人收款。为了保证收汇安全，以利资金周转，协议中应明确规定汇付货款的时间和方式，有的当事人在协议中加订“保证收取货款条款”，或者在协议之外另订“保证收取货款协议”，由代销人提供一定的担保。此外，还应规定货物保险、各种费用的负担等预防性条款。为减少风险，也有必要规定由代销人提供银行保函或备用信用证等。

(四)剩余产品的处理方法

由于寄售属于委托代售方式，寄售商品在未售出之前所有权归寄售人，所以，在寄售协议中通常都用明确的文字规定，在寄售期结束后，对未售出的剩余商品，代销人可以退给寄售人。当然，双方也可以作出其他约定，如有的规定剩余商品可作价卖给代销人，或者规定剩余商品自动转入下一个寄售期继续销售。

三、寄售方式的特点及利弊

(一) 寄售业务的特点

寄售与正常的出口销售相比，具有以下特点。

(1) 寄售人与代销人是委托代售关系。代销人只能根据寄售人的指示代为处置货物，在委托人的授权范围内以自己的名义出售货物、收取货款并履行与买主订立的合同，但在货物售出前其所有权仍属寄售人。

(2) 寄售是由寄售人先将货物运至寄售地，然后再由代销人寻找买主，因此，它是凭实物进行的现货交易。

(3) 在寄售方式下，货物售出前的一切风险和费用均由寄售人承担。

(二) 寄售方式的优缺点

1. 寄售方式对于寄售人、代销人和买方都有其明显的优点

(1) 对寄售人来说，寄售有利于开拓市场和扩大销路。通过寄售可以与实际用户建立关系，扩大贸易渠道，便于了解和适应当地市场需求，不断改进品质和包装。另外，寄售人还可以根据市场供求情况，掌握有利的推销时机。

(2) 代销人在寄售方式中不需垫付大量资金，也不承担商业风险，只需提供销售服务，就可获取佣金，因此，寄售方式有利于调动那些有推销能力、经营作风好，但资金不足的代销商的积极性。

(3) 寄售通常都是凭实物进行的现货买卖，买主可在交易现场按质论价，看货成交，付款后即可提货，大大节省了交易时间，减少了风险和费用，为买主提供了便利。

2. 采用寄售方式出口时，对于寄售人来讲存在的缺点

(1) 承担的贸易风险大。寄售人要承担货物售出前的一切风险，包括运输途中和到达目的地后的货物损失和灭失的风险，货物价格下跌和不能售出的风险，以及代销人资信不佳而导致的损失。

(2) 资金周转期长、收汇不安全。寄售方式下，货物售出前的一切费用开支均由寄售人负担，而货款要等货物售出后才能收回，不利于其资金周转。此外，一旦代销人违反协议，也会给寄售人带来意料不到的损失。

第二节 拍卖

一、拍卖的含义和特征

(一) 拍卖的含义

拍卖(Auction)是经营拍卖业务的拍卖行接受货主的委托，在规定的时间和场所，按照

一定的章程和规则，以公开叫价的方法，把货物卖给出价最高的买主的一种贸易方式。它是一种具有悠久历史的交易方式，通过拍卖成交的商品通常是品质难以标准化或按传统习惯以拍卖出售的商品。

（二）拍卖的特征

(1)拍卖是在一定的机构内有组织地进行的。拍卖机构可以是由公司或行业协会组成的专业拍卖行，也可以是由货主临时组织的拍卖会。

(2)拍卖具有自己独特的法律和规章。许多国家对拍卖业务有专门的规定。各个拍卖机构也订立了自己的章程和规则，供拍卖时采用。

(3)拍卖是一种公开竞买的现货交易。拍卖采用事先看货、当场叫价、落槌成交的做法。成交后，买主即可付款提货。

(4)参与拍卖的买主，通常须向拍卖机构缴存一定数额的履约保证金。买主在叫价中，若落槌成交，就必须付款提货。如不付款提货，拍卖机构则没收其保证金。

(5)拍卖机构为交易的达成提供服务，它要收取一定的报酬，通常称作佣金或经纪费。

二、拍卖的出价方法

拍卖的出价方法有以下三种。

1. 增价拍卖

增价拍卖也称淘汰式拍卖。拍卖时，由拍卖人宣布预定的最低价格，然后由竞买者相继叫价，直到拍卖人认为没有人再出更高的价格时，则用击槌动作表示竞买结束，将这批商品卖给最后出价最高的人。

2. 减价拍卖

减价拍卖又称荷兰式拍卖。这种方法先由拍卖人喊出最高价格，然后逐渐减低叫价，直到竞买者认为已经低到可以接受的价格，表示买进为止。

3. 密封递价拍卖

密封递价拍卖又称招标式拍卖。采用这种方法时，先由拍卖人公布每批商品的具体情况和拍卖条件等，然后由各买方在规定时间内将自己的出价密封递交拍卖人，以供拍卖人进行审查比较，决定将该货物卖给哪一个竞买者。这种方法不是公开竞买，拍卖人有时要考虑除价格以外的其他因素。

4. 网上拍卖

网上拍卖并不是一种全新的拍卖方式，而是以互联网作为媒介进行的拍卖活动。采用网上拍卖方式，竞买人不必亲临拍卖现场，只需在电脑前点击键盘，足不出户即可完成交易。网上拍卖首先要求竞买人按规定登记注册，并提供一定的保证金。具体操作形式也包括前面提到的增价拍卖、减价拍卖和密封递价拍卖等方式。采用增价拍卖时，通常会预先设定拍卖截止时间，到时出价最高的人就成为买受人。

三、拍卖的一般程序

拍卖业务的一般程序可分为三个阶段。

1. 准备阶段

参加拍卖的货主把货物运到拍卖地点，存入仓库，然后委托拍卖行进行挑选、分类、分级，并按货物的种类和品级分成若干批次。在规定时间内，允许参加拍卖的买主到仓库查看货物。

2. 正式拍卖

拍卖在规定的时间和地点开始，并按照拍卖目录规定的先后顺序进行。按照拍卖业务的惯例，在主持人的木槌落下之前，竞买人可以撤回其出价；货主在货物出售之前也可以撤回其要拍卖的货物。

3. 成交与交货

拍卖成交后，拍卖行的工作人员即交给买方一份成交确认书，由买方填写并签字，表明交易正式达成。在买方付清货款后，买方凭拍卖行开出的提货单到指定的仓库提货。提货必须在规定的期限内进行。

第三节　展卖

一、展卖的含义及做法

展卖(Fairs and Sales)是利用展览会、博览会、展销会、交易会及其他会展形式，对商品实行展销结合，以展促销的一种贸易方式。

展卖可以采取各种不同的方式，我国企业可以到海外参展，利用国外举办的各种展卖会，来推销商品。还可以参加国内举办的展卖会，与各国同行同台竞争，一比高下。改革开放以来，会展业在我国得到蓬勃发展，成为一项前景广阔的新兴产业。

到海外参展时，从展卖商品的所有方和客户的关系来看，展卖的做法主要有两种：一种方式是将货物通过签约方式卖断给国外客户，由客户在国外举办或参加展览会；另一种方式是由双方合作，展卖时货物所有权不变，展品出售的价格由货主决定。国外客户承担运输、保险、劳务及其他费用，货物出售后收取一定手续费作为补偿。展出结束后，未售出的货物可以折价卖给合作的客户，或运往其他地方进行另一次展卖。

除此之外，还可以将寄售和展卖方式结合起来进行。即在寄售协议中规定，代销人将寄售的商品在当地展卖。至于展卖的有关事项，可在该协议中同时规定，也可另签协议作出规定。

无论是哪一种做法，展卖作为一种商品推销方式，其基本特点可概括为：把商品的展览和推销有机地结合起来，边展边销，以销为主。展卖这种方式的优点主要表现在以下方面：

(1) 有利于宣传出口商品，扩大影响，招揽潜在买主，促进交易；

(2) 有利于建立和发展客户关系，扩大销售地区和范围；

(3) 有利于开展市场调研，听取消费者的意见，改进产品质量，增强出口竞争力。

二、我国开展的展卖方式

我国从20世纪50年代就开始举办广州中国出口商品交易会，以后又陆续开展了各种类型的交易会、展览会、小交会，并多次参加国外举办的博览会。随着改革开放的深入进行，展卖业务在我国也得到更为广泛地运用，极大地促进了我国对外经济贸易的发展。

(一) 国际博览会

国际博览会(International Fair)也称国际集市，是指在一定地点定期举办的，由一国或多国联合组办，邀请各国商人参加交易的贸易形式。

这一方式不仅为买卖双方提供了交易方便，而且越来越多地作为产品介绍和广告宣传以打开销路，以及作为介绍新产品、新工艺以进行技术交流的重要方式。参加博览会的商人除进行现场交易外，还可通过这一机会同世界各国建立更广泛的商业关系。

国际博览会可分为综合性和专业性两种类型。凡各种商品均可参加展出和交易的博览会属于综合性，又称"水平型博览会"，比较著名的有智利的圣地亚哥和叙利亚的大马士革的国际博览会，其展出期限长，展出规模大，而且对普通公众开放，当地人习称为庙会；凡只限某类专业性商品参加展览和交易的博览会属于专业性的，又称"垂直型博览会"，如比较著名的纽约堡玩具博览会、慕尼黑的体育用品博览会以及法兰克福的消费品博览会等，它们都是专业性很强的国际博览会。

中国曾多次参加各国举办的国际博览会，并于 1985 年 1 月在北京建成了自己的博览会——中国国际展览中心。同年 11 月，中国第一次作为东道主举办了亚洲及太平洋地区第四届国际贸易博览会，从此揭开了在此举办大型国际性博览会和展览会的序幕。近年来，频繁开展的在华和出国展览为加强中国与世界各国的贸易联系与经济交往发挥了重要作用。

(二) 中国进出口商品交易会

中国进出口商品交易会(China Import & Export Commodities Fair)的前身是中国出口商品交易会，又称广交会(Guang Zhou Trade Fair)，是中国各进出口公司联合举办的，邀请国外客户参加的一种集展览与交易相结合的商品展销会。我国于 1957 年春举办了首届广交会，以后每年春、秋两季各举办一次。2006 年秋，中国迎来了第 100 届广交会。半个世纪以来，中国利用广交会定期邀请国外客户来华集中谈判成交，根据"平等互利、互通有无"的对外贸易原则，以出口为主，进出结合，有买有卖，形式多样，极大地促进了中国的对外贸易发展，加强了中国同世界各国的经济联系。根据形势的发展，中国政府在 2007 年将中国出口商品交易会更名为中国进出口商品交易会。

中国进出口商品交易会的作用主要表现在以下几方面：

(1) 来会的各国客商和友好团体众多，为集中成交创造了有利条件；

(2) 加强了与各国客户的广泛联系，便于了解国外市场动态，开展行情调研，熟悉客户的资信和作风；

(3) 有利于生产和其他有关部门直接听取客户对产品的要求和反映；

(4) 因交易会采取当面洽商、看样成交的方式，有利于及时发现与解决问题。

除了广交会外，近年来在我国各地和各口岸还定期开展了各种类型的会展业务，例如小交会、博览会、洽谈会、高新技术成果交易会等，均产生了巨大的社会影响和经济效益。

三、开展展卖业务应注意的问题

展卖是一种将产品宣传、推销和市场调研结合起来的贸易方式。它所带来的经济效益，不能单纯地从一次展卖会的销售额来衡量。经验证明，一次成功的展卖会后，由于建立了广泛的客户联系，往往会给参展者带来数量可观的订单。为了进一步更有效地开展展卖业务，还应注意下列问题。

(一)选择适当的展卖商品

展卖这种交易方式并不是对所有商品都普遍适用的，它主要适合于一些品种规格复杂、用户对造型、设计要求严格，而且性能发展变化较快的商品，如机械、电子、轻工、化工、工艺、玩具、纺织产品等。选择参展商品时，要注意先进性、新颖性和多样性，要能反应现代化科技水平，代表时代潮流。

(二)选择好合作的客户

到国外参加展卖会之前，应选择合适的客户作为合作伙伴。选择的客户必须具有一定的经营能力，对当地市场十分熟悉，并有较为广泛的业务联系或销售系统。通过客户开展宣传组织工作，扩大影响，联系各界人士，这对展卖的成功具有重要的作用。

(三)选择合适的展出地点

一般来说，应考虑选择一些交易比较集中，市场潜力较大，有发展前途的集散地进行展卖。同时还应考虑当地的各项设施，如展出场地、旅馆、通信、交通等基本设施所能提供的方便条件和这些服务的收费水平。

(四)选择适当的展卖时机

这对于一些销售季节性强的商品尤为重要。一般来说，应选择该商品的销售旺季进行展卖，每次展出的时间不宜过长，以免耗费过大，影响经济效益。

本章小结

1. 寄售、拍卖和展卖是三种现货交易方式，它们各有自己的特点和长处，但同时也有其不利之处，只有充分了解这些问题，才能扬其所长，避其所短。

2. 寄售和展卖这两种方式还可结合采用，使其在拓展海外市场方面发挥更大的作用。

基本概念

寄售　寄售协议　拍卖　展卖

思考题

1. 将寄售与独家经销和独家代理进行比较，指出它们在合同性质、当事人的权利和义务方面的区别。

2. 如何理解寄售方式对于寄售人的利与弊？

3. 通过拍卖进行国际贸易的商品有哪些特点？试举例说明。

4. 与其他贸易方式相比，展卖方式对拓展商品市场有哪些明显的长处？

5. 试举例说明到海外开展展卖业务时应注意的问题。

案例分析

1. 美国A公司参与中国B公司一批烟草的拍卖，以2000万美元成交，但当A公司准备付款提货时发现烟草品级不理想，遂以货物品质不合格为由拒绝付款。试分析以上案例。

2. 2001年1月，A公司同B公司签订了委托代销某种轻工产品的合同。合同规定：代销产品的价格由A公司确定，开具B公司发票，每季度结算一次，代销费为10%，未售出的货物可以退货，合同期为一年。由于当时该产品属于新产品，广受消费者欢迎，因而十分畅销。2001年12月，B公司与A公司又签订了一份同一种产品的经销合同。该合同规定：2002年A公司向B公司提供5万件产品，单价26.5万美元，1月底之前交货，货到付款。签约之后不久，市场情况发生变化，该产品由畅销变为滞销。B公司收到货物后迟迟不付款，A公司多次催要，B公司均以货未售出为由拖延付款，并要求将存货退回。A公司予以拒绝，双方多次协商未果，A公司遂向法院提起诉讼。本案经法院审理后，法官认为B公司违约。请分析以上案例。

第十七章
招标与投标

学习目标

1. 了解招投标的交易特点；
2. 了解国际招标的不同方式，投标的具体做法；
3. 了解开标的两种形式，以及评标、决标和签约等过程。

招标与投标，也称招投标，是一种传统的、国际上普遍运用的、有组织的贸易方式。招标和投标(Invitation to Tender & Submission of Tender)是一种贸易方式的两个方面。这种贸易方式既适用于采购物资设备，也适用于发包工程项目，有些国家也用招标方式进口大宗商品。世界银行贷款项目和国际间政府贷款项目，通常也在贷款协议中规定，运用这些贷款采购物资、设备、发包工程时，必须采用国际竞争性招投标方式。

国际招投标与国内招投标的不同之处是，国内招投标要按照中国招投标法、政府采购法的规定实施招投标；国际招投标要遵循世贸采购条例及国际招投标法则进行招投标。

本章仅介绍商品采购中的招投标。

第一节　招标、投标的含义和特征

一、招标与投标的含义

招标(Invitation to Tender)是指招标人(买方)在规定的时间、地点，以某种特定的方式发布招标公告或招标单，表明自己对特定的商品、工程或服务采购的规格、条件和要求，同时邀请相关的投标人参加投标并按照规定程序从中选择交易对象的一种市场交易行为。

投标(Submission of Tender)是指投标人(卖方)应招标人(买方)的邀请，根据招标公告或招标单的规定条件，在规定的时间内向招标人提交自己报价的过程与行为，它是对招标人的一种响应。

由此可见，招标与投标是一种贸易方式的两个方面。

招投标方式中，投标人是按照招标人规定的时间、地点和交易条件进行竞卖，一般情况下，双方没有反复磋商的过程，投标人发出的投标书是一次性报盘。鉴于招投标是一种竞卖方式，卖方之间的竞争使买方在价格及其他条件上有较多的比较和选择，因此，在大宗物资的采购中，这一方式被广泛运用。

二、招标与投标的特征

招标、投标与其他贸易方式相比有以下特征。

(1)招标的组织性，即有固定的招标组织机构、招标场所。

(2)招标、投标的公开性。招标机构要通过招标公告广泛通告有兴趣、有能力投标的供货商或承包商，并向投标人说明交易规则和条件，以及招标的最后结果。

(3)投标的一次性。投标人只能应邀作一次性投标，没有讨价还价的权利。标书在投递之后，一般不得撤回或修改。

(4)招标、投标的公平性。在招标公告发出后，任何有能力履行合同的卖方都可以参加投标。招标机构在最后取舍投标人时，要完全按照预定的招标规则进行。招标所具有的组织性和公开性本身，也是招投标公平和合理的有效保证。

第二节　招标方式

目前，国际上采用的招标方式归纳起来有以下几种。

一、竞争性招标

竞争性招标(International Competitive Bidding)是指招标人邀请几个乃至几十个投标人参加投标，通过多数投标人竞争，选择其中对招标人最有利的投标人成交，它属于竞卖的方式。

国际性竞争投标，有两种做法。

(1)公开招标(Open Bidding)。公开招标是一种无限竞争性招标(Unlimited Competitive)。采用这种做法时，招标人要在国内外主要报刊上刊登招标广告，将招标的意图公布于众，邀请有关企业和组织参加投标，凡对该项招标内容有兴趣的人均有机会购买招标资料进行投标。

(2)非公开招标，又称选择性招标(Selected Bidding)或邀请招标，它是有限竞争性招标(Limited Competitive Bidding)。采用这种做法时，招标人不在报刊上刊登广告，而是根据自己具体的业务关系和情报资料由招标人对客商进行邀请，向少数客户发出招标通知，进行资格预审后，再由他们进行投标。

二、谈判招标

谈判招标(Negotiated Bidding)又叫议标，它是非公开的，是一种非竞争性的招标。这种招标由招标人物色几家客商直接进行合同谈判，谈判成功，交易达成。

三、两段招标

两段招标(Two-stage Bidding)是无限竞争招标和有限竞争招标的综合方式。采用此类方式时，先用公开招标，再用选择招标，分两段进行。

第三节 招投标的基本做法

商品采购中的招投标业务，基本上包括四个步骤：招标、投标、开标评标和签约。

一、招标

国际招标有公开招标和非公开招标两种。

1. 公开招标

公开招标的招标通告一般只简单地介绍招标机构、所采购物资的名称、数量、投标期限、索取招标文件的地点和方式等。这在法律上是一种要约的邀请行为。凡有意投标者均可按照招标通告的规定索取招标文件，详细考虑后办理各项投标手续。

招标文件的内容可归纳为两大部分。其一是属于“投标人须知”，主要是制定规则，使投标人投标时能有所遵循。这些规则大致包括三个内容：(1)一般情况，如资金来源、所需设备或货物的简要说明、投标资格及货物来源地、投标费用的负担等；(2)程序性规定，如投标的时间、地点、投标格式、投标保证金的规定、投标有效期、标书修改或撤销的规定等；(3)实质性的规定，如是否可投标供应一部分，是否可提出代替性方案，分包以及投标报价的规定等。其二是列明商品采购的合同条件，与买卖合同的内容类似，还包括双方的责任和义务。

招标文件中往往要求对投标人进行资格预审，以确保投标人在各方面具有投标能力。资格预审主要集中在下列方面(一般限于过去5年内的情况即可)：投标人的经验及过去完成类似的合同的成绩、财务状况、生产能力、经营作风等。在利用国际金融机构或国外贷款进行物资采购或工程承包的招投标业务中，资格预审更是必不可少。

2. 非公开招标

非公开招标又称选择性招标，多用于购买技术要求高的专业性设备或成套设备，应邀参加投标的企业通常是经验丰富、技术装备优良、在该行业中享有一定声誉的企业。

二、投标

投标人首先要取得招标文件，认真分析研究之后，编制投标书。投标书实质上是一项有效期至规定开标日期为止的发盘，内容必须十分明确，中标后与招标人签订合同所要包含的重要内容应全部列入，并且在有效期内不得撤回标书、变更标书报价、或对标书内容作实质性修改。因此，投标人必须结合各种因素慎重考虑。

为防止投标人在投标后撤标或在中标后拒不签订合同。招标人通常都要求投标人在投标时提供一定比例或金额的投标保证金。招标人决定中标人之后，未中标的投标人已缴纳的保证金即予退还。现今国际招投标业务中一般都以银行保函或备用信用证代替保证金。

投标书应在投标截止日期之前送达招标人或指定的收件人，逾期无效。投标书一般采用密封挂号邮寄，也可派专人送达。按照一般的惯例，投标人在投标截止期之前，可以书面提出修改或撤回标书。撤回的标书在开标时不予宣读，所缴纳的投标保证金也不没收。

三、开标评标

开标有公开开标和不公开开标两种方式，招标人应在招标通告中对开标方式作出规定。

公开开标是指招标人在规定的时间和地点当众启封投标书，宣读内容。投标人都可参加，监视开标；不公开开标则是由开标人自行开标和评标，选定中标人，投标人不参加。

开标后，招标人进行权衡比较，也就是评标。通过评标，选择最有利者为中标人。在现代国际招标业务中，中标与否不完全取决于报价的高低。如果招标人认为所有的投标均不理想，可宣布招标失败。造成招标失败的可能性有三：一是所有报价与国际市场平均价格差距过大；二是所有的投标在内容上都与招标要求不符；三是投标人太少，缺乏竞争性。

四、签约

招标人选定中标人之后，要向其发出中标通知书，约定双方签约的时间和地点。中标人签约时要提交履约保证金，取代原投标保证金，用以担保中标人将遵照合同履行义务。

本章小结

招投标是一种颇具竞争性的贸易方式，它受到相关法律和规章的严格制约，当事人在选用这些方式之前，必须认真了解和掌握它的游戏规则。

基本概念

招标　投标　招投标

思考题

1. 采用国际竞争性投标方式时，对招标人进行资格预审的意义何在？
2. 投标与一般交易方式下的发盘有何区别？

案例分析

某国一政府机构为采购某商品进行国际公开招标，招标文件规定投标截止期为 10 月 31 日。我国一家主要生产这类商品的工厂，在认真研究了招标文件后认为，根据自身条件完全能够达到招标文件规定的条件，为推销其产品，决定进行投标。同时，为争取中标，在投标书中所报价格极具竞争性。8 月初，该厂寄出投标书，并按招标文件要求交纳了投标保证金 5000 美元。之后不久，生产该商品的原料价格猛涨，倘若按投标书所报价格中标，工厂将蒙受极大损失。不得已只能电请招标人要求修改投标书的报价。招标人以招标文件明确规定，投标书一经送达不得撤销和修改为由予以拒绝。事后，原料市价涨势未减，眼看按投标书价格进行交易已不可能，于是被迫通知招标人撤销投标书，已交纳的保证金被招标人全数没收。根据以上情况，试分析我方在工作中存在哪些不足？应当吸取哪些教训？除保证金损失外，还有哪些损失？

第十八章

期货交易与套期保值

学习目标

1. 了解商品期货交易的含义和特点，知道它与现货交易的联系与区别，熟悉期货交易的基本构成和期货交易的基本做法；

2. 了解进出口商在日常业务中利用期货采取套期保值策略的情况；

3. 重点掌握卖期保值、买期保值和投机交易的基本做法，以及如何利用基差达到保值目的等。

第一节 期货交易的概念

一、期货交易的含义

期货交易(Futures Trading)是一种在特定类型的固定市场，即期货市场或称商品交易所内，按照严格的程序和规则，通过公开喊价的方式，买进或卖出某种商品期货合同的交易。

期货合同是由交易所拟定的、标准化的、受法律约束并规定在将来某一特定时间和地点收付货款、交付某一指定商品的合同。每份期货合同的商品数量、品质规格、包装要求、交割地点等都是统一的，唯一的变量是时间和地点。

现代期货交易是在期货交易所内进行的，目前期货交易所已经遍布世界各地。期货交易的品种基本上都属于供求量较大、价格波动频繁的初级产品，如谷物、棉花、食糖、咖啡、可可、油料、活牲畜、木材、有色金属、原油，以及贵金属如金、银等。商品期货交易所的价格对国际市场该商品价格产生重要的影响。交易合同的履行，并不一定交割实物，在多数情况下，只收付价格差额的货币。随着金融创新的不断发展，金融期货交易成为发展最快、交易最活跃和影响最大的期货交易。

二、期货交易的特点

(一)以标准期货合同作为交易标的

标准合同是由各商品交易所制定的。商品的品质、规格、数量以及其他交易条件都是统一拟定的。买卖双方只需洽定价格、交货期和合同数目。

(二) 特殊的清算制度

商品交易所内买卖的期货合同由清算所进行统一交割、对冲和结算。清算所既是所有期货合同的买方，也是所有期货合同的卖方。交易双方分别与清算所建立法律关系。

(三) 严格的保证金制度

清算所要求每个会员必须开立一个保证金账户，在开始建立期货交易时，按交易金额的一定百分比交纳初始保证金。以后每天交易结束后，清算所按当日结算价格核算盈亏，如果亏损超过规定的百分比，清算所即要求追加保证金。该会员须在次日交易开盘前交纳追加保证金，否则清算所有权停止该会员的交易。

三、期货交易与现货交易的联系与区别

现货交易是传统的货物买卖方式，交易双方可以在任何时间和地点，通过签订货物买卖合同达成交易。在进出口业务中，无论是即期交货，还是远期交货，进出口商之间达成的交易均属于现货交易的范畴。而期货交易是以现货交易为基础发展起来的。在商品期货交易中，期货合同所代表的商品是现货交易市场中的部分商品，绝大多数的商品是不能以期货合同的方式进行交易的。在国际期货市场上交易的期货商品以农副产品、金属等初级产品为主。尽管两种市场的价格都要受到同一经济规律的制约，然而，期货交易与现货交易却存在着下列明显的区别。

(1) 从交易的标的物看。现货交易买卖的是实际货物；而期货交易买卖的是期货交易所制定的标准期货合同。

(2) 从成交的时间和地点看。现货交易中交易双方可以在任何时间和任何地点达成交易；而期货交易必须在期货交易所内，按交易所规定的开市时间进行交易。

(3) 从成交的形式看。现货交易基本上是在封闭或半封闭的双边市场上私下达成的，交易双方在法律允许的范围内按"契约自主"的原则签订买卖合同，合同条款是根据交易双方的情况而订立的，其内容局外人是不知道的；而期货交易是在公开、多边的市场上，通过喊价或竞价的方式达成的。期货合同的条款是标准化的(除交易数量、交割月份和价格由交易双方达成)，而且达成交易的信息，包括价格是对外公布的。

(4) 从履约方式看。在现货交易中，无论是即期现货交易，还是远期现货交易，交易双方都要履行买卖合同所规定的义务，即卖方按合同规定交付实际货物，买方按规定支付货款；而在期货交易中，双方成交的是期货合同，卖方可以按期货合同的规定履行实际交货的义务，买方也可以按期货合同规定接受实际货物。但期货交易所都规定，履行期货合同不一定要通过实际交割货物来进行，只要在期货合同到期前，即交易所规定的该合同最后交易日前，交易者做一笔方向相反、交割月份和数量相同的期货交易，交易者就可解除他实际履行合同的义务。这也就是期货市场上所称的对冲或平仓。值得注意的是，绝大多数期货交易并不涉及货物的实际交割。

(5) 从交易双方的法律关系看。在现货交易中，买卖双方达成交易，就固定了双方的权利与义务，交易双方之间产生直接的货物买卖的法律关系，任何一方都不得擅自解除合

同；而期货交易双方并不相互见面，合同履行也无需双方直接接触。交易达成，期货交易双方并不建立直接的法律关系。

(6) 从交易的目的看。在现货交易中，交易双方的目的是转移货物的所有权，从卖方讲，是出售货物，取得货款；从买方讲，是取得一定经济价值的实际商品。而参加期货交易的人可以是任何企业和个人。不同的参加者进行期货交易的目的不同，有的是为了配合现货交易，利用期货交易转移价格变动的风险；有的是为了在期货市场上套取利润；有的是专门从事投机，目的是取得相应的投资利润。

第二节　期货市场的构成

期货市场 (Futures Market) 是指按一定的规章制度买卖期货合同的有组织的市场。期货交易就是在期货市场上进行的交易行为。

期货市场主要由期货交易所、期货佣金商和清算所等构成。

进出口商通常都是通过期货佣金商下单，由佣金商的指定场内经纪人在期货交易所执行，交易达成后，所有合约都要通过清算所统一清算和结算。

一、期货交易所

期货交易所 (Futures Exchanges) 是具体买卖期货合同的场所。它是在早期商品交易所的基础上演变而成的。早期商品交易所是进行特定商品买卖的场所，交易的内容为现货 (Spot)、路货 (To-arrive Contract) 或远期交货合同 (Forward Contract)，涉及的主要是实际货物的买卖，因此，这种有组织的交易所被称为“商品交易所”。而当今，随着期货市场的发展，期货交易的内容已不限于具体的商品，交易所的规章制度与早期的商品交易所也大不一样，有些期货合同已经脱离了实物形态，新出现的从事期货交易的场所已经放弃“商品交易所”的名称，历史悠久的交易所只不过是沿袭旧的名称。因此，我们将从事期货交易的场所一律统称为期货交易所，把包括期货交易所在内，涉及期货交易及其运行的组织机构，称为期货市场。

期货交易所本身不参加期货交易，运营资金主要靠创立之初的投资、会员费和收取的手续费。交易所的职能有：(1) 提供交易场地；(2) 制定标准交易规则；(3) 负责监督和执行交易规则；(4) 制定标准的期货合同；(5) 设立仲裁机构，解决交易争议；(6) 负责收集和向公众传播交易信息。

世界主要期货交易所有：美国芝加哥期货交易所 (CBOT)、美国芝加哥商品交易所 (CME)、伦敦国际金融期货及期权交易所 (LIFFE)、英国伦敦金属交易所 (LME)、德国期货交易所 (RE)、法国期货期权交易所 (MATIF)、日本东京谷物交易所 (TGE)、香港期货交易所 (HKFE)。

二、期货佣金商

期货佣金商 (Futures Commission Merchant, FCM) 又称经纪行或佣金行，是代表金融、商业机构或一般公众进行期货交易的公司或个人组织，其目的就是从代理交易中收取佣金。

期货佣金商一般都是期货交易所的会员，有资格指令场内经纪人进行期货交易。它是广大非会员参加期货交易的中介。它以最高的诚信向期货交易所、清算所和客户负责。期货佣金商的主要业务包括：(1)向客户提供完成交易指令的服务；(2)作为客户进行期货交易的代理人，负责处理客户的保证金；(3)记录客户盈亏，并代理进行货物的实际交割；(4)向客户提供期货交易的决策信息，以及咨询业务。

期货佣金商往往是如下机构：主要经营证券业务的大证券投资公司，专营期货交易的期货公司，以及从事实物交易的公司，如生产商、中间商和进出口商等。

三、清算所

清算所(Clearing House)是负责对期货交易所内买卖的期货合同进行统一交割、对冲和结算的独立机构，是随期货交易的发展以及标准化期货合同的出现而设立的清算、结算机构。在期货交易的发展中，清算所的创立发展了期货交易制度，保障了期货交易能在期货交易所内顺利进行，因此成为期货市场运行机制的核心。

清算所的创立使期货交易者在交易所内达成交易，却不建立通常货物买卖中转移货物所有权的直接的法律关系。一旦期货交易达成，交易双方分别与清算所发生关系。清算所既是所有期货合同的买方，也是所有期货合同的卖方。这是因为清算所有特殊的“取代功能”。清算所这一功能得以实现，又是因为清算所的财力雄厚，而且实行了一套严格的无负债的财务运行制度——保证金制度。

保证金制度(Margin System)，也称为押金制度，指清算所规定的达成期货交易的买方或卖方，应交纳履约保证金的制度。

清算所要求每一位会员都必须在清算所开立一个保证金账户，对每一笔交易，会员都要按规定交纳一定数额的保证金。为防止出现违约，非会员也要向清算所交纳一定的保证金。

清算所规定的保证金有两种：初始保证金和追加保证金。

初始保证金(Initial Margin 或 Original Margin)是指期货交易者在开始建立期货交易头寸(Trading Position)时，要交纳的保证金。对于所交纳初始保证金的金额，世界各地不同期货交易所有不同的规定，通常按交易金额的一定百分比计收，一般在5%～10%之间。该笔保证金一旦交纳，即存入清算所的保证金账户。

追加保证金(Variation Margin 或 Call Margin)是清算所规定的，在会员保证金账户金额短少时，为使保证金金额维持在初始保证金水平，而要求会员增加交纳的保证金。清算所为了防止出现负债情况，采取逐日盯市(Marking to the Market)的原则，用每日的清算价格对会员的净交易头寸核算盈亏。当发生亏损，保证金账户金额下降时，清算所便要求会员必须交纳追加保证金。

清算所规定交纳追加保证金的目的是为了保证交易顺利进行，杜绝可能出现的违约现象。当会员净交易头寸发生亏损时，清算所就向会员发出追加保证金的通知，一般要求在第二天开市前就要交纳。否则，清算所有权在第二天开市时，在期货交易所中，对违约客户已建立的交易头寸，按市价平仓或对冲，亏损部分由客户已交纳的保证金来弥补。

四、期货交易的参加者

期货交易所一般不限制期货交易参加者，只要是愿意按交易规则进行期货交易的人，期货交易所都平等对待，实行无歧视的政策。参加期货交易者可以是任何个人或公司，但是，他们参加期货交易的目的却不尽相同。按参加期货交易的目的，交易者可分为下列两大类。

(一) 套期保值者

套期保值者(Hedger)一般为实际商品的经营者、加工者和生产者。他们的主要目的是在现货市场中进行实际货物的买卖。为了保障现货交易的正常合理利润，他们往往在期货市场上采取适当的套期保值策略来避免或减少价格波动风险带来的现货交易的损失。

(二) 投机者

投机者(Speculator)是指在期货市场上通过“买空卖空”或“卖空买空”，希望以较小的资金来博取利润的投资者。与套期保值者相反，投机者愿意承担期货价格变动的风险，一旦预测期货价格将上涨，投机者就会买进期货合同(或称“买空”或“多头”)；一旦预测期货价格将下跌，就会卖出期货合同(或称“卖空”或“空头”)，待价格与自己预料的变化方向一致时，再抓住机会进行对冲。通常投机者在期货市场上要冒很大的风险。

第三节　套期保值

一、套期保值的含义

套期保值又称为海琴(Hedging)，是期货市场交易者将期货交易与现货交易结合起来进行的一种市场行为。其定义可概括为交易者在运用期货交易临时替代正常商业活动中，转移一定数量商品所有权的现货交易的做法。其目的就是要通过期货交易转移现货交易的价格风险，并获得这两种交易相配合的最大利润。

二、套期保值的做法

套期保值者在期货市场上的做法有下列两种。

(一) 卖期保值

卖期保值(Selling Hedge)是指套期保值者根据现货交易情况，先在期货市场上卖出期货合同(或称建立空头交易头寸)，然后再以多头进行平仓的做法。例如，生产厂商或加工商在采购原材料的同时，为了避免价格波动的风险，往往采取卖期保值的做法。

(二) 买期保值

与卖期保值恰好相反，买期保值(Buying Hedge)是指套期保值者根据现货交易情况，先在期货市场上买入期货合同(或称建立多头交易头寸)，然后再卖出期货合同进行平仓的做法。通常中间商在采购货源，为避免价格波动，固定价格成本时，经常采取买期保值的做法。

三、套期保值应注意的事项

(一)必须审慎从事

从套期保值的做法中得知，卖期保值是为了防止现货价格下跌；买期保值是为了防止现货价格上涨。但如果在卖期保值后，价格非但没有下跌，反而上涨；买期保值后，价格没有上涨反而下跌，那么套期保值的结果就会事与愿违。

套期保值对实物交易者而言，是排除了对现货市场变动风险进行投机，目的是为了保障实物交易中的合理利润免遭损失，而丧失了不做套期保值可以取得更多现货盈利的机会。

正因为如此，有人认为，对套期保值应有选择地进行。但由于市场价格变化莫测，要对其走势作出正确的判断并非易事，故目前一般商人仍习惯于在每笔实物交易之后，即做一笔套期保值的传统做法，以策安全。

(二)应注意基差的变化

套期保值的效果，往往取决于套期保值时和取消套期保值时实际货物和期货之间差价的变化，即基差的变化。

基差(Basis)指的是在确定的时间内，某一具体的现货市场价格与期货交易所达成的期货价格之间的差额。用公式来表示如下：

基差=现货市场价格–期货市场价格

在现货市场的实物交易中，商人之间经常用基差来表示现货交易的价格，特别是在签订非固定价格合同时，用基差来表示实际现货价格与交易所期货价格的关系。

实践证明，套期保值的效果取决于基差的变化。从另一个角度讲，套期保值能够转移现货价格波动的风险，但最终无法转移基差变动的风险。然而，在实践中，基差的变化幅度要远远小于现货价格变动的幅度。交易者对基差的变化是可以预测的，而且也易于掌握。

第四节　进出口商的套期保值策略

一、进口商的套期保值策略

进口商采用套期保值主要有两种情况。

(一)签订固定价格的进口合同

如果进口商与国外出口商愿意达成固定价格的合同，那么进出口商通常要参考期货交易所中与装运期最接近的期货价格来确定价格。进口商为了避免在转售货物时遭受价格下跌的损失，在签订进口合同时，会在期货交易所内卖出一定数量的期货合同。等到进口商签订转售合同时，再在期货交易所买进同等数量、相同交割月份的同样期货合同。一旦价格下跌，进口商就会在期货市场上盈利，从而弥补他在现货市场上出售货物时的损失。

(二)基差交易

基差交易(Basis Trading)是进口商经常采取的定价和套期保值策略。它是指进口商用期货市场价格来固定现货交易价格，从而将转售价格波动风险转移出去的一种套期保值策略。用这种方法，进口商在与出口商谈判时，可以暂时不确定固定价格，而是按交易所的期货价格固定基差，由进口商在装运前选择期货价格来定价。一旦进口商选择了某日的期货价格，则他同时会在期货交易所建立空头交易头寸。等到转售货物时，进口商再以等于或大于买入现货的基差价格出售货物，并在期货交易所以多头平仓。这样，无论期货价格如何变化，进口商都不会在现货交易中受到任何损失，而且如果卖出现货的基差大于买入现货的基差，进口商还可以取得基差交易的盈利。

二、出口商的套期保值策略

出口商选择适当的期货交易进行套期保值，是转移出口价格变化风险的有效途径。出口商进行套期保值主要有以下三种情况。

(一)签订固定价格的出口合同

如果进出口商之间愿意达成固定价格的合同，那么在确定出口价格时就要参考与装运期最接近的期货价格。为了避免在采购货源时价格上升，在签约那天，出口商会在期货交易所购入期货合同来临时代替远期现货的出口交易。在装运前，出口商寻找货源，购买现货，同时，在期货交易所以“空头”平仓。在出口交易中，进口商按合同规定的固定价格支付货款。一旦价格上升，出口商在期货市场上的盈利会弥补现货市场的亏损。

(二)签订固定基差的出口合同

固定基差的合同属于非固定价格合同，它是将合同价格的确定时间与出口合同的订立时间分割开。合同的价格是以基差的形式同交易所的期货价格挂起钩来。无论期货市场价格如何变化，交易双方的价格均按期货价格加上或减去固定基差来计算。根据不同情况，期货价格可以由出口商在装运期前选定，也可以由进口商选择。

(三)签订固定基差合同和场外交易

这种保值做法与签订固定基差合同的做法基本一致，即在签订出口合同时，将基差固定下来，然后，出口商采购货源，并同时在期货市场上做套期保值。然而，所不同的是，进口商选定交易所期货价格时是在期货市场上以自己的账号买入期货合同。等装运期来临，出口商按期办理装运。进口商按约定，将期货交易头寸与出口商的现货相互交换，也就是进口商将原来在期货市场上以自己名义买入的期货合约转到出口商的名下。这种做法必须通过交易所的清算所，称为“场外交易”(Ex-pit Trade)或期货换现货(Exchange for Physicals 或 Actuals)。期货交易所和清算所一般允许这种场外交易。它是期货合同必须在交易所场内通过竞价方式进行交易的一种例外。只要交易者有相等的现货交易头寸相配合，就可以同另一个交易者的期货交易头寸在场外相互交换，以对冲前者在交易所已经建立的空头交易头寸。场外交易的好处就是交易者可以在交易所闭市时照常进行，但要向清算所进行登记和报告。另外，对于出口商而言，这种做法可以充分保障套期保值的效果。

本章小结

1. 期货交易是一种期货市场或称商品交易所内，按照严格的程序和规则，通过公开喊价的方式，买进或卖出某种商品期货合同的交易。套期保值是期货市场交易者将期货交易与现货交易结合起来进行的一种市场行为。

2. 套期保值者在期货市场上的做法有两种：卖期保值与买期保值。进口商采取套期保值有一定策略。

基本概念

期货交易　期货市场　保证金制度　套期保值　卖期保值　买期保值　基差

思考题

1. 何谓期货交易？期货交易在国际贸易中的地位如何？
2. 期货交易与现货交易有哪些区别与联系？
3. 期货交易的主要特点是什么？
4. 清算所在期货市场上处于什么地位？
5. 套期保值与投机的主要区别是什么？
6. 何谓基差？基差如何影响套期保值效果？
7. 何谓基差交易？试举例说明如何进行基差交易。
8. 为什么期货交易所允许以“期货换现货”的场外交易？

案例分析

1. 美国某谷物公司在某年 9 月上旬以每蒲式耳 3.65 美元的价格收购一批小麦，共 10 万蒲式耳，并已存入仓库代售。该商估计一时找不到买主。为了防止在货物待售期间小麦价格下跌而蒙受损失，他遂在芝加哥商品交易所出售 20 个合同的小麦期货，价格为每蒲式耳 3.70 美元，交割月份为 12 月。其后，小麦价格果然下降。在 10 月份，它终于将 10 万蒲式耳的小麦售出，价格为 3.55 美元/蒲式耳，每蒲式耳损失 0.10 美元。但与此同时，芝加哥商品交易所的小麦价格也下降了，该谷物商又购进 20 个 12 月份的小麦期货合同，对空头交易头寸进行平仓，价格降为 3.60 美元/蒲式耳，每蒲式耳盈利 0.10 美元。结果是期货市场的盈利恰好弥补了现货市场由于价格变动带来的损失。通过本案例表明，由于该商正确把握时机及时做了套期保值，故有效地转移了价格变动的风险。

2. 某粮食公司与玉米加工商签订了一份销售合同，出售 10 万蒲式耳的玉米，12 月交换，价格为 5.30 美元。该公司在 8 月份签订合同时，手头并无现货，须在交货前购入玉米现货，为避免价格上涨造成损失，在期货市场买进20个12月玉米期货合约，价格为5.40美元。至11月底，该公司收购玉米，其价格已涨至5.40美元，与此同时期货价格也涨至5.50美元，该公司又卖出20个玉米期货合同。于是在期货市场上的盈利正好和现货市场的亏损相抵，其结果如下表所示。

某粮食公司的玉米买期保值交易

日期	现货市场	期货市场
8月2日	出售12月份交货的玉米 价格为5.30美元/蒲式耳	买进12月玉米期货 价格为5.40美元/蒲式耳
11月25日	购入12月交换的玉米 价格为5.40美元/蒲式耳	卖出12月玉米期货 价格为5.50美元/蒲式耳
结果	亏损0.10美元/蒲式耳	盈利0.10美元/蒲式耳

第十九章

对销贸易与加工贸易

学习目标

1. 了解对销贸易与加工贸易的含义及其特征，以及各自在国际贸易中的作用；

2. 掌握各种形式的对销贸易的做法及其优缺点，来料加工和进料加工这两种方式之间的联系与区别和各自的利弊；

3. 熟悉来料加工合同中包括的主要条款。

第一节　对销贸易

一、对销贸易的含义与特征

对销贸易(Counter Trade)是指在互惠的前提下，由两个或两个以上的贸易方达成协议，规定一方的进口产品可以部分或全部以相对的出口产品进行抵补的贸易方式。

对销贸易不同于传统的现汇进出口贸易。对销贸易方式将进出口相结合，一方的出口必须是以进口为条件，体现了互惠的特点，即双方相互提供出口机会；此外，对销贸易是以出口抵补或部分抵补进口为基本特征，一方从国外进口，不用或不完全用现汇支付，而是以向对方反向的出口来抵补或部分抵补进口所需款项。这样做，有利于保持国际收支的平衡，对外汇储备较紧张的国家具有重要意义。

对销贸易源自易货，它包含的各种交易形式，都具有易货的基本特征，即商品交换，但它又不是易货的简单再现，而是具有时代的烙印和新的经济内涵。如抵销贸易，即是将商品交换和资本流动融为一体，将贸易活动和投资活动结合进行的。

二、对销贸易在国际贸易中的作用

对销贸易在国际贸易中的作用，主要表现在下列几个方面。

(一)在不动用或少动用外汇的条件下进行进出口贸易

对销贸易不仅使一国在外汇支付能力缺乏时仍能保持或扩大进口，保持或扩大其对外贸易的规模，而且通过开展对销贸易，还可以保持或增加一国的外汇储备，改善其国际收支状况。

（二）有助于带动某些产品出口和换回本国所需要的物资

对发展中国家而言，通过对销贸易可以引进生产设备和销售本国产品；对发达国家而言，可以通过对销贸易扩大本国出口和从国外取得所需的战略物资、原材料和零部件等。

（三）有利于交易各方建立更有效的合作方式

通过对销贸易，有利于专业技术的相互转移，使合作各方的关系更加密切与合理。

（四）对销贸易的产品定价比较灵活并具有隐蔽性

在对销贸易方式下，有利于加强出口国的竞争力和促进出口。

总之，对销贸易是促进国际贸易发展的重要因素，它在国际贸易中起着重要的作用。

三、对销贸易的形式

对销贸易有多种形式，如：易货（Barter Trade）、互购（Counter-Purchase）、回购（Buyback）、转手贸易（Switch Trade）、补偿贸易（Compensation Trade）和抵销（Offset）。在各种形式的对销贸易中，除易货贸易双方根据协议可以要求交易数额基本相等外，其他形式的对销贸易不要求完全相等。

四、易货

易货（Barter）是指交易双方按照各自的需要，根据交易双方所商定的拟交换商品的价值直接交换货物或劳务，不使用货币支付。在这种方式下，尽管没有现金转手，但并不排除交易双方使用货币表示其所交换商品的价值，即用货币来比较所交换货物或劳务的价值。

上述易货形式在国际上通常被称为纯粹易货（Pure Barter）或简单易货（Simple Barter），其特征是所交换商品的价值相等或相近。一笔交易通常只签订一份规定双方履行现货义务的合同，包括拟交换商品的数量、品质、规格等，一般没有第三方参与，并且是一次性现货交易。这种传统的易货贸易是一种古老的贸易方式，在作为一般等价物的货币出现之前，人们就是用这种方式交换各自的劳动产品。这种易货方式往往要求进口和出口同时成交，具有很大局限性，因而在现代国际贸易中很少采用。在实际业务中，许多国际贸易采取了一些灵活的变通做法，其中最常见的即为通过对开信用证的方式进行易货贸易。

五、转手贸易

转手贸易（Switch Trade）又称三角贸易（Triangular Trade），这种方式要涉及两个以上当事人，内容复杂。它是第二次世界大战后原经济互助委员会（简称经互会）国家和许多国家签订双边贸易清算协定的产物，是一种特殊的贸易方式。在记账贸易的条件下，人们采用转手贸易作为取得硬通货的一种手段。在国际贸易中，转手贸易主要有以下两种方式。

（1）简单的转手贸易，是指握有顺差的一方根据记账贸易将回购的货物运到国际市场，为了提高其产品的竞争力，往往以低于市场的价格转售货物，从而取得硬通货。

(2) 复杂的转手贸易，是指记账贸易下拥有顺差的一方，用该顺差以高于市场的价格从第三方购进本来需用自由外汇才能换得的其所需的设备或其他产品，由该第三方用该顺差从记账贸易下的逆差国家购买约定的货物，在其他市场转售，最后取得硬通货。

在实践中，转手贸易的内容比较复杂，往往涉及许多方面，需要环环紧扣。因此，这种贸易通常不是一般商人可完成的，而是要通过专门从事转手贸易的转手商(Switch Trader)来进行。他们都是资本雄厚，在许多国家或地区都有分支机构或专门网络的大贸易商或贸易行，有的甚至是跨国公司的某一专门部门。具体做法是，握有顺差的一方以一定的折扣(通常为 2%～12%)将顺差转让给这些转手商，取得自由外汇，然后由转手商用该顺差从逆差国购买商品。通过一系列复杂的国际贸易，这些转手商最终得到能换回硬通货的货物。

六、互购

(一) 互购贸易的含义及做法

互购，顾名思义就是交易双方互相购买对方的产品。根据联合国欧洲经济委员会的解释，在互购交易中，“先出口方自己或由第三方在规定的期限内，从先进口方(或进口国的第三方)购买商定数量或价值的商品”。互购贸易涉及使用两个既独立而又相互联系的合同。在这种方式下，交易双方先签订一个合同，约定由先进口国(往往是发展中国家)用现汇购买对方的货物(如机器、设备等)，并由先出口国(通常为发达国家)在此合同中承诺在一定时期内(例如 12 个月)买回头货；之后，双方还需签订一个合同，具体约定由先出口国用所得货款的一部分或全部从先进口国购买商定的回头货。在互购方式下，作为回头货的商品与进口的商品无关。

(二) 互购贸易的特点及利弊

互购贸易的特点是交货期较短(一般为 1～5 年)，两笔交易都用现汇支付，一般都是通过即期信用证或即期付款交单来进行，有时也可采用远期信用证付款方式。它与传统的现汇交易的不同之处在于，先出口的一方在第一份合同中作出回购对方货物的承诺，从而把先后两笔不一定等值的现汇交易结合在一起。因此，先出口的一方除非是接受远期信用证，否则不存在垫付资金的问题，相反还可以在收到出口货物至支付进口回头货价款的这段时间里利用对方的资金，而且，在随后的谈判中处于比较有利的地位。对先进口国来说，利用互购贸易有利于带动本国商品的出口，但得不到资金方面的好处，而且还要先付出一笔资金。另外，由于回购是先出口方对今后所做的承诺，这种承诺由于种种原因，往往又只是一些原则性的承诺，这就不可避免地给以后的交易带来一定的不稳定性，即先进口方面临这一承诺有可能得不到履行的风险。

综上分析，互购贸易对于先出口方来说，无论从资金周转还是随后的谈判地位来衡量，都是比较有利的。一些经济发达的国家挟其技术上的优势，往往占有这种有利的地位而比较愿意采用这种做法。故互购便成为当前对销贸易中最常见的一种贸易方式。

七、回购

回购(Buyback)在日本被称为“产品分成”(Product Sharing)，这种做法多见于技术或设备的交易。按照回购协议，先进口国购进技术或设备，同时由先出口国向先进口国承诺购买一定数量或金额的由该技术或设备直接制造或派生出来的产品，用以抵付所购技术、设备的价款。这是回购与互购贸易的主要区别。

在实际业务中，由于回购贸易涉及的金额较高，由设备进口国以赊销方式或利用信贷购进技术或设备，然后以向对方返销该技术或设备所生产出来的相关产品所得的款项，分期偿还进口设备的价款和利息，或偿还贷款及利息，这是回购贸易最常见、最基本的做法。

在当前国际贸易中，有时所交易的设备本身不生产物质产品，或其直接产品不为对方需要或不好销。在这种情况下，也可由双方协议，由设备进口方提供双方所能接受的其他产品偿付进口。这种做法比较复杂，双方当事人往往会在产品的选定问题上发生分歧而使交易延缓甚至无法达成。从设备进口方的角度看，为了不影响其正常的出口外汇收入，一般不愿用其传统出口商品作为抵补，而愿意提供一些他们拟扩大出口或争取出口的次要产品。但从设备供应方的角度来看，通常都希望取得在国际市场畅销或他们需要的产品。这两方面的统一有时是很难做到的。在此需要指出的是，回购非常接近于我国当前采用的补偿贸易，但与回购相比，我国采用的补偿贸易内涵更广，做法更加灵活。

八、补偿贸易

（一）补偿贸易的含义

补偿贸易（Compensation Trade），是指在信贷基础上进口设备，然后以回销产品和劳务所得价款，分别偿还进口设备的价款及利息。它既是一种贸易方式，也是一种利用外资的形式。进口国先以赊购的形式从国外进口设备和技术等，待投产后用所生产的产品和劳务偿还贷款的本金和利息。这种形式既利用了外资，也扩大了商品的销售渠道。

（二）补偿贸易的种类

在当前我国开展的补偿贸易中，按照用来偿付的标的的不同，大体上可分为三类。

(1) 直接产品补偿，是指双方在协议中约定，由设备供应方向设备进口方承诺购买一定数量或金额的由该设备直接生产出来的产品。这是补偿贸易最基本的做法。但是这种做法有一定的局限性，它要求生产出来的直接产品及其质量必须是对方所需要的，或者在国际市场上是可销的，否则不易为对方所接受。

(2) 其他产品补偿，是指当所交易的设备本身不生产产品或设备所生产的直接产品非对方所需或在国际市场上不好销时，可由双方协商，用回购其他产品来代替。

(3) 劳务补偿。这种做法常见于来料加工和来件装配相结合的中小型补偿贸易。按照这种做法，双方根据协议，通常由委托方代偿还加工方购进所需的技术、设备，货款由委托方垫付。承接加工方按要求加工生产后，从应收的工缴费中分期扣还其所欠货款及利息。

实践中，上述三种做法还可以结合使用，即进行综合补偿。有时，根据实际情况的需要，还可以部分用直接产品、其他产品或劳务补偿，部分由现汇支付等。

（三）补偿贸易的特征

(1) 补偿贸易是在信贷基础上进行的，这是补偿贸易必不可少的前提条件。信贷可以表现为多种形式，但大量出现的是商业信贷，即设备的赊销。

(2) 设备供应方必须承诺回购设备进口方的产品或劳务，这是构成补偿贸易的另一必要的前提条件，这两个条件缺一不可。

(四) 开展补偿贸易的注意事项

开展补偿贸易涉及贸易、信贷和生产，而且时间较长，在履约期间可能发生一些难以预料的变化，故应注意下列问题：

(1) 必须事先做好项目的可行性研究，避免盲目行事；

(2) 合理计算贷款成本和安排偿还期。计算贷款成本时，既要考虑贷款利率的高低和所使用的货币是硬币还是软币，又要考虑设备价格的高低和价格变动的趋势；

(3) 正确处理补偿贸易与正常出口的关系，原则上以不影响我国正常出口为前提，对出口数量、销售市场和定价应予以充分注意。

九、抵销

抵销(Offsets)是在第二次世界大战后逐步发展起来的一种贸易方式，它多见于发达国家与发展中国家的军火与民用客机等的交易，国际上对抵销贸易的名称尚未统一。抵销贸易中常见的方式有以下几种。

(一) 合作生产

合作生产即根据政府之间的协议，允许先进口国政府或生产商获取有关技术来生产全部或部分设备出口国生产的军火等设备。在此方式下，先进口国购买的是标的设备的技术和设计，然后以返销在该设备中所使用的零部件抵付进口货款。先进口方可以进口，也可以不进口有关设备。

(二) 许可生产

同合作生产方式类似，在此方式下，先进口国购买标的设备的技术和设计，设备出口方许可对方参与全部或某些特殊部分的生产(有时，先进口方只被获许最后的组装)，以所得款项抵付其进口货款。与合作生产不同之处在于，许可生产是在设备出口方的某一公司与先进口国政府或生产商之间进行的，而不是政府与政府之间的交易。意大利和英国经常采用这种抵销方式购买美国设计的直升机的生产许可。

(三) 分包商生产

分包商生产即军火设备的零部件或某些组成部分在海外生产。分包商生产不一定涉及许可或技术信息。

(四) 海外投资

如先进口国的工业基础薄弱，以返销商品来抵付进口设备价款的余地很小，在此情况下，设备出口方往往将出口设备的货款用于在当地进行投资。

(五) 技术转让

抵销有直接抵销和间接抵销两种类型。在直接抵销的情况下，先出口方同意回购其出口产品中所使用的零部件或与该产品有关的产品。在间接抵销的情况下，先出口方同意从进口方购买与其出口产品不相关的产品，如原材料等。

应该指出，由于抵销贸易的客体往往是军火和大型民用客机，因此，这类交易的批次虽少，但金额巨大，在对销贸易中也占相当大的比重。

第二节　加工贸易

一、加工贸易的一般概念

加工贸易，是指经营企业进口全部或者部分原辅材料、零部件、元器件、包装物料(以下简称料件)，经加工或装配后，将制成品再出口的经营活动，包括来料加工、进料加工、境外加工贸易等。

二、来料加工贸易

来料加工贸易在我国又称作对外加工装配业务，广义的来料加工包括来料加工和来件装配两个方面。它是指由外商作为委托方，提供一定的原材料、零部件、元器件，由我方作为承接方，按照委托方的要求进行加工装配，成品交由委托方处置，承接方按照约定收取工缴费作为报酬。

(一)来料加工贸易的性质

来料加工贸易与一般进出口贸易不同。一般进出口贸易属于货物买卖，来料加工虽有原材料、零部件的进口和成品的出口，却不属于货物买卖。因为原料和成品的所有权始终属于委托方，在一进一出的过程中并未发生转移，我方只提供劳务并收取约定的工缴费。因此，可以说来料加工这种委托加工的方式属于劳务贸易的范畴，是以商品为载体的劳务出口。按照我国合同法的解释，来料加工合同属于承揽合同的性质。

(二)来料加工贸易的作用

来料加工贸易对于承接方来讲，具有以下作用：

(1)可以发挥本国的生产潜力，补充国内原材料的不足，为国家增添外汇收入；

(2)引进国外的先进技术和管理经验，有利于提高生产、技术和管理水平；

(3)有利于发挥劳动力众多的优势，增加就业机会，繁荣地方经济。

对委托方来讲，来料加工贸易也可降低其产品成本，增强竞争力，并有利于委托方所在国的产业结构调整。

(三)来料加工合同的主要内容及有关问题

来料加工合同包括三部分：约首部分、本文部分和约尾部分。约首和约尾主要说明订约人的名称、订约宗旨、订约时间、合同的效力、有效期限、终止及变更办法等问题。本文部分是合同的核心内容，包括：加工产品名称、品质、规格、数量、交货期、损耗率、残次品率、加工费标准及金额、付款方式、保险、验收等。如果对方融资为我方购进机器设备生产线等，并在加工费中分期扣还其价款，这就兼备补偿贸易的性质，我们应在合同或协议中加入相应的条款，作出明确具体的规定。

1. 对来料来件的规定

来料加工业务中，承接方能否按时、按质、按量交付成品很大程度上取决于委托方能否按质、按量、按时供料。因此，在合同中要明确规定来料来件的质量要求、具体数量和到货时间。合同签订之后，任何一方不得擅自更改。为了明确责任，一般同时规定验收办法和委托方未能按规定提供料件的处理办法以及未按时间到达造成承接方停工、生产中断的补救方法。

2. 对成品质量的规定

委托方为了保证成品在国际市场上的畅销，对成品的质量要求比较严格，因此承接方在签订合同时必须从自身的技术水平和生产能力出发，妥善规定，以免交付成品时发生困难。质量标准一经确定，承接方就要按时按质按量交付成品，委托方根据合同规定的标准验收，或由双方同意的检验机构进行检验，并出具证明文件。为了保证产品质量，有时委托方也可派人到加工现场进行技术指导和生产监督。

3. 关于耗料率和残次品率的规定

耗料率又称原材料耗定额，是指每单位成品消耗原材料的数额。残次品率是指不合格产品在全部成品中的比率。这两个指标如定得过高，则委托方必然要增加成本，减少成品的收入；如定得过低，则承接方执行起来就会遇到困难。在合同中规定这一条款时一定要做到公平合理，并且留有余地，因为它直接关系到双方的利害关系和能否顺利执行合同。一般委托方要求耗料率不得超过一定的额度，否则由承接方负担，残次品率不能超过一定比例，否则委托方有权拒收。另外，可要求委托方在提供原材料和零部件时，按照耗料率或残次品率的百分比增加供应数量，多出部分不计算在加工装配的成品数额中。

4. 关于工缴费标准的规定

工缴费是直接涉及合同双方利害关系的核心问题。由于加工装配业务本质上是一种劳务出口，所以工缴费的核定应以国际劳务价格为依据，并要具有一定竞争性。在对外谈判协商工缴费标准时，除了据理力争外，还要有长远观点。如通过认真审定，认为该项目确有发展前途时，在开展业务的初期，工缴费可以低一点，等业务开展起来，随着技术的进步和质量的提高，再逐步提高工缴费标准。另外，还应考虑到市场行情的变化和货币汇率的变化等因素，当情况发生较大变化时，应适当调整工缴费水平。

5. 对工缴费结算方式的规定

来料加工业务中关于工缴费的结算方法有两种：第一种是来料、来件和成品均不作价，单收加工费。采用这种方法时，多数是由委托方在承接方交付成品后通过汇付、托收或信用证方式向承接方支付加工费。第二种方法是对来料、来件和成品分别作价，两者之间的差额即为工缴费。采用这种方式时，承接方应坚持先收后付的原则，具体做法是，承接方开立远期信用证或以远期托收的方式对来料、来件付款，委托方以即期付款信用证或即期托收方式支付成品价款。在规定远期付款期限时，要注意与加工周期和成品收款所需时间衔接并适当留有余地，这样可以避免垫付外汇。

6. 对运输和保险的规定

来料加工业务涉及两段运输：原料运进和成品运出，须在合同中明确规定由谁承担有关的运输责任和费用。由于原料和成品的所有权均属于委托方，所以运输的责任和费用也应由委托方承担。但在具体业务中可灵活掌握，承接方也可代办某些运输事项。如规定由承接方支付某项运费，则应在工缴费中将该项运费包括在内。

来料加工涉及的保险包括两段运输险以及货物加工期间存仓的财产险。同运输一样，从法律上讲，承接方只负责加工装配，保险应归委托方负责。但从实际业务过程看，由承接方投保较为方便，有时委托方也要求承接方代办保险，保险费可连同工缴费向委托方结算。如由承接方代办保险，双方还应约定保险险别、保险金额等条件。

中国人民保险公司为适应来料加工业务发展的需要，开设了来料加工一揽子综合险，投保这 险别后，保险公司即承担了两段运输和存仓财产险的保险义务。

7. 关于委托方提供设备和技术的规定

在有的来料加工业务中，为了保证加工产品的质量，根据双方的约定，由委托方在提供原料的同时，提供某些设备和技术，这些要在合同中做出明确规定。机器设备除了要写明其名称、规格、质量、牌号、出厂地点和时间、价格外，还须明确是无偿提供还是有偿提供。如果有偿提供，要订明我国国内承接方偿还价款的方式和期限。若提供技术，除按一般技术转让要求外，还应规定国外委托方为国内承接方培训技术人员和派遣专家的名额、培训时间、专家工作时间，以及费用负担等具体事宜。

8. 关于商标和专利使用问题

商标和专利都属于工业产权，各国对所有人都制定了保护性法律，在加工贸易中经常遇到国外委托方要求国内承接方按特定商标、外形设计和规格指标进行加工装配生产，在这些方面也应引起国内承建方的重视，为避免对他人的侵权，可要求委托方提供有关商标或专利的注册登记文件或其他足以证明其有合法使用权的其他文件，或在合同中订明承接方是按照委托方来样图纸、配方及指定的商标进行加工装配和包装，如对第三方构成侵权，责任全部由委托方承担与我承接方无关，承接方因此遭受的损失应由委托方负责赔偿。

此外，来料加工合同还应订立不可抗力和仲裁等预防性条款。

三、进料加工贸易

(一)进料加工贸易的含义

进料加工一般是指从国外购进原料，加工生产出成品再销往国外。由于进口原料的目的是为了扶植出口，所以，又习惯被称为“以进养出”。我国开展的以进养出业务，除了包括进口轻工、纺织、机械、电子等行业的原材料、零部件、元器件，加工、制造或装配出成品再出口外，还包括从国外引进农、牧、渔业的优良品种，经过种植或繁育出成品再出口。

进料加工与前面所讲到的来料加工有相似之处，即都是“两头在外”的加工贸易方式，但两者又有明显的不同，第一，来料加工在加工过程中均未发生所有权的转移，原料运进和成品运出属于同一笔交易，原料的供应者即是成品的接受者；而在进料加工中，原料的进口和成品的出口是两笔不同的交易，均发生了所有权的转移，原料供应者和成品购买者之间也没有必然的联系。第二，在来料加工中，我方不用考虑原料的来源和成品的销路，不承担商业风险，只收取工缴费，因此，对于广大中小企业就比较适合；而在进料加工中，我方是赚取从原料到成品的附加值，要自筹资金、自寻销路、自担风险、自负盈亏。这项业务在规模较小的企业中是难以开展的。

(二)进料加工贸易的做法

进料加工的具体做法，归纳起来，大致有以下三种。

(1)先签订进口原料的合同，加工出成品后再寻找市场和买主。这种做法的好处是进料时可选择适当时机，在价格较低时购进，而且，一旦签订出口合同，就可尽快安排生产，保证及时交货，交货期一般较短。但采取这种做法时，要随时了解国外市场的动向，以保证所生产的产品能适销对路，否则产品无销路，就会造成库存积压，影响企业的经济效益。

(2)先签订出口合同，再根据国外买方的订货要求从国外购进原料，加工生产，然后按合同的规定交货。这种做法包括来样进料加工，即由买方先提供样品，我方根据其样品的要求再从国外进口原料，加工生产。这种做法的优点是产品的销路有了保障，但要注意加工成品所需的原料来源必须落实，否则会影响成品的质量或者导致无法按时交货。

(3)对口合同方式，即与国外客户签订进口原料合同的同时签订出口成品的合同，原料的提供者也就是成品的购买者。但这两个合同相互独立，分别以现汇结算。采用这种做法时，原料来源和成品销路都有了保证，但它的适用面较窄，不易成交。实际做法中，有时原料提供者与成品购买者也可以是不同的人。

(三)开展进料加工的意义

进料加工在我国并非一种新的贸易方式，但在改革开放的过程中，在中央政策的鼓励下有了较为迅速的发展，特别是东部沿海地区开展得十分普遍。我国开展进料加工的意义主要表现在以下几个方面。

(1)有利于解决国内原材料紧缺的困难，利用国外提供的资源，发展出口商品生产，为国家创造外汇收入。有些不能出口的产品还可以满足国内市场的需要。

(2)开展进料加工可以更好地根据国际市场的需要和客户的要求，组织原料进口和加工生产，特别是来样进料加工方式，有助于做到产销对路，避免盲目生产，减少库存积压。

(3)进料加工是将国外的资源和市场与国内生产能力相结合的国际大循环方式，也是国际分工的一种形式。通过开展进料加工，可以充分发挥我国劳动力价格相对低廉的优势，并有效利用相对过剩的加工能力，扬长避短，促进我国外向型经济的发展。

四、境外加工贸易

(一)境外加工贸易的含义

境外加工贸易是指我国企业以现有设备、技术在国外进行直接投资的同时，利用当地的劳动力开展加工装配业务，以带动和扩大国内设备、技术、原材料、零配件出口的一种国际经济合作方式。

可见，境外加工贸易是在海外进行投资办厂的基础上，结合来料加工或进料加工，其目的是为了促进我国设备、技术以及原材料的出口。

(二) 开展境外加工贸易的必要性和可行性

我国企业开展境外加工贸易时间很短，可以说是刚刚起步，还缺乏经验，但应该看到它是当前国民经济结构调整和培育新的出口增长点的一项重要战略措施。我国政府决定开展这项业务是经过深思熟虑的。我们开展境外加工贸易具有它的必要性和可行性。

1. 开展境外加工贸易的必要性

(1) 我国与许多国家存在着双边贸易不平衡问题，影响贸易关系的发展，开展此项业务，有助于绕过贸易壁垒，保持和拓展东道国市场或发展向第三国的出口，来缓解双边贸易不平衡的矛盾。

(2) 在某些行业，如家电行业，我国生产技术已经成熟，要想在劳工成本不断上升的压力下维持产品的国际竞争力，必须将长线产品转移到相对落后的国家和地区，来支持本国产业结构的调整。

(3) 现在经济全球化是个大趋势，我国企业需要走出国门，开展跨国经营，利用当地较低的生产、运输成本和现有的市场销售渠道及其在区域经济一体化的影响，获得较高的经济效益。

2. 开展境外加工贸易的可行性

(1) 改革开放以来我们在开展加工贸易方面取得了丰富的经验，也培养了一大批管理人才，为我们走出国门打下了坚实的基础。

(2) 在劳动力密集、技术层次较低、产品标准化的行业中开展加工装配业务，我国有着较强的竞争优势。在一些科技含量较高的行业，经过近年来的不断努力，我们也具备了参与国际竞争的实力。

(3) 我国资源丰富，某些原材料(如棉花、棉布等)在国内有库存积压，通过带料加工，既有助于国产料件的出口，也解决了东道国资源不足的问题。

为了促进这项业务的开展，国家制定了一系列的鼓励措施，这主要包括：资金支持、外汇管理、出口退税、金融服务和政策性保险等鼓励政策。

(三) 开展境外加工贸易时应注意的问题

从我国一些大型企业开展这项业务的经验教训来看，应注意以下几个重要问题。

1. 做好人才方面的准备

国际市场的竞争关键是人才的竞争，我国的企业要想走出国门，并且在复杂多变的国际市场上站稳脚跟，首先需要一大批精干的人才。这些人除了要懂专业技术外，还必须具有从事外经贸业务的必要知识，熟练地掌握外语技能，熟悉国际经贸法律和市场营销知识，而且尽可能是一专多能的复合型人才。当然，这主要靠长期的培养和选拔，此外，举办各种培训班也可以起到一定的作用。

2. 要注意信息的积累

境外加工贸易是我国企业在国外进行直接投资的基础上开展起来的，也就是说企业活动的主要场地是在国外，因此，对当地的有关信息掌握的好坏直接关系到这项业务的成败。我们在选定目标市场时，一定要做充分的调查研究，了解有关信息，特别是与投资环境有关的当地法规、税收政策文化背景、基础设施、自然条件以及工会情况等。只有在广泛搜集信息的基础上，进行科学的分析，才能减少盲目性，降低投资风险。

3. 注意加强宏观管理

新生事物出现时要切忌一哄而起不计后果的倾向，这方面我们已有过不少教训。国家已颁布了关于开展境外加工贸易的文件，制订了鼓励措施，也提出了工作重点和基本原则。另外，还要制定出实施细则，以利于业务的发展。作为企业的领导，应在中央政策的指导下进行合理规划，做好项目的可行性研究，并努力做到四个结合：与扩大我国外贸出口相结合，与国内产业结构调整相结合，与国外市场需求相结合，与企业自身优势及投资能力相结合。此外，在选择目标市场时要避免扎堆，避免无序竞争。

本章小结

1. 涵盖多种交易形式的对销贸易具有特定的解释和区别于其他贸易方式的特征，切实了解其特征和基本做法，有利于正确选择和合理运用对销贸易的各种形式，以充分发挥其在我国对外贸易和国民经济中的作用。

2. 加工贸易在我国起步虽晚，但近10年来有了飞速的发展，它对于扩大改革开放，繁荣市场经济，改善人民生活等方面均发挥了巨大作用，并且其规模和形式还在不断创新，表现出旺盛的生命力。

基本概念

对销贸易　加工贸易　易货　转手贸易　互购　回购　补偿贸易　抵销　来料加工贸易　进料加工贸易　境外加工贸易

思考题

1. 什么是对销经销？它有哪些特点？
2. 对销贸易包括哪些类型？它们在国际贸易中各起哪些作用？
3. 易货、互购、回购和抵销各种贸易方式的做法如何？
4. 补偿贸易有哪些基本类型？它对交易双方各有何利弊？
5. 来料加工业务中关于工缴费的结算有哪些不同方法？
6. 境外加工贸易与来料加工贸易和进料加工贸易的主要区别是什么？

案例分析

1. 我国某企业(甲方)曾通过某进出口公司向境外某制造商(乙方)就甲、乙、丙三方联合营建某涤纶拉链厂签订了一项引进全套涤纶拉链设备的补偿贸易合同。合同规定，乙方负责提供全套生产设备，甲方以来料加工方式生产拉链供给乙方，作为偿还设备的价款，丙方则负责甲、乙、丙之间的设备、产品交换环节的沟通，并为甲乙双方提供方便。在履约过程中，由于进口设备质量低劣，始终无法正常生产，三方矛盾日趋尖锐，合作关系终于解体，即甲方束手无策，乙方不辞而别，丙方宣布退出合同。最后，甲方申诉仲裁，仲裁机构裁决，以乙方提供的 20 多万美元的设备，抵偿甲方的部分经济损失(甲方实际损失近一百万美元)，了结此案。试分析这起补偿贸易的失败原因。

答案 [这起补偿贸易失败的原因很多，其中，最主要的原因是合同条款存在“三不清”。一是技术设备规定不清，对设备的规格、型号、性能、生产国别、制造日期等没有明确规定；二是检验条款不清，合同只字未提检验，也无索赔期、品质保证期；三是对合同当事人的责任没有划分清楚。合同中没有维护甲方合法权益的条款，也没有约束乙方的条款，致使乙方随心所欲，直至单方中止合同。本案教训是极为深刻的。]

2. 广东省某厂商(A)与香港某商人(B)按 CFR 香港条件签订一份进料加工灯头连灯座 100 万套的合同，约定由 B 方提供样品和原材料，A 方将成品发运给 B 方，至于成品的具体规格没有订明。当 A 方生产出来的成品，经 B 方验货认可后，A 方先后分三批将 3.4 万套成品发运给 B 方，后 B 方也确认收到货物，并付了部分货款，但后来 B 方以货物质量不符合英国的安全标准为由，拖欠大部分货款不付，并要求退货。A 方不同意 B 方的主张，遂依约提请仲裁。后经仲裁庭审理，认为本案争议双方签订的合同，属进料加工性质，其成品出口与一般商品出口没有本质区别。而且交货前，双方共同验收认可，说明 A 方在交货品质上没有构成违约，同时 A 方及时将约定的货物装上运往香港的船上，并提交了合格的单据，表明他已完成了交货义务。故作为买方的 B 方，就应履行其付款义务。至于货到香港后，B 方将货物转到英国，已与 A 方毫无关系。B 方不应将其转口到英国所出现的问题，即 B 方应承担的责任，任意转嫁给 A 方。本案仲裁结果是，A 方胜诉。请分析该案例。

3. 某年 3 月，我国内地某乡镇企业通过当地贸易公司的介绍，匆匆与香港某厂商签订了加工生产某种轻工产品的补偿贸易合同。合同规定：由港商提供生产设备，某乡镇企业将利用该设备生产的产品返销给港商，以补偿设备价款；补偿期为五年。合同未明确规定设备的型号、产地、生产年代以及技术性能等方面的指标。后港商按期运到设备，但经检验，该设备是 20 世纪 70 年代末的产品，而且是二手货。由于合同对此未加规定，该乡镇企业只得接受并进行加工生产。五年之后，补偿期满，但设备已接近报废，该企业蒙受了巨大的损失。请谈一下对本案例的看法。

第二十章

电 子 商 务

学习目标

1. 了解电子商务的基本知识，如电子商务的概念、电子商务的分类及其特点和发展历史；

2. 熟悉电子商务在我国对外贸易业务中的运用情况；

3. 掌握有关电子商务的法律法规和目前存在的问题。

第一节　电子商务的概念与分类

一、电子商务的概念

电子商务(E-commerce, E-business)目前在国内外还没有一个统一的定义，但在通常情况下，电子商务的概念是从狭义和广义两个角度来理解的。狭义的电子商务，就是指在国际互联网上寻找商机并完成交易的行为，例如，网上采购、网上支付、网上拍卖与网上订阅等。广义的电子商务是指通过现代信息技术手段从事的各种商务活动。目前国际上更倾向于从广义角度来理解电子商务。英文中的 E-commerce 强调的是交易过程，而 E-business 的内容比 E-commerce 更广泛，它包含了企业所有的经营活动。因此英文的 E-business 更多地被理解为广义的电子商务。

在广义理解电子商务的前提下，信息技术(Information and Technology，IT)主要指的是电脑技术和通信技术。这些技术手段包括个人电脑、服务器、智能手机等设备(硬件和软件)，以及国际互联网、专用通信网络、移动通信网络等网络和相关的服务。运用这些 IT 技术所从事的电子商务活动，包括但不仅限于下列活动内容：

(1) 网上搜索商业信息；

(2) 网上寻找贸易机会；

(3) 网上从事销售活动；

(4) 网上进行采购；

(5) 网上进行支付；

(6) 网上进行产品和劳务的交付；

(7) 通过网络来完成履行合同的程序，包括提供相关商业单证和数据；

(8) 网上与客户进行沟通，维持客户关系；

(9) 通过网络进行的市场营销行为；

(10) 通过网络所进行的协同工作等。

电子商务之所以成为我们现代商务活动不可分割的一部分，是因为现代信息技术和网络给我们带来了全方位的商业转型。具体体现在网络市场的崛起，以及市场的主体(企业和消费者)、客体(商品和劳务)和与交易相关的流程已经全部或部分虚拟化了。

上述概念表明电子商务是相对于传统商务而言的。传统的商务活动的要素，即主体、客体和交易活动都是基于实物形态的。而纯粹的电子商务，其市场主体、客体和交易流程全部是电子化的虚拟形式。例如，主体的虚拟化表现在企业的存在是基于网络的形态，企业所有的生产活动几乎都是以网络为核心，消费者也是通过网络来实现消费行为；客体的虚拟化表现在企业所提供的商品和劳务本身是数字形态的，如软件、多媒体、网络信息服务等；而交易流程的虚拟化，则表现在通过电脑和网络来实现交易和交易相关的商业活动。

在此，需要指出的是，虽然网络技术的发展很快，但是纯粹的电子商务毕竟还是少数。而绝大多数的企业目前都是介于纯粹的电子商务和纯粹的传统商务之间。也就是企业部分的生产经营活动已经实现了虚拟化，例如，从事传统生产和销售的企业建立企业自己的网站、在网上推广产品、网上采购，甚至在网上实现支付，而具体的产品还是实物形态，还需要传统的配送渠道传递给消费者。电子商务的研究范围，也同样包括这部分。

二、电子商务的分类

(一) 根据交易主体的不同分类

1. B2C 电子商务

商业机构对消费者(Business-to-Consumer，B2C)的电子商务，指的是企业与消费者之间进行的电子商务活动。这里的电子商务主要是企业借助国际互联网所开展的在线销售活动。近年来随着国际互联网络的发展，电子商务发展异军突起。例如，在国际互联网上已经出现了大量企业通过自己的网络或者网络中介来进行销售活动，所售出的产品一应俱全，从食品、饮料到电脑、汽车等，几乎包括了所有的消费品。

B2C 电子商务是近年来各类电子商务中发展较快的，其主要原因是，国际互联网的发展为企业和消费者之间开辟了新的交易平台。随着全球上网人数的不断增多和网络为消费者带来的购物便利，网络使用者已经成为企业进行电子商务的主要对象。

从技术角度看，企业上网面对广大消费者，并不要求双方使用统一标准单据传输。在线式零售和支付行为通常只涉及信用卡、电子货币或电子钱包，这些支付手段在技术上已经非常成熟。此外，国际互联网所提供的搜索、浏览功能和多媒体界面，使消费者更易查找满足自己需要的产品，并能对产品有更深入的了解。

2. B2B 电子商务

商业机构对商业机构(Business-to-Business，B2B)的电子商务指的是企业与企业之间进行的电子商务活动，例如，工商企业利用计算机网络向它的供应商进行采购，或利用计算机网络进行付款等。这类电子商务是最早的电子商务应用，特别是企业经过私营或增值计算机网络(Value-added Network)采用 EDI(电子数据交换)方式所进行的商务活动由来已久，为企业节省了大量的交易成本和管理成本。

作为支持 B2B 电子商务的 EDI 技术，是指机构之间通过计算机网络所进行的统一结构和统一信息标准的数据交换。该技术支持计算机系统之间信息的直接交换，因此，可以最大限度地减少，甚至消除人为因素的介入和信息重复录入工作。目前，EDI 主要在行业内部开展得较为成功。

B2B 电子商务，从其发展看，仍将是电子商务的主流。商务机构之间的交易和商务机构之间的协作是商务活动的主要方面，企业由于目前的激烈竞争也需要通过电子商务来改善竞争条件，建立竞争优势。企业在寻求自身发展的同时，不得不逐渐改善电子商务的应用环境。从动态的角度看，商业机构对商业机构的电子商务必将有较大的发展。国际贸易中的电子商务就属于 B2B 电子商务。

(二)根据交易地位的不同分类

根据电子商务交易组织者的交易地位不同，可以划分为买方主导电子商务、卖方主导电子商务以及第三方交易所电子商务。

1. 买方主导电子商务(Buy Side Marketplace)

买方主导电子商务指的是由买家主导进行网上交易的行为。通常是企业(买家)通过在网上建立自己的电子市场，邀请卖家来竞价销售产品。这类电子商务一般是一个企业或者若干企业进行采购管理的主要手段。企业之所以开展这类电子商务，是因为想通过网络更有效地协调和控制采购活动，并以较低的成本来完成企业的采购任务。具体的方式和手段有，逆向拍卖、网上招标、网上团购(增加买家的讨价还价能力)等。

2. 卖方主导电子商务(Sell Side Marketplace)

卖方主导电子商务指的是由卖家主导进行网上交易的行为。企业(卖方)通过在网络上建立自己的电子市场，向市场推广自己生产或经销的产品，并促使买家在网上成交。通常卖家主导电子商务都是一对多的交互模式，即一个卖家要与许多网络消费者进行互动。网上商店就是这种电子商务。另外，许多在市场上有影响力的大企业通常采用这种方式建立自己的外联网电子商务销售模式。具体的方式和手段有，网上目录销售(方便买方查询产品)、网上拍卖(通过多家买方竞价成交从而获得较高的销售收益)等。

3. 第三方交易所电子商务(Public Exchange)

第三方交易所电子商务是指在网络市场上，由买卖双方之外的第三方建立的交易撮合机构所从事的电子商务。其目的是帮助市场上的买方和卖方来交换信息，撮合交易。网络的第三方交易所通常是交易服务机构，一般都是采取与传统交易所一样的实时的动态竞价机制，并建立有效的信用保障机制，以此来增加交易的透明度，保证公开、公平、公正地向市场提供服务。在目前网络市场上，既有很多 B2C 的第三方交易所，如淘宝网，也有很多 B2B 的第三方交易所，如阿里巴巴，还有些网站组织买家与卖家参与拍卖，如 ebay.com，或者参与网上易货(用出售数字产品赚取积分方式取得回报，用以支付和购买其他的数字产品)等，都属于网上第三方交易所。

(三)根据技术手段的不同分类

根据技术手段及其产生的效果，电子商务被划分为协同商务、移动商务等。

1. 协同商务(Collaborative Commerce)

协同商务指的是在商业伙伴之间从事网络协作活动，共同策划、设计、开发、管理，以及开展对产品和服务进行研发的各种活动等。协同商务强调通过互联网在商业伙伴间进行的交流和沟通、共享信息等功能。协同商务并不一定要完成交易过程，而是通过网络技术手段最大限度地发挥协同效应，达到传统手段无法达到的效果。

2. 移动商务(Mobile Commerce)

移动商务指的是在无线网络环境下所从事的各种商务活动的总称。它具有无处不在性、方便性、即时接入性，以及产品和服务的当地化属性。移动商务的发展主要是因为移动设备硬件的发展，无线网络技术和宽带的逐渐成熟和发展，以及人们对无处不在的商务活动日益产生的需要。移动商务可称为未来电子商务发展的又一重要趋势。

第二节　企业实施电子商务的主要动机与发展层次

一、企业实施电子商务的主要动机

电子商务不是一蹴而就的事情，也不是企业盲目追求的目标。电子商务的实施一般应根据企业自身的情况而定。大量研究表明，企业实施电子商务往往出于以下动机。

(一)降低交易成本

企业实施电子商务的主要目的就是要节约成本，采用电子商务有利于企业降低对基础设施的依赖，最大限度地减少重复劳动，降低推销和采购成本，并减少中间环节，从而实现交易总成本的降低。

(二)提升服务水平

企业实施电子商务另一个很重要的原因，就是通过网络服务来提升自己对客户的服务水平。通过提高效率和更新手段来维系与客户的关系，并进行全天 24 小时跨越时空的全球化运作。

(三)扩大贸易机会

国际互联网已经变成一个非常重要的信息来源渠道。浏览网站，可以让企业掌握最新信息；通过网站信息，企业可以开展网上促销，扩大采购渠道，也可以提升企业形象。另外，企业通过参与网上在线市场(如在线广交会)的活动来找寻贸易机会。

二、企业发展电子商务的层次

虽然电子商务的范围很广，但是企业仍是电子商务运作的主体。我们可以根据企业电子商务的运作程度，将其划分为三个层次。这三个层次也可以反映企业实施电子商务的不同发展阶段。

(一)初级层次——建立易于实施的可操作系统

初级层次是指企业开始将传统商务活动中的一部分引入计算机网络信息处理与交换，代替企业内部或对外部分传统的信息储存和传递方式。例如，企业建立内部计算机网络进行信息共享和一般商务资料的储存和处理(如建立企业自己的内联网 Intranet)；通过国际互联网传输电子邮件；在国际互联网上建立网页，宣传企业形象等。

在初级层次上，企业虽然利用计算机网络进行了信息处理和信息交换，但其所做的一切并未构成交易成立的有效条件，或者并未构成商务合同履行的一部分。

企业实施初级层次的电子商务投资成本低，易于操作。这一层次的电子商务，并不涉及复杂的技术问题和法律问题。

(二)中级层次——维系牢固的商业链

中级层次是指企业利用计算机网络的信息传递部分地代替了某些合同成立的有效条件，或者构成履行商务合同的部分义务。例如，企业实施网上在线式交易系统，网上有偿信息的提供，贸易伙伴之间约定文件或单据的传输等。在某种程度上，中级层次的电子商务使企业走上建立外联网(Extranets)的道路。

在中级层次上，企业实施电子商务的程度有所加深，虽然有些计算机网络系统传输的信息并不十分复杂，操作程序也一般，但是，它还需要不同程度的人工干预，如在线销售环节与产品供应不能有效衔接，仍需要部分传统方式的操作，特别是当电子商务的操作要涉及交易成立的实质条件，或已构成商务合同履行的一部分时。因此，这一层次的电子商务就要涉及一些复杂的技术问题(如安全)和法律问题(如法律有效性)等 。

这一层次电子商务的实施需要社会各界相互配合，特别是政府机构和商业团体应该为电子商务创造良好的发展环境。

这一层次的电子商务是世界各国近期发展的主要目标。

(三)高级层次——实现全方位的数字自动化

高级层次是电子商务发展的理想阶段。它是将企业商务活动的全部程序用计算机网络的信息处理和信息传输所代替，最大程度地消除了人工干预。在企业内部和企业之间，从交易的达成，到产品的生产、原材料供应、贸易伙伴之间单据的传输、货款的清算、产品(服务)的提供，均实现了一体化的计算机网络信息传输和信息处理。一笔交易所涉及的信息是由相关人员一次性录入，并在得到计算机网络的自动处理后，按照交易的流程自动生成适应内部或与外部交流的相关单据或文件。

高级层次是将商务机构对消费者的电子商务与商业机构对商业机构，甚至商业机构对行政机构的电子商务有机地结合起来，实现企业最大程度的内部办公自动化和外部交易的电子化连接。

这一层次电子商务的实现有赖于全社会对电子商务的认同，以及电子商务运作环境的改善。另外，清除那些影响电子商务开展的障碍将有助于这一目标的实现。

第三节　电子商务对进出口业务运作的影响

一、电子商务加速外贸业务运作的电子化趋势

电子商务作为信息技术的应用，在外贸领域日益起到关键作用，突出表现在计算机及其网络技术越来越多地帮助外贸企业从事业务的运作上。通常我们可以将外贸业务从运作角度笼统地分为三个阶段：交易准备阶段、交易磋商阶段和合同履行阶段。这三个阶段概括了每一笔外贸业务自始至终的业务程序。现代信息技术的应用，逐渐介入到了外贸业务的各个环节中。

(一) 交易准备阶段

在交易准备阶段，传统的方式是通过面对面或函电往来获取该项交易的有关信息。外贸业务人员通过各种渠道和媒体了解与交流有关的业务信息及产品信息。例如，通过出国考察，参加广交会等形式来寻找贸易机会。而以互联网及其技术为核心的电子商务手段，虽然所涉及的网络媒体比较单一，但是却能达到意想不到的效果。例如，企业可以通过互联网渠道来发布信息、产品广告，而效果则可以在全球市场上反映出来。另外，外贸企业还可以设立网上主页，向国外的客户提供在线产品目录。电子邮件可以高效地传递有关交易的各项信息，而突破了以往传真机的使用局限性，并为企业节省了各项费用。

(二) 交易磋商阶段

在交易磋商阶段，以往纸面的合同和签字方式被电子订单所代替。带有安全措施的电子邮件完全可以取代传真和传统邮件的传递方式。特别是以互联网为基础的 EDI 实现了数据一次性录入、多方共享的目标。有关申领进出口许可证、租船订舱、报关、报验等业务环节也都有望全部实现电子化。

(三) 合同履行阶段

在合同履行阶段，电子商务的作用更是不能小看。因为信息技术的手段已经将业务的各个环节连接了起来。外贸企业使用专业软件就可以实现单据的自动生成。特别是在安全认证、跟踪运输及实现网上支付等方面有望实现较大的突破。以国际互联网为基础的 EDI 将使外贸业务流程和单据的传输实现自动化，而又不增加过多的企业投资和成本。

从长远的发展看，实施电子商务的外贸企业将在物流、资金流和信息流三个方面进行有效的整合。外贸企业的电子商务的实施，除了实现以交易为核心的业务处理的自动化和电子化外，其核心战略也要随着电子商务的应用程度的加深而发生变化。外贸企业从繁杂的业务流程中解放出来，可以集中精力提升和发展核心业务，强化自己的竞争优势。

二、电子商务使外贸业务流程面临转型

众所周知，国际互联网作为电子商务信息交流的新媒体拉近了企业与客户之间的距

离，特别是国际互联网交互式的特点，使企业的业务运作走向虚拟化。企业在线交易系统，如在线采购管理、在线销售管理等，已经成为从事国际化经营企业的现实选择。

另外，具有互动性多媒体特征的国际互联网的发展，使全球信息交流的障碍越来越少，电子商务的飞速发展，也使得传统中间商的地位发生了动摇。国外的研究表明，传统低附加值的中间商的服务，终究要被电子商务的发展所淘汰。外贸企业如何应对飞速发展的新形势，的确是一个迫在眉睫的课题。

从国外的发展经验看，一个企业的发展应视其是否处在某个行业的价值链中的一环，是否为其客户创造价值而定。企业为客户所创造的价值并不一定只是业务的处理过程，将来更多的是从服务方面来体现价值的增值。

因此，我国外贸企业业务运作流程的转型，将会体现在以下几个方面。

（一）从单一交易到综合服务的转型

传统上以交易流程为核心的外贸企业将逐步向以服务为核心的服务型企业转变，这是未来发展的必然趋势。在我国，传统的外贸企业都是以单一的交易为核心，其组织结构没有能够体现服务的价值。随着电子商务打破市场原有的竞争格局，其生产和发展要更多地依赖综合服务素质和能力。建立以服务为核心的外贸运作模式是多数外贸公司的发展方向。而服务型企业的核心问题是管理。电子商务的发展恰恰为企业管理提供了最先进的手段。许多国外成功的电子商务案例，都是企业以满足客户的需要为核心发展起来的。

（二）从人为垄断优势向自然竞争优势的转型

我国传统外贸行业是在特殊的历史背景下发展起来的。传统的外贸行业长期存在一定的人为垄断优势。然而，随着改革开放的不断深入，外贸行业已经出现了多元化的竞争格局。在人为垄断优势被打破的情况下，无论是传统的外贸企业，还是新型的外贸企业，都需要在全球电子商务飞速发展的背景下，重新再造外贸业务的流程，逐步建立自己的竞争优势。网上、网下业务的结合，以及企业内联网和外联网电子商务系统的发展，都将成为客户创造价值的来源和渠道。转型快的企业，将在市场上迅速获得竞争优势。

（三）从分散管理向集中管理的转型

全球电子商务的发展，逐步削弱了传统的以单一经营和低附加值为中心的中介交易的服务地位。企业的各种资源，如客户资源、品牌资源、市场资源、业务流程控制、资金优势、技术优势等能否被有效地整合，并集中管理，发挥企业员工的团队作业精神，是企业能否在新形势下生存和发展的关键所在。

现代信息技术在企业的应用，迫切要求企业原有的金字塔式的层级管理制度向扁平的集中管理制度转变。以客户为主导的，以服务为宗旨的团队的协作，将取代分散式的管理体制。计算机及网络技术为企业的集中管理和服务创新提供了非常实用的先进手段。预计，在不久的将来，外贸企业运作的系统软件产品，如外贸 ERP（企业资源规划）系统将在外贸业务运作流程中起到不可估量的作用。在全球电子商务发展步伐不断加快的形势下，我们相信，现代信息技术将成为真正维系客户关系，向客户提供超值服务的新手段。以现代信息技术为依托的我国外贸企业的服务功能还会向物流和供应链模式转型。

本章小结

国际互联网的出现，使国际市场从空间上得到了延展。本章对国际互联网所形成的新型虚拟市场空间的电子商务行为进行了介绍，阐述了电子商务的概念及其分类，并分析了电子商务对外贸企业的影响及其所带来的变化。

基本概念

电子商务　B2B 电子商务　B2C 电子商务

思考题

1. 对电子商务的概念如何理解？
2. 从哪些角度来划分电子商务的种类？
3. 电子商务的发展要经过哪些层次？
4. 电子商务对进出口业务代理的变化都体现在什么地方？
5. 我国外贸企业业务运作会发生怎样的转型？

案例分析

在我国第 97 届广交会期间，有一位来自巴西的客户在展馆转了一天，却找不到他想看的抽水泵，后在“在线广交会”的服务人员帮助下，登陆“在线广交会”的网站搜索，很快就找到了数十家专门生产水泵的中国企业，并浏览了这些企业在“在线广交会”网站上展示的产品。随后，他选定其中三家参展的企业作为洽商交易的对象，并约定面谈具体交易条件。这位客商激动地向“在线广交会”的服务人员伸出大拇指，以示赞扬和感谢。截至目前，通过“在线广交会”网站注册的海外会员采购商已达数十万家，其成交量逐年上升，有效地促进了我国对外贸易的发展。通过本案例生动地表明，电子商务在加速信息传递、扩大内外交流、增进各国之间的友好合作等方面，起到了重要的作用。

参 考 文 献

[1] 姚新超. 国际贸易实务(第二版)[M]. 北京：对外经济贸易大学出版社，2011.

[2] 姚新超. 国际贸易惯例与规则实务(第三版)[M]. 北京：对外经济贸易大学出版社，2012.

[3] 黎孝先，王健. 国际贸易实务(第五版)[M]. 北京：对外经济贸易大学出版社，2012.

[4] 刘秀玲等. 国际贸易实务与案例(第二版)[M]. 北京：清华大学出版社，2013.

[5] 吴百福等. 进出口贸易实务教程[M]. 上海：上海人民出版社，2015.

[6] 冷柏军等. 国际贸易实务(第二版)[M]. 北京：北京大学出版社，2012.

[7] 冯德连，查道中等. 国际贸易理论与实务[M]. 安徽：中国科学技术大学出版社，2015.

[8] 李秀芳等. 国际贸易实务案例及习题解答[M]. 北京：中国人民大学出版社，2014.

[9] 黄海东. 国际贸易实务(第二版)[M]. 北京：清华大学出版社，2011.

[10] 傅龙海等. 国际贸易理论与实务双语教程[M]. 北京：对外经济贸易大学出版社，2014.

[11] 易露霞等. 国际贸易实务案例教程(双语)(第二版)[M]. 北京：清华大学出版社，2016.

[12] 袁其刚等. 最新国际贸易惯例案例详解[M]. 北京：中国财政经济出版社，2008.

[13] 林涛等. 国际货物贸易实务[M]. 北京：清华大学出版社，2014.

[14] 陈岩等. 国际贸易理论与实务[M]. 北京：清华大学出版社，2014.

[15] 马静. 国际贸易实务[M]. 北京：清华大学出版社，2014.

[16] 袁建新. 国际贸易实务 [M]. 上海：复旦大学出版社，2011.

[17] 吴国新，郭凤艳. 国际贸易实务[M]. 北京：机械工业出版社，2007.

[18] 朱玉赢. 进出口业务综合实训 [M]. 北京：机械工业出版社，2015.

[19] 邱继洲等. 国际贸易理论与实务[M]. 北京：机械工业出版社，2006.

[20] 缪东玲等. 国际贸易理论与实务[M]. 北京：北京大学出版社&中国林业出版社，2007.

[21] 赵亚平. 国际贸易：理论、案例与分析[M]. 北京：北京交通大学出版社，2010.

[22] 胡丹婷等. 国际贸易实务[M]. 北京：机械工业出版社，2007.

[23] 黄涛生等. 新编国际贸易实务[M]. 北京：科学出版社，2014.

[24] 夏合群. 国际贸易实务模拟操作教程[M]. 北京：对外经济贸易大学出版社，2011.

[25] 石玉川等. 国际贸易术语惯例与案例分析[M]. 北京：对外经济贸易大学出版社，2007。

[26] 林俐等. 国际贸易理论与实务[M]. 杭州：浙江大学出版社，2012.

[27] 钟昌标，叶劲松. 国际贸易实务[M]. 北京：人民邮电出版社，2016.

[28] 张立玉等. 国际贸易进出口实务 [M]. 武汉：武汉大学出版社，2010.

[29] 中国国际商会/中国国家委员会. 国际贸易术语解释通则2010(第二版). 北京：中国民主法制出版社，2011.

[30] 布朗奇(Alan E. Branch)(美)等. 国际贸易实务(第五版)[M]. 北京：清华大学出版社，2007.

[31] J.迈克尔，格林格等. 国际商务(英文版)[M]. 北京：中国人民大学出版社，2014.

[32] 全国国际商务单证专业培训与考试中心. http：//www.icd.net.cn/.

[33] 中华人民共和国商务部. http://www.mofcom.gov.cn/.